Das sichtbare Kino

Fünfzig Jahre Filmmuseum: Texte, Bilder, Dokumente

Herausgegeben von Alexander Horwath
unter Mitarbeit von Eszter Kondor

Mit einem Vorwort von Martin Scorsese

Österreichisches Filmmuseum
SYNEMA – Gesellschaft für Film und Medien

Ein Buch von SYNEMA ≣ Publikationen
Das sichtbare Kino. Fünfzig Jahre Filmmuseum: Texte, Bilder, Dokumente
Band 21 der FilmmuseumSynemaPublikationen

Korrektur: Regina Schlagnitweit
Grafisches Konzept, Gestaltung und Produktion: Gabi Adébisi-Schuster
Druck: REMAprint
Gedruckt auf FSC-zertifiziertem Papier
Verlags- und Herstellungsort: Wien

ISBN 978-3-901644-55-9

Die Projekte des Filmmuseums zum Jubiläum seines 50-jährigen Bestehens
wurden vom Österreichischen Filminstitut und von der Stadt Wien gefördert.

Österreichisches Filmmuseum und SYNEMA – Gesellschaft für Film & Medien
sind vom Bundesministerium für Unterricht, Kunst und Kultur – Abteilung V/3 FILM sowie
von der Kulturabteilung der Stadt Wien geförderte Institutionen.

Inhalt

Vorwort / Preface

Over the years, I've had the occasion to visit many cinémathèques, film societies and museums around the world. In almost every case, they were founded, managed and staffed by individuals whose devotion to the art of cinema is complete and selfless. Not people who like going to the movies or who want to get into the business or who think that moviemaking would be a promising field to go into. I'm talking about the people who have experienced the revelation of cinema, in the religious sense, the devotees who have no choice but to make it their life's vocation. They want to find what's been lost, to preserve what's been found, and to share it with as many people as possible under the best possible conditions. This is the community of cinema.

I've always had a very special relationship with the Austrian Film Museum. The institution that Peter Konlechner and Peter Kubelka founded in 1964 has always struck me as the model of what a cinémathèque should be: culturally independent, grounded in the whole landscape of cinema from past to present and Hollywood to the avant-garde, and simple in its design – in a word, cinema…and nothing but.

The Film Museum did one of the first retrospectives of my work in 1975, and 20 years later I went to Vienna for another retrospective and a carte blanche (I was asked to pair each of my pictures with a film that had inspired it in some way), which took place at the Museum and was organized in conjunction with the Viennale, the Vienna Film Festival. The festival was run at that time by Alex Horwath, who was appointed director of the Museum in 2001 when Kubelka and Konlechner retired. I will never forget that visit. I've been welcomed warmly in so many places throughout my life, but in Vienna there was something else. In part, it had to do with the city itself, the quiet expanse, the sense of history on every street and around every corner. But it was the atmosphere of generosity and love for cinema, from everyone I met, that I remember the most. There was absolutely no pretense, no veneer of the official. Even the theater itself was so beautifully plain, even Spartan: the image itself was everything. The theater has been re-designed since then, and it's now more comfortable, but it has the same wonderful simplicity and reverence for the moving image.

Eight years ago, Alex contacted me and asked me to serve as the Museum's honorary president. I was happy to accept the offer, and proud as well. The Austrian Film Museum has a 50-year history that is a shining example to cinémathèques around the world: a beautiful facility; a devoted and well-trained staff; an immaculately maintained, abundant and growing collection; a proud history of painstakingly curated retrospectives and surveys; an excellent series of publications, monthly brochures and DVD releases; an active restoration and preservation program; and a commitment to showing prints whenever possible, perfectly projected. Like I said: cinema, and nothing but.

I'm proud to be introducing this commemorative volume, and to serve as Honorary President of this precious jewel among the great cinémathèques of the world, the Austrian Film Museum.

Martin Scorsese

Alexander Horwath

Zum Geleit

Nach dreißig Jahren regelmäßigen Besuchs und fast dreizehn Jahren täglicher Arbeit in diesem Haus weiß ich: Das Österreichische Filmmuseum war und ist für jede und jeden etwas Anderes. Das gilt wohl für alle Institutionen, die in der Gesellschaft verankert und öffentlich wirksam sind.

Auch für den einzelnen Menschen war und ist es nicht immer dasselbe Museum. Es verwandelt sich je nach Art des Kontakts oder des Teilbereichs, den man berührt; abhängig von der eigenen Laune, vom jeweiligen Film, der auf dem Programm steht, von der Art der Gespräche, die man vor und nach den Vorstellungen führt; abhängig von den individuellen Begegnungen mit Mitarbeiter/inne/n und den vielen sonstigen Erfahrungen, die man als Besucher, Filmmacherin, Leihgeber, förderndes Mitglied, Berichterstatterin, Deponent, Uniprofessorin, Kopiermeister, Schülerin, Filmhistoriker, Kulturpolitikerin, Superstar oder Student mit dem Österreichischen Filmmuseum machen kann.

Es wäre eine Illusion, zu glauben, dieses Erfahrungsgewirr, diese manchmal marginalen, manchmal intensiven, jedenfalls vielfältigen Berührungen mit der Arbeit der Institution ließen sich auch nur annähernd »vollständig« abbilden, wenn man über deren erstes halbes Jahrhundert ein Buch herausgibt. Der vorliegende Band strebt zwar eine gewisse Fülle an, bezogen hauptsächlich auf die Veranstaltungstätigkeit und den Austausch des Filmmuseums mit Filmmacher/inne/n, Autor/inn/en, Besucher/inn/en seit den frühen 1960er Jahren. Aber es bleiben doch Ausschnitte: Im Patchwork dieses Buchs wurden bewusst Grenzen gezogen und Schnitte gesetzt. Damit entsteht vielleicht nicht nur ein Anflug von Übersichtlichkeit, sondern auch eine Reihe schöner Kontraste und überraschender Nähte, manchmal über 200 Seiten oder 45 Jahre hinweg.

Denn das ist die andere Seite: die Konsistenz und Konsequenz der Arbeit. Die Hoffnung, dass es so etwas wie ein Rückgrat gibt, einige Positionen und Ideen zum Film, die durch dieses Haus spürbar geworden und über die Jahrzehnte sichtbar geblieben sind. Und die Folgehoffnung, dass sich von dieser spezifischen Konsistenz auch etwas in ein Buch hinüberretten lässt, das in viele Richtungen gleichzeitig strebt. Dieser Band will nicht nur ein Reader sein, sondern auch ein »Viewer« und »Finder«, also neben einem Lesebuch auch eine Art Bilderbuch und ein kleines Nachschlagewerk, was die Veranstaltungen des Hauses betrifft. Die Essays und Dokumente, die Porträts unterschiedlicher Persönlichkeiten sowie die Chronik der Programme, die zwischen 1964 und 2001 von den

Gründern Peter Konlechner und Peter Kubelka und seit 2002 vom Autor dieser Zeilen verantwortet wurden, sollen zusammen eine Landschaft kenntlich machen. Oder besser: ein Gemeinwesen, mit vielen Zugängen und Wegen, auf denen sich jede und jeder Interessierte bewegen kann. Und es soll ein *bestimmtes* Gemeinwesen sein, das eine Haltung verteidigt und Respekt beweist gegenüber den Werken und Erfahrungen, die in einem guten Museum gleichermaßen bewahrt wie ermöglicht werden.

~

Die Texte in diesem Band sind mehrheitlich in deutscher Sprache verfasst worden. Jene Autorinnen und Autoren, die sich im Englischen ausdrücken, wollte ich gleichfalls im Original publizieren. Serge Daneys Aufsatz, dessen französisches Manuskript verschollen ist, wird in jener deutschen Übersetzung vorgestellt, in der er 1987 erschienen ist, als Originalbeitrag zur »Manierismus«-Schau des Filmmuseums und der Wiener Festwochen.

Neben rund 50 historischen Essays, journalistischen Texten, Briefen und anderen schriftlichen Dokumenten, die sich auf Momente des Filmmuseums beziehen, finden sich hier etwa 30 neue Texte (und ein Gespräch). Ich bin den Verfasser/inne/n dieser Beiträge zu großem Dank verpflichtet: Ihre Schreib- und Erinnerungsarbeit ergab ein reicheres Gesamtbild, als ich je zu träumen gewagt hätte. Meine Freude hängt überdies mit der Spontaneität und unvermuteten »Selbstverständlichkeit« ihrer Zusagen zusammen: Das Filmmuseum war oder ist für sie ein besonderer Ort ihrer Biografie, eine Stätte entscheidender Erfahrungen oder einfach ihr »Überschwemmungsgebiet«, wie es Friedl vom Gröller ausdrückt. Es sind Menschen, die zu bestimmten Zeiten mit dem Filmmuseum zu tun hatten oder haben – Besucher/innen und Mitarbeiter/innen, Film- und Kunstschaffende, Lehrende und Kolleg/inn/en in anderen Institutionen.

Ihre kurzen, blitzlichthaften Erinnerungen und ihre weit ausgreifenden, literarischen Texte, ihre Kinobiografien und genauen Beschreibungen einzelner Ereignisse geben dem Buch und dem Haus, von dem es erzählt, eine Gegenwärtigkeit und Lebendigkeit, die für manche Menschen nicht ganz mit dem Wort »Museum« zusammenpassen. Einer von ihnen, der auch ein Bürger der Gesellschaft des Kinos ist, sandte mir auf meine Einladung eine sehr freundliche Absage; nicht allein wegen zu geringer Kenntnis der Filmmuseumsgeschichte, wie er schrieb, sondern wohl auch, weil er (ich interpretiere) seiner Cinephilie lieber im »normalen« Kino als in einem »Museum« nachgeht. Da es sich bei *diesem* Museum aber ganz essentiell um ein Kino handelt, erinnerte er sich dann doch an einen Besuch ohne Missmut: »Beim Busfahrfilm von Buñuel war ich froh im Zuschauen, es war wie im Kino, und froh war ich, daß ich vergessen habe, in einem ›Filmmuseum‹ zu sitzen – es war wie eh und je nur Sitzen und Schauen und Mitfahren (natürlich auch dank des Museums als Einrichtung).«

~

»Mitfahren« ist auch die einzige Empfehlung, die ich jenen unter den Leserinnen und Lesern geben kann, die sich fragen, was denn die beste Gebrauchsweise für dieses Buch wäre.

Es ist grob chronologisch aufgebaut. Nach einer ersten Passage von Texten und Dokumenten – einer Art Prolog – sind die Programme des Filmmuseums von 1964 bis 1969 versammelt. An fünf weiteren Stellen wird jeweils das Programm eines Jahrzehnts kompakt dargeboten, gefolgt von Essays und Bildseiten, die sich auf Retrospektiven, Veranstaltungen, Gäste und Schwerpunkte eben dieses Jahrzehnts beziehen. Oft tun sie das ganz präzise, manchmal in eher loser Form. Bei linearer Lektüre wird dennoch, so hoffe ich, etwas von der Entwicklung des Filmmuseums spürbar werden. Ein Buch dieser Art muss aber auch einer sprunghaften Lektüre standhalten: Es soll immer wieder zur Hand und an den unterschiedlichsten Stellen in Augenschein genommen werden können – und es soll dabei stets, egal ob Brief-, Bild- oder Textseite, etwas herausspringen. Etwas, das ein neues Licht wirft aufs Kino, auf einzelne Filmmacher/innen, auf Wien oder auf das Filmmuseum. Zugleich soll das Licht auf diejenigen fallen, deren Schreib- und Denk- und bildgebende Arbeit hier repräsentiert ist. Denn diese Anthologie schöpft geradezu schamlos aus dem Vollen, das im Lauf der Jahrzehnte unter der trockenen Überschrift »Rezeptionsgeschichte« akkumuliert wurde. Sie schöpft aus dem Pool der Talente, mit denen diese Einrichtung das Glück hatte, in Berührung zu kommen.

Die Auswahl der thematischen Schwerpunkte, Ereignisse und Persönlichkeiten sowie der historischen »Markierungen«, denen die einzelnen Beiträge gelten, ist naturgemäß subjektiv. Sie folgt jedoch einigen Leitlinien. Für die Zeit bis 1974 gibt Eszter Kondors Buch *Aufbrechen*, der erste Band dieses Schubers, einen sehr guten Einblick, den ich mit dem hier versammelten Material aus den ersten zehn Jahren bestmöglich ergänzen wollte. Durch zahlreiche Gespräche – mit Peter Konlechner, Peter Kubelka und vielen »Langzeitbeobachtern« des Filmmuseums im In- und Ausland – konnte ich über die Jahre auch ein gewisses Bild davon gewinnen, welche Programme und Aktivitäten seit den frühen 70ern als besonders wirkmächtig erlebt wurden (und wie sich das zu meinen eigenen Erlebnissen mit dem Filmmuseum verhält). Manchmal zeigt sich sofort, manchmal erst im Rückblick, wie wichtig eine bestimmte inhaltliche Setzung war. Manche Projekte und Retrospektiven schlugen unmittelbar ein, andere, damals nur wenig beachtet, lassen sich erst heute in ihrer Bedeutung ermessen bzw. anhand ihrer Folgen einschätzen. Die gesammelten Pressespiegel des Filmmuseums, für deren Vorauswahl und Erstaufbereitung ich Eszter Kondor herzlich danke, geben diesbezüglich einiges her, sowohl was die Stärken und Intensitäten als auch die Lücken der zeitgenössischen Rezeption betrifft.

Was (brauchbare) Fotos von Gästen anlangt, verhält es sich ähnlich. Hier versagt in einigen Fällen sogar die hauseigene Dokumentation – nicht nur bei weit zurückliegenden Ereignissen aus personell und ökonomisch angespannten Zeiten, sondern auch bei Veranstaltungen der letzten zehn, fünfzehn Jahre. Kann es für den Direktor eines Filmmuseums etwas Peinlicheres geben als die schizophrene Erfahrung, dass er in einer seiner Rollen (als Herausgeber einer Anthologie des Hauses) den Darsteller seiner anderen Rolle (in der er für die laufende Überlieferung der hauseigenen Aktivitäten Verantwortung trägt) geradewegs zum Teufel wünscht?

Ja, es gibt etwas Peinlicheres. Nämlich, dass man das eigene Tun als Verantwortlicher im jüngsten Viertel der fünfzig Jahre Filmmuseum nicht einfach ausklammern kann oder will, wenn man darüber ein Buch macht. Und dass man sich dieses eigene Tun daher in irgendeiner Weise historisch herrichten muss, um Aufschluss darüber zu geben. Man versucht Kontinuitäten und Kontraste mit der Generation der Gründer und Vorgänger abzubilden (oder konstruiert sie überhaupt erst); man möchte jene Aspekte, die einem besonders wichtig erscheinen, ausreichend (vielleicht *zu*) stark repräsentiert sehen; man sucht den richtigen Abstand und findet ihn selten; man hofft, auf das publizistische Umfeld und die nicht-publizierende Umwelt hören zu dürfen, kann aber nie sicher sein, ob man sich dabei nicht verhört – oder allein das heraushört, was im eigenen Kopf ohnehin widerhallt. Der Reprint historischer Texte oder Briefe endet jedenfalls vor einem knappen Jahrzehnt; zumindest dieser kleine Abstand soll gewahrt bleiben – andere werden, später, aus den Pressespiegeln und der Korrespondenz dieser Jahre vielleicht etwas Sinnvolles herauslesen können.

Ich habe, *for better or worse,* durch die Auswahl versucht, jene Aspekte hervorzukehren, die mir besonders signifikant erscheinen für das fünfzigjährige Haus und einzelne seiner Lebensabschnitte. Eine auffällige Lücke betrifft leider das japanische Kino: Es war für das Filmmuseum durchwegs ein bedeutender Referenzpunkt, schlug sich aber kaum in Dokumenten, Briefen und Fotos nieder. Auch manche programmatischen Positionen und »Diskussionsthemen« des Filmmuseums kommen im vorliegenden Band vielleicht nicht in dem Ausmaß zum Tragen, in dem sie es sollten. Sie sind jedoch vielfach in anderen Büchern dargestellt, die wir gemeinsam mit SYNEMA oder dem Zsolnay-Verlag in den letzten zwölf Jahren herausgebracht haben. Dasselbe gilt für einzelne Filmmacher und -denker, die für das Haus entweder über Jahrzehnte hinweg oder erst in jüngerer Zeit große Bedeutung hatten und haben. Die meisten von ihnen sowie zahlreiche andere, deren Werke das Filmmuseum sammelt und in gewisser Regelmäßigkeit zeigt, sind hier nur in der Chronik repräsentiert.

Auch jene Aspekte des Filmmuseums, die sich im Abendprogramm nicht unmittelbar niederschlagen, treten in dieser Publikation nur am Rande auf: z. B. das (damals) neue Archiv, die starke Entwicklung der Sammlungen, die Filmrestaurierung und die Archivarbeit generell; die Vermittlungs- und Forschungsschwerpunkte des letzten Jahrzehnts und die vielen »außerhäuslichen« Aktivitäten seit Anbeginn; die Renovierung des Standorts in der Albertina (2002–03), die schönen Ausstellungen ebendort wie auch die späteren Kämpfe am nämlichen Ort.

Es heißt, dass Kulturinstitutionen erst nach der Gründergeneration in die Lage kommen, ihre Geschichte zu schreiben. Ich glaube mittlerweile, es braucht mehr als eine Nachfolgegeneration, um dies in seriöser Weise zu tun.

~

Peter Kubelka und Peter Konlechner, die Gründer des Österreichischen Filmmuseums, haben vor mehr als fünfzig Jahren ihr Leben all dem gewidmet, was Film ist oder sein kann. Weder sie noch ihre Mitstreiter in anderen Filmmuseen haben es dabei nötig gehabt, ein anderes – älteres oder neueres – Medium abzulehnen, zu eliminieren oder zu fälschen. Im Gegenteil: Peter Konlechner zum Beispiel hat in den frühen 80er Jahren als erster Filmmuseumsdirektor der Welt einen computerbasierten Sammlungskatalog in seiner Institution eingerichtet; er hat die digitale Kultur in ein Haus der Filmkultur eingeführt, ohne das Hilfsmittel auch nur im Geringsten mit dem Gegenstand zu verwechseln, dessen sich das Museum annahm und annimmt.

Diese kleine Anekdote deutet an, was das Thema der Gegenwart ist. Es kommt auch im abschließenden Teil des Buches zur Sprache: das Weiterleben des Films. Nicht des transformierten »Films«, der sich in anderen Medien noch eine Weile fortschreiben dürfte, bis es ihm dämmert, dass er ja doch etwas anderes ist. Es geht vielmehr um das Weiterleben desjenigen Films, der während seiner Anfänge, als Transformator seiner eigenen Vorläufer, einen ähnlichen Ablösungsprozess durchgespielt hat wie heute die digitalen Ausdrucksformen. Es geht um ein Medium, das insgesamt 120 Jahre menschlicher Kultur- und Sozialgeschichte entscheidend geprägt hat und es künftig nicht mehr tun wird – bzw. nur mehr in Form seiner Geschichte, so diese erfahrbar bleibt.

Weiterleben meint mitnichten, dass jene, die heute digitale Werkzeuge zur Herstellung und Verbreitung ihrer neuen Bewegtbilder benutzen, aus nostalgischen oder gar »moralischen« Gründen zum analogen System Film zurückkehren sollen. Die Industrie, der »Markt«, die zeitgenössische Produktion gehen einen vollkommen anderen Weg. Gemeint ist vielmehr, dass die Menschheit vor der Frage steht, ob das globale kinematografische Erbe der letzten 120 Jahre nicht schon ausreichend Kulturgeschichte und genügend weit öffentliches Gut geworden ist, dass man seine Überlieferung jenseits des Marktes und der Warenideologie diskutieren und finanzieren muss. Dass man das analoge System Film also nicht aus Gründen des erhofften finanziellen Gewinns, sondern allein deshalb erhält, damit seine *bisherigen* Resultate artikulationsfähig bleiben. So wie man, aus genau denselben Gründen, seit Jahrhunderten andere »veraltete« Ausdrucksformen der Menschheit erhält: damit man ihre Resultate weiterhin sehen, hören, studieren, verstehen kann – in ihrer »materiellen Wahrheit« und ihrer Eigengestalt. In ihrer konkreten »Machart«, die sich vom jeweils Gemachten und daher Gemeinten nur um den Preis der Idealisierung ablösen lässt. Erhält man diese älteren Ausdrucksformen und ihre Artefakte *nur* »digitalisiert« – also ausschließlich bezogen auf einen imaginären, von seiner Inschrift abgehobenen, »post-medialen« geistigen »Inhalt« –, wird der Blick auf die von ihnen mitgeprägte Epoche rasch erblinden.

Die Fakes und Faksimiles, die Replikanten und Reproduktionen der verschiedenen Ausdrucksformen und Artefakte liefen ja immer schon neben diesen einher; und auch die zunehmende Verdrängung letzterer durch erstere ist ein alter Hut – insofern bietet unsere Kultur der Digitalisierung keine neue Qualität. All diese Faksimiles, Transfers und Digitalisierungen haben der kulturellen Entwicklung überdies entscheidende Impulse gegeben und gewaltige, oft aufregende Veränderungen bewirkt. Der Film ist selbst das Kind einer Ära, in der die Praktiken des Reproduzierens und Übertragens einen mächtigen Schub erhielten. Film selbst war ein großer Transformator älterer Ausdrucksformen, beruhte allerdings nicht auf deren Eliminierung – sie durften und dürfen weiterleben, zumeist sogar mit gehobenem Status. Und genau das ist 120 Jahre später die wirkliche Neuheit, der eigentliche Schock: dass es – zumindest was Film betrifft – keinen Konsens mehr zu geben scheint bezüglich der Überlieferungspflicht der Gesellschaft. Gemeint ist die Pflicht, nicht nur für brauchbare Transformationen des Bisherigen zu sorgen, sondern auch das Bisherige selbst zu bewahren – für den Gebrauch durch ein in seiner Bedeutung nie bezweifeltes Publikum von Menschen: jene, die Interesse an einer Kulturgeschichte ihrer Gattung haben, und jene, die sie schreiben. Beim Film ist dieses zu bewahrende Bisherige etwas Anderes, Komplexeres als bei objektförmigen Dokumenten und Kunstwerken. Es ist nicht, wie manche meinen, die immaterielle Illusion auf der Leinwand, bei der es egal wäre, woher sie stammt; es ist auch nicht allein die analog kopierte Filmrolle im tiefgekühlten Archiv und natürlich nicht *nur* der mechanische Projektor in einem kinoartigen Raum. Das zu bewahrende Bisherige ist deren Zusammenspiel – ein (durch diese Elemente) bestimmtes Ereignis in einem (von ihnen) bestimmten Zeitraum: der aufgeführte, in Betrieb genommene Film.

Die Vorstellung, dass das vielbeschworene »filmische Erbe« der Menschheit ja in digitalisierter Form weiterleben könne, ist durchaus bequem und heute an allen Ecken und Enden zu hören: Digitalisierung als eine *ergänzende und optimierende* Übertragung des filmhistorischen Bestands auf andere Medien – flexibler, markttauglicher und »von besserer Bild- und Tonqualität« als frühere Übertragungen oder gar als der Film selbst. Diese Vorstellung erweist sich spätestens dann als Irrtum, wenn man ihre konkreten Folgen erkennt: dass sie die *einzige* Art des Weiterlebens von Films sein will. In der aktuellen Praxis nämlich verunmöglicht sie – auf der ausschließlichen Grundlage ökonomischer Argumente – zusehends die bisherige Überlieferungsweise und damit die intrinsische »Machart« des Films, indem sie die Fortführung der notwendigen Kopiertechniken und die fortgesetzte Produktion der zur Überlieferung notwendigen Materialien für »obsolet« erklärt.

Private und öffentliche Entscheidungsträgerinnen können sich offenbar – mehrheitlich – keinen anderen Weg vorstellen. Ist dieser neuartige, auf höchster Ebene angesiedelte Paradigmenwechsel also gewünscht? Und wenn ja, wer genau ist es, der ihn wünscht? Gilt der Paradigmenwechsel dann auch für die anderen bisherigen Ausdrucksformen der Menschen oder nur für den Film? Geht es um die Aufkündigung jener Prinzipien kultureller Überlieferung, die die Menschen der letzten 500 Jahre in zäher und inspirierender Arbeit etabliert haben? Zumindest diese Fragen sollten aktuelle und künftige Generationen von Entscheidungsträgern bedenken.

~

Im Februar 1969 antwortete Luis Buñuel dem Österreichischen Filmmuseum, dass er gerne bei der Organisation der ihm gewidmeten Retrospektive helfen möchte, aber nicht, was seine Werke aus den ersten Jahren in Mexiko betrifft, darunter der oben erwähnte »Busfahrfilm«: »Ich bin gegen die Präsentation dieser Filme.« Das Filmmuseum zeigte sie trotzdem, und andere Filmmuseen überlieferten sie (für viele Menschen zählen sie heute zu Buñuels schönsten Arbeiten). Womit nur gesagt sein soll, dass es in diesen Institutionen und in der Gesellschaft, in der sie wirken, etwas gibt, das über die Gegenwart, über die Wünsche der Macher, Produzenten, Konzerne hinausgehen muss. Eine Art Selbstverpflichtung, die sich auf eine unabgeschlossene Vergangenheit bezieht und an eine offene Zukunft richtet.

Ein anderer Filmemacher (der hier ungenannt bleiben soll, damit ihm das schöne Pathos seiner Worte nicht auf den Kopf fällt) schrieb folgenden Satz an das Filmmuseum: »Wenn Euer Programm kommt, ist das wie Israel. Wenn's hart kommt, wissen wir, wohin.« Aber so hart soll es nicht kommen: Es soll nämlich mehr als nur eine Stätte geben, an der der Film als Film weiterlebt. Und diese Stätten sollen sich nicht als Nostalgiebunker verstehen, sondern selbstbewusst jener Kunstform widmen, der sie ihr eigenes Dasein verdanken, an deren historischem Einfluss nicht der geringste Zweifel besteht und zu deren transparenter, moderner, demokratischer Vermittlung sie aufgerufen sind. Und es muss mehr als nur ein Typ von Stätten sein. Es braucht vor den kinematografischen Archiven und Aufführungsorten vor allem die Werkstätten, Chemielabors, Kopierwerke und deren jeweilige Expert/inn/en, damit Film – Rohfilm – überhaupt gemacht und in weiterer Folge zum Positiv eines Negativs oder Negativ eines Positivs werden kann.

Wenden Sie sich also an Ihre Nationalratsabgeordneten, Ihre Bundesregierung, Ihre UNESCO-Vertrauten und vor allem an Ihre Vertreter/inne/n bei der EU: Teilen Sie der Gesellschaft mit, dass Sie ein begründetes Interesse haben am Weiterleben von Film. Das gut erkennbare Positiv der ersten fünfzig Jahre Filmmuseum, aus dem ich das sorgenvolle Internegativ meiner letzten Absätze herleite, könnte ja im nächsten Schritt wieder eine glänzende Vorführkopie ergeben.

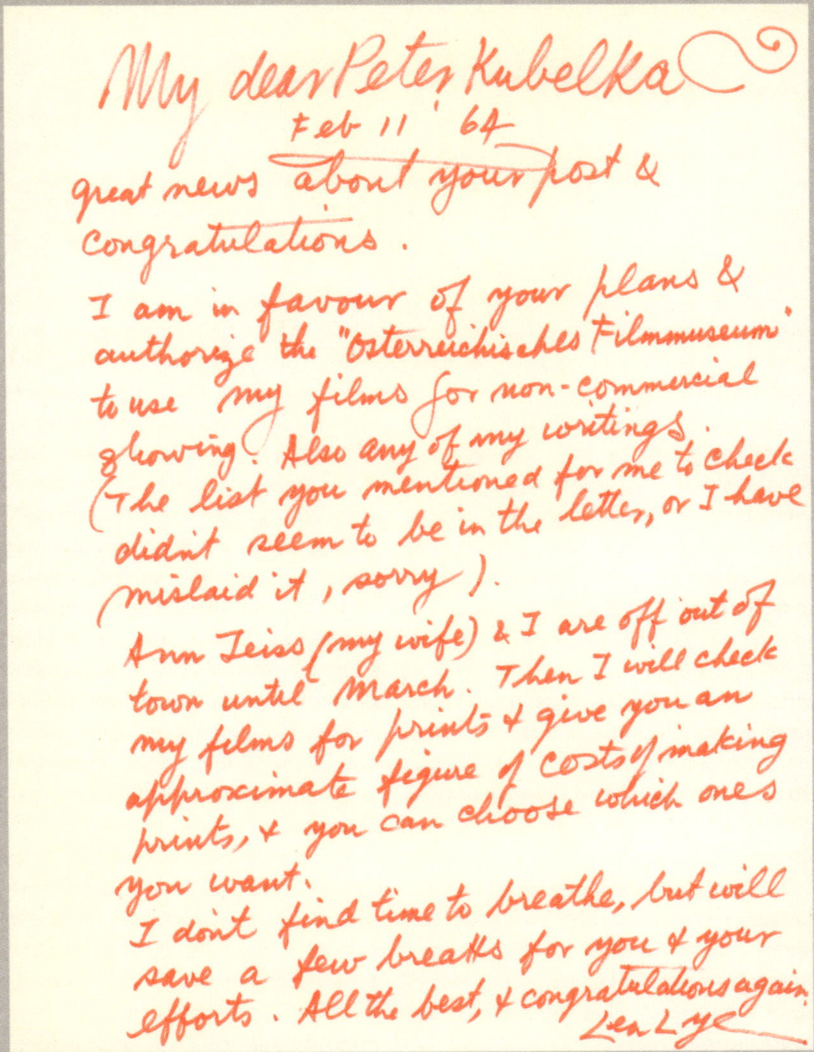

My dear Peter Kubelka
Feb 11 '64

great news about your post & congratulations.

I am in favour of your plans & authorize the "Osterreichisches Filmmuseum" to use my films for non-commercial showing. Also any of my writings. (The list you mentioned for me to check didnt seem to be in the letter, or I have mislaid it, sorry).

Ann Zeiss (my wife) & I are off out of town until March. Then I will check my films for prints & give you an approximate figure of costs of making prints, & you can choose which ones you want.

I dont find time to breathe, but will save a few breaths for you & your efforts. All the best, & congratulations again.

Len Lye

EIN BRIEF VON LEN LYE

Der große, aus Neuseeland gebürtige Filmmacher Len Lye war einer jener Künstler, mit denen Peter Kubelka und Peter Konlechner noch vor der Gründung des Filmmuseums korrespondierten. Man versuchte seine genaue Filmografie zu etablieren, Kopien seiner Filme zu erwerben und bot ihm die Ehrenpräsidentschaft des künftigen Museums an. Lye scheint jedoch eher an seinem Rückzug aus der Filmwelt gearbeitet zu haben, wie ein früherer Brief vom 14. 11. 1963 andeutet: »I hardly find time to write to my best friends, let alone my colleagues in the experimental film world. Lately I have been writing a philosophical job on the subject of ›value‹ and happiness.«

Peter Huemer

Wie es begann

In den frühen 60er Jahren des vorigen Jahrhunderts gab es in Wien wesentlich mehr Kinos als heute und die waren besser über die Stadt verteilt. Der Schleichhandel für die meist ausverkauften Abendvorstellungen der Premierenkinos blühte, war aber für die Schleichhändler, in Wien »Agioteure« genannt, nicht nur mit finanziellem Risiko, sondern auch mit körperlichen Mühen verbunden: Um 20 Uhr 30 begann die Vorstellung im Künstlerhauskino, aber spätestens knapp nach halb mussten sie lossausen, um ihre Karten vor dem Wienzeile-Kino auf dem Naschmarkt zu verkaufen, wo die Vorstellung um 20 Uhr 45 begann, und bald nach dreiviertel zum Opernkino auf dem Karlsplatz rennen, wo es um 21 Uhr anfing. Die Distanzen waren durchaus bewältigbar, sie mussten aber im Laufschritt zurückgelegt werden, sollte das Geschäft florieren. Und das tat es: Meistens wurden die Händler ihre Kinokarten zu stark überhöhten Preisen los. Wer das Spiel kannte und erst dann kaufte, ehe sie rennen mussten, kam billiger davon – riskierte allerdings, dass auch der Schleichhandel schon vorher ausverkauft war.

Die Wiener Kinos vor 50 Jahren waren also gut besucht, die Premierenkinos meistens voll, aber: Es gab nichts, was man als Filmkultur bezeichnen könnte. Es gab ein paar Kinos mit etwas höheren Ansprüchen an ihr Programm. Und der Film galt auch nicht mehr als Praterbudenattraktion für die Unterschicht wie in den ersten Jahrzehnten seines Bestehens. Er war ein allgemein akzeptiertes Unterhaltungsmedium für unterschiedliche ästhetische und intellektuelle Ansprüche. International war Film zwar längst durchgesetzt als *die* Kunstform des 20. Jahrhunderts, in der sich die Zeit, ihr Geist, ihre Ästhetik, ihre Moden, ihre Schrecken, ihre Lügen am genauesten spiegeln (eine unerschöpfliche Quelle: von *The Birth of a Nation* und *Dr. Mabuse* über die Screwball Comedies der 30er und den Heimatfilm der 50er bis zum Slasher-Film der Gegenwart) – aber in Wien war die Botschaft, dass es im Kino um Kunst und ihre Zeit geht, noch nicht wirklich angekommen.

In dieser Situation gründeten Peter Konlechner und Peter Kubelka im Februar 1964 das Österreichische Filmmuseum, hervorgegangen aus dem Cinestudio der Österreichischen Hochschülerschaft an der Technischen Hochschule, wo Konlechner studierte. Um zu verstehen, welche Großtat das war, muss man sich das kulturelle Klima jener Jahre vergegenwärtigen: Es gab die etablierten Großveranstalter Burg, Oper, Musikverein, Konzerthaus, Kunsthistorisches Museum und noch ein paar mehr – und das soll keineswegs gering geschätzt werden. Aber wer zum Beispiel französisches Absurdes Theater sehen wollte, musste weit in die Vorstadt ins kleine Theater am Lichtenwerd fahren, und wer Stücke von Artmann und der Wiener Gruppe sehen wollte, konnte das in der Studentenbühne »Die Arche«. Artmann war damals schon über vierzig, galt aber in Wien seit der *schwoazzn dintn* immer noch als junges Talent.

Die Stadt war immer noch ziemlich arm, von Bürgerkrieg, Nationalsozialismus, den eigenen Untaten und dem Schweigen darüber traumatisiert und alles eher denn aufgeschlossen für Neues. Und ganz besondere Wut galt der »modernen Kunst«. Der Germanist Karl Müller hat das 1990 umfassend beschrieben in seiner Studie *Zäsuren ohne Folgen. Das lange Leben der literarischen Antimoderne Österreichs seit den 30er Jahren*. Ende der 60er bricht diese umfassende Herrschaft der Antimoderne im Kulturbereich krachend zusammen, aber noch sind wir nicht so weit. In den frühen 60er Jahren hatte es in Wien drei wichtige Neugründungen gegeben, die man nachträglich als Vorboten eines kommenden Machtwechsels verstehen kann: die Österreichische Gesellschaft für Literatur, das Museum des 20. Jahrhunderts und eben das Österreichische Filmmuseum. Damit gingen in Wien Fenster auf, die bis dahin geschlossen waren. Und nicht nur für Wien, für Österreichs kulturelles Klima insgesamt war das wichtig. Das Filmmuseum kann man als die modernste dieser neuen Institutionen bezeichnen, weil es sich nicht der zeitgenössischen Pflege einer tradierten Kunstform verschrieb, sondern eine neue, zeitgenössische Kunstform etablierte.

Hier soll neben den Gründern des Filmmuseums Konlechner und Kubelka, deren Arbeit aller Preise und Auszeichnungen würdig ist, die Stadt und Staat zu vergeben haben, noch auf eine dritte Person hingewiesen werden, die von allem Anfang dabei war und die zum Erfolg des Filmmuseums beigetragen hat: die Künstlerin Gertie Fröhlich. Von ihr stammt das Logo des Museums, jenes walfischartige Untier, das aber kein Wal ist, sondern ein Zyphius. Dem Katalogvorwort von John Sailer zur Ausstellung der Filmmuseumsplakate von Gertie Fröhlich in der Galerie Ulysses 2005 entnehme ich: der Zyphius sei ein Fabelwesen aus einer Abhandlung von 1558. Dort hat ihn Gertie Fröhlich entdeckt. Und was hat der Zyphius mit dem Filmmuseum zu tun? Offen gestanden: nichts. Angeblich sei der Zyphius ein brauchbares Symbol, weil er sowohl unter Wasser als auch zu Lande leben könne und deswegen optimale Überlebenschancen habe – was auch dem Filmmuseum zu wünschen sei. Auch wenn man davon absieht, dass das schon deswegen sinnlos ist, weil es den Zyphius im Gegensatz zum Filmmuseum nie wirklich gegeben hat und er daher weder überleben noch aussterben konnte: Diese Deutung scheint allzu hanebüchen. Das heißt: Der Zyphius hat mit dem Filmmuseum nichts zu tun, ist gerade deswegen zum idealen Logo geworden und ist es bis heute geblieben.

Zwanzig Jahre lang, 1964 bis 1984, hat Gertie Fröhlich die Plakate des Österreichischen Filmmuseums gestaltet, hat jeden Monat ein kleines Kunstwerk geschaffen und dabei gelegentlich auf das Zyphius-Prinzip zurückgegriffen: den größtmöglichen Gegensatz zwischen Plakat und angekündigtem Filmprogramm herzustellen und gerade dadurch einen ästhetischen Stolperstein zu schaffen, der nicht zu übersehen ist. Unvergessen ihr Plakat für die Buñuel-Retrospektive im Rahmen der Viennale 1969: weiße Schafe, grüne Wiese, blauer Himmel, weiße Wolken. Was diese betont harmlose Idylle mit Buñuel zu tun hat? Nichts. Vielleicht aber doch? Wir grübeln. Wir erinnern uns an den zerschnittenen Augapfel in *Un chien andalou*. Buñuel, die Lamperl, der Himmel – passt, weil es nicht passt. So entstand Werbung und Information mit Witz und hohem künstlerischem Anspruch für ein Institut mit hohem künstlerischem Anspruch.

Die Zusammenarbeit mit der Viennale hatte sich bewährt. Zur Retrospektive »Propaganda und Gegenpropaganda im Film 1933–45« erschien 1972 ein wichtiges Begleitbuch, weil ein Museum eben nicht nur Ort der Schaustellung, sondern auch Ort der wissenschaftlichen Befassung ist. So hat sich das Österreichische Filmmuseum zeit seines Bestehens selbst verstanden. Das begann bereits im Gründungsjahr 1964 mit drei schmalen Publikationen: *Klassiker des russischen Films*, *Petit Festival Georges Méliès*, *Sergej Eisenstein*. Es folgten: *Erich von Stroheim. Eine Montage von Selbstzeugnissen, Zitaten und Fakten*, *The Marx Brothers*, *Dziga Vertov. Aus den Tagebüchern* und so fort. Die Bandbreite der Publikationen ist groß und umfasst auch Genres für ein Massenpublikum wie Western und Gangsterfilm.

Die allererste Aufgabe war jedoch die eines jeden neugegründeten Museums: sammeln. Spielfilme, Dokumentarfilme, experimentelle Kurzfilme, Wochenschauen, Avantgarde, Propaganda – was filmisch festgehalten wurde, war wichtig. Inzwischen ist daraus eine international bedeutende Sammlung geworden, die das Werk von Martin Scorsese, dem Ehrenpräsidenten des Filmmuseums, ebenso enthält wie kurze unbearbeitete Amateurfilme über den »Anschluss« im März 1938. Denn auch aus solchen Filmschnipseln kann der Historiker Erkenntnisse gewinnen. Untrennbar mit dem Sammeln verbunden ist das Restaurieren von Filmen. Auch das ist Teil der wissenschaftlichen Arbeit, die das Filmmuseum zu leisten hat.

Eine persönliche Erinnerung sei hier gestattet: Als junger Historiker wurde ich 1969 von Peter Konlechner mit der Aufgabe betraut, das bis dahin gesammelte, aber noch weitgehend ungeordnete Dokumentarfilmmaterial des Filmmuseums zu sichten, zu bewerten und zu katalogisieren. Ich habe diese Arbeit geliebt, auch wenn sie mich zuweilen vor große Probleme stellte. Geliebt deswegen, weil die Arbeit mit Filmdokumenten, auch wenn sie Jahrzehnte alt sind, etwas unglaublich Lebendiges und Spannendes ist, und Probleme deswegen, weil es manchmal doch sehr schwierig war, Filmteile von 50 Sekunden Länge, zu denen keinerlei Angaben vorhanden waren, richtig zuzuordnen: Wann könnte das gedreht worden sein, wo könnte das gedreht worden sein, und was sehe ich hier überhaupt? Dazu kam gleichzeitig der tiefe Respekt vor dem Material, der jede Mitarbeiterin, jeden Mitarbeiter des Filmmuseums geradezu zwangsläufig im Zuge der Arbeit erfasst. Respekt und Liebe: daraus wächst die Verpflichtung, möglichst wenig

GERTIE FRÖHLICH
PETER KUBELKA
PETER KONLECHNER
Porträtiert von Robert Newald im Herbst 2013

falsch zu machen. Manchmal denke ich daher mit etwas Unbehagen an die Fehler, die mir damals beim Katalogisieren der vielen Dokumente sicherlich passiert sind. Aber es war ein Anfang.

Und weil aller Anfang bekanntlich schwer ist, war es auch hier so. Wichtig für die beiden Gründer war, dass ihnen seit Beginn der Rechtsanwalt Heinrich Wille als Obmann zur Seite stand. Dr. Wille hat Aufstieg und Erfolg des Filmmuseums über mehr als vierzig Jahre als Obmann mitgetragen, von 1964 bis 2005, eine unglaubliche Zeitspanne. Das war nicht immer leicht, denn die finanziellen Schwierigkeiten gerade in den ersten Jahren waren beträchtlich. Das Budget ist inzwischen gewachsen, aber die Anforderungen ebenfalls. Das Geldproblem hört nie auf – da mag das Museum noch so bedeutend sein. Und es ist bedeutend, als Kino wie als Forschungsstätte. Was das Österreichische Filmmuseum besonders auszeichnet, ist die Kompromisslosigkeit seines Programms, des künstlerischen wie des wissenschaftlichen. Daran hat sich von 1964 bis 2014 nichts geändert. Eine gerade Linie führt von Konlechner und Kubelka in die Gegenwart. So entstand ein Museum von Weltrang.

ÖSTERREICHISCHES FILMMUSEUM
WIEN

Presseinformation

Die Österreichische Hochschülerschaft anerkannte die Bedeutung des Projektes"ÖSTERREICHISCHES FILMMUSEUM" und gründete gemeinsam mit Peter Konlechner und Peter Kubelka,die schon seit einiger Zeit zusammenarbeiten, den Verein ÖSTERREICHISCHES FILMMUSEUM.

Das Bestreben,einer jungen Kunstgattung eine Pflegestätte zu schaffen, wird von der akademischen Jugend getragen.

Wir wollen gegen die noch immer herrschende Ansicht eintreten, daß Filmkunstwerke altern und aus der Mode kommen können. Die filmischen Kunstwerke sind ebenso zeitlos, wie etwa die Werke der Malerei oder Musik.

Wir wollen jedoch nicht nur in Beispielen die klassischen Film=werke zeigen, sondern auch eine umfassende Information über das zeitgenössische Filmschaffen bieten.

Unser Ziel ist es, einen Ort zu schaffen, an dem eine lebendige Pflege der Filmkunst stattfindet: das heißt, daß die wichtigen Werke der Filmgeschichte ständig der Öffentlichkeit zugänglich gemacht werden. Einen solchen Ort hat es in Wien bisher nicht gegeben.

Es wurde in Österreich bisher vor allem auf dem Gebiete der Filmarchivierung gearbeitet. Es gibt mehrere Stellen, die sich dieser Tätigkeit widmen, darunter die Nationalbibliothek, die S.H.B. , und vor allem das Österreichische Filmarchiv, dessen verdienstvoller Leiter, Dr. Ludwig Gesek, uns in mehreren Fällen unterstützt hat; von ihm stammt auch der Vorschlag, unsere Institution Österreichisches Filmmuseum zu nennen.

Aus der Komplexität und Eigenständigkeit des Films folgt, daß eine eigene, selbständige, und nicht anderen Einrichtungen angegliederte Pflegestätte geschaffen wird.

Wir sind der Ansicht, daß der Staat über ein derartiges Unter=nehmen früher oder später das Patronat übernehmen sollte. Wir haben bereits Schritte unternommen und dem Unterrichtsministerium ein derartiges Ansuchen vorgelegt, worüber noch keine Entscheidung gefällt wurde.

Man kann vom Staat nicht erwarten, daß er von sich aus für eine neu auftauchende Kunstart sorgt. Daraus ergibt sich, daß derartige Bestrebungen zuerst von privater Seite vorgetragen werden müssen. Wir werden uns bemühen, durch unsere Arbeit die Berechtigung eines nationalen Filmmuseums nachzuweisen.

Wir hoffen, daß auch Österreich dem Beispiel fast aller euro=päischen Staaten folgen wird, und sich für die Errichtung eines großzügig angelegten Filmmuseums entscheidet.

DIE ERSTE PRESSEINFORMATION DES FILMMUSEUMS, FEBRUAR 1964 (siehe auch folgende Seite)

PETER KONLECHNER (27) beschäftigt sich seit dem Jahre 1955 aktiv mit dem Film. Er gründete im Jahre 1961 das Cinestudio der Österr. Hochschülerschaft. Mehrere Studienaufenthalte an Filmmuseen im Ausland, wie Kopenhagen, Stockholm und London boten die Möglichkeit zum Erwerb einer gründlichen Kenntnis der Filmbeschaffung und der ArbeitsWeisen von Filmmuseen.

Er übt filmjournalistische Tätigkeit in Tages- und Fachzeitungen aus. Mitglied der FIPRESCI.

Im Jahre 1962 organisierte er seine erste große Veranstaltung, die "Internationale Kurzfilmwoche", die 7o noch nie in Wien ge=zeigte Filme aus 18 Ländern der Öffentlichkeit vorstellte.

Weitere Veranstaltungen des Cinestudios waren: Die Retrospektive des japanischen Meisterregisseurs Ozu, das Informationsprogramm, das Filme von Jean Vigo, Dsiga Wertov, Ponting etc. beinhaltete. Weitere Aufführungen brachten Filme von Eggeling, Duchamp, Ray, Filme der jungen polnischen Generation, Diplomarbeiten von Film Hochschulen etc.
Konlechner ist nebenbei Student der Nachrichtentechnik und be=absichtigt, sich nach der Beendigung seiner Studien ausschließ=lich dem Film zu widmen. Seine technischen Kenntnisse werden der schwierigen Arbeit der Filmbewahrung und Restaurierung zugute kommen.

PETER KUBELKA C.S.C. (29) beschäftigt sich seit dem Jahre 1952 ausschließlich mit dem Film. Er erwarb im Jahre 1956 als erster Österreicher das Diplom für Filmregie am Centro Sperimentale di Cinematografia in Rom. Er widmet sich außer der Filmherstellung vor allem der Filmgeschichte. Bereits im Jahre 1957 begann er seltene Werke der Filmkunst für Sondervorführungen nach Wien zu bringen. Peter Kubelka genießt auf dem Gebiete des Experimental=films internationalen Ruf. Seine Filme erhielten mehrere Preise und wurden auf vielen Festivals gezeigt. Aufführungen erfolgten in fast allen Ländern Europas, sowie in Tokio, New York und Montevideo.
Während seiner vielen Auslandsaufenthalte besuchte er auch die meisten Filmmuseen Europas.

FILM / FERNSEHEN

Filmmuseum für Wien

Vergangene Woche wurde der Verein „Oesterreichisches Filmmuseum" eingetragen

„Österreichisches Filmmuseum Wien" – mit Schreiben, die diesen Briefkopf tragen, starteten vergangene Woche der bärtige Wiener Technikstudent Peter Konlechner und der in Rom und Paris mehr denn in seiner Heimatstadt Wien geschätzte Kurzfilmregisseur Peter Kubelka („Mosaik im Vertrauen", „Adebar") ihre Korrespondenz in einer Sache, für die sie bereits Jahre hindurch Vorarbeit geleistet hatten:

Für ein Filmmuseum in Wien, wie es in allen europäischen Ländern mit Ausnahme von San Marino, Monako, Griechenland, Luxemburg und – Österreich bereits seit Jahren existiert. In der Anstalt sollen Kopien der bedeutendsten Werke, die die Filmkunst seit ihrem Bestehen hervorgebracht hat, gesammelt, ständig durch Neuerscheinungen ergänzt, regelmäßig öffentlich und jederzeit auf Wunsch von Interessenten, vorgeführt werden.

Der private Verein „Österreichisches Filmmuseum" existiert seit vergangener Woche bereits auf dem Papier. Gründungsmitglieder: die österreichische Hochschülerschaft, Konlechner und Kubelka. Es fehlt jedoch an Mitteln und Räumlichkeiten. Petitionen an das Unterrichtsministerium sind bereits abgegangen: „Wir brauchen jährlich eineinhalb Millionen Schilling, dafür garantieren wir, daß sich in fünf Jahren Kopien der 200 wichtigsten Filmkunstwerke in Wien befinden. Damit wäre erst die Grundlage für ein Filmleben in Wien gelegt. Wo soll ein junger Österreicher, der zum Beispiel Regisseur werden will, sehen, was diese Kunstgattung bisher hervorgebracht hat."

Kubelka und Konlechner schwören, daß die von ihnen gesammelte Filmkunst nicht nur einem kleinen Kreis von Cineasten zur Freude gereichen wird: „Das Wiener Publikum ist viel filminteressierter, als man allgemein annimmt. Es verdient, nicht nur das vorgesetzt zu bekommen, was die Verleihfirmen alljährlich nach Österreich bringen. Allein in Wien gibt es ein potentielles Filmpublikum von 15.000. Die Zahl wächst durch Mundpropaganda."

Derlei erfreuliche Erfahrungen durfte Technikstudent Konlechner seit 1960 machen. Nachdem er – wie er offen zugibt – seine eigene künstlerische Unfähigkeit, Filme zu inszenieren, erkannt hatte, beschloß er, zumindest für das Gute zu wirken, daß andere drehen. Im Hörsaal 3 der Technischen Hochschule, Wien IV, Gußhausstraße 25, veranstaltet er seit vier Jahren Sondervorführungen von wertvollen Filmen, die er mit Zuschüssen des Unterrichtsministeriums erstmalig nach Österreich importiert hatte. Er begann mit 16-mm-Kurzstreifen, zeigte weniger bekannte Chaplin-Komödien, die Filme Jean Vigros, veranstaltete die österreichische Erstaufführung des Dokumentarlichtspieles, das während Scotts Antarktisexpedition gedreht wurde, führte Filme des kürzlich verstorbenen japanischen Regisseurs Jasujiro Ozu vor und wird jetzt die wichtigsten Werke der russischen Filmklassik zeigen. Die Besucherzahl wuchs ständig. Es kamen nicht nur Studenten in die Technische Hochschule, um um einen kleinen Regiebeitrag gute Filme zu sehen: „Man kann vom Staat nicht erwarten, daß er von sich aus für eine neu auftauchende Kunstart sorgt. Daraus ergibt sich, daß derartige Bestrebungen zuerst von privater Seite vorgetragen werden müssen. Wir haben uns bemüht und werden uns bemühen, durch unsere Arbeit die Berechtigung eines nationalen Filmmuseums nachzuweisen. Wir sind aber dennoch der Ansicht, daß der Staat über ein Unternehmen wie das Filmmuseum früher oder später das Patronat übernehmen sollte."

Konlechners und Kubelkas Bemühungen sind in Österreich keineswegs so exklusiv, wie sie beim ersten Anblick erscheinen mögen. Organisationen, Vereine und einzelne Filmenthusiasten veranstalteten Sondervorführungen im Dienste der Filmkunst. In der Österreichischen Nationalbibliothek und im sogenannten „Österreichischen Filmarchiv" werden bemerkenswerte Filme gestapelt. Die Sondervorführer mußten das wertvolle Material wieder aus ihren Händen geben, während die Archive ihre Schätze nicht genügend an die Öffentlichkeit herantrugen. Kubelka: „Es wurde viel verabsäumt."

Daß das Museumsgründerteam mit Schwierigkeiten seitens jener zu rechnen haben wird, die auf dem gleichen Gebiet Interessen hegen und pflegen, zeichnet sich bereits ab. Bemerkenswert immerhin die Tatsache, daß der Titel „Österreichisches Filmmuseum" von Professor Doktor Ludwig Gesek vorgeschlagen wurde. Professor Gesek ist der Leiter des seit langem bestehenden „Österreichischen Filmarchivs".

PETER HAJEK

VON FILM ZU FILM

PETER HAJEK IM *KURIER*, 2. 3. 1964

P. Adams Sitney

Birthday Reflections

The first time I encountered the name of Peter Kubelka occurred in 1961 when I saw the manuscript of Stan Brakhage's *Metaphors on Vision*. In a note, subsequently removed from the printed book, he included *Mosaik im Vertrauen* among the films that impressed him at the *Second Experimental Film Competition* (Bruxelles, 1958). At that time it was impossible to see a Kubelka film in the United States.

Two years later, during the fall of 1963, I began to organize the *International Exhibition of the New American Cinema*, a collection of some forty hours of American avant-garde films that would tour European film archives, museums and universities between January and July 1964. Initially Peter Konlechner wrote to me to invite the exhibition to Vienna. Then Dr. Ludwig Gesek of the Oesterreichisches Filmarchiv asked for the program, informing me that his institution would be the appropriate venue, not Konlechner's *Cinestudio* – his pre-Filmmuseum screening space at the Technical Hochschule. In the end, both »invitations« fell through. I was annoyed that Vienna would not be showing the films at all.

Before the European tour began I attended the *Third Experimental Film Competition* at Knokke-le-Zoute in Belgium (December 25, 1963 to January 1, 1964). There I met both Kubelka and Konlechner and heard of the byzantine politics surrounding the creation of the Oesterreichisches Filmmuseum. According to Konlechner, Dr. Gesek deliberately sabotaged his effort to bring the American films to Vienna. Now it was too late to rectify the damage.

Kubelka showed *Schwechater* at Knokke-le-Zoute. Jonas Mekas was there at the time and met Kubelka with me on Christmas Day. We quickly established a strong rapport. I liked Konlechner as well. They gave us their addresses and urged us to visit them in Vienna. So one day in June, when I had a break as my exposition was winding down, I showed up, almost without a Groschen, at the door of Gertie Fröhlich in Sonnenfelsgasse, looking for Kubelka. He and Konlechner were screening Vertov's *Čelovek s kinoapparatom* at the Stift Klosterneuburg that night, as part of Monsignore Mauer's 10th »Internationales Kunstgespräch.« I made my way to the screening, utterly surprising them, and stayed with Kubelka for two weeks, during which time I saw Peter's four films for the first time and decided to write an article on them for *Film Culture*. That turned out to be the first time they ever received extensive attention in print.

As a consequence of the generosity both Kubelka and Konlechner showed me in those two weeks and in sharing their enthusiasm for the Filmmuseum they were preparing, I promised to send them all the films I had with me after a final screening in July in Porretta Terme (the film festival of the Italian Communist Party) on the condition that they would ship them back to New York. I believe they looked at most of the films themselves that summer (1964), at Gertie Fröhlich's apartment and with a few friends – the small community of artists I met through Kubelka, including Nitsch, Fröhlich, Rainer, perhaps Priessnitz, etc. I cannot remember all the titles but certainly the following were included. Rice: *The Flower Thief*, and *Chumlum;* Markopoulos: *Twice A Man;* Brakhage: *Mothlight*, *The Dead*, *Anticipation of the Night*, *Blue Moses*, *Prelude* and Part One of *Dog Star Man;* Breer: *Blazes*, *Breathing*, *Pat's Birthday;* Landow: *Are Era*; Warhol: *Sleep;* De Hirsch: *Goodbye in the Mirror*; Higgins: *Flaming City;* Anger: *Scorpio Rising;* VanDerBeek: *Breathdeath*, *Snapshots of the City*. (I had left *Flaming Creatures in* London.)

When I returned to the United States in August 1964, Mekas and I set in motion a plan to bring Kubelka to New York. Eventually we were able to arrange a series of lecture / screenings that would cover the expenses of his trip. In those days he disdained the idea of lecturing. He considered it a stupid and useless American diversion from the essential project of showing the films over and over. His lectures always began with a prefatory remark about how meaningless and useless they were. Yet he found the American audiences very eager to hear his ideas, to see his films repeatedly, and to ask him questions. Soon he warmed to public speaking, dropped the negative preface, and acknowledged his talent as a theorist. He was an Austrian filmmaker but an American film theoretician; at least in our eyes. Always a splendid story-teller, he fascinated us with accounts of the opening of the Österreichisches Filmmuseum, its initial struggles, and its triumphs. That same year (1966) he completed the editing of *Unsere Afrikareise*, while visiting Stan Brakhage and his family in Colorado, and had the first prints of the film made.

Once the Filmmuseum was on solid ground and a clear success, Kubelka took a leave-of-absence to live in New York for a couple of years as a film archivist at the United Nations. He became a central figure of the American avant-garde cinema and a frequent and enthusiastic lecturer.

In 1967, when I organized the third *International Exposition of the New American Cinema* – the second had been shown in Buenos Aires in 1965 – the Österreichisches Filmmuseum was the third stop in a chain of month-long screenings, including films by Brakhage, Mekas, Snow, Markopoulos, Anger, Warhol, Emshwiller, Breer, Conner, Harry Smith, Jacobs, and others. Konlechner was a lavishly generous host. Kubelka was still living in New York at that time, but he seized the occasion of his sister's wedding to join us for a week in Vienna.

I was very impressed by the quality of films, the perfection of projection, and the intelligence of the audiences at the Albertina screenings of the New American Cinema. So it was with great eagerness that I accepted an invitation to give a series of five lectures a decade later (1978) called »The Uniqueness of the Cinematic.« By then I had published one book and earned my living as a university professor. I spoke on Buñuel, Dreyer, Bergman, Brakhage, and Dovzhenko (as far as I can recall). Those lectures became the basis for my book *Modernist Montage*. Although I spoke in English, I found the audience keener and more intense than any I encountered in Europe and unsurpassed subsequently.

The Filmmuseum invited me back in 1985 for four lectures (»Shot and Countershot«). The audience was as welcoming and as intense as it had been seven years before, but Kubelka himself was dismissive of the films and filmmakers I was discussing: Bergman, Pasolini, Straub, Hitchcock…

I returned to Vienna many times after that, continually enjoying the hospitality of the Filmmuseum. On several occasions my visits entailed essential research. For instance, it was the only place on earth one could count on seeing films by Robert Beavers before 1993 – and it still remains the major treasury of his work.

Now, nearly fifty years after seeing *Čelovek s kinoapparatom* for the first time, under the auspices of the Filmmuseum's founders, I look forward to the opportunity of addressing that superb Vienna audience once again – and celebrating the 80th birthday of its co-creator.

Harry Tomicek

Memoires und Apropos eines Spaziergängers im Garten des Filmmuseums

Seltsame Bande, die ihn in Zusammenhänge mit einem »Haus« gebracht haben, das eine Sammlung, ein Museum, ein Kinosaal ist – und im Lauf eines halben Jahrhunderts zu etwas herangewachsen ist, das man vermutlich Institution zu nennen beliebt. Man sieht, er gibt sich vorsichtig: er sagt nicht Bande, die ihn binden. Er spricht die Sprache des Liebhabers, der sich zwecks Tarnung jener des Diplomaten bedient. Zu beurteilen, ob es aus Ironie, Furcht oder Respekt vor dem Wort Bindung (und der Wirklichkeit gleichen Namens) geschieht, überlässt er der Mutmaßung anderer oder desjenigen Anderen, der er selber ist und auch nicht ist.

Er habe, sagt er, dieses aus der Form einer Leinwand bestehende Museum bereits in seiner ersten Stunde erlebt. Gewissermaßen im Akt der Geburt, die weder zu ebener Erde noch im ersten Stock eines klassizistischen Gebäudes und auch in keinem als *unsichtbar* bezeichneten Kino stattgefunden hat, vielmehr im Auditorium einer Technischen Universität, einem Saal, den seine Erinnerung düster, dunkelgesintert vom Staub der Zeiten darstellt, so, als sei dieser Raum die sinistre Bühne eines teils flackernden, teils versinkenden Traums. Oder Teil eines *Films,* in dessen schwarzweißem Zentrum eine Treppe regiert, auf deren Stufen Schreckliches geschieht, Stufen, 157 an der Zahl, über die er damals an der Seite in Panik geratener Personen in Odessa oder Wien-Wieden gerannt, gestürzt, gefallen ist (gerannt, gefallen mit Augen, die nicht nur Augen sind). Etwas später in jenen räumlichen Wirren, die die Frühgeschichte des fünfzig Jahre alten *mouseion* der zehnten Muse prägen, ist er – wieder scheint es, als geschähe es ihm in fernen Träumen – mit Nanook und den Hunden übers Packeis gezogen, während sich die aufkommende Polarnacht mit einer (wie er glaubt) Nacht des Monats Mai vermengte, irgendwo an der Hudson Bay oder im Dunkel eines Saals im Nestroyhof in der Leopoldstadt zu Wien.

Als dann das Filmmuseum in der Albertina, wie man sagt, Heimstatt bezogen hat, sind es hunderte, vielmehr tausende Stunden gewesen, die er in der Camera obscura dieses Orts zugebracht hat: Stunden, solche seines Lebens, und er ist sich angesichts jener, die gezählt sind, und des Lebens, das bemessen ist, nicht wirklich im Klaren darüber, ob es nicht zu viele, maßlos zu viele gewesen sind. Aber er ist auf dem Lichtstrahl des Projektors wie auf Aladins Teppich zum Musikzimmer des Zamindar von Nimtita geflogen und hat gebannt und gerührt auf der *tatami* neben Ryū Chishū und Hara Setsuko Platz genommen. Er ist – vor und dennoch in seiner Zeit – im kinematographischen Kahn

Renoirs auf den weichen Wellen der silberweiß glänzenden, Wolken widerspiegelnden Seine zur Liebesinsel Kythera gerudert. Er hat mit den Augen der jungen, morgens die Jalousien öffnenden Frau geblinzelt, geblendet vom Licht der Sonne und dem glückseligen Furor der Vertov'schen Wundermaschine *kinoapparatom*. Er hat die Äpfel Dovženkos im Regen wie jene der Hesperiden leuchten gesehen. Er hat die Schatten von *Vampyr* durchquert. Er hat nach *Ordet* gelobt, nie auch nur ein Wort über das zu veräußern, was *Ordet* in ihm ausgelöst hat. Er hat als Zuschauer also Jahre seines Daseins ans Filmmuseum verschwendet, um andere zu gewinnen, die sich erfüllt haben.

Im übrigen weiß er nicht, ob er nur glücklich darüber gewesen ist, dass sich das Maßlose seiner Filmwut mehr und mehr auf *einen* Ort, den des Museums, fokussierte. Es hat die schweifenden Spaziergänge, die nächtlichen Fahrten durch Bezirke und Peripherien Wiens weniger werden lassen, welche ihn zu heute verschwundenen Vorstadtkinos geleitet haben – Pilgerwege auf der Suche nach der Geschichte und den Geschichten des Films (auch nach imaginären Reisen, nach Ekstasen, nach Ausschweifungen, die sich oft auch als Abwege, Ablenkungen und Betäubungen entpuppten). In diesen Kinohöhlen von Erdberg, von Mauer, von Mödling, Hernals oder Breitensee hat er aufgerissenen Augs Anteil genommen am *Geheimnis der Indianerin* oder sein Gleichgewicht inmitten des Sogs aus Spiralen verloren, den *Aus dem Reich der Toten* zu entfachen wusste. Jahre später hat er diese mesmerisierenden Fundstücke unter ihren *originären* Namen – *The Big Sky, Vertigo* – und in ihrer *originären* Sprache und *originären* Form im Reigen mit allen oder fast allen anderen Arbeiten ihrer Regisseure im *Filmmuseum* wieder gesehen, was seinen Blick in keine schlechte, will sagen sublime Lehre genommen hat und die einfache und unwiderlegbare Einsicht in ihm reifen ließ, dass Cinemathek ein Museum sei, das das *komplette* Werk eines Meisters (oder Werk-Herstellers) »auszustellen« vermag: im Nu weniger Minuten, Stunden, Tage – knapper Zeit, die solcherart zur *concordia discors* oder widersprüchlichen Verschmelzung von Verdichtung *und* Explosion gerät.

Da er skeptisch ist, misst er all dem, selbst den Wonnen, dem Gewinn, den im Dunkel und Licht des Museums unternommenen Reisen nach Xanadu, Oz und Shangri-La, nicht jene Bedeutung bei, die den Rest der Welt verblassen lässt. Wichtig, sagt er, sei am Filmmuseum für ihn anderes gewesen. Er werde ein wenig »weiter unten« versuchen, es in zwei Kapitel zu gliedern und anhand zweier Aspekte darzulegen, andeutungsweise, wie sich versteht. Zuvor einige Parerga und Paralipomena, teils in Melodram-DeLuxe-color, teils im etwas schwermütigeren Grisaille der Dramödie. Denkt er zurück und lässt Stationen seines Lebens an ihm *Revue passieren*, erscheint es seltsam und – aus dem Abstand hervor – auch amüsant, wie viele Stationen seines eigenen *curriculum* der Zufall mit besagtem Ort (diesem ein halbes Jahrhundert alten Museum der siebten Kunst) zu verknüpfen gewusst hat.

Wenige Stunden nachdem er mit ihm noch am Mittagstisch gesessen ist, hat er hier inmitten flirrender Farbe und Finsternis die Nachricht vom jähen Tod seines Vaters erhalten – in der allerersten Minute eines Films von Hou Hsiao-hsien, einem taiwanesischen Regisseur, den er schätzt. Ein Jüngling in Gestalt seines Sohns war plötzlich hinter ihm aufgetaucht und hatte ihm die Botschaft zugeflüstert, worauf beide, der Jüngling und er, den Kinosaal in gelähmter und trostloser Eile verlassen haben. Er hat eine Frau, der er vor Jahrzehnten begegnet war – sich im Vorübergehen in sie verliebend, ohne dann auch nur je ein Wort mit ihr zu wechseln –, unverhofft in der Schlange der Wartenden vor dem noch verschlossenen Kinosaal wiedergesehen und hat sie, obgleich er es nicht wollte oder vermutlich doch wollte, angesprochen – ein Ereignis, das nicht ohne Folgen für beide – und eine weitere Person – geblieben ist (womit er eine geometrische Figur mit drei Seiten, schmerzlich verschlagen ins Reich sterblicher Narren, anzudeuten scheint). Er hat es später nicht vermocht, inmitten der wartenden Menge im Saal den Blick von einer anderen Schönen abzuwenden. Er, wie gewohnt, auf Distanz bedacht in letzter Reihe, sie fern, kühl, vor und unter ihm im Auditorium. Sie ist ihm eigentümlich in sich gekehrt erschienen, so, als wäre sie durch Wände aus Glas von den Personen und Vorgängen ringsum getrennt, Glas, das ihre eigene Existenz anmutig hervorgebracht hatte. Er ist überzeugt, dass nämliches Glas samt der opak verborgenen Existenz dahinter ihm bis zum heutigen Tag (er unterspielt an dieser Stelle) ein beträchtliches Maß an *eudaimonia* beschert hat.

Das Filmmuseum ist auch die Bühne gewesen, auf der er sich – »ganz zu Beginn« – als Billeteur betätigte – und zwar als *ungeeignetster* in der Geschichte des Hauses, weil er sich im Sturm chronischer Anfälle von Weltschmerz oder Misanthropie, die ihn damals (und nicht nur damals) heimzusuchen pflegten, geweigert hat, den Abriss ihm entgegengestreckter Karten abzutrennen, um die Vorüberströmenden stattdessen mit Blicken missliebiger, stolzer Düsternis zu mustern, was einen oder den anderen unter ihnen, wie er vermutet, die Annahme hegen ließ, sie müssten den Tempel des Films durch eine nicht geheure Pforte betreten. Auch als Zuseher, der er wieder geworden war, hat er im Haus für Unmut gesorgt, weil er (wir befinden uns inmitten der Western-Retrospektive des Jahres 1973, und es wird *Man Without a Star* von King Vidor gespielt) ein nicht geringes Quantum von bernsteinfarbenem Usquebaugh (aus dem Gälischen übersetzt: Lebenswasser) zu sich genommen hat. Abgesehen davon, dass ein trunkenes Schiff die Lust bisweilen probat befördert, mag solch Dem-Lebenswasser-Zusprechen ihm oder dem Fant, der er gewesen ist, auch als Applaus für Yssur Danielovitsch Demsky gegolten haben. Demsky alias Kirk Douglas alias Dempsey Rae. Der die Freiheit liebt und einengenden Stacheldraht hasst. Und darum auf Seiten mächtiger Rinderbosse gegen die ihr Land aus Not einzäunenden mickrigen Viehzüchter kämpft. Und dann *dennoch*, erst klamm, danach flamboyant, die Fronten wechselt, einzig darum, weil er, ob er mag oder nicht, sich klar zu werden beginnt, dass es *richtig*, also *notwendig* ist. Treffliche Demonstration des Schiller'schen Konflikts von Pflicht und Neigung im weiteren und des Kant'schen Kategorischen Imperativs im engeren Sinn: erbracht im Regenbogen-Entertainment eines Hollywood-Kinostücks! Dass der Rinderboss eine Lady ist, die es dem Helden angetan hat, erhöht nur den Reiz der Moral! *Cheers!*

Über den Weg gelaufen ist er ein anderes Mal im abendlich entleerten Foyer der »unteren Albertina« dem damaligen Direktor (und Gründer) des Filmmuseums P. K., der ihm seinen Fauxpas großmütig nachgesehen hat. Eine Hommage an den Western in Form von Whisky sei während eines Films vielleicht nicht angebracht, aber nachvollziehbar. P. K. hat ihm, wie zahllose Male zuvor und danach, einiges und nicht weniges von den überbordenden Sorgen anvertraut, die ihm punkto karger Subventionen und des von Missgunst bedrohten Hauses das Leben vergallbittert haben. Wobei er bei jeder Bekundung einer *Schändung* (wie er die Winkelzüge oder Intrigen der Zahlungsverzögerer und Anfeinder zu nennen pflegte) einen Schritt auf den Zuhörer hin *näher* gerückt ist. Was diesen veranlasst hat, pro geschilderter Schändung seinerseits einen Schritt *zurück* zu weichen. Dramolett für zwei Protagonisten. Einer beteuernd, heute Nacht noch Texte fürs Filmmuseum verfassen zu müssen; der andere unbeeindruckt von diesen Umständen, weil vom Druck der seinen getrieben. Ein Vorgang, der als ausufernd vorgestellt werden darf: sich gemäß der Zeit über sechzig Minuten und gemäß des Raums über eine Schleife von in *slow motion* getanzten Kreisen erstreckend: durchs Foyer, durchs Tor zur Straße, übers Trottoir zur nächstgelegenen Kirche, über das Trottoir zurück zum Tor, durch die Gefilde des Foyers retour zum Ausgangspunkt – alles in allem eine erheiternd weitschweifige Chiffre der Not auf den Boden der Stadt der *Schändungen* schreibend.

In nicht minder animierter Erinnerung sind ihm einige auf problematische Art gemochte Personen, die den Kinosaal als Fluchthöhle glückloser Tage oder Rampe bramarbasierender Auftritte benützt haben. Da ist Herr R. gewesen, Ahasver in bodenlangem, unbestimmt farblosem und auch an schwülen Sommerabenden getragenem schweren Mantel, Statist einst in einem Streifen Von Sternbergs und schon darum, seiner Überzeugung nach, Spezialist für sämtliche Belange der Kinematographie. Was ihn dazu beflügelt hat, in den kurzen Minuten nach Ende des jeweiligen Films das monologisierende Fachgespräch mit ein oder zwei erkorenen Opfern aus dem Publikum zu suchen und ihnen im Fall einer auch nur fingerbreiten Abweichung von seiner Sicht der Dinge donnernd zuzurufen, dass sie nichts, absolut nichts als »Blödschwätzer« und »Statthalter der Blödheit« (so seine Worte) seien. Den Sich-Erinnernden hat Herr R. aus Gründen, die er nicht kennt und die ihn rühren, aus dem Heer der Lämmer ausgenommen und ihm über Monate (waren es Jahre gewesen?) die Gunst gewährt, seinen Soliloquien zu lauschen, ohne sonderlich gerügt zu werden. Manchmal war es ihm sogar gestattet, das von einem halben Satz gefolgte Wort »Aber …« entgegnen zu dürfen. Es zuzulassen, den halben Satz zu einem ganzen werden zu lassen, zählte nicht zu Herrn R.s Intentionen, doch es schien denkbar, dass er ihn, obwohl er seine Ansichten nicht unbedingt teilte, ein klein wenig in sein frostig und einsam gewordenes Herz geschlossen hatte. Einmal ist Herr R. dann nach einem dieser gleichgewichtslosen »Gespräche« allein weggegangen, allein wie stets, und am jenseitigen Rand des nächtlichen Albertina-Platzes für immer im Dunkel verschwunden. Ein anderer Nachtschmetterling der Cinemathek namens L., Filmemacher hellenischer Herkunft, hat ihm, egal ob er es wollte oder nicht, Stunden lang illuminiert und ohne Erbarmen von seiner einstigen Heimat und seinen dereinstigen Plänen erzählt und immer, wenn er seiner strahlend ansichtig wurde (auf Innenstadtstraßen von hundert Metern Entfernung oder beim Betreten des vor Filmhungrigen dampfenden Kinosaals), seinen Vornamen H. mit Inbrunst intoniert, was ein wenig wie die Anrufung eines Esels oder aber wie dessen Wiehern selbst geklungen hat. Auch dieser enthusiastische und auf Pickwick'sche Art surreal anmutende Mensch ist eines Tages für immer verschwunden. *(Said the raven nevermore.)* Der, dessen Erinnerung wandert, würde sich glücklich wähnen, mit R. wie mit mástora L. heute auch nur ein Wort noch wechseln zu können. Eins, mit dem er auf sie zugeht, anstatt sie abzuwehren. Man sollte, was man künftig bereut, unterlassen zu haben, im Geschenk der Gegenwart bewerkstelligen. Ungleich ungetrübtere Freude hat es ihm bereitet, am fraglichen Ort P. begegnet zu sein (P wie Parasol oder Pilz), einem Cineasten von kraftvoller Gestalt und behutsamer Natur, der mit ihm vor, bei und nach der Projektion von Filmen Ozus, Hou Hsiao-hsiens und Robert Gardners den beredten Verzicht auf Worte geteilt hat, der den genannten Werken angemessen erscheint. (Knigge für »Augenblicke nach dem Film«: entweder *kein* Sprechen – oder das, was Breton *konvulsivisch* genannt hat.)

Im Übrigen hat er irgendeinmal begonnen, fürs Filmmuseum *Texte* zu schreiben und ist über Jahre hin zum allabendlichen Panegyriker der in Retrospektiven vorgestellten Filme und ihrer Regisseure geworden. Einige dieser Texte findet er aus der Distanz, die er zu ihnen gewonnen hat, eher töricht und matt, andere passabel. Einige wenige erscheinen ihm als das nicht Schlechteste, was er an Texten über Film gelesen hat, unbeeindruckt davon, ob *er* es ist, der sie geschrieben hat oder nicht. Wie auch immer, dieses Übersetzen oder Übertragen von Filmen in *Worte* ist einer Tendenz in ihm entgegengekommen, die ihm seltsam und seltsam zu ihm gehörig dünkt, obgleich er sich keineswegs im klaren darüber ist, warum und weshalb: Tendenz oder Hang oder infantiler Drang, über etwas zu schreiben, das sich der Sprache eigentlich oder weitgehend *entzieht*. Etwas, das die eigenen Sinne – sprachentziehend, sprachverwirrend wie jede starke Erfahrung – gerührt hat: das Gesehene (auch »Gesehene« am Sehen), das im Klang Gehörte (auch »Gehörte« am Hören), das Tausendundeinenacht von Schwarzweiß, die Flut der Farben, die Bewegung (auch wenn es – wie beim Film – nur die *Illusion* von Bewegung ist), allem voran das Bewusstsein und Empfinden der *Zeit*, in dem all dies, Sehen, Hören, Hinwenden, Gerührt- und Gebanntsein, sich offenbart und vollzieht. Es ist ihm selten gelungen, auch nur in die *Nähe* von dem vorzudringen, was ihm als Abenteuer des

Schreibens (oder Sprechens) vorschwebt. Er ist, wie in manch anderen Belangen, bestenfalls am Beginn. Sonderbare Worte eines, der nicht eben am Start seiner Tage steht.

Obwohl er lange, vielleicht *zu* lange, fürs Filmmuseum über Filme und Film geschrieben hat (zu lange, weil es ihn, nicht nur einmal, abgehalten hat, das zu schreiben, was er eigentlich zu schreiben wünscht: über Träume, Labyrinthe, Landschaften, den blendenden Blitz der Erfahrung), ist er *deeply stubborn* der geblieben, der dem Haus und seinem Bodenpersonal nicht »beigetreten« ist – obwohl es ihm angetragen wurde und seiner (wie man sagt) »Sicherung in materieller Sache« zuträglich gewesen wäre. Vielleicht ist es aus purer Kumpanei mit Seiner Durchlaucht Groucho geschehen, von dem die verehrungswürdige Sentenz überliefert wird, er wolle nicht aufgenommen werden in einen Club, dessen Mitglied er danach zu sein habe. Er hat es vorgezogen, Amateur oder (wie das Wort besagt) »Liebhaber« zu bleiben.

Zurück zu dem, was für ihn am Filmmuseum wirklich *bedeutsam* gewesen ist und was er in zwei Aspekten oder Miniatur-Artikeln andeuten wolle; bedeutsam im Sinn von: in den Lauf des Lebens einschneidend, es und das Denken prägend oder verändernd in einer Weise, die er weder vorausgesehen noch vorausgeahnt hat.

Kapitel eins befasse sich mit der Merkwürdigkeit, dass das Filmmuseum (oder etwas in seinem »Rahmen«) für ihn zu einer Art von nochmaligem Studium der *Philosophie* geworden ist. (Dies müsse *anders* gesagt werden, da Philosophie wesentlich nicht *studier*-bar sei und man zu ihr nur entflammt oder auf den Weg gebracht werden könne.) Der Gegenstand dieses Kapitels ist ausgestattet mit dem kühnen wie kindähnlichen Kopf eines Condottiere und pflegt beim Akt des Sprechens seine Arme bisweilen in der Manier eines Mannes auszubreiten, der am Berggipfel steht und über die Lande schaut, so, als beabsichtige er möglichst zahlreiche Teile des Kosmos, um den es ihm geht, zu umarmen. Es handelt sich, sagt er, um niemand anderen als P. K., zweiter Direktor (und Gründer) des Filmmuseums. Um ihn und seine Vorlesungen oder Vorträge, die weder das eine noch das andere gewesen sind, weil es sich um »Unterrichtungen« gehandelt hat, die die Kunst der *Anschauung* und des *Staunens* gelehrt haben. Anschauung dessen, was vor einem ist, scheinbar so selbstverständlich-bekannt-fraglos-gewusst wie »*der* Film« oder »*ein* Film«, dass man sein Wesen aus schierer und lähmender Nähe *über*-sieht und an seiner Anschauung *vorbei*-gesehen hat. Staunen darüber, *was* etwas ist. Und *überhaupt* ist (»und nicht vielmehr nicht und nichts ist«, wie Leibniz hinzugefügt hätte). P. K., dieser die Disziplin des »Anschauens und Staunens« Wiederbelebende. Verkündend, dass einer, der vorgibt, am Film interessiert zu sein und dabei nur *Film*, einzig *Filme*, bloß *Filmemacher* im Auge habe und nicht notwendig und fragend das *Insgesamt des Universums*, keinerlei Ahnung davon gewinnen könne, was Film (oder irgendetwas anderes) in seinem Wesen sei.

In einem englischsprachigen Land hat man K. (der auch Ausdenker, Ausklügler, *deus creator* außergewöhnlicher Filme ist) die keineswegs ironisch gemeinte Ehre erwiesen, seinem Namen das kleine Wort *Saint* voranzustellen.

(*Saint,* das man einst auch den Namen von Augustinus, Filippo Neri und anderer Ex-Zentriker und Ek-Statiker beizugesellen pflegte, die, vivat Paradoxon, dem schwachen Geschlecht der Sterblichen eine Ahnung von *kéntron* und *stásis* vermittelt haben.) Diese Kanonisation mag wegen K.s Bekümmerung ums *Ganze* geschehen sein, seines Interesses am *Insgesamt,* das ihn leitet und Fragen stellen lässt. Weiters wegen seiner *joie de vivre* und rotbäckigen Intensität, der zu sein, der er ist. Oder auf Grund seines sich auch leiblich und sinnlich auf, sagen wir, strahlende Art bekundenden *Eros* zum Ganzen – zu *allem,* den Dingen, dem Menschen und ihrer und seiner Relation zum *totum.* Und Eros zu den Künsten in ihrem Bezug zum Kosmos: Künste des Kochens, Tanzens, Bauens, Bilder- und Bildwerke-Herstellens, Sprechens, Dichtens, Musizierens und Filmens. Und nicht zuletzt wegen seines Vermögens, dieses sein Aussein und Interesse weitgehend unabhängig von Jargons, Moden und Lehren zu betreiben, geleitet stattdessen von persönlich gewonnenen, das heißt eigenen *Erfahrungen.*

Er, der Armeausbreiter, habe ihm die Augen zu öffnen gewusst dafür, dass Film a) die erste wirkliche *neue* Kunst seit dem Dämmer des Neolithikums und b) überhaupt *Kunst* sei, sein *könne,* dann, wenn er sich auf das besänne, zu dem er fähig sei – und wesensgemäß nur *er,* wir sprechen vom *Film.* Und dass besagte Domäne und Fähigkeit c) nicht mit dem Schauspiel und dem bebilderten und tönenden Roman verwechselt werden solle, mit denen man »Film« gemeinhin gleichzusetzen pflegt: mit dem Spielfilm also, jener Gattung, die auch *ihm* über Jahre weg vorrangig und gleichsam selbstverständlich als »Film« gegolten hat, mit Tom Mix und *Mabuse, Rashomon* und *Pickpocket, The Red Shoes* und *North by Northwest, The Searchers* und *Le Samouraï.* Das hätte etwas in ihn verpflanzt, von dem er zunächst nicht gewusst habe, ob es Gift- oder Wunder-Keim gewesen sei. Er habe Zweifel gehegt, obwohl er sich anderseits sicher gewesen sei. Mit anderen Worten: eine Inkubationszeit habe stattgefunden, samt Grimmen und Gewitter.

Das eine, was für ihn gezählt habe, sagt er, sei also K. gewesen, das andere eine Art von Film, für die bis heute der rechte Name fehlt. Kapitel eins und zwei. Das zweite sei temporär für ihn dem ersten vorausgegangen und habe sich später mit ihm zu Teilen vermengt. Er hatte Filme gesehen, die man am Ort, an dem er lebte, liebte, litt (und überhaupt zwischen Etsch und Belt), nur und einzig im *Filmmuseum* zu sehen bekam, Filme von Brakhage, Breer, Baillie und Beavers, von Anger, Markopoulos und Mekas, von Snow und Sharits, von Menken und Nelson und Filme von ihm, dessen Gedanken die seinen (die Rede ist von H. T.) verunsichert und befruchtet haben. Sie waren gewissermaßen ohne Vorwarnung, ohne Einleitung, ohne Vermittlung explodiert oder hatten jäh gleißende Gestalt angenommen, sind explodiert im zunächst trostlosen, sich danach zögernd lichtenden Schmutzgrau der Wiener sechziger, siebziger, achtziger Jahre, haben Gestalt angenommen in einer die Unruhe sowohl entfachenden wie bewahrenden *Unmittelbarkeit,* die nicht gestört wurde von Gerede und Diskussion (diesem Klima vermittelter, bekömmlich gemachter Kultur, dem er wenig abzugewinnen weiß). Oh, *Amor!* Oh, *Galaxie! Wavelength!* Vivat *Valentin de las Sierras!* Salve der auf den Namen *Dog Star Man* hörenden Flamme! Fahre fort, Recreation zu sein, *Recreation!* Erhebe dich *Scorpio Rising!* Schneide, *Razor Blades!* Je vous salue *Reminiscences of a Journey to Lithuania!* Und ah, Hurricane *Arnulf Rainer!* Und zuvor, danach, daneben: *Un chien andalou, L'Age d'or, Arsenal, Èntuziazm!* Gepriesen du, *Man of Aran* geheißene Woge aus Sturm! Und sei gerühmt, dunkler Stern *Vredens Dag!* Ihr habt treffliche Brände gelegt. Ihr habt Wonnen entfacht. Ihr habt ihn durchweht, durchwühlt, verstört, beglückt. Ihr habt ihm Hören und Sehen gelehrt. Ihr habt ihn schweigen lassen und sprechend gemacht. Und ihr habt das eure getan, etwas bewirkt, das ihn Jahre später animiert hat, es zu wagen, selber Filme in die Welt zu setzen, solche, die sich der Inspiration eurer Sturmwinde und Tiden verdanken.

Er erhebt sich also für das Hoch auf euch, aufs Filmmuseum und auf jene, die es *gegründet* haben, und, *last but not least*, auf jene, die es *bewahren*. Er zieht seine Kappe, auch dann, wenn er gar keine auf dem Kopf hat. Er wirft sie in die Höhe. Obgleich es eine imaginäre Kappe und kein Hut ist, ruft er mit noch bei Gegenwind vernehmbarer Stimme: *Chapeau!* Und fügt unbesorgt und ein klein wenig pathetisch hinzu: *Weiter so! Auf neue fünfzig!*

HARRY TOMICEK
Porträtiert von Friedl Kubelka
im Herbst 2013

1964

2. BIS 7. MÄRZ

Klassiker des russischen Films I Filme von Vsevolod Pudovkin, Lev Kulešov. Vorführungen: Technische Hochschule (Elektrotechnisches Institut), Gußhausstraße 25, 1040 Wien

13. BIS 18. APRIL

Klassiker des russischen Films II Filme von Aleksandr Dovženko, Grigorij Kozincev & Leonid Trauberg, Abram Room, Georgij & Sergej Vasil'ev. Vorführungen: Technische Hochschule, Gußhausstraße 25, 1040 Wien

4. UND 5. MAI

Filme von Orestis Laskos, Nikos Koundouros Vorführungen: Technische Hochschule, Gußhausstraße 25, 1040 Wien

2. BIS 5. JUNI

Petit Festival Georges Méliès
Vorführungen: Technische Hochschule, Gußhausstraße 25 und Karlsplatz 13, 1040 Wien
AUSSTELLUNG *Georges Méliès – Dokumente, Graphiken, Entwürfe*, Galerie nächst St. Stephan (23.5.–7.6.)

13. BIS 30. OKTOBER

Sergej Michailovič Eisenstein. Das Gesamtwerk
Vorführungen: Technische Hochschule, Gußhausstraße 25, 1040 Wien
AUSSTELLUNG *Sergej Eisenstein*, Albertina

PUBLIKATIONEN Österreichisches Filmmuseum (Hg.), *Klassiker des russischen Films*, Wien: ÖFM 1964 • Österreichisches Filmmuseum (Hg.), *Petit Festival Georges Méliès*, Wien: ÖFM 1964 • Österreichisches Filmmuseum (Hg.), *Sergej Eisenstein*, Wien: ÖFM 1964

GÄSTE Jay Leyda, Jon Barna, Achim von Heynitz, Madeleine Malthête-Méliès u.a.

1965

25. BIS 30. JÄNNER

Robert J. Flaherty Retrospektive
Vorführungen: Nestroy-Kino, Praterstraße 34, 1020 Wien

20. BIS 26. FEBRUAR

Charles Spencer Chaplin. Filme aus den Jahren 1914–1917
Vorführungen: Nestroy-Kino, Praterstraße 34, 1020 Wien

27. MÄRZ BIS 3. APRIL

Cinéma Vérité / Living Cinema / Direct Cinema Filme von Richard Leacock, Albert & David Maysles. Vorführungen: Technische Hochschule, Karlsplatz 13, 1040 Wien

10. BIS 18. MAI

Filme von Fritz Lang
Vorführungen: Nestroy-Kino, Praterstraße 34, 1020 Wien

OKTOBER

Die Filme von Aleksandr Dovženko • Frühe Chaplinfilme • ***Nanook of the North*** von Robert J. Flaherty

NOVEMBER

Klassische Amerikanische Gangsterfilme in Originalfassungen [Mervyn LeRoy, William Wellman, Howard Hawks, Raoul Walsh] • ***Pather Panchali*** von Satyajit Ray

DEZEMBER

Stan Brakhage. Experimentalfilme • Busby Berkeley. Film-Musicals der 30er Jahre • Stan VanDerBeek • Sergej Eisenstein *Ivan Groznyj* Teil 1 und 2

GÄSTE Busby Berkeley, Ruby Keeler, Stan Brakhage, Stan VanDerBeek, Raymond Rohauer u.a.

1966

JÄNNER

Filme von Dziga Vertov, Sergej Eisenstein, Aleksandr Dovženko, Vsevolod Pudovkin, Grigorij Kozincev & Leonid Trauberg, Nikolaj Ėkk, Jean Renoir, Georges Franju

FEBRUAR

Filme von Louis Feuillade, Humphrey Jennings, Len Lye

FEBRUAR | MÄRZ

Luchino Visconti Das filmische Gesamtwerk in Originalfassungen • **Filme von** Carl Theodor Dreyer, Stellan Rye

25. BIS 31. MÄRZ

The Marx Brothers Das filmische Gesamtwerk [Viennale 1966, Vorführungen: Urania, Mittlerer Saal]

APRIL

Beispiele zur Filmgeschichte des Dritten Reiches
[Veit Harlan, Hans Steinhoff, Arthur Maria Rabenalt, Gerhard Lamprecht, G.W. Pabst, Harald Braun]

MAI

Filme von Kurosawa Akira, Sergej Eisenstein, Dziga Vertov

OKTOBER

Erich von Stroheim • Wochenschauen aus dem Dritten Reich • Ein Film von Roman Karmen

NOVEMBER

Jean Vigo • Kriegsdokumente und Wochenschauen • Filme von Richard Leacock, Don Allan Pennebaker, The Marx Brothers, Erich von Stroheim

DEZEMBER

Kriegsdokumente *Le Canada en guerre* **• Peter Kubelka • Filme von** The Marx Brothers, Georges Méliès, Willard Van Dyke

PUBLIKATIONEN Raymond Durgnat, *The Marx Brothers*, Wien: ÖFM 1966 • Jon Barna, *Erich von Stroheim. Eine Montage von Selbstzeugnissen, Zitaten und Fakten*, Wien: ÖFM 1966

GÄSTE Groucho Marx, Luchino Visconti, Willard Van Dyke, Elia Kazan u. a.

1967

JÄNNER

Mae West • Filme von Vladimir Majakovskij, Aleksandr Dovženko, Sergej Eisenstein

FEBRUAR

Jakov Protazanov • Filme von Sidney Peterson, Walter Ruttmann, Karl Grune

MÄRZ

Carl Theodor Dreyer

APRIL

Filme von Sheldon Rochlin, Walter Ruttmann, Shirley Clarke, Sergej Eisenstein, John Grierson, Basil Wright, Harry Watt, Richard Massingham, Jonas Mekas, Adolfas Mekas, Robert Siodmak, Edgar G. Ulmer

14. BIS 20. APRIL

Filme von Karl Valentin und Liesl Karlstadt
[Viennale 1967, Vorführungen: Urania, Mittlerer Saal]
AUSSTELLUNG *Karl Valentin*, Galerie Würthle (15.–22.4.)

MAI

Leni Riefenstahl • Filme von René Clair, Marcel Duchamp, Man Ray, Luis Buñuel, Salvador Dalí, Viking Eggeling, Jean Renoir, Jonas Mekas

OKTOBER

New American Cinema [Kenneth Anger, Bruce Baillie, Stan Brakhage, Robert Breer, David Brooks, Bruce Conner, Tony Conrad, Nathaniel Dorsky, Ed Emshwiller, Jerome Hill, Larry Jordan, Jerry Katz, George Kuchar, George Landow, Bruce Lane, Gregory J. Markopoulos, Taylor Mead, Ben van Meter, Andrew Meyer, Robert Nelson, Ron Rice, Jack Smith, Andy Warhol, Vernon Zimmermann]

NOVEMBER

Dziga Vertov Retrospektive **• Josef von Sternberg**

DEZEMBER

Filme von Josef von Sternberg, Lina Wertmüller, Robert J. Flaherty, Mae West, The Marx Brothers

PUBLIKATION Österreichisches Filmmuseum (Hg.), *Dziga Vertov: Aus den Tagebüchern*, Wien: ÖFM 1967

GÄSTE Gregory J. Markopoulos, Robert Beavers, Walter Slezak, Jonas Mekas, P. Adams Sitney, Therese O'Konor u. a.

1968

JÄNNER

Mizoguchi Kenji Retrospektive

FEBRUAR

Max Ophüls Retrospektive **• Robert Nelson • Filme von** Roberto Rossellini, Erich von Stroheim, Sergej Eisenstein, Luis Buñuel, René Clair, Salvador Dalí, Marcel Duchamp, Man Ray

MÄRZ

Filme von John Ford, Harry Smith, Aleksandr Dovženko, Kurosawa Akira, D. W. Griffith, Luis Buñuel

22. BIS 28. MÄRZ

Stan Laurel & Oliver Hardy Retrospektive der Kurzfilme [Viennale 1968, Vorführungen: Urania, Mittlerer Saal]

APRIL

Robert Bresson Retrospektive • **Filme von** Ėsfir Šub, Friedrich Wilhelm Murnau, Richard Leacock, Jonas Mekas, Luis Buñuel, Carl Theodor Dreyer, Stan Laurel & Oliver Hardy

MAI

Friedrich Wilhelm Murnau Retrospektive • **Filme von** Stan Brakhage, Andy Warhol, Jean Vigo, Vsevolod Pudovkin, Luis Buñuel, René Clair, Salvador Dalí, Marcel Duchamp, Man Ray

OKTOBER

Jean Renoir Retrospektive Teil 1 • **Michael Snow / Joyce Wieland** • **Filme von** Société Lumière, Georges Méliès, Carl Theodor Dreyer, Dziga Vertov, The Marx Brothers, Karl Valentin

NOVEMBER

Jean Renoir Retrospektive Teil 2 • **Dokumente zur Österreichischen Geschichte**

DEZEMBER

Vlado Kristl • **Filme von** James Broughton, Aleksandr Dovženko, Dziga Vertov, The Marx Brothers, Karl Valentin und Filmdokumente zur Österreichischen Geschichte

PUBLIKATION Österreichisches Filmmuseum (Hg.), *Filmografie der Kurzfilme mit Stan Laurel und Oliver Hardy*, Wien: ÖFM 1968

GÄSTE Michael Snow, Robert Nelson, Vlado Kristl u. a.

1969

JÄNNER

Cinema indipendente italiano [Massimo Bacigalupo, Piero Bargellini, Gianfranco Baruchello, Umberto Bignardi, Gianfranco Brebbia, Roberto Capanna, Emanuel Centazzo, Antonio De Bernardi, Renato Dogliani, Pia Epremian, Mario Ferrero, Alberto Grifi, Cinzio Janiro, Alfredo Leonardi, Silvio und Vittorio Loffredo, Guido Lombardi, Luca Patella, Sergio Sarri, Giorgio Turi, Adamo Vergine] • **American Commercial Productions** [Frank Borzage, Henry Koster, Leo McCarey, Victor Schertzinger, Erich von Stroheim, Orson Welles] • **Dokumente zur Österreichischen Geschichte** 1923–1929 • **Filme von** Luis Buñuel, René Clair, Salvador Dalí, Marcel Duchamp, Sergej Eisenstein, Mizoguchi Kenji, Man Ray

FEBRUAR

Joris Ivens Retrospektive Teil 1 • **Werner Nekes / Dore O.** • **Dokumente zur Österreichischen Geschichte** 1929–1934 • **Filme von** Stan Brakhage, Vsevolod Pudovkin, Erich von Stroheim, Jean Vigo

MÄRZ

Joris Ivens Retrospektive Teil 2 • **Filme von** Jim McBride, Georg Wilhelm Pabst, James Broughton, Gunvor Nelson, Dorothy Wiley, Will Hindle, William Jersey

14. BIS 24. MÄRZ

Luis Buñuel Retrospektive [Viennale 1969, Vorführungen: Urania, Mittlerer Saal]

APRIL

Laterna Magica Projektionen • **Dokumente zur Österreichischen Geschichte** 1933–1935 • **Filme von** Marcel Carné, Cecil B. DeMille, King Vidor, Aleksandr Medvedkin, Jean Cocteau, George Marshall, Georg Wilhelm Pabst, Karl Valentin, Stan Brakhage

MAI

Jacques und Pierre Prévert • **Jean-Marie Straub** Retrospektive • **Dokumente zur Österreichischen Geschichte** 1936 • **Filme von** Gregory J. Markopoulos, Jerome Hill

OKTOBER

Alfred Hitchcock Retrospektive der englischen Tonfilme • **Pier Paolo Pasolini** • **Dokumente zur Österreichischen Geschichte** 1938 • **Filme von** Stan Brakhage und über Psychopathologie und Kunst

NOVEMBER

Sergej Michailovič Eisenstein Retrospektive Teil 1 • **Karl Valentin** Retrospektive • **Robert Beavers / Gregory J. Markopoulos** • **Filme von** Pier Paolo Pasolini, Michael Snow, Billy Wilder

DEZEMBER

Sergej Michailovič Eisenstein Retrospektive Teil 2 • **Jean Cocteau** • **Filme von** Luis Buñuel, Kurosawa Akira, Vsevolod Pudovkin, Société Lumière, Georges Méliès, The Marx Brothers

GÄSTE Danièle Huillet, Jean-Marie Straub, Robert Beavers, Gregory J. Markopoulos, Werner Nekes, Dore O., Alfredo Leonardi, Guido Lombardi, Alfred Bader, David Francis u. a.

Mit Eisenstein zieht die neue Zeit

Drei Pressestimmen

1964

Wien ist im Begriff, einen Ruf zu verlieren – den einer Stadt, in der man an Kunst in Form von Film nicht sonderlich interessiert ist.

5600 Menschen sahen in 16 Tagen in 16 ausverkauften Vorstellungen im großen Hörsaal der Technischen Hochschule in der Gußhausstraße acht Werke des Russen Sergej Michailowitsch Eisenstein (*Panzerkreuzer Potemkin*). Mindestens 100 Interessenten drängten sich täglich auf den Gängen vor dem Saal und konnten keine Karten mehr bekommen.

Peter Konlechner und Peter Kubelka, die Herren des »Österreichischen Filmmuseums«, das die Vorführungen veranstaltete, lächeln siegesstolz: Im Februar dieses Jahres, als sie das Museum gründeten, rieten zuständige offizielle Stellen skeptisch ab: »Nicht mehr als 150 Menschen interessieren sich in Wien wirklich für Filmkunst.«

Das Museum hat mittlerweile 2500 eingetragene Interessenten, die ständig über dessen Arbeit und über bevorstehende Aufführungen informiert werden. Strömten anfangs nur Wiens junge Intellektuelle in die Gußhausstraße, so rekrutiert sich das Publikum mittlerweile »aus allen Bevölkerungsschichten«, wie sich Kubelka ausdrückt: »Es gibt in Wien mindestens 10.000 Leute, die sich für die Arbeit eines Museums, wie es unseres ist, interessieren. Viele davon sind Menschen, die zwar für den guten, wenn Sie wollen auch künstlerischen Film Interesse aufbringen, aber in kein Kino mehr gehen, weil sie ein paarmal an den falschen Film geraten und dann enttäuscht worden sind. Sie kommen nun zu uns, ihr Vertrauen wird sozusagen wiederaufgebaut, sie werden ermutigt, auch im allgemeinen Kinobetrieb wieder nach Werken Ausschau zu halten, die ihnen sehenswert erscheinen.«

Das Publikum hat die Richtigkeit von Kubelkas und Konlechners Annahmen bestätigt, Fachleute spendeten den Veranstaltern des Eisenstein-Festivals Lob. Achim von Heynitz, vom Institut für Film und Fernsehen in München, kam zu der Veranstaltung nach Wien. Jay Leyda, der Eisenstein-Spezialist unter den Filmhistorikern und ehemalige Eisenstein-Regieassistent, der beim Festival Vorträge hielt, konnte hier zum ersten Mal mit Jon Barna konferieren, der zur Zeit an einem Buch über den Regisseur arbeitet. Um das unveränderte Material zu Eisensteins unvollendetem Film *Que viva Mexico* erstmals persönlich in Augenschein nehmen zu können, reiste Jon Barna aus seiner Heimat Rumänien nach Wien. […]

Peter Hajek, »Wien: Mehr als 150 Filmkunst-Fans …«, Kurier, *4.11.1964*

Montag abend in den neuen kleinen Ausstellungsräumen der Albertina: atemraubend das Gedränge, von Liebhabern von Film und Graphik verursacht. Sergei Eisenstein, der geniale Filmschöpfer, hatte diese beiden einander befruchtenden Eigenschaften in Personalunion auf sich vereinigt. Seinen Werken, die das junge, enthusiastische Team des Österreichischen Filmmuseums dem interessierten Publikum in den nächsten zwei Wochen vorführt, wird die graphische Vorformulierung abzulesen sein. Dr. Walter Koschatzky, der Direktor der weltberühmten graphischen Sammlung, wies auch in seiner kurzen Einleitung (ein wenig selbstkritisch vielleicht) auf eine Notwendigkeit hin, die in dieser Ausstellung ihren ersten praktischen Niederschlag gefunden hat. Man müsse, so führte er aus, ein Relikt des im 19. Jahrhundert befangenen Denkens abbauen, wonach Forschung und Exhibition in den engen Grenzen des eigenen Spezifikums sich bewegten. Nun sei es an der Zeit, die verschiedenen Medien der künstlerischen Aussage zur Zusammenschau zu vereinigen. Eisenstein habe sich, Doktor Koschatzky wandelte Worte von Wölfflin und Rilke ab, die Mittel geschaffen, die er für sein Medium Film benötigte. Diese Mittel habe er unter anderem in der Graphik gefunden. […]

»Eisensteins Graphik in der Albertina«, Volksstimme, *14.10.1964*

~

In der Hauptstadt Österreichs gibt es zwar auf 8000 Einwohner ein Lichtspieltheater, aber kein Studiokino, das diese Bezeichnung verdienen würde, und ein fast untätiges Filmarchiv. Im Vorjahr gründeten Peter Kubelka, durch seine Experimentalfilme im Ausland mehr als in Österreich selbst bekannt, und Peter Konlechner, Filmreferent der technischen Hochschülerschaft, ein »Österreichisches Filmmuseum« mit ungefähr denselben Zielen wie das offiziöse Filmarchiv, aber mit viel mehr Ehrgeiz. Heuer wurde das Österreichische Filmmuseum auf der Moskauer Tagung in die FIAF (Fédération Internationale des Archives du Film) aufgenommen. Das Ergebnis der neugewonnenen Beziehungen war ein Eisenstein-Festival, das für Wien eine Sensation war und auch darüber hinaus ein filmisches Ereignis, wie das außerösterreichische Interesse an der Veranstaltung zeigte. Die erste Monographie deutscher Sprache über den russischen Filmregisseur, die das Filmmuseum zu der Veranstaltung zusammenstellte, ist ausverkauft; eine zweite Auflage ist im Druck. […]

Höhepunkt der Veranstaltung waren aber jene beiden Abende, an denen Jay Leyda, Eisensteins Schüler, jetzt Filmhistoriker, Proben von dem ungeschnittenen Material zu *Que viva Mexico* zeigte und kommentierte. Die Abende waren insofern ein Experiment, als dem Publikum, das wie noch nie zuvor bei einer filmhistorischen Veranstaltung in Wien mitging, gestattet wurde, Fragen zu stellen, während der Film lief; der Abend bekam auf diese Weise den Charakter eines Seminars. […]

Paul Kruntorad, »Eisensteins Gesamtwerk in Wien«, Neue Zürcher Zeitung, *8.1.1965*

74394 PEPPERGRASS • PALM DESERT, CALIFORNIA **Busby Berkeley**

Peter Kubelka ...
Peter Konlechne...

Dear Peter and ...

home after a ...
Trip abroad ...
M...
so many time...
what city we...
– and that...
thoughtful ...
your beautiful ...
will treasure ...
very dear to ...

May the New Year bring you both untold happiness and joy is the sincere wish of your friends Etta and Busby Berkeley who will always cherish the memory of our 2 wonderful [illegible] in your beautiful city of Vienna. Please give our love to that beautiful fiancee – she was so sweet to us.

As always your sincere friends
Etta and Buzz

P.S. Would it be asking too much if we asked you to send us another photo of us all at the table that night – We seemed to have lost ours in all the confusion. The one where Etta and I looked good! Ha-ha

BUSBY BERKELEY UND RUBY KEELER, 1965
Beim Heurigen. Busby Berkeley (ganz l.) und seine Frau Etta Judd (nicht im Bild) waren im Dezember 1965 zu Gast im Filmmuseum, auf Vermittlung des Filmsammlers Raymond Rohauer (4. v. r.) und in Begleitung von Berkeleys Star der frühen 30er Jahre, Ruby Keeler (3. v. l.). Von rechts: Peter Kubelka, Helga Konlechner, Peter Konlechner. Der Dankesbrief von »Etta und Buzz«, gesendet am 5. 1. 1966, verweist auf ein anderes, offenbar verlorenes Foto.

LUCHINO VISCONTI, 1966. Eröffnung seiner Retrospektive am 24. Februar im Filmmuseum

Friedrich Kurrent

Eine Vorgeschichte – und eine Premiere

Über das Filmmuseum zu schreiben, ist mir nur möglich, wenn ich über 1 Jahrzehnt Vorgeschichte, vor 1964, berichte.

Mitte der Fünfzigerjahre war Peter Kubelkas erster Film *Mosaik im Vertrauen* fertig. Wir, die Architekten der »arbeitsgruppe 4«, hatten die »Kirche Parsch« in Salzburg fertig. Kubelka kam vom Centro Sperimentale aus der Cinecittà in Rom. Seine nächsten Filme, *Adebar*, *Schwechater* und *Arnulf Rainer* wurden von der damaligen Wiener Künstleravantgarde aufmerksam verfolgt.

Ich hatte Kubelka damals in seiner schwierigsten Zeit in meiner Studentenbude an der Wiedner Hauptstraße als blinden Passagier beherbergt.

Der *Arnulf Rainer*-Film wurde im Kosmos-Kino in der Siebensterngasse uraufgeführt. Von den Besuchern verließen etliche den Saal, die eine äußerste Reduktion schwarzer und weißer Bilder, den einzelnen Ton und dessen Fehlen nicht aushalten konnten und darunter kein Filmkunstwerk verstanden.

Kubelka unterrichtete uns in dieser Zeit über alle wichtigen Stationen der Filmgeschichte. Diese war ja damals erst ein halbes Jahrhundert alt und daher gut überblickbar. Wir lernten die Filme seines dänischen Film-Gottes Carl Theodor Dreyer kennen, die ersten Franzosen mit Méliès beginnend, die amerikanische Legende Griffith, die Russen Pudovkin, Eisenstein, Dziga Vertov.

Neben diesen Filmaktivitäten an verschiedenen Wiener Orten hatte sich an der Technischen Hochschule ein Student der Nachrichtentechnik mit Filmaufführungen bemerkbar gemacht: Peter Konlechner.

Die beiden »Ungleichen«, Kubelka und Konlechner, trafen sich (sie sind heute noch per Sie) und wurden die Gründer des Österreichischen Filmmuseums.

Das »schwarze Kino« entstand als Idee bereits in Gesprächen in unserem Atelier in der Fuhrmanngasse und im »Cafe ¾« in der Neubaugasse. Verwirklicht wurde es durch Kubelka in New York und später in reduzierter Form am Sitz des Filmmuseums in der Albertina (damals unter Albertina-Direktor Walter Koschatzky).

Als das Filmmuseum 1964 begann, hatte ich – nach meiner Erinnerung – die Mitgliedsnummer 007. Von Anfang an machte die Künstlerin Gertie Fröhlich die Plakate und das Logo. Im real existierenden Filmmuseum lernte ich dort wieder 1 Jahrzehnt bis in die Siebzigerjahre, als ich nach München berufen wurde.

Es war eine Film-Erziehungsanstalt.

Es war d i e Film-Erziehungsanstalt.

Von einer Geschichte ist noch zu berichten, wie es zu Kubelkas Film *Unsere Afrikareise* kam: Architekt Schraml aus Wels war ein Architektenkollege meines Partners Johannes Spalt. Ersterer äußerte bei einem Atelierbesuch in der Fuhrmanngasse, dass er mit Geschäftsfreunden des Kaufhauses Histan in Wels demnächst auf Safari nach Afrika gehen werde und sie auf der Suche nach einem Filmer seien, der ihre Erlebnisse dort festhalten solle. Nichts lag näher, als Kubelka vorzuschlagen – noch dazu da Kubelka in Wels ansässig war. Gemacht. Kubelka wurde mit Tropenhelm eingekleidet, Filmapparat, Filme und Tonband wurden ihm zur Verfügung gestellt.

Nach Rückkehr der Safari-Gruppe besuchte ich mehrmals Kubelka in der LISTO, Gumpendorfer Straße, wo er an der Verfertigung des Filmes arbeitete und ich zusehen durfte. Kubelka war und ist, wie wir wissen, Schnittmeister. Kader für Kader setzte er seine Streifen zusammen. »Film ist nicht Bewegung« – das hatten wir längst gelernt –, sondern eine Folge von stehenden Bildern und eine Tonfolge. Insgesamt eine Komposition wie jede Kunst.

Aus meiner Erinnerung, von Kubelka mit Tonband aufgenommen:

»d'elefauntn maschiand gewoitig«

»heid is montog, wos homma do g'schossn?«

»gestan hob i an Peda g'hobt, nimmst'n heid du« (Kubelka wurde abwechselnd von den Safari-Teilnehmern zum Essen eingeladen).

Solche Sprechblasen mit Bildern einer Elefantenherde oder einem erschossenen untergehenden Krokodil kombiniert, schockierten.

Schon in seinem ersten Film *Mosaik im Vertrauen* hatte Kubelka mit Dialektfetzen gearbeitet. Zum Unglück des Autorennens in Le Mans: »eijeijeijeijei, jetz hod's eam z'rissen!« Solche Sätze, mit kurzen Bildschnitten überlagert, prägten sich ein – in Auge und Ohr.

Die Welser Auftraggeber wollten ihre touristische Erinnerung bald einmal sehen und zeigen. Doch es dauerte. Vielleicht zwei Jahre? Oder länger.

1966 kam die österreichische Erstaufführung von *Unsere Afrikareise* in der Albertina. Spalt und ich wurden gebeten, uns rechts und links von den Welsern in die Reihe zu setzen, sodass sie eingekeilt waren – denn es war das Ärgste zu befürchten. Sie durften ja »ihren« Film vorher nicht sehen. Die allgemeine begeisterte Stimmung im Vorführsaal der Albertina verhinderte eine direkte Konfrontation. Später wurde eine Klage erwogen, denn die Auftraggeber fühlten sich diskriminiert. Die Welser Gruppe hatte kein Filmkunstwerk bestellt, sondern wollte nur ein Safari-Andenken für ihr Heimkino. Dadurch kam es zur Zerreißprobe.

Ich glaube, in der ganzen 50-jährigen Filmmuseumsgeschichte gab es keine vergleichbare Zangengeburt, die danach Filmgeschichte machte.

EINLADUNGSKARTE zur Österreichpremiere von Peter Kubelkas *Unsere Afrikareise* am 9. Dezember 1966 (koloriertes Unikat). Grafik: Gertie Fröhlich

Dovženko, Vertov, Stroheim

Hans Winge über die Rückkehr dreier Klassiker

1965, 1966

LYRIKER UND REVOLUTIONÄR

»Die vollständigste jemals gezeigte Zusammenstellung seiner Werke« war tatsächlich nicht nur ein Wiener Ereignis, denn dem Filmfreund ist ja meist nur Dowschenkos *Erde* bekannt und das deswegen nicht ganz begreifliche Ansehen in der internationalen Filmwelt, die ihn direkt neben Eisenstein und Pudowkin gestellt hat. Gewiss wies *Erde* ihn als einen Lyriker von ungewöhnlichen Graden aus – niemand konnte das friedliche Sterben des alten Bauern inmitten reifer Äpfel und schwere Früchte tragender Bäume vergessen, sein freundliches Lächeln und den Frieden seines fast freiwilligen Abschieds von einer Welt, mit der er zufrieden war. Denn die Segnungen der russischen Revolutionen waren unterwegs. [...]

Schon das Début *Swenigora* ist ein Katalog von Dowschenkos naivem Fabuliertalent, seinem skurrilen Humor, seiner großzügigen Phantasie, seines gemütvollen Pathos, seines malerisch geschulten Auges, das sich schnell auf die Unendlichkeit der Schwarzweißtöne umgestellt hatte. Die Reichhaltigkeit dieses Katalogs ist freilich so verwirrend, dass die fassungslosen Parteirichter sich erst bei Eisenstein und Pudowkin, die auch noch nie von Dowschenko gehört hatten, erkundigen mussten, was sie eigentlich von *Swenigora* hielten. Das durchaus positive Urteil der beiden Künstler hat den Film freilich nicht vor einem Durchfall bewahren können, denn er war seiner Zeit um etwa vierzig Jahre voraus. Heute ist er völlig »up to date«. [...] Wie überhaupt die Nouvelle Vague mehr und mehr als eine unbegabte Plünderungsaktion Dowschenkos erscheint, eine grobe Sammlung von aus den Zusammenhängen gerissenen Zitaten. [...]

Hans Winge, »Lyriker und Revolutionär. Zur Dowschenko-Retrospektive des Österreichischen Filmmuseums«, Neue Zürcher Zeitung, *6. 11. 1965*

~

DIE TRÄUME UND LEIDEN DES JUNGEN WERTOW

Wieder einmal war es das Österreichische Filmmuseum, das Dsiga Wertows berühmten Film *Der Mann mit der Kamera* zum ersten Mal außerhalb der Sowjetunion ungekürzt zur Vorführung brachte. Wertow ist unter den allzu zahlreichen tragischen Gestalten des künstlerischen sowjetischen Films eine der tragischsten. Er begann 1918 als Cutter und beobachtete am Schneidetisch, der in einem von Ratten bewohnten, fast ständig unter Wasser stehenden Keller stand, dass irgendwo zwischen der harschen Nüchternheit der Filmbilder und den poetischen Träumen seiner Jugend eine Affinität zu bestehen schien. Sie war ihm nicht gleich

Filmmuseum-Publikationen über Dovženko (1976), Vertov (1967) und Stroheim (1966)

klar. Im Gegenteil, sein leidenschaftliches Gemüt verliebte sich in diese Nüchternheit. Plötzlich kam ihm jeder Spielfilm schmählich, verwerflich und verlogen vor. In lodernden Manifesten forderte der junge Kommunist das unverzügliche Ende jeglicher Spielfilmproduktion. Nur die nackte Wahrheit, das Leben selber sei das Objekt der Filmkamera. Sie allein sei imstande, überall zu sein, jedem Sowjetmenschen ins Gesicht, jeder Sowjetmaschine ins Getriebe zu schauen und dem Sowjetlande dann zu zeigen, wie herrlich, wie berauschend der Siegeszug des Bolschewismus in Wahrheit sei. [...]

Der Film ist ein enthusiastisches Denkmal für »den« Kameramann im karierten Hemd, mit Ledergamaschen und Schirmmütze, den Vertreter einer neuen Zeit, einer neuen Technik, vor deren wachsamem Auge nur der Bürger sicher ist, der nichts zu verbergen hat. Doch darüber hinaus besingt die Kamera des heldischen Mannes das Pathos eines noch sehr kümmerlichen Moskaus, von sehr armseligen Menschen des russischen Jahres 1929, die sich hier selber erblicken konnten und mehr, nämlich die Träume und Leiden des jungen Wertow.

Die Vorführung durch das Österreichische Filmmuseum ermöglicht die Begegnung mit einer der reichsten Quellen des modernen Films, die übrigens wie so viele Arbeiten anderer russischer Künstler durch die Sowjetregierung mutwillig verschüttet wurde. Die Spannung zwischen seinen Träumen und der Suggestivität des Dokuments hat Wertow sichtlich hin- und hergerissen, aber die Spannung war fruchtbar. Der Amerikaner Flaherty, sein Zeitgenosse, hat dieselbe Spannung ganz anders verarbeitet und dokumentarische Poeme geschaffen. Wertow hat noch bis 1954 an Wochenschauen arbeiten dürfen, aber man hatte ihn schon viel früher gebrochen – als »Formalisten«.

Hans Winge, »Dsiga Wertows ›Mann mit der Kamera‹«, Neue Zürcher Zeitung, *22.1.1966*

~

STROHEIM NACH VIERZIG JAHREN

Das nimmermüde Österreichische Filmmuseum hat zum ersten Male seit ihrer Erstaufführung vor vierzig Jahren Erich von Stroheims Filme in seine Vaterstadt gebracht, nachdem lokale Intrigen dieses nach seinem Tod im Jahre 1957 verhindert hatten. Das Museum zeigte *Blind Husbands*, *Foolish Wives*, *Merry Widow*. Somit fehlten nur *The Devil's Passkey*, *The Honeymoon*, *The Wedding March* und das Fragment *Queen Kelly*. Diese Filme waren nicht mehr erhältlich.

Stroheims legendärer Ruf als »unbarmherziger Realist« ließ sich mit einem vierzigjährigen Abstand zu eigenen Eindrücken derselben Art und Qualität überprüfen. Wie stellt sich sein Werk Ende 1966 dar? Hat die inzwischen erfolgte Aufdeckung seiner wahren Herkunft, die Widerlegung der von ihm verbreiteten Story seiner aristokratischen Erziehung auf die Beurteilung Einfluss nehmen können?

Stroheims Erfindung als Autor lässt sich in seinen Filmen ziemlich genau erkennen und von seinen Vorlagen trennen. Sie ist sehr persönlich und hängt mit seinen »Komplexen« zusammen, mit seiner manischen Hassliebe zu Offiziersuniformen und -attributen (Haartracht, Pantomime, feminine Züge, Frauenverachtung), mit seiner nörgelnden Verzerrung der sozialen Unterschiede, also der Armut. Uniformen spielen schon im Regiedebüt *Blind Husbands* mit, und dann in sämtlichen anderen Filmen, mit Ausnahme von *Greed*. Die Armut beziehungsweise das Geld spielt eine Hauptrolle in allen seinen Filmen, außer in seinem ersten.

Alle großen Filmkünstler der Stummfilmzeit waren Kinder des vorigen Jahrhunderts, der Gründerzeit, des Viktorianismus – Griffith, Chaplin, Stroheim. Die Sittenbegriffe der Gaslichtära hatten sie geprägt, und wo immer sie Widerstand leisteten, und der war für sie kennzeichnend, war es gegen die Götzen zu großen Reichtums auf der einen und zu großer Armut auf der anderen Seite, gegen eine schielende Justiz, gegen die »doppelte Moral«, gegen die Unterdrückung der Frau, gegen die Verfälschung der öffentlichen Meinung. [...]

Aus Anlass der Vorführungen hat das Filmmuseum eine Broschüre des rumänischen Historikers Jon Barna herausgebracht, die Stroheims Werk in einer hochinteressanten Technik schildert: Zitate aus den achtunddreißig existierenden größeren Arbeiten, die sich mit Stroheims Filmen beschäftigen, werden einander im Detail gegenübergestellt. Das bestätigt nicht nur die alte Erfahrung der Unverlässlichkeit filmhistorischer Bücher, sondern auch Stroheims Absicht, die Wahrheit über sich hinter einem Nebelschleier von widersprüchlichen Andeutungen und Beschuldigungen verschwinden zu lassen. Barnas nüchterne Konfrontierungstechnik ergibt deshalb wohl die beste Publikation, die bisher über Stroheim vorliegt.

Hans Winge, »Stroheim nach vierzig Jahren. Aus Anlass der Neuaufführung durch das Österreichische Filmmuseum«, Die Presse, *29.10.1966*

January 31st, 1966

Mr. Groucho Marx
c/o The Screen Actors Guild

775o Sunset Boulevard
Hollywood 46, Calif.

Dear Mr. Marx,

The Österreichisches Filmmuseum, Vienna, is preparing a retrospective on the films of THE MARX BROTHERS. It will be this years retrospective of the official Vienna Film Festival ("Viennale"), which will start on March 25th,1966. During this festival we will present most of your films in original versions. As far as we know, this will be the first retrospective on this subject ever to be made.

On behalf of the Viennale we have the pleasure to invite you as a honorary guest to THE MARX BROTHERS RETROSPECTIVE. There is no obligation for you to do anything else besides enjoying Vienna and opening the retrospective. We would like you to be our guest during the retrospective from March 24th to April 1st, 1966. Please tell us what should be arranged for your trip to Europe.

We believe that the films of THE MARX BROTHERS are among the most important contributions to the history of cinematographic art and we would consider it a great honour, if you would accept our invitation.

Very sincerely yours,

Peter Kubelka   Peter Konlechner
Curators

FILMMUSEUM AN MR. MARX, 31. 1. 1966

Groucho Marx
1083 Hillcrest Rd.
Beverly Hills, California

February 9, 1966

Mr. Peter Kubelka
Augustinerstrasse Wien I
Vienna, Austria

Dear Mr. Kubelka:

Received yours of January 31 and read it with considerable interest. At the moment I am unable to give you a definite answer. By the end of this month, February, I will be in a better position to consider this. Write me then.

Sincerely,

Groucho Marx

Groucho Marx

Dear Mr. Marx,

Thank you for your letter of February 7,1966. May we again invite you on behalf of the "Viennale", Viennas official film festival , to come to Vienna to open THE MARX BROTHERS RETROSPECTIVE. It will present 12 of your 13 pictures in their original versions.(We were not able to trace a print and the right owner of LOVE HAPPY; could you assist us in this case please?)

The"Viennale" begins on March 24,1966 and we would suggest that you arrive on the 23rd. This would mean a time table like that:

PA 120	Los Angeles	dep. 22nd March	12.oo a.m.	
	London	arr. 23rd March	7.35 a.m.	summer t.
PA 002	-"-	dep. 23rd March	9.oo a.m.	summer t.
	Vienna	arr. 23rd March	12.2o	

Naturally all your expenses would be covered by us while in Vienna.

We would appreciate your earliest reply so that we can send you your reserved first class round-trip ticket in due time, if you would meet our invitation.

We hope very much you will decide to spend some days in Vienna especially because our retrospective will feature some quite considerable films.

FILMMUSEUM AN MR. MARX, 22. 2. 1966

GROUCHO MARX
1083 Hillcrest Road
Beverly Hills, California

March 3, 1966

Peter Konlechner
Oesterreichisches
Filmmuseum
Wien

Dear Mr. Konlechner:

I wired you so that you would be sure to get the transportation tickets here on time.

You say you have 12 of our pictures. Please explain in detail what you would want me to do. I hope you will not expect me to watch all of those 12 pictures.

As for accommodations, I would want a two-bedroom suite at the Imperial Hotel.

Please let me hear from you as soon as possible.

Sincerely,

Groucho Marx

Groucho Marx

GROUCHO MARX, 1966. Mit Peter Konlechner, Festivaleröffnung in der Urania, 24. 3. 1966

Groucho Marx
1083 Hillcrest Rd.
Beverly Hills, California

May 2,1966

Mr. Peter Kubelka
Mr. Peter Konlechner
Oesterreichisches
Filmmuseum
Vienna, Austria

Dear Peter and Peter:

I have been planning to send you each a record of the Mikado but as yet I haven't been able to dig them up. They are not dead and I am sure I will have them. I am enclosing a piece that was in last Sunday's New York Times and it is the complete life of W. C. Fields. You once asked me if there were enough W.C. Fields' pictures for a festival. I think there is. All you have to do is get the films.

It was very nice meeting both of you. You are both gentlemen of the old school or no school, I am not sure which. But it was a pleasure to know you both. My wife and I still talk about you and favorably too. I am sorry I got the flu while I was there but I had to get it somewhere so I blame the whole thing on Vienna.

My best to you both.

Sincerely,

Groucho

Groucho Marx

»GROUCHO« AN »PETER AND PETER«, 2. 5. 1966

King Groucho

Nachrichten aus der Zeit, als Wien marxistisch wurde

1966

Mit echtem Bart und junger Frau gestern in Wien angekommen: Groucho Marx

Kurier, 24. 3. 1966

DER HUND HIER BIN ICH

»Ich bin vom Fernsehen«, stellte sich TV-Sprecher Helmut Siegmund gestern Nachmittag auf dem Flughafen Schwechat gewohnt bescheiden bei dem 71 Jahre alten, grauhaarigen, kleinen, unscheinbaren Amerikaner vor, der eben mit seiner großen, schwarzhaarigen, äußerst attraktiven jungen Frau aus Paris angekommen war.

»Fernsehen«, sagte dieser, »ich dachte, das gibt es hier bei Ihnen noch nicht.«

Renkte Siegmund nervös, aber verlegen ein: »Es gibt eines, und ich möchte, bitte, fürs Österreichische Fernsehen ein Interview mit Ihnen machen. Wenn's geht, darf ich Ihnen als erstes die Frage stellen, warum Sie ausgerechnet nach Wien, ich meine, warum Sie gerade nach Wien gekommen sind, zur Retrospektive Ihrer Filme bei der ›Viennale‹, beim Festival der Heiterkeit, wo Sie doch sonst nie zu Festivals fahren. Warum fahren Sie nie zu Festivals?«

Der Gefragte: »Wegen Leuten, wie Sie es sind.« Die Stewardess wollte dem Ankömmling den Hut, den er vergessen hatte, nachbringen. Dieser – er spricht ganz gut Deutsch – verstand »Hund« statt »Hut« und meinte: »Der Hund hier bin ich.« Noch immer nicht entmutigt, ließ ich mich von den Herrn Kubelka und Konlechner, die den Gast nach Wien eingeladen hatten, vorstellen. Kubelka und Konlechner heißen mit Vornamen Peter.

Der Gast: »Peter, was, Sie heißen auch Peter. Die Mütter scheinen hier sehr einfallslos zu sein.« Darauf bat ich, in seinen Wagen einsteigen zu dürfen, wo ich ihn auf dem Weg zum Hotel interviewen wollte. Er auf meine Bitte: »Kommen Sie nur rein, aber halten Sie das Fahrzeug sauber. Können Sie das?« [...]

Peter Hajek, »›Der Hund bin ich‹«,
Kurier, *24. 3. 1966*

~

SAUVE QUI PEUT

Two old tramcars had been hired to take dignitaries and important visitors to the opening of

Vienna's festival of comic films, the »Viennale.« Knowing the *sauve qui peut* attitude here displayed on these occasions, one feels it must have been the local worthies who pushed dear brittle old parchment-coloured Groucho Marx off the first tram and left him waiting for the next in the bitter winds of March. Ill in bed thereafter, he missed most of the six uproarious days which gave Marxism a new meaning in Austria. [...]

Hilde Spiel, »Groucho in Vienna«,
The Guardian, *12.4.1966*

Groucho Marx, der in seiner Villa in Hollywood ein Telephon hat, das Anrufe nur nach außen gestattet, ist wegen seiner Öffentlichkeitsscheu bekannt. In Wien holte er sich eine schwere Erkältung, bei einem Anlass, der seine Scheu mehr als verständlich macht. Die Viennale wurde vom österreichischen Bundespräsidenten eröffnet, und die Veranstalter hatten den Einfall, die Festgäste vom Hotel weg zum Kino mit alten, außen durch Photos aufgeputzten Straßenbahnen zu führen. Gerade als der einzige Star der Viennale, dessen Anwesenheit durch die Weltpresse ging, dem Bundespräsidenten vorgestellt werden sollte, fuhr der erste Wagen ein, und alles stürzte auf die Straßenbahn zu, um einen Platz zu bekommen, einschließlich des Bundespräsidenten, der den eher unscheinbar und unkonventionell gekleideten Groucho mit dem Ellbogen zur Seite stieß. Groucho musste auf den zweiten Wagen warten, im eisigen Wind und, nach amerikanischer Gepflogenheit bei pressereifen Anlässen, ohne Mantel. [...]

Paul Kruntorad, »Filmbrief aus Wien«,
Tages-Anzeiger, *4.5.1966*

LUNCH MIT GROUCHO

Am Tag vor seiner Abreise saßen wir bei Demel. Groucho Marx wusste natürlich, was diese Konditorei war und bedeutete, obwohl er zum ersten Mal in Wien war. Vorher hatte er die gegenüberliegende Hofburg betrachtet und sich gewundert, ob sie für den Kaiser nicht zu groß gewesen sei. Im ruhigen Gespräch über zwei Portionen Hühnersuppe, Kaffee und einem kleinen Kuchen, den er aß, weil er keinen »Bundkuchen« bekommen konnte, wie ihn ihm die norddeutsche Mutter gebacken hatte, erwies er sich als dem Typ der »ernsthaften« Komiker zugehörig.

Groucho hat immer viel gelesen, vor allem die amerikanischen Satiriker seiner Generation – Stephen Leacock, Robert Benchley, Donald Ogden Stewart, Alexander Woolcott, S.J. Perelman, Dorothy Parker, mit denen er sich später auch anfreundete. Aber er liest auch täglich Zeitungen und Nachrichtenmagazine, ist deshalb politisch gut informiert und eigentlich, was man in seiner Heimat einen »Liberal« nennt. Gleichzeitig ist er naiv. Diese Naivität ist offenbar die große Kraftquelle seiner Genialität. Aus der Distanz zwischen seinem Staunen und der Realität, sei sie einfach oder kompliziert, springt immer wieder der Funke seines unehrerbietigen Witzes. Er hat die innere Haltung des freien Mannes, dem man nichts vormachen kann auch dann, wenn diese Absicht gar nicht besteht. Deshalb fallen mitten in ernste Sätze seine witzigen Bemerkungen. Sie lassen sich in echte Improvisationen einteilen und in Gags, die aus einem ungeheuren Reservoir stammen, das er im Laufe eines langen Lebens gesammelt

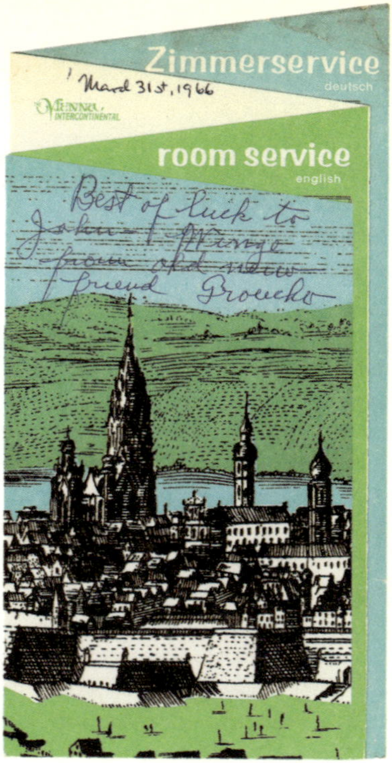

Ein Marx'scher Inside Joke – *Room Service.* Widmung an Hans Winge (»Best of luck to John Winge from old new friend Groucho«)

hat, das der Unterhaltung anderer gewidmet war. Er erinnert sich schnell, und sie passen in Tausende von Situationen. Er ist ein Mann der Praxis, und sie hat ihn geschult. […]

Er weiß, dass die von ihm und seinen Brüdern entwickelte Art der absurden Komik hauptsächlich in der Literatur Folgen hatte, vor allem bei Ionesco und den Surrealisten Frankreichs. »Ich höre«, wirft er ein, »auch bei Brecht.« Ich kann bestätigen, das Brechts Verehrung für die Brüder Marx noch stärker war als für Karl Marx, und Groucho informieren, dass Brecht die berühmte Kajütenszene aus *A Night at the Opera* seinem *Kaukasischen Kreidekreis* einverleibte. Er hatte den Film zwar nie gesehen, aber an einer bestimmten Stelle der Arbeit an dem Schauspiel schilderte ich ihm diese klassische Szene so begeistert, dass er imstande war, sie einzubauen. Freilich wirkte sie am Theater nicht, weil die Größe des Bühnenrahmens eben jenes ungeheure Überquellen verhinderte, das die Kamera einfach durch die leibliche Annäherung an die Dekoration erreichte. […]

Hans Winge, »Lunch mit Groucho. Die neueste ›Marx-Forschung‹«, Die Presse, *16./17.4.1966*

~

UNSERE BIBELN

In Wien fand anlässlich der Viennale 1966 eine Vorführung des gesamten Filmwerks der Marx Brothers statt, die erste dieser Art überhaupt, für die wir dem Österreichischen Filmmuseum nicht genug Dank sagen können. Groucho Marx kam persönlich nach Wien. Es war sehr schwer, die zwölf Filme zu bekommen, die heute von Filmmuseen auf der ganzen Welt wie alte Bibeln gehütet werden. […] Mit Recht werden sie gehütet, denn diese Filme sind unsere Bibeln, unsere Weltrevolution, die sich nicht gegen die Kapitalisten richtet, sondern gegen die Dummen, die leider viel zahlreicher sind als die Kapitalisten. Man trifft sie im Westen, im Osten, im Norden und im Süden, *und leider auch dazwischen*. Sie alle sollten sich einmal den Spiegel dieser Filme vorhalten.

Wir Marxisten erkennen einander an geheimnisvollen Gebärden. Zum Beispiel gehen wir manchmal knieweich, wie Groucho auf der stetigen Flucht vor der Polizei, mit langen, wiegenden Schritten, immer bereit, unterm Tisch oder im nächsten Kellerloch zu verschwinden. Auch benutzen wir gern unsere Augenbrauen, um unser unaussprechliches Staunen über die Idiotie dieser Welt auszudrücken, ohne dabei auch nur ein Wort zu verlieren. Doch sind wir im tiefsten Herzen alle leicht poetisch angeknaxt und haben eine naiv-idealistische Vorstellung von einer Umwelt, die es gar nicht mehr gibt.

Kurz, wir Marxisten gehören nicht in diese Welt. […] Die Brüder sagen den Menschen nichts als die Wahrheit, aber in einer so grotesk-satirischen Weise, dass wir manchmal vor Lachen vom Sessel rutschen. Gelegentlich wird einer aus dem Kino herausgetragen, weil er nicht mehr weiter kann. Im sonnigen Hollywood, wo ich in den frühen vierziger Jahren die ersten Marx-Filme sah – zu einer Zeit also, da uns nicht zum Lachen war –, ging ich mit Leidensgenossen am Nachmittag ins Kino. Da war es nämlich um 20 Cents billiger. Von Zeit zu Zeit ging einer von uns auf ein paar Minuten hinaus in die Sonne, um sich die Augen auszuwischen, Luft zu schöpfen und sich von den Anstrengungen des Lachens zu erholen.

Freunde, wenn ihr Gelegenheit habt, einen Marx-Brothers-Film zu sehen, springt in ein Taxi, fliegt mit dem Helikopter, nehmt die Bundesbahn oder, meinetwegen, geht sogar zu Fuß. Aber versäumt nicht die Gelegenheit, denn die Marx Brothers sind ein Geschenk des Himmels.

Joseph Wechsberg, »Wir Marxisten, die keiner kennt«, Die Weltwoche, *7. 4. 1966*

~

DIE GRENZE DES SCHÖNEN SCHMERZES

Niemand, nicht einmal ein so blinder Verehrer der Marx-Brothers-Filme wie ich, hätte geahnt, zu welcher Sensation sich diese Vorführungen gestalten würden. Man kann ruhig sagen, dass die Marx-Woche das kulturelle Leben der Hauptstadt beherrschte. Dort traf sich eine rare Mischung aus dem Publikum der jungen Künstler des Café Hawelka mit jenem der Philharmonischen Konzerte, bärtige Avantgardisten und wohlrasierte Diplomaten. Innerhalb von zwei Tagen nach der Ankündigung waren sämtliche Vorführungen ausverkauft. Die meisten Käufer absolvierten alle drei täglichen Vorführungen und kampierten in den Pausen. Die Stimmung im Saal war unbeschreiblich, sie glich einem Rausch, der von Tag zu Tag tiefer und schöner wurde. Das brüllende Lachen hatte längst die Grenze des schönen Schmerzes überschritten. Die Spannung mengte sich seltsam aus der geschärften Aufmerksamkeit für das rapide Feuer der Dialogpointen in der fremden Sprache mit der Lust an deren gleichzeitiger Zerstörung, an der wilden Jagd durch die Abgründe und über die Gipfel dieser nicht beschreibbaren, komischen Erregung. Niemand vermochte nachts, nach der letzten Vorstellung, schlafen zu gehen. Gruppen bildeten sich auf der Straße, man sah verschiedene Grouchos in ihrem charakteristischen Gang herumschleichen, man hörte Pointen zitiert, die anderen entgangen waren, weil minutenlanges Gelächter die Lautsprecher überdröhnt hatte. Wien sprach eine Woche lang nur von den Brüdern Marx und wird nicht so bald aufhören, von ihnen zu sprechen. […]

Hans Winge, »Das Festival ohne Heiterkeit. Festwoche des heiteren Films in Wien«, Neue Zürcher Zeitung, *15. 4. 1966*

»Na, ein paar Wochen kann ich das schon machen …«

Gottfried Schlemmer im Gespräch mit Alexander Horwath

ALEXANDER HORWATH: Wann und wie haben Sie das Filmmuseum kennengelernt?

GOTTFRIED SCHLEMMER: Es gibt ja eine Vorgeschichte des Filmmuseums, die Aktivitäten von Peter Konlechner im Cinestudio der Technischen Hochschule in der Gußhausstraße – das war bereits ein ausgezeichnetes Programm. Er machte z. B. eine Kurzfilmwoche oder er lud Donald Richie mit Ozu-Filmen ein, die ich dort alle sehen konnte. Man hat rasch gemerkt, dass sich Konlechner nicht nur filmtechnisch, sondern auch filmgeschichtlich sehr gut auskennt. Und: dass er bereits internationale Kontakte hatte.

Ich war ein guter Besucher dieser Veranstaltungen, soweit ich eben Zeit hatte. Ich ging aber auch zu den filmwissenschaftlichen Wochen des Filmarchivs oder zu den Dreyer-Vorstellungen, die Vagn Börge im Palais Lobkowitz präsentiert hat. Ich kannte also viele der großen Filme schon vor der Gründung des Filmmuseums, von *Citizen Kane* auf- und abwärts. Aber was diese anderen Veranstalter nicht gemacht haben – und das war Konlechners große Stärke –, das waren umfangreiche Retrospektiven. Dass man also von einem Filmmacher oder einem Thema einen richtigen Überblick gewinnen konnte. Im Cinestudio der Technischen Hochschule wurde auch schon teilweise die amerikanische Avantgarde gezeigt; so gab es *The Western American Experimental Film,* eine Schau, die allerdings nach dem ersten Tag abgebrochen wurde, weil Konlechner meinte, es sei ein Irrtum gewesen – er habe diese Filme überschätzt. Ich finde, das war eine durchaus diskutierbare Position; avantgardistische Filme sind ja nicht über alle Kritik erhaben.

Es war auf jeden Fall sehr verdienstvoll. Dann hat er Peter Kubelka angesprochen. Ich war zufällig Zeuge; ich saß im Korridor, und sie sind ständig hin- und hergegangen, an mir vorbei. Da hab' ich schon bestimmte Dinge aufgeschnappt. Ich vermutete, da ist etwas im Gange … Ich kannte Kubelka schon länger, durch die Galerie nächst St Stephan. Ich wollte für die Zeitschrift *werkstatt-aspekt*, die ich damals herausgegeben habe, eine Film-Nummer machen und wusste, dass ein Bekannter von Kubelka schon in Oberösterreich ein Filmheft gemacht hatte. Ich war auch bei der Uraufführung von *Arnulf Rainer* dabei, 1960.

AH: Und wie ergab sich die Anstellung beim Filmmuseum?

GS: Ich hatte eine kaufmännische und eine künstlerische Ausbildung und wollte in Wien Theater machen – aber nicht bei einer großen Bühne, obwohl ich das Regiediplom und alle notwendigen Prüfungen dafür gehabt hätte; das war in Österreich damals die gewerkschaftliche Vorgabe. Peter Schweiger und ich vertraten mit der *Werkstatt* das Ideal einer offenen Bühne, d.h. wir suchten einen Raum, wo man die Bühne in die Mitte setzen konnte, doch wir fanden keinen, der den rigorosen Brandschutzbestimmungen entsprochen hätte. Ich bin daher nach Deutschland gefahren, um die dortige Theatersituation zu studieren – aber ich hab' relativ rasch Angst gekriegt vor einer solchen Karriere, wo man jeden Tag ins Theater »inszenieren« geht, so wie man ins Büro geht. Ungefähr zur gleichen Zeit hatte ich das Glück, einen Buchauftrag zu erhalten – großzügig, mit Vorschuss – über die Filmavantgarde. Das hat mich noch viel mehr interessiert … Daraufhin habe ich Konlechner aufgesucht, da ich Filmfotos recherchieren wollte. Er fragte: Hast Zeit, kommst mit? Wir fuhren in die Schweglerstraße, ins Lager des Filmmuseums. Er zeigte mir eine riesige Kiste mit seltenen Fotos – und schlug vor, dass ich die ganze Fotosammlung aufarbeite. Und ich hab' sofort begonnen … Das war Ende April 1967.

AH: War das ein unbefristetes Arbeitsverhältnis?

GS: Das hat ja später teilweise zu Konflikten geführt: Es gab keine Verträge, keine Dienstzettel. Aber mir war das egal; ich sagte mir, ich mach' das für einige Monate. Mein Vater war entsetzt, da ich ein prächtiges Zeugnis und schon die Zusage einer Firma hatte – für eine kaufmännische Tätigkeit. Stattdessen machte ich um wenig Geld diese Foto-Sache. Ich wollte nur, dass mein Vater meine Bemühungen sieht, einer geregelten Arbeit nachzugehen …

Ich habe binnen weniger Tage sehr viel weitergekriegt. Ich musste katalogisieren, ordnen, identifizieren – die Grundordnung hatte aber schon Konlechner entworfen. In der Schweglerstraße war neben den Fotos auch das Nitrofilm-Lager und zwar im obersten Stockwerk. Der Sommer war also etwas qualvoll, weil ich immer die Sorge hatte, dass sich die Nitrofilme durch die Hitze entzünden.

Im November 1967 wollte Konlechner, dass ich überhaupt die Leitung des ganzen Archivs übernehme. Ich sollte also von der Schweglerstraße in die Löhrgasse wechseln, wo die Sicherheitsfilme untergebracht waren. Ich sah mir das an und dachte wieder: »Na, ein paar Wochen kann ich das schon machen …« Es gab einen Vorführer dort, der bisher die Filmsammlung betreut hatte – der war gleich sauer auf mich, weil ich sofort begonnen habe, aufzuräumen. Ich bin mit einem weißen Arbeitsmantel gekommen und wollte zuerst einmal alles sauber kriegen – ab sofort war kein Kaffee, kein Essen und kein Rauchen mehr am Arbeitsplatz erlaubt … Es gab auch noch einen Postbeamten, der nebenberuflich Filme für das Filmmuseum besorgt hat. Der hat sich ebenfalls durch mich gestört gefühlt – und vice versa. Ich bin rasch draufgekommen, dass man mit Filmen anders umgehen muss und dass es dazu speziell ausgebildeter Fachkräfte bedarf …

AH: Was war zu Beginn Ihr genaues Aufgabengebiet?

GS: Konlechner hat mir das Lager gezeigt und wie man einen Schneidetisch bedient. Ich habe dann in einer ersten Phase die Labels für die Filmdosen, die Karteikarten und vor allem das Signatursystem entwickelt und Konlechner vorgelegt. Ich habe aus der Literatur, aus diversen Katalogen gelernt. Ich konnte z. B. auf die Kataloge des Filmarchivs im Imperial War Museum zurückgreifen und habe deren System studiert. Ich hatte schnell eine Systematik. Anfangs gab es noch die falsche Trennung der Archivalien zwischen Spiel-, Dokumentar- und Avantgardefilm, aber das haben wir zum Glück bald einvernehmlich aufgegeben. Ich wollte möglichst wissenschaftlich vorgehen, aber es gab in Wien keinen Ort, wo man sich intensiver mit filmwissenschaftlichen Grundlagen beschäftigen hätte können. Bis in die 80er Jahre nicht.

AH: Sind Sie während der ersten Jahre als Filmmuseum-Angestellter auch regelmäßig in die Vorführungen gegangen, am Abend?

GS: Praktisch täglich, ja. Bis auf die Abende, an denen ich Theater – also die *Werkstatt* – gemacht habe. Ich hab' auch rasch gemerkt, wer in Wien aller *nicht* ins Kino geht! Die Großkritiker z. B. … Man hat gehört und gelesen, wie sich Weißhappel und Walden über Filmgeschichte auslassen, aber die waren nie im Filmmuseum!

AH: Und Ihr Buch zum Avantgardefilm ist parallel dazu entstanden?

GS: Mit Kubelka habe ich mich sehr viel über die amerikanische Avantgarde unterhalten. Das war eine Schule sondergleichen, denn er kannte das alles aus den USA. Er hat mir einmal in einem Gasthaus auf einem Blatt Papier – das hab' ich noch zu Hause – die gesamte Genealogie der amerikanischen Avantgarde aufgezeichnet. Ich kannte zu diesem Zeitpunkt nur die klassische europäische Avantgarde der 20er, 30er Jahre.

Ich habe dem Filmmuseum vorgeschlagen, parallel zu meinem Buch, das ja unabhängig vom Haus entstand, auch ein Nachschlagewerk über alle Avantgardefilmer zu machen, die man damals kannte – ein Grundlagenwerk: nur die Fakten, Biografien, Filmografien. Keine Interpretationen wie später in der *Subgeschichte des Films* von Scheugl und Schmidt jr. Aber Kubelka hat das abgelehnt.

Mein ursprüngliches Buch mit den theoretischen Texten der Filmavantgarde war schon recht weit gediehen, als der Verlag Steuerprobleme bekam und das Projekt aufgeben musste. Daraufhin hab' ich es dem Luchterhand-Verlag gegeben, habe wieder einen Vorschuss bekommen – und es wurde wieder nicht gemacht. Da gibt es einen Brief von mir an diesen Verlag, über die Frage, was man von einem Verlag unter kapitalistischen Bedingungen erwarten kann … (*lacht*) Und dann hat Michael Krüger vom Hanser-Verlag das Manuskript sehr rasch übernommen und publiziert. Es waren alle führenden Leute der Zeit darin vertreten.

AH: Wie haben sich das Team des Filmmuseums und die Aufteilung der Aufgaben weiterentwickelt?

GS: Ich begann in der Filmsammlung Ende '67, ein paar Monate vor dem Festival in Knokke. Konlechner war sehr großzügig und hat mich dort brieflich bestens eingeführt, daher konnte ich in Knokke wichtige Recherchen machen, mit einer tollen Akkreditierung. Und da dachte ich mir, in diesem Haus werde ich noch ein bisschen bleiben.

Und dann ist etwas passiert: Der erwähnte Vorführer, der die Filmkopien bearbeitete, hat aus *Der Mädchenhirt* [1919, Karl Grune] die Passagen rausgeschnitten, an denen die Akte angegeben werden, »1. Akt«, »Ende des 2. Akts« usw. … Das war die einzige Kopie der Welt! Ich wollte das erretten, aber es war weg. Etwas anderes konnte ich noch retten: *Die Dreigroschenoper* kam mit abgeschnittenen Anfangs- und Endallongen, die schon Musik enthielten, also Teile des Films waren, aus Spanien zurück, d. h. der Film war dort gekoppelt worden. Glücklicherweise waren die abgeschnittenen Stücke beigepackt, doch sie landeten bei uns im Papierkorb, wo ich sie entdeckte. Somit konnte die Kopie wieder komplettiert werden. Nach diesen Erfahrungen habe ich Konlechner gesagt, dass das so nicht geht. Man braucht für diese Arbeit jemanden, der im Umgang mit Film erfahren und technisch versiert ist. Das hat Konlechner sofort verstanden. So kam Edith über Vermittlung einer Bekannten Ende 1969 zum Filmmuseum. Wir kannten einander schon, waren aber noch nicht verheiratet. Von diesem Zeitpunkt an war sie für alle technischen Aspekte der Filmsammlung zuständig. Und ich hatte die Aufgabe, alles inhaltlich aufzuarbeiten, die Filmdaten und Credits zu überprüfen und zu recherchieren, den verschiedenen Versionen und Abweichungen nachzuforschen. Detektivarbeit also, die ich ja mag. Auch festzustellen, ob Filme repariert oder neu hergerichtet werden müssen. Alle Mitarbeiter im Archiv waren übrigens nur halbtags beschäftigt, zu mehr hat das Budget nicht gereicht.

AH: Waren Umkopierungen, Sicherungen damals schon Teil der Arbeit?

GS: Ja, auch das war Ediths Aufgabe, sie hat alle Kopiertätigkeiten im Labor begleitet und fehlerhaftes Material nicht angenommen. Konlechner hatte sehr viel Vertrauen zu ihr, sie hat sich rasch einen Status im Filmmuseum erworben.

In den Jahren darauf konnten weitere Angestellte engagiert werden. Zur besten Zeit waren wir immerhin sieben, acht Leute im Archiv – das ging in den 70er Jahren kontinuierlich aufwärts. Ab den 80ern war es wieder vorbei. Wir hätten noch mehr Leute gebraucht, aber das Geld hat nicht gereicht.

AH: Sind in dieser Zeit wichtige neue Sammlungen dazugekommen?

GS: Die Filmsammlung von Günther Schifter z. B., auch große Teile der sowjetischen Filmsammlung und das Vertov-Material. Dann die schöne Plakatsammlung von Slama, mit seinen Originalentwürfen. Es gab auch viele Bestände, die weggeworfen werden hätten sollen und vom Filmmuseum gerettet wurden – z. B. das sogenannte »Huemer-Material«, das intern so hieß, weil es von Peter Huemer zwei, drei Jahre lang zeitgeschichtlich bearbeitet wurde. In der Löhrgasse haben wir zusätzlich das Lager nebenan übernommen, weil es so viele Neuzugänge gab. Ich selber hatte aber mit den Akquisitionen nichts zu tun. Ich habe zwar manchmal Kontakte hergestellt und mit Sammlern oder Verleihern vorverhandelt, aber Konlechner hat das immer selbst unter Dach und Fach gebracht. Er hatte größte Sorge vor Fehlkäufen – dass es unsauberes Material sein und er sich strafbar machen könnte. Er wollte auch nicht mit Leuten zu tun haben, die mit Nazimaterial herumgelaufen sind. Was die Fotosammlung betrifft, habe ich die Akquisitionen betreut. Wir haben z. B. sehr viel mit John Kobal getauscht.

AH: Welche Auslandskontakte gab es darüber

hinaus? Sind Sie viel ins Ausland entsendet worden?

GS: Ich hatte einen guten Kontakt zum Leiter der Fotosammlung im British Film Institute; das war ein Finne, mit dem ich viel über Filmfotografie korrespondiert habe. Edith und ich waren Anfang der 70er Jahre bei einer FIAF-Summer School in Ostberlin. Und ich bin im Jahr darauf nochmals vom Staatlichen Filmarchiv der DDR eingeladen worden, auf eine vierzehntägige Archivrecherche. Am Abend bin ich fast täglich ins Berliner Ensemble gegangen! Ganz abgesehen davon, dass das Filmmuseum kein großes Budget für Reisen hatte, hätte ich gar nicht die Zeit dafür gehabt. Es war ja nur eine Teilzeitanstellung, und ich habe parallel dazu unterrichtet, 35 Jahre an der Akademie in Wien und später auch in Linz. Und das konnte ich nicht auf Kosten der Institution tun, d. h. ich habe das zeitlich sehr strikt abgegrenzt, auch später.

AH: Inwieweit hat sich die Arbeit im Filmmuseum durch die rasche Vergrößerung der Sammlungen in den 70er Jahren verändert? Hat der neue Nitrofilmbunker in Laxenburg die Situation entspannt?

GS: Der Bunker ist Anfang 1972 auf dem Gelände des Österreichischen Filmarchivs eröffnet worden, als Aufbewahrungsort für die Nitrofilme beider Institutionen. Es gab immer wieder Konflikte mit dem Filmarchiv, das in die Nitrokammern des Filmmuseums hinein wollte. In dieser Zeit ging auch ein separates Lager des Filmarchivs in die Luft, weil die Kollegen Nitrofilme nicht nur im Bunker gelagert hatten. Dieser Vorfall wurde allerdings höheren Orts »planiert«, wie man in Österreich sagt. Das Filmarchiv hat immer behauptet, wir hätten so viel freien Raum in unseren Kammern – deshalb wollten sie ja hinein. Aber wir hatten das Material einfach zweckmäßiger und schonender gelagert.

Die Nitros gingen also nach Laxenburg, die Fotosammlung in die Zinkgasse, aber die »geleerten« Räume in der Schweglerstraße füllten sich sofort wieder mit Sicherheitsfilmen. Edith hatte schon bald keinen Platz mehr … Deshalb wurden verschiedenste Orte besichtigt, um die Sammlungen in einem Gebäude zusammenzuführen und eine klimatisierte Filmlagerung einzurichten. Keiner dieser Orte war ideal; die Heiligenstädter Straße war noch die beste Lösung, aber auch hier gab es viele Diskussionen.

Dieses neue Archiv wurde ab 1981/82 besiedelt, wenn ich mich richtig erinnere. Und dort begannen dann auch die Beschwerden mancher Mitarbeiter, weil es eben keine Dienstzettel, auch keine Verträge gab. 1981 wurde ein Betriebsrat gegründet und ich wurde gewählt – es hieß, ich sei der einzige, der Konlechner gegenübertreten könne. Mir ist es um Arbeitsbedingungen, um arbeitsrechtliche Dinge gegangen, aber die Direktion hat vieles abgeblockt, auch nachdem das Arbeitsinspektorat bei uns war. Konlechner konnte das immer gut abwiegeln. Das war eigentlich das Ende – drei Jahre später bin ich gegangen.

AH: Sie haben in dieser Zeit, Anfang der 80er Jahre, auch die Gesellschaft für Filmtheorie gegründet – heute SYNEMA, Gesellschaft für Film und Medien. War das eine bewusste Ausstiegsoption?

GS: In der *Werkstatt* war ich für Theater und Literatur zuständig, nicht für Film – das war ja nicht meine Ausbildung. Auch was meine Tätigkeit in der Kulturförderung betrifft, bin ich zuerst in den Literaturbeirat des Ministeriums eingeladen worden, erst danach in den Filmbeirat. Aber ich hatte sukzessive immer mehr mit Film zu tun, und insofern war es auch immer mehr mein Hauptanliegen, bessere Bedingungen für filmwissenschaftliche Arbeit zu schaffen. Die Absicht war eigentlich, die Gesellschaft für Filmtheorie als eine Art wissenschaftliche Abteilung im Filmmuseum anzusiedeln – autonom, vertraglich klar abgegrenzt, aber örtlich assoziiert. Konlechner und Kubelka haben das jedoch abgelehnt. Dann hat mich das Ministerium zum Österreichischen Filmarchiv geschickt, auch mit denen hab' ich verhandelt, aber das Angebot kam überhaupt nicht infrage. Erst dann wurde die Gesellschaft für Filmtheorie vom Bund als völlig autonomer Verein mit einem eigenem Büro subventioniert. Als die Förderungszusage da war, habe ich im Filmmuseum gekündigt.

AH: Es würde mich noch interessieren, wie intensiv der inhaltliche Austausch in Ihrer Filmmuseum-Zeit war – mit den Autoren und Cinephilen, die dem Haus verbunden waren wie z. B. Reinhard Priessnitz.

GS: Priessnitz war ein echtes Kaliber, ich habe ihn oft getroffen und viele Abende endeten erst in den Morgenstunden. Er konnte auch wunderbar Kubelka parodieren! Auch Friedrich Geyrhofer war ein interessanter Gesprächspartner, er hat viele Jahre sehr gute Programmtexte fürs Filmmuseum verfasst. Er konnte sich extrem gut in Filme »hineinversetzen« und hat sofort Fehler erkannt, wenn in einer Kopie etwas falsch montiert war. *Ménilmontant* z. B. [1926, Dimitri Kirsanoff] konnte dank ihm korrigiert werden. Er war politisch sehr radikal; er hat den Faschismus schon im Barock gefunden! Das waren alles »schwierige Menschen«, so wie ich selber – die Schwierigkeit war stets, dass man die herrschende gesellschaftliche Struktur nicht akzeptierte.

Der Radikalste war aber Peter Weibel, dessen Anschauung ich in vielerlei Hinsicht geteilt habe. Er hat mir für *werkstatt-aspekt* einen Text zum Abdruck gegeben, dessen Quintessenz für ihn das Ende seiner künstlerischen Praxis bedeutet hätte, daher forderte er das Manuskript zurück. Währenddessen ich die Konsequenz daraus gezogen habe, dass jegliche künstlerische Tätigkeit affirmativen Charakter hat. Nach meiner letzten Kunstaktion 1970 habe ich mich zurückgezogen und vermehrt der Interpretation filmischer Werke gewidmet. Bei einigen Filmmuseum-Schauen bin ich eingeladen worden, Texte zu schreiben. Doch auch da musste ich mich manchmal zurückziehen, da ich die »Ideologie« des Hauses nicht teilen konnte. Ich hab' Konflikte nie gescheut, bis heute nicht. Heute gehen die meisten Menschen ja allen Unannehmlichkeiten in der Kommunikation mit Mitmenschen aus dem Weg, das war damals nicht so. Auch die Unzufriedenheit der Angestellten im Filmmuseum und die Gründung der Gewerkschaft zeigen ja, dass wir uns Konflikten damals durchaus gestellt haben. Aber da der Anlass unseres Gesprächs der fünfzigjährige erfolgreiche Bestand des Filmmuseums ist, möchte ich die vielen negativen Vorkommnisse in meinem langjährigen Tätigkeitsbereich nicht weiter erörtern.

EDITH UND GOTTFRIED SCHLEMMER
Porträtiert von Friedl Kubelka im Herbst 2013

Eve Heller

Our Lady of the Archive

Edith Schlemmer and I became dear friends at Sascha »Synchro« Wieser's 50th birthday party in March of 2009. We'd met and bonded in Graz one week prior, thanks to a telegraphic conversation about a remarkable piece of film she'd recently helped restore. I was lucky to have chanced upon it at the Diagonale. Catalogued as *Amateuraufnahmen Wien, Frühjahr 1938*, the 9.5 mm film documents Vienna's celebratory streets in the Spring of Austria's Anschluss. Edith had cleaned and closely examined the original, stabilized perforations, and prepared it to be copied onto 16mm archival stock. According to my memory, at the tail end of the reel there's a very brief shot of a young man on his knees scrubbing cobblestones, as captured by the casual filmmaker standing over him. The camera glimpses the amused crowd gathered around him, very startling to behold. The man looks up from his task, staring directly into the camera: it is as if our eyes meet for a split second before the reel reaches its end. Edith and I discussed how this concluding scene would not have been recorded had the cameraperson previously lingered a few seconds longer at the Nazi parade, or spent a bit more time filming an altar to Adolf Hitler, or the elegant, king-size poodle who unwittingly distracts from the storefront shrine. It is stunning to witness the public humiliation of this unknown man, into whose eyes we're briefly given to gaze, to consider his person and plight. And it took my breath away in particular to see a real-life version of a scene imagined since childhood, as told by my father who had been subject to similar treatment before fleeing Vienna; he had completed his Matura in the last possible minute that Spring. Edith insisted that the raw footage of the parading capital culminating in this shot could only be compromised by a documentary that »explained« it within an historical context. And it would be depleted of its anguishing serendipity. We talked about the powerful impact of the roll visibly running out, and the implication of history unfolding afterward and beyond what is captured on film as being specific to the analog medium.

After dancing into the wee hours at Sascha's birthday party, Edith urged me to come and visit her at the Austrian Film Museum's archive (where she works every Tuesday since »retiring« from a lifetime of running the place, near singlehandedly for many understaffed years). She offered to show me the vaults and suggested I make use of one of the 16mm editing tables... most tempting. Half a year later, I was delighted to cross paths again with my newfound analog soulmate at an »In person« screening at the Austrian Film Museum. She grabbed me out of the blue before my show to say she'd heard that one of my prints was badly scratched – maybe she could help restore it. One month later I took Edith up on her kind offer and hopped a streetcar to Heiligenstädter Straße. I thought we'd evaluate my film print and briefly catch up with each other before parting ways. Instead, Edith introduced me to each and every one of her colleagues at the archive, including its manager whom she requested to grant me ongoing access to the 16mm editing facilities. She gave me a tour of the seemingly vast holdings of the museum, walking me through cooled and giant rooms filled with metal shelves stocked from floor to ceiling with thousands of films, opening drawers to reveal a giant document collection including ancient film programs, posters and stills. And to top it all, she procured the keys to a long-locked cabinet containing magic lanterns, stereoscopic viewers, and 9.5mm projectors, etc., which we unpacked, examined and peered through. After several hours in Edith's intricately generous company, I stumbled out into the daylight amazed and delightfully speechless.

Ever since, I've come to depend on Edith whenever faced with a film-related riddle I can't solve – and I'm not the only one to do so! In these dark times, when the bright light of film is being choked off by the shortsighted logic of the marketplace, allowing an irreplaceable artistic medium to be squelched by the rise of digital technologies, Edith is our lifeboat. Film stocks are being discontinued for eternity, labs are forced to lay off staff with decades of experience and wisdom, processing facilities are closing their doors for good, while many films threaten to crumble into dust. Cinemas are closing, throwing out or even destroying their movie projectors, vigilant projectionists are being replaced by automated systems, and great filmmakers are giving their equipment away to a new generation of do-it-yourself analog die-hards. Film knowledge and experience is disappearing fast, and here in Vienna, Edith is the one we turn to for help! I've perhaps been stumped by more dilemmas than most, as an uprooted filmmaker with studio and friends an ocean away. Edith has come to my rescue many, many times, locating equipment for me to borrow, putting me in touch with skilled technicians, and giving me a sense of unconditional technical support that helps me go out on artistic limbs.

Once I visited her with film originals and magnetic soundtracks I hadn't touched in 15 years. I needed to get internegatives made so I could have new prints struck, an expensive and daunting task. Edith relieved me of my worst fears by gingerly taking my originals into her knowing hands and meticulously examining every single solitary tape splice and emulsive scratch. Turns out the films were in good shape, so Edith immediately called the great master timer Sepp Kloucek, formerly employed at Synchro Film & Video. She described the films to him in perfect detail and set up a date and time to proceed – right then and there – I felt like I'd landed in heaven! Sad to say, subsequent to that time those same originals were damaged by a lab. But just a few hours ago, on the very day of this writing, Edith offered to help me repair these new problems…

The fact of the matter is that Edith knows film like the palm of her hand and taps into her technical training and prowess to get to the root of problems with kick-ass clarity. She is passionate about being professional and passing on her knowledge. At the same time she's a most generous, mischievous and witty soul who is a tremendous resource to filmmakers, archivists and programmers alike, raging against the dying of the light and assuring we don't go gentle into that good night: Amen!

Robert Beavers

The Red Ottoman

Memories of a Fraught yet Productive Relationship
Dedicated to Peter Kubelka and Peter Konlechner

PROLOGUE. 1963

Gregory Markopoulos makes *Twice a Man* in New York, borrowing Jonas Mekas's or Charles Boultenhouse's Bolex camera; it receives a prize at Knokke-le-Zoute and is shown extensively as a leading example of the New American Cinema. One of the skeptical voices in response to the film is Peter Kubelka's.

ACT ONE, SCENE 1. 1967

Markopoulos leaves the United States in Summer 1967, and he plans to premiere *The Illiac Passion* at the next Knokke-le-Zoute festival in December, but Gregory and I are stranded in Rome that summer, living as guests in the apartment of the Austrian actor, William Berger, and eating on credit at the local trattoria. Gregory films and edits *Gammelion* and is desperately writing letters for support. We make countless visits to American Express in the hope of receiving help. This arrives in the form of an invitation from the Oesterreichisches Filmmuseum in early September.

(Flight from Rome to Vienna.)

ACT ONE, SCENE 2. OCTOBER 1967

Public presentation of *Himself as Herself* and *Through a Lens Brightly: Mark Turbyfill* at the Filmmuseum: Markopoulos's authenticity and pretense, intelligence and arrogance make for a lively encounter with the Viennese public. Gregory's sexuality is the central measure in his work as a film poet.

Backstage action: Gregory's sense of not being appreciated takes the form of threatening an ultra-right-wing statement before his screening… more as a prank and than anything else, but this, and the question of how to insure that the Filmmuseum pays for our visit in Vienna and the travel to Belgium, made the interaction difficult. Sale of the first copy of *Bliss,* 1967, 16mm, color, 6 minutes to the Filmmuseum.

(Flight from Vienna to Brussels)

ACT ONE, SCENE 3. KNOKKE-LE-ZOUTE, DECEMBER 25, 1967 – JANUARY 2, 1968

The festival jury removes *The Illiac Passion* from the experimental film competition as »an accomplished work.« Peter Kubelka gives Gregory his card with a personal note of admiration for the film and receives one reel of the film as a gift to the Filmmuseum. (He still shows this one reel from *The Illiac Passion* rather than the entire film in his *Was ist Film* cycle.)

ACT TWO, SCENE 1. TRAIN JOURNEYS BETWEEN SWITZERLAND AND VIENNA

The persistence with which we traveled to Vi-

Birth of a Nation (1996, Jonas Mekas): Robert Beavers, Peter Kubelka, Gregory J. Markopoulos in den späten 1960er Jahren. Rechts Robert Beavers 1973, in der Bibliothek des Filmmuseums

enna in 1969, 1972, 1973 and 1977 was directly related to the Filmmuseum's commitment to our filmmaking and indirectly related to Gregory's estrangement from the New American Cinema. Convoluted conversations in Mr. Konlechner's office at the Filmmuseum, related to the sale of our film copies to the Filmmuseum, were often followed by lunches at Demel. It was also at Demel that Gregory met P. Adams Sitney for the last time. When P. Adams asked whether there was any chance for a rapprochement with Anthology and Jonas, the answer was »No.«

The 1970s become our years of isolation; they were also productive in terms of our filmmaking even while the attention to avant-garde cinema followed the very different path of structural film.

One basis of conflict but also a source for respect was Markopoulos's insistence that his work merited financial support and remuneration. He made this insistence and his sexuality the center of his identity as a filmmaker and measured things by these criteria. Institutions such as cinémathèques or film archives were seen as suspect or obstacles to his vision for Film.

ACT TWO, SCENE 2. 1976, A SCENE OFF STAGE AND NOT RELATED DIRECTLY TO THE FILMMUSEUM

Markopoulos had offered to donate his entire archive to Centre Pompidou before the Center was yet built, on the condition that part of his film collection would be permanently exhibited. The proposal was not accepted. Months later an offer came to purchase two of his films, as selected by Peter Kubelka for *Une Histoire du Cinéma*. During a chance encounter between Markopoulos, Kubelka and the curator, Alain Sayag, Gregory stated that he wanted his films shown only under the heading, »The Homosexual Films of Gregory Markopoulos.« That was the last time that Gregory and Peter met.

Peter Kubelka and Peter Konlechner continued as loyal and farsighted collectors of our films; as a result the Filmmuseum possesses the largest collection of Markopoulos films outside the Temenos Archive.

ACT TWO, SCENE 3.

In the late 70s and into the 80s, we still, on occasion, climbed the narrow stairs leading to Mr. Konlechner's office in the Filmmuseum, selling a copy of a new work and even borrowing back one or two films for screening at the Temenos site in Greece. There were also the Filmmuseum screenings, where Gregory tried to shock his mostly young Viennese audience into self-awareness by his openly polemical statements … homoerotic, anarchic, monarchistic. (Probably a few Austrian filmmakers remember these occasions.) But what stood behind these theatrical public statements was a seriousness of intention, an unbroken dedication and productivity.

ACT THREE, SCENE 1. SUMMER 1992, A CLINIC IN TRIBERG, SCHWARZWALD

During the final months of Gregory Markopoulos's life, we were still in contact with the Filmmuseum. Peter Kubelka, through the intermediary of Peter Konlechner, purchased a 16mm internegative of *A Christmas Carol* (the 8mm film that Markopoulos had made when he was twelve years old), a 35mm nitrate negative of *The Dead Ones*, and a 16mm copy of a three-minute document by Charles Levine of Markopoulos filming tests for *Twice a Man*.

…

Speaking now ›to the house,‹ I wish to thank the Oesterreichisches Filmmuseum for acting as a haven and guardian of our films, and I hope that there will still be the time and means to bring the films of Markopoulos and my own work to the next generation of the Viennese public.

21st of March, 1975
Paris...

Mr. dear Mrs. Kuttner,

Enclosed two letters in copy which you may not have received there for Messers. Konlechner/Kubelka.

Here we do not know if we will survive Easter. It is Life, Hunger and Fatigue!

Our address other than Champery is: Hotel Parisiana, 4 rue Tournefort, Paris 5eme, France. Telephone is: 331.50.33.

Let us Hope the Ressurection exists on a level that no one recognizes.

GJM:gjm.

EIN BRIEF VON GREGORY J. MARKOPOULOS
Das Österreichische Filmmuseum bewahrt nicht nur eine große Sammlung der filmischen Werke von Gregory J. Markopoulos, sondern auch eine umfangreiche, mehrere 100 Blätter bzw. Postkarten umfassende Korrespondenz mit dem Künstler zwischen 1967 und Oktober 1992, kurz vor dessen Tod. Der abgebildete Brief an Dagmar Küttner ist einer der kürzesten und verzweifeltsten. Ein weiteres Beispiel aus der Korrespondenz – mit drei aufgeklebten Filmkadern von Robert Beavers, die Markopoulos zeigen – ist in Band 3 dieser Publikation abgebildet.

Enno Patalas

A propos Wien

1968

Was ist der Film, hier und jetzt? Die Frage hat für uns einen praktischen Aspekt. Worüber soll in der *Filmkritik* geschrieben werden? Zwei Klagen, die wir von Lesern am häufigsten hören, stehen einander direkt entgegen: die, wir schrieben zu wenig über die Filme, die tatsächlich im Kino zu sehen sind, und zu viel über solche, die man nie zu Gesicht bekomme – und die, wir schrieben über allen möglichen Mist, nur, weil er gerade in den Kinos zu sehen sei, aber so gut wie gar nicht über das, was in Wahrheit relevant sei. Den einen erscheinen wir als wirklichkeitsferne Traumtänzer, den anderen als Mitläufer der Filmwirtschaft.

Um keines von beidem zu werden, müssen wir, scheint mir, bewusst ein wenig von beidem sein. Die Realität verlangt diese Schizophrenie. Welche Filme die Cinephilen eines Landes sehen können, was also für das öffentliche Bewusstsein dieses Landes *der Film* ist, das war bis vor wenigen Jahren ziemlich eindeutig: das aktuelle Angebot des Verleihs, dazu noch das der Filmclubs – mehr wurde nicht bekannt. Heute macht es einen wesentlichen Unterschied, in welcher Stadt man lebt, wie dort das Repertoire beschaffen ist, was die Studiokinos zeigen, ob es in erreichbarer Nähe ein Archivkino gibt und was dies spielt, welche anderen nichtkommerziellen Möglichkeiten, Filme zu sehen, es gibt, welche Filme das regionale dritte Fernsehprogramm zeigt, welche ausländischen Programme empfangen werden können. Damit verändert sich für den Einzelnen nicht nur quantitativ, sondern auch qualitativ die Realität Film. Für das aktive Filmverständnis bedeutet es schon einen Unterschied, ob einer jede Woche einmal einen Film gezeigt bekommt (und wäre es auch immer ein sehr guter) oder ob er wählen und sich etwa entscheiden kann, eine Woche hindurch nur Filme eines Regisseurs zu sehen.

Was die Verleiher anbieten und was die Filmtheater in ihren regulären Programmen spielen können, kann die virtuelle Wirklichkeit *Film* nur verfälscht widerspiegeln. Die Verfälschung beginnt damit, dass der Zuschauer jeden Film als Werk für sich, abgeschlossen in sich und isoliert von anderen präsentiert erhält. Natürlich sitzt niemand unschuldig vor einem Film; er bringt die Erfahrung all derer mit, die er gesehen hat und die ihn beeindruckt haben, aber es ist eine chaotische, vielfach verschüttete, unentwickelte Erfahrung. Die spezialisierten Westernkinos haben deshalb das beste Publikum, weil dieses permanent im Verständnis wenigstens eines Genres trainiert wird. Wer je einmal die Möglichkeit hatte, eine Retrospektive zu sehen, die ganz einem Regisseur gewidmet war, der hat an sich selbst erlebt, was es bedeutet, wenn man in erster Linie nicht mehr »Filme« sieht – mehr oder minder zufällige Fragmente von anderthalb Stunden mit einer klapprigen Dramaturgie –, sondern bestimmte persönliche Artikulationen von »Film«. Ich will damit nicht sagen, dass der Zuschauer den Blick für die Relationen verlieren solle. Wer an Hitchcocks *Saboteur*, der neulich im Fernsehen zu sehen war, nicht wahrnehmen will, was daran zeitbedingt ist, ist gewiss einäugig; wer aber nur das sieht, wer nichts sieht als einen »älteren Kriminalfilm, spannend im Aufbau, nicht ohne grobe Vereinfachungen und patriotische Töne«, der ist blind.

Zerstört das aktuelle Kinoangebot fruchtbare Beziehungen zwischen den Filmen, so zwingt es diese in andere, die ihm schaden; es subsumiert sie unter die technischen und ideologischen Moden. Nichts behindert die Entwicklung wirklichen Filmverständnisses so wie die Fixierung auf das jeweils Neuste. Diese bewirkt nicht nur eine Regression der Vorstellungen, die im Zuschauer lebendig sind; weil auch die Filmmacher Zuschauer sind, ist die Folge eine Verkümmerung utopischen Bewusstseins in ihren Hervorbringungen.

Eigentlich wollte ich hier nur über das Österreichische Filmmuseum in Wien berichten, das ich Ende Januar zum ersten Mal besucht habe. Über dessen Anfänge, seine Entstehung aus der privaten Initiative von Peter Konlechner und Peter Kubelka, hat hier (vgl. *Filmkritik* 10/65 – 595) Paul Kruntorad berichtet. Inzwischen haben die Vorführungen im Kinosaal der grafischen Sammlung Albertina einen festen Platz gefunden. Wir waren hingefahren (von München aus keine Affäre), um uns die neun Mizoguchis anzusehen, die Peter Konlechner zusammengetragen hatte. Anders als die Filmabteilung des Münchner Stadtmuseums, deren Programme jeweils nur so gut sind wie das Angebot eines ihm wohlgesonnenen Lizenzträgers, suchen die Wiener zusammen, was ihnen zu einem Thema wesentlich erscheint, auch wenn die Quellen verstreut sind. Und dann bieten sie ihrem Publikum auch nicht über Monate hin immer wieder dasselbe Programm, sondern wechseln, sobald die Interessierten Gelegenheit hatten, die Filme zu sehen; höchstens an drei Tagen wird ein Film gezeigt. An einem solchen Programm kann sich ein Filmbewusstsein wirklich entwickeln und eher könnte ein wiener Cinephile auf alle Kinos der Stadt verzichten als auf die Programme des Filmmuseums – diese bedeuten keine historisierende Ergänzung zum Kinospielplan, sondern dessen positives Gegenmodell. Sie sind dies deshalb, weil Konlechner bei seiner Zusammenstellung nicht von liebgewordenen Erinnerungen ausgeht, sondern von akuten Interessen – *seinen* Interessen, denen eines aktiven Cinephilen, dessen Geschmack seine Grenzen haben mag, aber jedenfalls lebendig ist.

Undenkbar wäre es in Wien wohl, dass man, wie in München, über ein halbes Jahr hin nichts als Filme mit Sophia Loren oder Paul Wegener zeigen würde. Stattdessen konnte man hier in den vergangenen zwei Jahren sehen: Filme der Regisseure Kurosawa (5), Stroheim (5), Vigo (das Gesamtwerk), Protasanow (9), Dreyer (11), Wertow (8 abendfüllende Programme), Sternberg (6), Mizoguchi (9) und Ophüls (7), Filme mit den Marx Brothers (12), Mae West (5) und Valentin (alle noch vorhandenen), Nazi-Filme (8) und mehrere Programme des New American Cinema – um nicht die einzelnen Filme verschiedener Regisseure zu erwähnen.

Ich würde gern die vielfachen Vorzüge des Österreichischen Filmmuseums rühmen – die Konzeption der museumseigenen Filmsammlung; die Akribie, mit der die Filme präsentiert werden; die Zuschauer, die einen japanischen Film ohne Untertitel mit wachem Interesse sich anschauen –, würde ich mich damit nicht dem Verdacht aussetzen, jene Liebhaberattitüde zu propagieren, die im bloßen Sammeln rarer Stücke ihr Genüge hat. Gerade daran aber ist mir (und ist den Wienern) nicht gelegen, sondern an der Entwicklung einer wirklichen Sensibilität für den Film. Das Museum, heißt es bei Merleau-Ponty, »ermöglicht es uns, Werke als Momente einer einzigen Bemühung zu sehen, die in der Welt verstreut waren und unter dem Schutt der Kulte oder Zivilisationen verborgen lagen, deren Schmuck sie sein sollten; dadurch begründet es unser Bewusstsein von der Malerei als Malerei« – wir dürfen sagen: vom Film als Film. »Man sollte ins Museum gehen wie der Maler, in der nüchternen Freude an der Arbeit, und nicht, wie wir, mit einer Ehrfurcht, die nicht ganz echt ist« – das braucht man den jungen Besuchern der Filmmuseen noch nicht zu sagen, allenfalls ihren alten Leitern, von denen der eine oder andere sich gelegentlich doch darum bemüht, einen Nimbus um die Person eines Filmautors zu weben, indem er, statt seiner Filme, ihn selbst oder gleichgültige Reliquien ausstellt.

Erstveröffentlichung: Enno Patalas, »Tagebuch: A propos Wien«, Filmkritik, *März 1968*

Friedrich Geyrhofer

Dokumente zur österreichischen Geschichte

1969

Mit mehr als fünfzig Filmen hat das Österreichische Filmmuseum den ersten Teil seiner »Dokumente zur österreichischen Geschichte« abgeschlossen. Die Filmdokumente, aus dem Zeitraum zwischen 1910 und 1921, also aus einer kritischen Periode in der Genesis des heutigen Österreich, sind ein ätzendes Gegengift wider die schamlose (und durch Selbstkritik aufdringlich unterstrichene) Panegyrik, mittels welcher dem Staatsbürger am Nationalfeiertag jeder Rest eines Staats- oder Nationalbewusstseins ausgetrieben zu werden pflegt. Die kommune Klage, dass die Jugend zu wenig von der Zeitgeschichte erfahre, gerät in der filmischen Dokumentation an ihre adäquate Widerlegung. Diese Klage zielt ja im seltensten Falle auf eine historisch begründete Kritik an der österreichischen Katastrophe, vielmehr auf deren dunstige Verschleierung. Von dem opportunistischen Motiv, den Österreichern ihre Geschichte menschlich näher zu bringen, wird ein Großteil der halbamtlichen Geschichtsschreibung ebenso wie die Masse der populären Bestseller-Historiographie bestimmt. Solchen Verkleidungsmanövern widersteht das Genus Film.

Voreilige Filmenthusiasten wollten im Film als einem historischen Dokument den Ersatz der schriftlichen Geschichtsdarstellung, ja sogar ihre Überbietung erkennen. Sie haben sich geirrt, denn der Film erzählt die Geschichte nicht, er zerstört sie. Gerade die Dokumentarfilme aus dem ersten Viertel des Jahrhunderts eignen sich als Beweis dafür, dass der Film nicht in einem epischen, sondern in einem destruktiven Verhältnis zur Geschichte steht. Da die Technik von Film und Aufnahme verhältnismäßig primitiv war, die erst in der Entstehung begriffene Propagandamaschinerie die Möglichkeiten des Mediums noch nicht entdeckt hatte, sind die diversen Wochenschauen und Agitationsfilme aus dem Ersten Weltkrieg und seiner Vorkriegszeit in einem für den gegenwärtigen Betrachter überraschenden Ausmaß naiv und entlarvend. Der Vergleich mit den jüngeren Filmen aus den noch folgenden Teilen der Dokumentarschau im Österreichischen Filmmuseum wird lehrreich sein.

Man muss das befangene und überraschte Verhalten der Menschen in den Filmen aus dem Ersten Weltkrieg mit der versierten Routine zusammenhalten, welche die Passanten heute zeigen, die zufällig in eine Straßenumfrage des Fernsehens geraten. Wenn die Teilnehmer einer italienischen Kriegskundgebung aus dem Jahre 1915 erst in dem Augenblick (eine recht gelinde) Begeisterung zeigen, wenn sie merken, dass sie in den Blickwinkel der Kamera geraten sind, oder wenn die englischen Soldaten abgekämpft in die Kamera winken, dann zeigt sich in diesen Szenen die Konditionierung einer Reaktion, die später so automatisch wurde, dass die Menschen sie als einen eingeschliffenen Reflex nicht mehr loswerden können. Während der Straßenschlachten in den amerikanischen Großstädten hat sich jüngst bestätigt, dass die Präsenz von Fernsehkameras das Verhalten aufreizt und brutalisiert – also die individuellen Kontrollmechanismen ausschaltet und eben damit die Ereignisse hervorruft, die kommuniziert werden sollen. Dies ist ein eklatantes Beispiel für die Rückwirkung der Kommunikationsmedien auf die Menschen. Vermutlich ist die tierische Begeisterung der Massen bei den Kundgebungen der totalitären Parteien und der Beatgruppen nicht zuletzt von der im kollektiven Unterbewusstsein wesenden Vorstellung der Masse verursacht, dass mit Hilfe des Films die Masse sich selbst zum narzisstisch gespiegelten Objekt werden kann. Ehemalige Nationalsozialisten können nicht umhin, ihre schlecht verhohlene Bewunderung für den ästhetischen Reiz der Parteitage auszusprechen. Der ästhetische Reiz dieser Massenkundgebungen bestand in der Repräsentierung des Kollektivs mittels des frenetischen Rituals, das schon für die Wochenschau zurechtgeschnitten war (wie heute ein amerikanischer Wahlkampf für das Fernsehen), und in dem sich die Masse selbst reflektierte.

Die Wochenschauen aus dem Ersten Weltkrieg stehen am Anfang dieser Entwicklung: die Menschen haben sich noch nicht in ihren kollektiven Reflexen am Film geschult. Sie sind sich noch nicht als einer Masse bewusst geworden, es fehlt das für die totalitäre Politik so grundlegende spezifische Massenverhalten. Am bequemsten wurde dieses beim Ansehen der Wochenschauen trainiert. Die Ausbildung der Massen (Freud hat seinen großen Essay über die Massenpsychologie 1921 geschrieben) und die Popularisierung des Films während des Ersten Weltkriegs sind eng miteinander verschränkt. Erst in Krieg und Nachkrieg wurde der Film aus einem verachteten Underground-Vergnügen zu einem uneingeschränkt herrschenden Massenmedium. Hinter dem sozialen Aufstieg des Films steht die Proletarisierung des Bürgertums durch den allgemeinen Wehrdienst im Felde und nachher durch die Vernichtung der Familienvermögen in der großen Inflation. Es war ja nicht die im Militärdienst zwangsläufige soziale Nivellierung allein, welche die jungen Bürgersöhne proletarisierte, sondern noch mehr der industrielle Arbeitscharakter der Materialschlacht. Die Filme von der Westfront belehren darüber, in welchem Ausmaß die Sturmangriffe der Infanterie und noch mehr die Bedienung der schweren Artillerie der maschinellen Produktion in der Fabrik ähnlich gewesen sind. Das erklärt den pointiert proletarischen Stil in der Politik wie in der Kunst zwischen den beiden Weltkriegen. Vielleicht waren Nationalsozialismus und Faschismus die verzweifelten Versuche der bürgerlichen Klasse, sich durch Mimikry vor der universalen Proletarisierung der Gesellschaft zu retten – die Volksgemeinschaft als die blutige Travestie einer klassenlosen Gesellschaft. Ein bedeutsames Indiz für die Verwandlung des politischen Stils aus einem bürgerlichen in einen totalitären sind die zahllosen

Filmdokumente über die mitteleuropäischen Monarchen und deren Krönungen, Hochzeiten, Begräbnisse und Abdankungen.

Dem monarchischen Pomp ist der analytische Charakter des Genus Film nicht gut bekommen. Die Technik der Kamera tendiert stets dazu, auf Kosten des Individuellen und Spontanen am Menschen das Mechanische und Konditionierte hervorzuheben. Der Kaiser Franz Joseph, dessen lebendige Figur ohnedies von allzu vielen Bildern verdeckt ist, wirkt im Film wie eben einer der senilen Schauspielgreise, die ihn später so oft dargestellt haben. Virtuell beraubt der Film den Menschen seines bewussten und absichtlichen Handelns, reduziert ihn nur auf ein Konglomerat irrer Reflexe. Es ist wahrscheinlich kein Zufall, dass die behavioristische Psychologie zur gleichen Zeit wie der Film entstanden ist. Das unwiderstehlich Komische an der monarchischen Repräsentation im Film ist aber nicht allein die Schuld dieses Mediums. Das Institut der Monarchie stammte ja aus einer ständischen Gesellschaft, in der jedes Individuum in seinem Habitus und in seiner Kleidung nicht sich selbst, sondern seinen Stand öffentlich repräsentierte: Der Monarch repräsentierte sein ganzes Volk. Das war möglich in einer Epoche, in welcher der Gegensatz zwischen öffentlicher und privater Sphäre nicht existierte. In den Filmen wird aber deutlich, wie sehr die Monarchen am Anfang des zwanzigsten Jahrhunderts nur noch verkleidete Privatleute sind. Der spätere Kaiser Karl bläht sich bei seiner Hochzeit wie ein rauflustiger und eitler Bauernbursch. Und wenn Thorstein Veblen in den Bahnhöfen seiner Zeit synthetische Schlösser erkannt hat, dann wirken die Schlösser der Habsburger wie synthetische Bahnhöfe. Die ganze monarchische Repräsentation, einst das Zentrum der Gesellschaft, reduziert sich auf eine kleinbürgerliche *conspicuous consumption*. Ja das Erstaunliche an diesen monarchischen Feiern und Repräsentationen ist ihr ganz und gar unfeudaler Habitus, ihr borniert kleinbürgerlicher, bisweilen sogar agrarischer Charakter. Der Hochadel, der im frühen Mittelalter aus der Klasse der großen Grundbesitzer entstanden ist, kehrt in der Epoche seines Untergangs wieder zu den rustikalen Ursprüngen zurück: Die Aristokraten geben sich wie reiche, doch jeder geschmacklichen Verfeinerung entratende Bauern. Spezifisch österreichisch ist diese Regression freilich nicht. Darüber belehrten die Filme von Wilhelm II. oder dem englischen König Georg V.

Der Widerspruch zwischen einer unwirklichen und nichts mehr repräsentierenden monarchischen Repräsentation und der sich bereits ins Totalitäre verwandelnden Industriegesellschaft wird in den Filmen aus dem Weltkrieg unerträglich deutlich. Die Figur des letzten habsburgischen Kaisers hat darunter am stärksten gelitten. Auf eklatante Weise zeigt sich die Kaiserkrönung in Wien, mit dem pompösen Zug der Kaiser, Könige, Fürsten, Herzöge und Grafen durch die verwahrloste und langsam verhungernde Großstadt des Weltkriegs, als ein nur noch scheinhaftes, aufs Theatralische reduziertes Ritual.

Unbarmherzig hat der Film die stereotypen Gesten des Habsburgers entlarvt: das schablonierte Lächeln und das automatische Salutieren, das der gestürzte Kaiser im spanischen Exil in ein genauso automatisches Hutabnehmen verwandelt. In den mechanischen Gebärden präsentiert sich die Hilflosigkeit des bürgerlichen Individuums vor einem höfischen Zeremoniell, das im totalen Krieg bloß komisch wirken kann. So wurde schon der Kaiser Franz Joseph auf seinen diversen Rundreisen von Hofbeamten und Bürgermeistern herumgestoßen. An die Stelle der Aura um die Person des Herrschers tritt eine respektvolle Langeweile. Bei dem letzten österreichischen Kaiser reduziert sich auch die Langeweile des laxen Zeremoniells auf die subalternen Manieren eines beförderten Beamten. Der Widerspruch zwischen bürgerlichem Individuum und repräsentativem Gestus, das der chaplinesken Komik des ewigen Salutierens zugrunde liegt, wird erst im zackigen Heil-Gruß des totalitären Führers aufgehoben.

Wie sehr aber die universale Tendenz auf den totalitären Staat zusteuert, das beweisen am drastischsten die Filme aus der Nachkriegsepoche. Die Filme über die ersten Republikfeiern in Wien zeigen, auf eine freilich noch ungeübte Weise, das ganze Instrumentarium der späteren faschistischen Demagogie. Wenn die Vertreter des Militärs und der Polizei, die vor kurzem noch treue Diener der Monarchie waren, auf den Stufen des Parlaments den geflohenen Kaiser anpöbeln (und damit die wahren Ursachen des Krieges und seines Elends geschickt verstecken), wenn sie mit dem ganzen Pathos der Unaufrichtigkeit bekennen, auf dem Boden der republikanischen Staatsform zu stehen, dann kündigen sich schon die Ereignisse auf demselben Ort zwanzig Jahre später an.

Erstveröffentlichung: Friedrich Geyrhofer, »Filmtagebuch«, Neues Forum, *Jänner 1969*

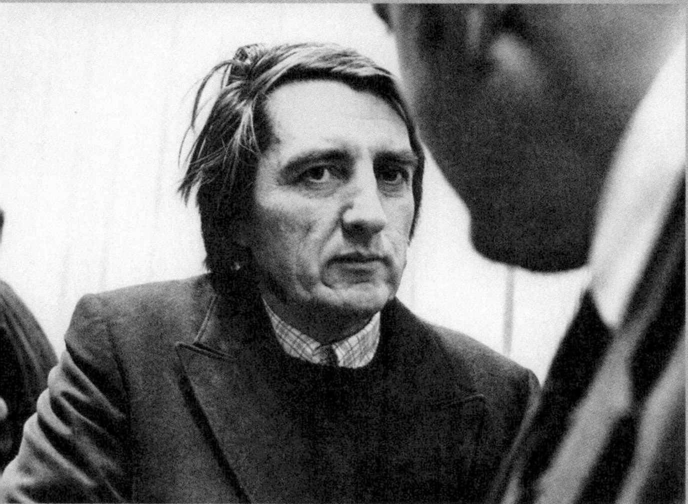

VLADO KRISTL, 1968
Von 10. bis 12. Dezember 1968 standen im Filmmuseum drei Programme mit Werken von Vlado Kristl auf dem Spielplan. Zumindest an einem dieser Abende fungierte Peter Weibel (oben, rechts) als Moderator des Publikumsgesprächs. Fünf Wochen später fand am selben Ort eine Demonstration gegen die Programmpolitik des Filmmuseums statt, unter führender Mitwirkung Weibels und anderer Wiener Filmmacher/innen bzw. Aktionisten (Band 1 dieser Publikation bietet eine ausführliche Darstellung der Aktion). Die Kritik bezog sich u. a. darauf, dass das Filmmuseum zwar internationale Undergroundfilme sowie das Werk von Peter Kubelka zeigte, die Filme der anderen Österreicher aber nicht – bzw. nur im Ausland (Am 24. Mai 1968 hatte das ÖFM im Londoner National Film Theatre *Austrian Independent Filmmakers* präsentiert – Kurt Kren, Peter Kubelka, Ferry Radax, Hans Scheugl, Ernst Schmidt jr.).

Zum Teil gerieten auch ausländische Filmmacher/innen in diesen Konflikt. Ähnliche Kontroversen wurden in diesen Jahren überdies in der gesamten europäischen Filmszene ausgetragen. Vlado Kristls Brief auf den folgenden Seiten dokumentiert die Stimmungslage aus seiner Sicht – im August 1970. Kurz davor, am 30. 7. 1970, war Kristl von Peter Konlechner zu einer neuerlichen, für Oktober geplanten Vorführung ins Filmmuseum eingeladen worden: »Ich freue mich schon auf Deinen Anarcho-Western und hoffe bei Deinem Besuch mehr darüber zu erfahren.« Kristls Antwortbrief dokumentiert, dass statt bürgerlicher Einzelkünstler-Auftritte nun gemeinsamer Kampf angesagt war (ein »Revolutionarisieren der Lage«). Das Filmmuseum wollte von der Idee einer Einzelpräsentation aber offenbar nicht abrücken. Am 14. 9. 1970 äußert Kristl gegenüber Konlechner den Verdacht, »in ein Wespennest gegriffen« zu haben: »Mensch, ist es mit Österreich ganz gefährlich. Auch Du bist Österreicher und mein Vater ist Österreicher und ich sage Dir, es ist ein Wahnsinn, heller Wahnsinn, ein Österreicher zu sein. Und die Schmidts und Mühls und Krens sind Österreicher! Das ist nicht mehr Mehrnationalstaat, das ist ein Pulverfass!!!«

München, den 9. 8. 1970

Wenn Du zustimmen solltest, kannst Du ruhig mit Hein, Deinem Erzfeind ein Programm ausarbeiten. Ich habe eben das gefühl, daß ich auf Basis solcher Vorstellungen politisch richtig stehen kann, so, wie es heute für mich möglich erscheint. Alles andre ist konventioneller als man sich einmal vorgestellt hat. Sei, Peter, ein guter Anarchist und über Sprengungen. Auch wenn Du Mich sprengst, bin ich glücklich, nur daß es Aktion ist in dieser unerbittlichen Richtung. Grüße als dann alle Frauen von Peter Kub. So weit lade alle Deine und nicht Deine Filmmacher ein. Mach Hölle im schönen Österreich. Mach Vlado eine Freude. Stürze den Staat

Z. H. Herrn Peter Konlechner
An Das
Österreichische Filmmuseum
1010 Wien
Augustinerstr 1

VLADO KRISTL
8 München 13
Friedrichstr. 13/3
Tel. 0811/34 73 11

Lieber Konlechner,

ich schreibe schon mit dem Wissen, daß auch Hein Dir geschrieben hat. Ich hab ihn gebeten es zu tun. Kurz, was ist passiert. Sofort hat sich böses Blut gebildet wo ich nach Wien ins Museum kommen sollte. Es waren zufällig Österreicher da. Die Situation ist für mich folgende: Ich bevorziehe, ich ziehe vor, nicht als Zankapfel dort aufzutauchen, sondern das, was mit dieser Filmarbeit auch bezweckt ist, zu befreien von üblichen Schiss. Es ist in meinem Interesse daß diese Vorführung eine Lage hervorzwingt, die nicht mehr Möglichkeit bietet, daß ich eine negative Rolle zugeteilt bekomme. Ob mit Absicht oder ohne. Darum der Vorschlag daß ein Programm von Österreichern und mir in dem Fall veranstaltet sein sollte, wo jeder nachher in der Diskussion die Politik, die Unterschiede und die Positionen erkennen kann, die diese Filme, diese Leute und diese Vorführung in sich sonst versteckt tragen und auch mit sich wegtragen würden den nächsten Tag. Ob sich für Dich dann lohnt so etwas, das weiß ich nicht. Für mich ist es zwingend. Wir hier können die Politik nicht erkennen in allen Ebenen die bei Euch bestimmend ist. Da ich hier mit der Gruppe zusammenvorführe und sie nicht nur billige sondern auch von ihnen lerne, kann ich nicht etwas tun, was gegen meine Auffassung wäre. Wenn nichts andres, so vergleiche ich es mit dem Revolverschießen auf der Straße mit verbundenen Augen. Ich treffe sicher jemanden und verursache Schaden. So viel von der Politischen Seite. Zweitens versuche ich vielleicht auch die gute alte Presentationsmasche abzuschütteln. Mir hilft nichts daß ich individuel herausgehoben werde. Ich bin für keinen Produzenten interessant. Nur für Geldgeber Staat oder Fernsehen wenn es bedeutet, daß mehrere sich nicht mit dem Autoren und Geniekranz schmücken lassen und stehen, wenn auch vorläufig, so wird es immer sein, Front gegen den herrschenden Fall.

EIN BRIEF VON VLADO KRISTL (Kommentar dazu auf der vorhergehenden Seite)

Ich weiß, daß Ihr beide meine Freunde ward und mir vieles ermöglicht habt. Siehe Spanien. Aber dann tut mir nicht weh. Ich hab bei der Telephonate ganz vergessen die Varbitterung die jeder Österreicher herbringt aus Wien, wenn er kommt. Das sind vielemals krankhafte Sachen und freudsche Komplekse, aber es ist ein Boden, auf dem nur die Offenheit hilft, der Griff in des Maul des Drachens. Soll ein Fiasko folgen, so ist es halt die Art der Vorführung. Soll ein Tumult folgen, so ist es auch gut. Man müßte aufputschen, propagieren, Streitgründe emporzeigen, sich bespucken, besudeln, beschuldigen, stürzen....sonst, wenn man das in Eurer Situation nicht macht, dann ist es nicht nötig, daß man Filme mehr zeigt. Raus mit den Krim Kram, mit dem Ihr Euch dort bekämpft. Vielleicht wird nichts besser, oder es wird noch viel schlechter, es wird sich zeigen daß kein Friede sein kann und darf. O.K.! Aber dann das. Das ist eben für mich auch die kritische Situation, die mir meine Arbeit entweder billigt oder mich zum erbärmlichen Kleinbürger stempelt. Warum kann man nicht den Staat aus den Angeln heben? Mit einer Vorführung die die Probleme mit sich bringt?

Auch weiß ich, daß das Museum nicht vom Himmel gefallen ist und daß es durch Arbeit, viel Schlauheit, Manövrierkunst, Ausdauer und Hartneckigkeit und vor allem auch durch Idee etwas für's Ganze zu tun von Euch errichtet wurde. Alles aufzugeben ist Wahnsinn. Doch, schau den Jungen Deutschen Film....haben Schneidetische, Kameras Studios aufgebaut und als das große Geld kam, haben sie sich genauso gesagt. Man kann doch nicht alles wegwerfen und die Jahrzehntarbeit vernichten. Nein, zuerst einen kommerziellen Film und dann kann man wieder...usw. Sie haben nicht einmal einen kommerziellen Film deswegen zusatnde bekommen. Verstehst Du mich?

Nun beim Telephonat habe ich gar nicht das Problem Österreich im Sinn gehabt. Erst das Reden, die Tatsachen, Kontakte zur Erinnerung oder Beschreibungen der Vorgänge über die man nur so über den zweiten Mann berichtet gehört hat, riefen das Problem wach. Jetzt muß man was machen. Was keine Schau ist sondern ein Angriff auf Positionen. Meine, Deine, des Mühl oder wie Du es willst. Revolutionarisieren der Lage. Ich rede Stuß, ich wäre aber da sehr froh wenn etwas in diesem Sinn zustande käme. (Bedenke, wir haben in Cannes die Sache so gemacht, in Berlin war ähnliches aber nicht so im ersten Plan, in Luzern bin ich auch geflogen aus dem Programm.) Wenn ein Image mir helfen kann, so jetzt nur dieses, in Gemeinschaft die sich selbst im Innern bekämpft aber die nach außen auch alles bekämpfen muß. Darum ist Dein Vorhaben eine Platform für uns, daß heißt, Du kannst sie so stellen, daß sie für unabhängige Unternehmen gestaltet wird. Und nicht für provinzielle Streitigkeiten.

Grüß Dich Titane des Licht und des Dunkel

Dein ewig Dir Schwierigkeitbereitender (Vlado Kristl)

Vlado Kristl

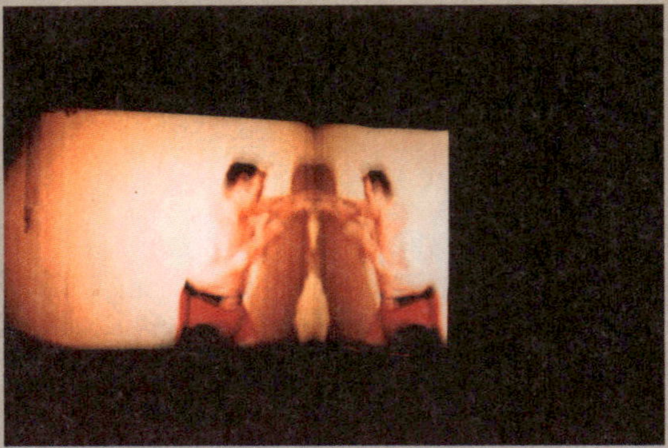
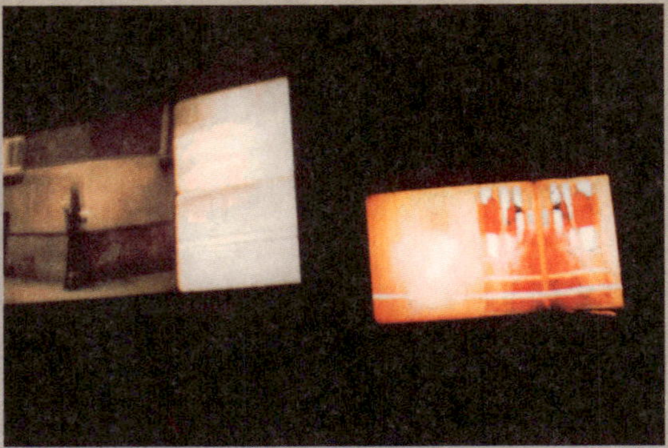

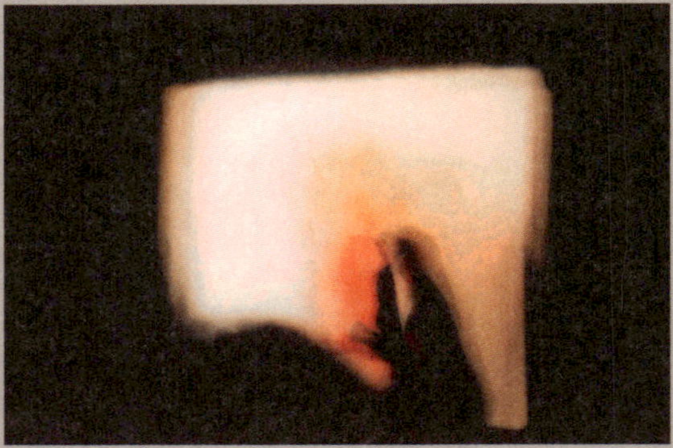
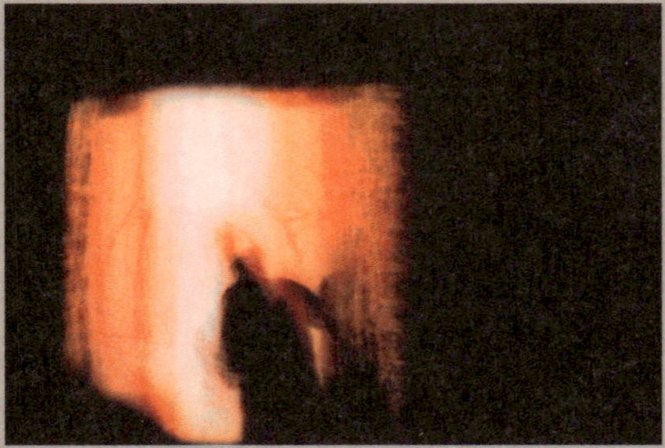

VALIE EXPORT, EXPANDED CINEMA, 2007
Die Hervorbringung eines »erweiterten Kinos« war ein zentrales Ziel der Zweiten Generation österreichischer Filmavantgardisten. Das Filmmuseum wurde von ihnen – trotz dessen Affinität zum New American Cinema und zum internationalen Underground – nicht als Ort für eine gesellschaftlich erweiterte Kinopraxis gesehen. VALIE EXPORT, im Jänner 1969 unter den Demonstrant/inn/en gegen das Filmmuseum, kehrte für eine große Retrospektive an diesen Ort zurück und präsentierte am 30. 5. 2007 eine einmalige Live-Aufführung von sechs Expanded-Cinema-Arbeiten aus den Jahren 1967–73.

1970

JÄNNER

Filmdokumente zum Werk Bertolt Brechts [René Allio, Alberto Cavalcanti, Slatan Dudow, Georg Wilhelm Pabst, Manfred Wekwerth & Peter Palitzsch] • **Filme von** Luis Buñuel, Carl Theodor Dreyer, Albert & David Maysles, Jonas Mekas, Cecil B. DeMille, Jean Vigo, Orson Welles

FEBRUAR

Aleksandr Dovženko Retrospektive • **Kenneth Anger** Das Gesamtwerk • **Filme von** Albert & David Maysles, Henry Hathaway, Edward Sutherland & Mae West, Leslie Fenton, Jonas Mekas, Slatan Dudow, Peter Palitzsch & Manfred Wekwerth

MÄRZ

Klassische Horrorfilme I [James Whale, Tod Browning, Robert Florey, Erle C. Kenton] • **Cinema indipendente italiano** [Massimo Bacigalupo, Piero Bargellini, Gianfranco Baruchello, Alfredo Leonardi, Guido Lombardi] • **Filme der Tattooist Group** [Dick Fontaine, Nic Knowland, Judy Marriot, Mike Myers, Denis Postle, Richard Stanley] • **Filme von** Albert & David Maysles, Federico Fellini

3. BIS 30. APRIL

Howard Hawks Retrospektive [Viennale 1970, Vorführungen: Urania, Mittlerer Saal (3.–9.4.) und ÖFM (10.–30.4.)]

MAI

Klassische Horrorfilme II [Edgar G. Ulmer, Karl Freund, Merian C. Cooper, Irving Pichel, Ernest B. Schoedsack, Louis Friedlander, Stuart Walker, Rowland V. Lee, George Waggner] • **Filmdokumente über Lenin** [Dziga Vertov] • **London Filmmakers Cooperative** [Malcolm LeGrice, Stephen Dwoskin, Peter Gidal, Jeff Keen, Simon Hartog, Roger Ackling, Mike Dunford, Fred Drummond, John Latham] • **New American Cinema** [Morgan Fisher, James Herbert, Robert Breer, Scott Bartlett, David Brooks, Mark Sadan, Walter Ungerer]

SEPTEMBER | OKTOBER

Sam Peckinpah Retrospektive • **Jacques Becker** Retrospektive Teil 1 • **Le Cinématographe Lumière** Filme 1895–1900 • **Paul Sharits** • **Filme von** Jacques Rivette, Aleksandr Dovženko, Jean Renoir, Josef von Sternberg, Willy O. Zielke, Mae West & Wesley Ruggles, Raoul Walsh, Bruce Baillie, Stan Brakhage, Luis Buñuel, René Clair, Salvador Dalí, Marcel Duchamp, Man Ray

NOVEMBER

Jacques Becker Retrospektive Teil 2 • **Klassische Horrorfilme III** [Jack Conway, Rouben Mamoulian, Charles Brabin, Tod Browning, Mark Robson, Jacques Tourneur] • **Filme von** Lionel Rogosin, Norman Mailer, David Loeb-Weiß, Erich von Stroheim, Mae West & W. C. Fields & Edward F. Cline

DEZEMBER

Filme von Werner Schroeter • **Filme von** Rupert Julian, H. C. Potter, Robert Nelson, Vsevolod Pudovkin, Hans-Christof Stenzel, Luis Buñuel & Salvador Dalí, Alberto Cavalcanti, The Marx Brothers

GÄSTE Werner Schroeter, Magdalena Montezuma, Elizaveta Ignateva Svilova-Vertova, Paul Sharits, Malcolm LeGrice, Stephen Dwoskin, Alfredo Leonardi, Larry Kardish, Paul Genard u. a.

1971

JÄNNER

Carl Theodor Dreyer Das Gesamtwerk
AUSSTELLUNG *Carl Theodor Dreyer,* Albertina (Portikus-Halle, 15.–29.1.)

FEBRUAR

Filme von Ozu Yasujirō, Jonas Mekas, Edwin S. Porter, D. W. Griffith, Thomas H. Ince, Mack Sennett, Charles S. Chaplin, William S. Hart, Fred Niblo, Henry King, Karl Freund, Luis Buñuel, Sergej Eisenstein

MÄRZ

Marcel Hanoun Retrospektive • **Filme von** Erich von Stroheim, John Ford, Wolfgang Staudte, Aleksandr Dovženko, Werner Nekes & Dore O.

26. MÄRZ BIS 4. APRIL

Avantgardefilm 1920–1950 [Viennale 1971] [Charles Sheeler & Paul Strand, Viking Eggeling, Louis Delluc, Germaine Dulac, René Clair, Hans Richter, Warren Newcombe, Claude Autant-Lara, Jean Epstein, Lotte Reiniger, Man Ray, Henri Chomette, Fernand Léger, Adrian Brunel, Walter Ruttmann, Alberto Cavalcanti, Dimitri Kirsanoff, Jean Renoir, Marcel Duchamp, Joris Ivens, Robert Florey & Slavko Vorkapich, Charles Dekeukeleire, Eugène Deslaw, Len Lye, Luis Buñuel, Salvador Dalí, Wilfried Basse, James Sibley Watson & Melville Webber, Charles F. Klein, Michail Kaufman, Henri D'Ursel, Oskar Fischinger, Roger Livet, Alfred Sandy, Dziga Vertov, Ernö Metzner, Henri Storck,

Ivor Montagu, Andor von Barsy, László Moholy-Nagy, Jean Vigo, Ernst Angel, Herman G. Weinberg, Jay Leyda, Jean Cocteau, Otakar Vávra, Alexis Granowski, Jerzy Zaczycki & Tadeusz Kowalski, Jan Kucera, Alexandre Alexeieff, Anthony Gross & Hector Hoppin, Berthold Bartosch, Max de Haas, Hans Fischinger, Stefan & Franciszka Themerson, Jiri Lehovec, Norman McLaren, Harry Smith, Douglas Crockwell, Luciano Emmer, Richard Massingham, Jørgen Roos & Albert Mertz, Maya Deren, Hella Heyman, Georges Franju, Eli Lotar, André Michel, Jean Painlevé, Gösta Werner, Gilles Margaritis, Jean Dreville, Marcel L'Herbier, James Broughton, Sidney Peterson, Jack Chambers, Philip Stapp, Kenneth Anger, Dr. Pierre Thévenard, Sören Melson, Ian Hugo, Henning Bendtsen, Jean Mitry]

APRIL

Filme von Kenneth Anger, Harry Smith, Peter Kubelka, Kurt Kren, Gregory J. Markopoulos, Ferry Radax, Stan Brakhage, Robert Nelson, Ernst Schmidt jr., Bruce Baillie, Jerome Hill, Werner Nekes & Dore O., William Wiley, Hans Scheugl, Michael Snow, Antonis Lepeniotis, Gruppe Rosa-Grün-Blau, Peter Weibel, George Landow, Franz Novotny, Karl Kases, Tom Chomont, Luis Buñuel

MAI

Elia Kazan Retrospektive

OKTOBER

John Ford Retrospektive Teil 1 • **Italienische Komödien 1930–1960** Teil 1* [Goffredo Alessandrini, Guido Brignone, Mario Camerini] • **Filme von** Frans Zwartjes, Luis Buñuel, Aleksandr Dovženko, Sergej Eisenstein, Jean Vigo

* Die Schau fand keine Fortsetzung

NOVEMBER

John Ford Retrospektive Teil 2 • **Jean Eustache** • **Filme von** Ōshima Nagisa, Kurosawa Akira, Kerry Feltham, Federico Fellini, Sergej Eisenstein, Robert J. Flaherty, Georg Wilhelm Pabst

DEZEMBER

John Ford Retrospektive Teil 3 • **Filme der Whitneys** [John Whitney Sr., John Whitney Jr., James Whitney, Michael Whitney] • **Filme von** Luis Buñuel, Jean Renoir, Roberto Rossellini, Josef von Sternberg

GÄSTE Jean Eustache, Marcel Hanoun, Jerome Hill, Fritz Lang, Jonas Mekas, John Whitney Jr. u. a.

1972

JÄNNER

John Ford Retrospektive Teil 4 • **Filme von** Kenneth Anger, Georges Méliès, Kozincev & Trauberg, Dziga Vertov, Kurosawa Akira, Mizoguchi Kenji, Luis Buñuel

FEBRUAR

John Ford Retrospektive Teil 5 • **Filme von** Fritz Lang, Lev Kulešov, Jean Eustache & Jean-Michel Barjol, Agnès Varda, Federico Fellini, Stan Laurel & Oliver Hardy

MÄRZ

Filme von Roberto Rossellini • **Filme von** Jonas Mekas, Stan Laurel & Oliver Hardy und über den indisch-pakistanischen Konflikt

17. BIS 29. MÄRZ

Propaganda und Gegenpropaganda im Film 1933–1945 [Viennale 1972]

APRIL

Raymond Rohauer presents **The Buster Keaton Retrospective** • **Filme von** Jean Renoir, Jonas Mekas und über den indisch-pakistanischen Konflikt

MAI

Raymond Rohauer presents **The David Wark Griffith Retrospective** • **Filme von** Howard Hawks, Marcel Hanoun, James Broughton, Sidney Peterson, Karl Freund, George Waggner, Stuart Walker

OKTOBER

Dziga Vertov Retrospektive • **Tarzan** Retrospektive [Harry J. Revier, Willard S. Van Dyke, Cedric Gibbons, Richard Thorpe, James McKay] • **Gregory J. Markopoulos / Robert Beavers** • **Herbert Jean de Grasse** • **Filme von** Jerome Hill, Mizoguchi Kenji

NOVEMBER

Jean Rouch Retrospektive • **Eddie Cantor** Retrospektive • **Tony & Beverly Conrad** • **Ein Film von** Walter Ruttmann

DEZEMBER

Eric Rohmer Retrospektive

PUBLIKATION Österr. Filmmuseum (Hg.), *Propaganda und Gegenpropaganda im Film 1933–1945*, Wien: ÖFM 1972

GÄSTE Eric Rohmer, Jean Rouch, Tony & Beverly Conrad, Gregory J. Markopoulos, Robert Beavers, Jerome Hill, Herbert Jean de Grasse, Raymond Rohauer u. a.

1973

JÄNNER

Hans-Christof & Rosemarie Stenzel • **Filme von** Erich von Stroheim, Ernst Schmidt jr., Peter Hajek, Ferry Radax, Max Ophüls, Federico Fellini, Aleksandr Dovženko, Georges Franju, Jean Genet, Charles Ridley, Leni Riefenstahl

FEBRUAR

Jean Vigo Retrospektive • **Robert J. Flaherty** Retrospektive • **W & B Hein** • **Filme von** John Cook, Augusto Tretti, René Clement, George Sidney, Luis Buñuel, Len Lye, Harry Smith, Alberto Cavalcanti, René Clair, Viking Eggeling, Fernand Léger, Man Ray, Hans Richter

MÄRZ

Raymond Rohauer presents **The Douglas Fairbanks Retrospective**

29. MÄRZ BIS 15. APRIL

Der Amerikanische Western 1898–1960 [Viennale 1973] [Edwin S. Porter, Gilbert M. ›Broncho Billy‹ Anderson, William S. Hart, Raoul Walsh, Tom Mix, Irving Cummings, King Vidor, Jesse J. Robbins, J. Gordon Edwards, King Baggot, Wesley Ruggles, Edward L. Cahn, Cecil B. DeMille, Lambert Hillyer, Allan Dwan, John Ford, James Cruze, Henry King, Fritz Lang, Lynn Reynolds, William A. Wellman, Howard Hawks, Delmer Daves, Robert Aldrich, Lewis Seiler, Anthony Mann, Fred Zinnemann, George Stevens, Otto Preminger, Nicholas Ray, Henry Hathaway, Richard Brooks, John Sturges, Samuel Fuller, Budd Boetticher, Arthur Penn, William Wyler, Edward Dmytryk, John Huston]

APRIL | MAI

Sergej Michailovič Eisenstein Retrospektive • **Paul Sharits** • ***La Maman et la putain*** von Jean Eustache. Weltpremiere im Filmmuseum gleichzeitig mit dem Filmfestival in Cannes • **Filme von** Carl Theodor Dreyer, Man Ray, Luis Buñuel, Dimitri Kirsanoff, André Malraux, Max Ophüls, Jean Renoir

OKTOBER

Frühe Werke von Jean Renoir • **W. C. Fields** Retrospektive Teil 1 • **Filme von** Robert Breer, Harry Smith, Len Lye, François Reichenbach, John Ford, Edward L. Cahn, Aleksandr Medvedkin

NOVEMBER

W. C. Fields Retrospektive Teil 2 • **Robert Beavers / Gregory J. Markopoulos** • **Filme von** Jacques Rivette, Mizoguchi Kenji, Aleksandr Dovženko, Georges Méliès, Luis Buñuel, Salvador Dalí

DEZEMBER

Filme von Georges Franju • **Filme von** Jerry Schatzberg, Kenneth Anger, Richard Leacock, Norbert Beilharz, Carl Theodor Dreyer, Sergej Eisenstein, Mizoguchi Kenji, Alberto Cavalcanti, The Marx Brothers

PUBLIKATION Österreichisches Filmmuseum (Hg.), *Der amerikanische Western 1898–1960*, Wien: ÖFM 1973

GÄSTE Hans-Christof & Rosemarie Stenzel, Paul Sharits, Ernst Schmidt jr., Gregory J. Markopoulos, Robert Beavers, Wilhelm & Birgit Hein, Peter Hajek, Primarius DDr. Leo Navratil, Raymond Rohauer u. a.

1974

JÄNNER

Mae West Retrospektive • **Filme von Ousmane Sembène** • **Filme aus der Serie »Why We Fight«**

16. UND 17. FEBRUAR

10 Jahre Filmmuseum. Werke aus der Sammlung [Anger, Brakhage, Breer, Broughton, Buñuel, Chaplin, Clair, Dalí, Dovženko, Dreyer, Duchamp, Eisenstein, W. C. Fields, Freund, Kren, Landow, Laurel & Hardy, Léger, Lumière, Lye, Marey, Markopoulos, The Marx Brothers, Méliès, Man Ray, Renoir, Ridley, Schmidt jr., Valentin, Vertov, Vigo, Stroheim und Filmdokumente von 1908–16, 1938, 1955]

FEBRUAR | MÄRZ

Satyajit Ray Retrospektive • **Bildband-Vorführung:** *An American Family* • **Filme von** Luis Buñuel, Nikolaj Ėkk, Federico Fellini, Kurosawa Akira, Jonas Mekas, François Reichenbach, Jean Vigo, H.C. Potter, Stuart Walker, The Marx Brothers

14. BIS 29. MÄRZ

Der Amerikanische Gangsterfilm 1927–1960 [Viennale 1974] [Josef von Sternberg, Mervyn LeRoy, Archie Mayo, William A. Wellman, Rouben Mamoulian, George Hill, Rowland Brown, Howard Hawks, William Keighley, Lloyd Bacon, Michael Curtiz, Raoul Walsh, Lewis Seiler, Frank Tuttle, Max Nosseck, Robert Siodmak, Henry Hathaway, Jacques Tourneur, John Huston, Jules Dassin, Stanley Kubrick, Phil Karlson, Don Siegel, Nicholas Ray, Irving Lerner, Richard Wilson, Stuart Rosenberg, Burt Balaban, Budd Boetticher, Samuel Fuller]

APRIL

Dziga Vertov Retrospektive • **Jean-Marie Straub** Retrospektive • **Filme von** Michail Kaufman, Robert Gardner, Elia Kazan, Jean Eustache, Luis Buñuel, Salvador Dalí, Marcel Duchamp, Viking Eggeling, Fernand Léger, Hans Richter, Walter Ruttmann, Jean Vigo • **AUSSTELLUNG** *Dziga Vertov. Ausstellung des Archivs von E. I. Svilova-Vertova,* Albertina (Portikus-Halle, 18.–30.4.)

MAI

Hauptwerke des American Independent Cinema [Anger, Baillie, Beavers, Brakhage, Breer, Broughton, Robert Frank, G. Kuchar, Landow, Alfred Leslie, Markopoulos, J. Mekas, Nelson, Peterson, Rice, Sharits, H. Smith, Snow, Warhol]

OKTOBER

Filme von Ōshima Nagisa • **Filme von** Anthony Mann, Henry King, Lupu Pick, Ken Russell, Erich von Stroheim, Carl Theodor Dreyer, Robert Gardner, Len Lye, Harry Smith, John Grierson, Humphrey Jennings, Anthony Veiller, Harry Watt, Basil Wright

NOVEMBER

Josef von Sternberg Retrospektive • **Filme von** Jerry Bruck, Luis Buñuel, Jean Renoir

DEZEMBER

Retrospektive Fridrich Ėrmler • **Filme mit** W. C. Fields und von Barbet Schroeder, Peter Davis, Kenneth Anger, Max Ophüls, Mizoguchi Kenji

PUBLIKATIONEN Österreichisches Filmmuseum (Hg.), *Der amerikanische Gangsterfilm,* Wien: ÖFM 1974 • Österreichisches Filmmuseum (Hg.), *Retrospektive Dziga Vertov,* Wien: ÖFM 1974

GÄSTE Elizaveta Ignateva Svilova-Vertova, Danièle Huillet, Jean-Marie Straub u. a.

1975

JÄNNER

Menschliches Verhalten im wissenschaftlichen Film • **Lina Wertmüller** Retrospektive • **Oskar Fischinger** Retrospektive • **Bill Brand** • **Filme vom Festival de l'image et du films abstraits in Montpellier** [James Whitney, Jordan Belson, Mary Ellen Bute u. a.] • **Filme von** Teri C. McLuhan, Luis Buñuel, Sergej Eisenstein, Gregory La Cava, Leni Riefenstahl

FEBRUAR

Filme mit den Marx Brothers • **Filme von** Frederick Wiseman, Benjamin Christensen, Jean Eustache, Adrian Brunel, George Kuchar, Sergej Komarov, Jurij Željabužskij Aleksej Popov, Jakov Protazanov, Nikolaj Špikovskij, Vsevolod Pudovkin, Lev Kulešov, Sergej Eisenstein, Max Ophüls, John Ford, Carl Theodor Dreyer, Jean Vigo, Luis Buñuel, Man Ray, René Clair, Salvador Dalí, Fernand Léger, Francis Picabia

14. BIS 23. MÄRZ

Don Siegel Retrospektive [Viennale 1975]

MÄRZ

Filme von Raoul Walsh, Elliott Nugent, Mark Sandrich, Alfred Santell, William A. Seiter, Jean Renoir, Aleksandr Dovženko, Sergej Eisenstein, Jean Eustache, François Reichenbach, Jonas Mekas

APRIL

Dokumente zur Geschichte der Arbeiterbewegung in Deutschland – Sozialkritik im Deutschen Film [Slatan Dudow, Werner Hochbaum, Piel Jutzi, Leo Mittler, Friedrich Zelnik u. a.] • **Frederick Wiseman** Retrospektive • **Mae West** Retrospektive • **Filme von** Claudine Eizykman, Guy Fihman, Ilja Trauberg, Georges Franju, Jean Renoir

MAI

Dokumente zur Österreichischen Geschichte 1896–1974 Aus den Beständen des Österreichischen Filmmuseums

OKTOBER

Martin Scorsese Retrospektive • **Internationales Forum des Jungen Films, Berlin 1975** [Theo Angelopoulos, Kevin Brownlow & Andrew Mollo, Patricio Guzmán, Vasilij Šukšin, Mrinal Sen, Mani Kaul, Hara Katsuo, Alberto Seixas Santos, Silvano Agosti, Bernhard Sinkel, Johannes Flütsch u. a.] • **Neue Filme aus Österreich – Open House** [Hubert Aratym, Alfred Kaiser, Herbert Risz] • **Filme von** Michel Brault, Ted Kotcheff, Philippe Mora, Ken Shapiro, Max Ophüls, Jean Renoir, George Sidney, Carl Theodor Dreyer, Robert Nelson, Aleksandr Medvedkin

NOVEMBER

Mel Brooks Retrospektive • **Werner Schroeter** Retrospektive • **Filme von** Rainer Werner Fassbinder, James Whale, Stan Brakhage, John Huston, Henry King, Jonas Mekas, Philippe Mora, Gary Nelson, Hans-Jürgen Syberberg, Lutz Becker, Piel Jutzi, Sergej Eisenstein

DEZEMBER

Meisterwerke des Avantgardefilms 1904–1936 • **Neue Filme aus Österreich – Open House** [Gerhard Kleindl, Ernst Josef Lauscher, Titus Leber, Wilhelm Pellert] • **Filme von** Warren Sonbert, Federico Fellini, H. C. Potter, The Marx Brothers

PUBLIKATIONEN Österreichisches Filmmuseum (Hg.), *Don Siegel*, Wien: ÖFM 1975 • Österreichisches Filmmuseum (Hg.), *Meisterwerke des Avantgarde-Films 1904–1936*, Wien/Graz: ÖFM 1975

GÄSTE Don Siegel, Rainer Werner Fassbinder, Lina Wertmüller, Giancarlo Giannini, Werner Schroeter, Hans-Jürgen Syberberg, Bill Brand, Claudine Eizykman, Guy Fihman, Teri C. McLuhan, Elfriede Fischinger u. a.

1976

JÄNNER

W. C. Fields Retrospektive • **Filme von Vsevolod Pudovkin** • **Filme von** Warren Sonbert, Alberto Lattuada, Robert J. Flaherty, Grigorij Kozincev & Leonid Trauberg und über Theorie & Praxis der (Entwicklungs-)Psychologie

FEBRUAR

Karl Valentin Retrospektive • **Neue Filme aus Österreich – Open House** [Wolfgang Lesowsky] • **Filme von** Erich von Stroheim, Harry Smith, Dziga Vertov

MÄRZ

Aleksandr Dovženko Retrospektive • **Karl Valentin** Retrospektive [Wiederholungen] • **Neue Filme aus Österreich – Open House** [Antonis Lepeniotis] • **Filme von** Claude Chabrol, Vittorio De Sica, Anthony Mann, John Cromwell, Howard Hawks, Julija Solnceva, Josef von Sternberg, René Clair, Bruce Baillie, Stan Brakhage, Michael Snow, The Marx Brothers

1. BIS 11. APRIL

Kurosawa Akira Das Gesamtwerk [Viennale 1976]

APRIL

Der anthropologische Film in Amerika [Edward S. Curtis, Kent Mackenzie, Gregory Bateson & Margaret Mead, Ray L. Birdwhistell, Alan Lomax, Les Blank, Robert Gardner, Adolfas Mekas, Robert J. Flaherty, Robert Young, Willard Van Dyke & Ralph Steiner, Richard Leacock & Joyce Chopra, John Marshall u. a. / Retrospektive des Museum of Modern Art] • **Neue Filme aus Österreich – Open House** [John Cook, Elfie Stejskal]

MAI

Propaganda und Gegenpropaganda im Film 1933–1945 • **Neue Filme aus Österreich – Open House** [Wh: John Cook]

OKTOBER

Federico Fellini Retrospektive • **Neue Filme aus Österreich – Open House** [Jörg A. Eggers, Cornelia Frey & Leo Gabriel] • **Filme von** David Helpern, Henry Jaglom, Adolfas Mekas, Donald Wrye, Jerome Hill, Edward L. Cahn, Sergej Eisenstein

NOVEMBER

Lev Kulešov Retrospektive • **Petit Festival Georges Méliès** • **Neue Filme aus Österreich – Open House** [Karl Baratta, Werner Fitzthum, Andreas Friesz, Herbert Risz] • **Filme von** Scorsese, Eustache, Max Ophüls, Ford, Brakhage, Hawks, Welles

DEZEMBER

Internationales Forum des Jungen Films, Berlin 1976 [Haïle Gerima, Gianni Amelio, René Vautier & Nicole LeGarres, Stephen Dwoskin, Safi Faye, Patricio Guzmán, Helma Sanders-Brahms, Arthur Lamothe u. a.] • **Filme** von Ernst Lubitsch, Luis Buñuel, James Whale, George Stevens, Rouben Mamoulian, H. C. Potter, Marcel Carné, Jean Cocteau

PUBLIKATIONEN Harry Tomicek, *Kurosawa Akira*, Wien: ÖFM 1976 • Österreichisches Filmmuseum (Hg.), *Aleksandr Dovženko*, Wien: ÖFM 1976

GÄSTE Warren Sonbert, Julija Solnceva, Semjon Frejlich, John Cook, Antonis Lepeniotis, Karl Baratta, Herbert Risz, Elfie Stejskal, Andreas Friesz, Cornelia Frey, u. a.

1977

JÄNNER

David Wark Griffith Retrospektive • **Neue Filme aus Österreich – Open House** [Ernst Schmidt jr., Walter Bannert] • **Filme von** Kenneth Anger, Ron Rice, The Marx Brothers

FEBRUAR

Jean Cocteau Retrospektive • **Richard Massingham** • **Jonas Mekas** • **Filme von** Frederick Wiseman, Delmer Daves, Mervyn LeRoy, Liliana Cavani, Agnès Varda, Luis Buñuel, Marcel Carné, Federico Fellini

1. MÄRZ BIS 3. APRIL

Alfred Hitchcock Retrospektive [Viennale 1977]

APRIL

Sergej Michailovič Eisenstein Retrospektive • **Hollywood und die Nazis** [Anatole Litvak, Raoul Walsh, Michael Curtiz, Lewis Milestone, Peter Godfrey, Herman Shumlin] • **Filme von** Federico Fellini, Marcel Duchamp, Hans-Christof & Rosemarie Stenzel

MAI

Alberto Cavalcanti Retrospektive • **Paul Sharits** • **Gregory J. Markopoulos/Robert Beavers** [Vier Weltpremieren] • **Neue Filme aus Österreich – Open House** [Valie Export, Alfred Kaiser, Manfred Kaufmann, Ernst Josef Lauscher, Stefan Szenoner, Walter Eckhart] • **Filme von** Julij Rajzman, Walter Ruttmann, Luis Buñuel, Federico Fellini, The Marx Brothers, Harry Smith

OKTOBER

Jean Eustache Retrospektive • **W.C. Fields** Retrospektive • **Internationales Forum des Jungen Films, Berlin 1977** [Yilmaz Güney, Serif Gören, James Benning, Paolo & Vittorio Taviani, Kidlat Tahimik, Ousmane Sembène, Med Hondo, Valie Export, Barbara Kopple, René Allio, Ernst Schmidt jr., Alexander J. Seiler, Oscar Menéndez, Marva Nabili, Theodor Kotulla u. a.] • **American Independent Cinema** [George Kuchar, Mike Kuchar, Barbara Hammer, Babeth, Edward Jones, Lynn Kirby, Freude, Gunvor Nelson, Chick Strand, Al Wong, Karen & David Crommie, Virginia Giritlian, Barbara Linkevitch] • **Neue Filme aus Österreich – Open House** [Götz Hagmüller & Dietmar Graf] • **Filme von** Visconti, Kubelka, Ford

NOVEMBER

In memoriam Groucho Marx • **Peter Kubelka über Film** • **Neue Filme aus Österreich – Open House** [Alfred Kaiser] • **Filme von** Larry Jordan, Don Siegel, Robert Altman, Charles Chaplin, C. Th. Dreyer, Fellini & Lattuada, Jean Vigo, Eisenstein, Buñuel, Cornell, Brakhage, Duchamp, Léger, Moholy-Nagy, Man Ray

DEZEMBER

Jean Vigo Retrospektive • **Zur Erfindung des Tonfilms** [Alan Crosland, René Clair, Dziga Vertov und zahlreiche Filmdokumente] • **Ernie Gehr** • **Filme von** Peter Handke, Federico Fellini, Luchino Visconti, Vladimir Majakovskij & Evgenij Slavinskij, Mizoguchi Kenji, H.C. Potter, Frank Borzage, George Marshall, John Ford, Karl Freund, Stuart Walker, James Whale, Carl Theodor Dreyer

PUBLIKATIONEN Harry Tomicek, *Jean Eustache,* Wien: ÖFM 1977 • Österreichisches Filmmuseum (Hg.), *David Wark Griffith,* Wien: ÖFM 1977 • Österreichisches Filmmuseum (Hg.), *Alfred Hitchcock,* Wien: ÖFM 1977

GÄSTE Jean Eustache, Ernie Gehr, Larry Jordan, Valie Export, Gregory J. Markopoulos, Robert Beavers, Hans-Christof & Rosemarie Stenzel, Babeth, Alfred Kaiser, Manfred Kaufmann, Ernst Josef Lauscher u. a.

1978

JÄNNER

P. Adams Sitney: The Uniqueness of the Cinematic Five Lectures with Films • **Ken Russell** Retrospektive • **Herbert Achternbusch** Retrospektive • **Peter Kubelka über Film** • **Filme von** Luis Buñuel, Edward L. Cahn, Cecil B. DeMille, Carl Theodor Dreyer, Max Ophüls

FEBRUAR

Karl Valentin Retrospektive zum 30. Todestag • **Robert J. Flaherty** Retrospektive • **Filme aus Australien** [Peter Weir, Donald Crombie, Philippe Mora, John Power] • **Filme von** Robert Breer, Delmer Daves, Fritz Lang, Kurosawa Akira, Silvio Narizzano, Luchino Visconti, Jean Renoir, Viktor Turin, Sergej Eisenstein, Dziga Vertov

MÄRZ

Carl Theodor Dreyer Retrospektive • **Billy Wilder** Retrospektive Teil 1 • **Neue Filme aus Österreich – Open House** [Karl Kowanz, Peter Dressler & Franz Zadrazil] • **Filme von** Robert Nelson, Aleksandr Dovženko, Grigorij Kozincev & Leonid Trauberg

APRIL

Dokumente zur Österreichischen Geschichte 1896–1955 • **Billy Wilder** Retrospektive Teil 2 • **Mae West** Retrospektive • **Neue Filme aus Österreich – Open House** [Wiener Filmkollektiv] • **Filme von** Sergej Eisenstein, Richard Leacock, Don Allan Pennebaker

MAI

Internationales Forum des Jungen Films, Berlin 1978 [Vasilij Šukšin, Nanni Moretti, Terayama Shūji, Alain Tanner, Peter Davis, Alfred Behrens & Michael Kuball, Ingemeo Engström & Gerhard Theuring, Christine Laurent, Filmkollektiv Zürich, Jutta Brückner, Helke Sander u. a.] • **Robert Breer** • **Filme von** Federico Fellini

OKTOBER

Neue Filme aus Österreich – Open House [John Cook] • **Filme von** Werner Schroeter, Hans-Jürgen Syberberg, Paul Mazursky, Alberto Cavalcanti, Luis Buñuel, Dziga Vertov

16. OKTOBER BIS 11. NOVEMBER

Der Italienische Neorealismus 1942–1956 [Viennale 1978] [Alessandro Blasetti, Vittorio De Sica, Luchino Visconti, Roberto Rossellini, Alberto Lattuada, Luigi Zampa, Giuseppe De Santis, Pietro Germi, Renato Castellani, Luciano Emmer, Augusto Genina, Carlo Lizzani, Michelangelo Antonioni, Federico Fellini, Alfredo Guarini, Gianni Franciolini]

NOVEMBER | DEZEMBER

Höhepunkte des Films Aus der Sammlung des Österreichischen Filmmuseums • **Neue Filme aus Österreich – Open House** [Bernhard Frankfurter, Werner Grusch]

PUBLIKATION Österreichisches Filmmuseum (Hg.), *Der Italienische Neorealismus 1942–1956,* Wien: ÖFM 1978

GÄSTE Werner Schroeter, Herbert Achternbusch, Hans-Jürgen Syberberg, Robert Breer, John Cook, Karl Kowanz, Bernhard Frankfurter, Franz Zadrazil, Peter Dressler, Werner Grusch, Heiner Ross, P. A. Sitney u. a.

1979

JÄNNER

Frederick Wiseman Retrospektive • **W. C. Fields** Retrospektive • **Neue Filme aus Österreich – Open House** [Manfred Kaufmann, Gernot Friedl] • **Filme von** Herbert Achternbusch, Barbet Schroeder, Elfi Mikesch, Carol Reed, Robert M. Young, Federico Fellini, Luis Buñuel, Orson Welles, Kenneth Anger, Salvador Dalí

FEBRUAR

Jean Renoir Retrospektive Teil 1 • **Filme von** Harry Smith, Grigorij Aleksandrov, Andrzej Wajda, Frank Borzage, Karl Freund, Erle C. Kenton, Walter Lang, Mitchell Leisen, George Marshall, Carol Reed, Wesley Ruggles, Victor Schertzinger, George Waggner, Stuart Walker

MÄRZ

Jean Renoir Retrospektive Teil 2 • **Rosa von Praunheim** Retrospektive • **Taka Iimura** und Filme anderer unabhängiger japanischer Filmmacher • **Filme von** Eric Rohmer, Adolfas Mekas, Walter Ruttmann

APRIL

Unbekannte Meisterwerke des Japanischen Films [Abe Yutaka, Itō Daisuke, Gosho Heinosuke, Imai Tadashi, Inagaki Hiroshi, Ishida Tamizo, Itami Mansaku, Kinoshita Keisuke, Kinugasa Teinosuke, Kumagai Hisatora, Naruse Mikio, Ōba Hideo, Shimizu Hiroshi, Shimazu Yasujirō, Tanaka Kinuyo, Tasaka Tomotaka, Toyoda Shirō, Uchida Tomu, Yamamoto Kajiro, Yamamoto Satsuo, Yamanaka Sadao] • **Neue Filme aus Österreich – Open House** [Wilhelm Hengstler & Walter Titz, Adolf Opel] • **Filme von** Fridrich Ėrmler, Jonas Mekas, Jerome Hill, King Vidor, James Cruze, Allan Dwan, John Farrow, Victor Fleming, George Marshall, Stuart Gilmore, Luis Buñuel, Dalí

MAI

Internationales Forum des Jungen Films, Berlin 1979 [Maria Lassnig, Friederike Pezold, Raúl Ruiz, Luc Moullet, Souleymane Cissé, Omar Amiralay, Bill Douglas, Marco Bellocchio, George Kuchar, Patricio Guzmán, Rudolf Thome & Cynthia Beatt, Hellmuth Costard, Werner Nekes, Christian Ziewer, Jaime Camino, Takis Papajannidis, Ariel Zúniga u. a.]

1. BIS 30. OKTOBER

Der amerikanische Abenteuerfilm 1920–1960 Ergänzt durch einige repräsentative britische Produktionen [Viennale 1979] [Allan Dwan, Fred Niblo, Al Parker, Josef von Sternberg, Willard S. Van Dyke, Raoul Walsh, Frank Lloyd, Cedric Gibbons, Victor Fleming, Howard Hawks, Michael Curtiz, William A. Wellman, Rouben Mamoulian, Rowland V. Lee, Zoltan Korda, Henry King, Henry Hathaway, George Stevens, Richard Wallace, George Sidney, Jacques Tourneur, John Huston, Fritz Lang, Robert Siodmak, William Keighley, Compton Bennett & Andrew Marton, Richard Thorpe]

NOVEMBER

Jean Eustache Retrospektive • **Grigorij Kozincev – Leonid Trauberg** Retrospektive • **Filme von Kurosawa Akira** • **Neue Filme aus Österreich – Open House** [Peter Patzak, Ernst Schmidt jr., Lisl Ponger, Karl Heinz Koller, Robert Quitta, Randi-Marie Hoffmann & János Marton, Erich Hörtnagl & Piero Sola, Hannes Rossbacher, Stefan Szenoner] • **Filme von** Erich von Stroheim, John Huston, Satyajit Ray, Patrick Montgomery

DEZEMBER

Francesco Rosi Retrospektive • **Filme von** Ciro Duran, James Whale, H. C. Potter, The Marx Brothers

PUBLIKATION Harry Tomicek, *Der amerikanische Abenteuerfilm 1920–1960,* Wien: ÖFM 1979

GÄSTE Jean Eustache, Rosa von Praunheim, Taka Iimura, Peter Patzak, Lisl Ponger, Ernst Schmidt jr., Karl Heinz Koller, Manfred Kaufmann, Robert Quitta, Wilhelm Hengstler, Eileen Bowser u. a.

sissi tax

loses zusammengedachtes zum österreichischen filmmuseum

wenn man dort auch täglich mit recht auf gewisse kasteiungen gefaßt sein muß. bis zum jüngsten tag wird dort niemand die sitze verändern.
ilse aichinger

wie film geschichte anders schreibt. frieda grafe

I

ein gerücht ging um im graz der 70er jahre: das gerücht, im filmmuseum wien werde kein godard gezeigt. seine filme seien ein rotes tuch für die zwei herren des programms dieses kinos, ja, und sie fänden, godard bestehle die avantgarde, sei demgemäß pseudoavantgardistisch. ein schmalspuravantgardist, belegt eben mit aufführungsverbot. verbannt von der leinwand. aus diesem grunde kamen andere, jüngere herren extra aus wien nach graz angereist, o welch ereignis, um sich die godard retrospektive, die anläßlich der filmtage im steirischen herbst 1979 gezeigt wurde, anzuschauen. kamen angereist aus der hauptstadt in die provinz, um dort ins kino zu gehen. ja, was für ein ding. damals. einst.*

II

1964, im gründungsjahr des filmmuseums, saß ich in köflach im kino, mit meinem vater, und sah *winnetou I*, erblickend pierre brice marie versini lex barker in form von winnetou nscho-tschi old shatterhand. letztere drei namen kannte ich längst schon, hatte ich doch das buch bereits vorher gelesen, als den ersten karl may band überhaupt, verschlungen unter der bettdecke, mit der taschenlampe, dem unzählig viele, unsäglich viele andere auch, folgen sollten. mays werk, ein bleibender eindruck fürs leben. und vielleicht oder wahrscheinlich kam es ja auf untergründig wirksamen wegen über die ›genealogische‹ linie lex barker – old shatterhand – tarzan zu meinem frühen grazer nome de plume frau dr. tarzan.**

III

zwei seriösen damen, zwei kinogeherinnen, welche unterschiedlicher nicht sein können, und doch einander ähneln in ihrer entschiedenen hinwendung zum film, zum kino als singulärem physischen wie metaphysischen ort, verdankt das filmmuseum in wien etliches.
je bestimmender eine erfahrung ist, desto unvertauschbarer wird ihr ort. i.a.
andersherum verdanken diese zwei außerordentlichen kinogeherinnen namens ilse aichinger und frieda grafe, deren habitus und herkunft unterschiedlicher nicht sein könnte, wiederum dem filmmuseum eben etliches.

im filmmuseum flimmern augenblicklich die besten amerikanischen filme über eine angemessene leinwand. i. a.
sowohl der einen wie der anderen femme des lettres sind schriften zum film zu verdanken. schriften weiblichen eigensinns, deren schreibweise von einer je spezifischen wiederum aufmerksamkeit für die *kinomittel* (f. g.), die die filmbilder und filmgedanken hervorbringen, zeugt. und moviesignifikanten zur entfaltung bringt.

wenn eine frau ein buch schreibt. wohin das führt. auf jeden fall zurück und zu der erfahrung, wie verflochten und von anderen stammend das eigene ist. f. g.

wienerin, jüdin, die eine, die ältere. die andere, die bereits verstorbene jüngere, kommt aus einem winzigen ort in westfalen. erzähl-dichterin die eine, filmkritikerin und übersetzerin die andere. voneinander gänzlich verschiedene lebens- und zeitläufe lassen sie – aus anderen beweggründen, aber mit derselben intensität des blicks auf die kinematographische form – das kino – in wien respektive in paris und münchen – finden. entdecken. erfinden. erkennen. verkennen bisweilen auch. um auf um- und irrwegen, à la odysseus, nur anders, zu dem zu kommen, was das kino im innersten zusammenhält.

wie rettend ist das kino, fragt aichinger. ihm immanent *keine chronologie des glücks. die ist ihm so wenig gemäß wie die erinnerung, die auch imstande ist, zu reissen, zu stocken und auszubleiben.* in grafes worten: *genau in der mitte seiner heute hundertjährigen geschichte ging mein verhältnis mit dem kino an. da war plötzlich alles auf einmal da, mitzunehmen und nachzuholen. das hinterließ spuren in meinem zeitgefühl und meinem (kino-) geschichtsbewußtsein. es hat das empfinden für chronologie und hierarchie nachhaltig gestört.*
aichinger schreibt: *auch an dem tag, an dem der zweite weltkrieg begann, war ich im kino.* und: *ich sammelte – entsprechend dem frühen wunsch, zu verschwinden – kinos, zugleich füchtigere und bleibendere besitztümer.* es sind dies das bellaria kino (die bellaria), das breitenseer kino, das eoskino, das fasankino, das imperialkino, das kino am schottentor, das künstlerhauskino, der sascha palast, das scala, das schwarzenbergkino (das bis vor kurzem heutige stadtkino). und im westbahnhof, ein provisorisches kino, das bald wieder verschwand.

das fasankino war so zugig wie der gürtel.
in ihren aufzeichnungen nehmen die kinonamen als toponymisches verweissystem der stadt gestalt an, werden zu einem topographischen raster. verwoben die kino- mit der filmgeschichte und diese wiederum mit der geschichte der nazizeit in wien. exemplarisch: das burgkino, *der dritte mann*, der zentralfriedhof, der ziegenhirte, der judenstern. filmerinnerungen überblenden sich mit überlebenserinnerungen. *während des krieges landeten wir so oft wie möglich am vierten tor. parkbänke und die bänke am ring waren »nur für arier«. ein jüdischer ziegenhirte trieb am friedhof einige, vermutlich auch jüdische ziegen vorbei. er trug die blaue jacke über der schulter, den judenstern verdeckt.*

»an die haut kann ich ihn nicht heften«, sagte er *ganz vergnügt, »die ziegen tragen auch keinen.« im dritten mann sieht man statt der ziegen alida valli von der beerdigung des orson welles dem tor zugehen.*

für grafe – in ihrem text *wiener beiträge zu einer wahren geschichte des kinos* – stellt es sich so dar: *die authentischen wienerischen filme entstanden exterritorial – nachdem zuvor der begriff vom kino verändert worden war. ob sie aus echten wiener erfahrungen stammen oder aus begehrlichen vorstellungen von fremden, spielt keine rolle. so und so nähert sich das wienerische immer dem klischee. da ist das filmbild dann gleich nebenan.*

beiden gemeinsam: der je so unverkennbare wie unnachahmliche schreibsound. zu studieren – was für ein genuß – in den büchern, die titel tragen wie beispielweise *film und verhängnis* und *beschriebener film*.

beiden gemeinsam: das schreiben geschieht außerhalb jedweder institutioneller oder verinnerlichter anpassungszwänge. es täuscht keine wissenschaftliche objektivität vor. die eine tut dies auf offensichtliche, die andere auf diskrete weise.
godard mischt in seine geschichten immer seine eigene geschichte. f. g.
beiden gemeinsam: daß das politische nicht vom privaten zu trennen sei.
beiden gemeinsam: eine schreibpraxis, der theoretisierung des ästhetischen nicht fern.
beiden gemeinsam: eine lust am film, eingetragen in ihre texte zum film.

beide haben ihren geist nicht aufgegeben, wie es fälschlicherweise immer wieder heißt. ich bin fast sicher, daß beide weitergeistern, so aichinger über bogart und flaubert.

erzähl-dichterin die eine, filmkritikerin und übersetzerin die andere, deren beider ökonomie der sprachlichen mittel gleichzeitig nicht strenger und luxurierender sein könnte. gnadenlose lakonie zeichnet die eine, die österreicherin, aus, außerordentlicher muttersprachwitz alle beide. und schnell wie der witz kann es bei beiden zugehen, zugig bisweilen sogar. dem schöngeistigen ganz und gar gegen den strich gehend.

kritikerinnen des bestehenden, die sie sind, ja, dessen widersacherinnen auch, setzen sie sich von der jeweiligen denkzeitgeistmode ab.
die eine weist einen hang zum englischen auf, die andere einen zum amerikanischen. und dieser anderen ist das – gesprochene wie geschriebene – oesterreichische idiom, das ihr wie *baby talk* erschien, besonders lieb und wert. ja, den begriff zwutschgerl hat sie gern und lächelnd auf sich angewendet.
beide tauchen sie ein ins medium film wie esther williams ins wasser. fluide stoffe, substanzen, alle zwei. und bergen ungeahnte schätze. heben funkelnde wissensschätze. und schätze ihrer denkgefühle.
liebelei von max ophüls ist der ausgewiesene lieblingsfilm ilse aichingers. von frieda grafe läßt sich das nicht so genau bestimmen. denke ich an sie, schweben mir drei filme vor: *avanti!* von billy wilder, *ihre majestät, die liebe* von joe

may und *the cardinal* von otto preminger, in dem der satz vorkommt, den romy schneider am walzerparkett im wien der zwanziger jahre an tom tryon, cardinal in spe, richtet: »it's a crime even for a married man not to dance a waltz in vienna«. daß es sich bei diesem satz um einen der lieblingssätze frieda grafes handelt, ist verbürgt.***

~

annotationen *

• zum kinoschwund im graz der 70er jahre: andritz, im binderwirt, 1935–1974, apollo 1930–1974, fröbel-kino, im festsaal fröbelschule, 1950–1969, mur-kino 1921–1971, orpheum 1951–1971, ring-kino 1919–1972, union 1910–1976. vom generellen schwund an vorstadtlichtspieltheatern ganz zu schweigen.
• organisiert für das forum stadtpark von christine frisinghelli.
• am 9. dezember 1992 wurde der erste godard im wiener filmmuseum gezeigt.
• dank an monika bernold, regina schlagnitweit und elisabeth schlebrügge.

annotationen **

• vor dem raum in der albertina war es das nestroy kino, das dem filmmuseum als spielstätte zur verfügung stand.
• das kino in köflach wurde 1905 eröffnet, 1975 geschlossen.
• die damalige lieblingsfigur sam hawkins alias ralf wolter erblickte ich erst zwei oder drei jahrzehnte später wieder in *one two three*. und zwar im klick, dem schlüterstraßenkino im charlottenburger westberlin. in diesem wilder von 1961 verkörpert wolter einen der drei aus ost berlin, einstiger hauptstadt der ddr, angereist kommenden kommunistischen kommissare, deren bemühen um die inbesitznahme einer coca cola lizenz für hinter-den-eisernen-vorhang fulminant scheitert.
und in *silk stockings*, 1957, von mamoulian, erinnert wiederum der da schon längst verlorene peter lorre, ebenfalls in der rolle eines der drei abgesandten, an jenen. oder ist es umgekehrt. und dieser erinnert an jenen. und welcher, der in lubitschs *ninotchka* von 1939 einen der drei russen spielt und die alle drei einen hochdeutschen respektive österreichischen akzent aufweisen, läßt wohl an die beiden denken? felix bressart möglicherweise.
• zum programm des damaligen österreichischen filmmuseums: das spröde packpapier, schön und elegant und bedruckt.

annotationen ***

der jüngste tag hat inzwischen fürs österreichische filmmuseum getagt. heutzutage, in der postautokratischen ära, muß kein mensch mehr beim filmeschauen seine – in aichingers worten – geraden knochen riskieren. dafür aber förderhin augen, ohren und gespür.

Frieda Grafe

Der Kadaver hinter der Tür

Das Gesamtwerk Carl Theodor Dreyers im Österreichischen Filmmuseum

1971

Als Carl Theodor Dreyer 1968 starb, fühlten wir uns um eine lange Erwartung ärmer. Seit 1931 plante er einen Christusfilm. Seit 1940 beschäftigte er sich intensiv mit dem Projekt: »Einige Tage nach der Besetzung Dänemarks durch die Deutschen kam mir die Idee, dass die Juden sich in derselben Situation befunden haben müssen wie wir. Den Hass gegen die Nazis, den wir empfanden, den müssen die Juden gegen die Römer empfunden haben.«

Bis zu seinem Tod hat Dreyer gehofft, diesen Film drehen zu können. Es gibt einen erschütternden Brief, in dem er gelassen seinem Produzenten erklärt, dass er noch nicht zu senil sei, die Apparatur zu kontrollieren, die zur Herstellung eines Films nötig ist, und einen Film zu machen, der genügend Zuschauer anspreche, und die Investition sich folglich lohne. Man denkt nicht oft genug daran, was alte Regisseure trennt von anderen Alten, deren Kunstsparte nicht Industrie ist; die niemand daran hindert, mit Pinsel, Federhalter oder Schreibmaschine zu machen, was sie wollen. Keine Versicherungsgesellschaft ist mehr bereit, Garantien für Fritz Lang oder John Ford zu übernehmen. Josef von Sternberg ließ man ein Jahr vor seinem Tod nach Paris kommen, um ihm eine letzte Chance zu geben. Als er dann Balzacs *Contes drolatiques* verfilmen wollte, fand man das des Alten zu viel und schickte ihn weg.

Bei uns traut man sich gar nicht, von alten Filmen zu reden, weil nicht mal für neues Geld noch Interesse da ist. Ich würde mich nicht wundern über den Leser, der findet, wenn hier wieder einmal die Leistungen und Aktivitäten des Österreichischen Filmmuseums gerühmt werden, dass so etwas Museales nach Wien gut passt – wie die Rumbabas, die Mohnpotizen und die mausgrauen Servösen zum Demel.

Das Januarprogramm des Österreichischen Filmmuseums war dem Gesamtwerk Dreyers gewidmet. Eine Ausstellung dokumentierte mit Photos, Dekormodellen und Büchern die Filme.

Man weiß bei uns – aus Mangel an Möglichkeit – nicht, was eine Retrospektive für die Kenntnis eines Autors bedeutet, und wie sie den Blick auf Filme verändern kann. Außerdem, jede Retrospektive ist gleichzeitig ein Diskurs über Historie und Ästhetik des gesamten Zeitraums, in dem ein Werk entstanden ist. Der dokumentarische Wert alter Filme ist bei uns kaum ins allgemeine Bewusstsein gedrungen, vor allem sicher, weil die Filme nicht zu sehen sind, aber auch, weil es noch kein adäquates Instrumentarium gibt zur Interpretation von Gesten und Zeichen, die außerhalb des rein

Verbalen liegen. Ich habe in Wien einen Film wiedergesehen, der mehr über das »Ästhetisch leben« der Jahrhundertwende sagt, als jede sorgfältige Künstlerbiographie es könnte. *Michael* heißt der Film, gedreht in Berlin, 1924, nach einem Roman von Hermann Bang.

Sich mit Vergnügen über Vergangenes beugen, Freude daran haben, Dinge wiederzusehen, immer wieder zu sehen: damit gerät man außerhalb des Regelkreises unserer Gesellschaft, die aufs Brandneue gerichtet ist, aufs Verbrauchen. Aber auch das Neue, damit man es verstehen kann, damit man es sich aneignen kann, damit man sehen kann, dass es nicht schon im nächsten Augenblick zum Wegwerfen alt ist, muss sich wiederholen. Roland Barthes schrieb kürzlich, die einzigen, die sich noch dem Zwang widersetzten, Geschichten wegzuwerfen, sobald man sie verschlungen habe, seien Kinder, Greise und Lehrer. Was man sehen kann, wie man sehen und auch wieder lesen lernt, das merkt man, wenn man das Lebenswerk eines Mannes in relativ kurzer Zeit hintereinanderweg sieht. Man verändert sich selbst dabei vom bloßen Konsumenten der Filme zum aktiv Mitwirkenden, der die Differenzen in der Wiederkehr erkennt, der wählt, der sich bewegt, frei, zwischen den vielen Möglichkeiten, die ein Werk anbietet. Denn an den *einen* Sinn einer Sache mochten uns nur diejenigen glauben machen, die am zweiten Hinsehen nicht mehr viel verdienen können. Wie Kinder, Greise und Lehrer sollte man …, um Dreyers Filmen näher zu kommen, und vielleicht noch nachlesen, was Kierkegaard über die Wiederholung geschrieben hat, und Freud.

Dreyer-Ausstellung des Filmmuseums, Jänner 1971, Portikus-Halle der Albertina

Reflexion übers Alte und übers Altern, die Neigung zur Rekonstruktion, zur Neuinszenierung von Bekanntem gibt es bei Dreyer seit seinem ersten Film. Die Geschichte seines dritten Films *Prästänkan (Die Pastorenwitwe)*, von 1920, ist wie das Paradigma des Themas, das in Varianten in allen folgenden Filmen abgehandelt wird: ein junger Theologe kommt mit seiner Geliebten in eine Gemeinde, um sich um die vakante Pastorenstelle zu bewerben. Mit einigen Tricks bekommt er die Stelle, merkt aber zu spät, dass die Pfründe gebunden ist an die Heirat der Witwe des letzten Pastors, die schon drei Ehemänner überlebt hat. Er heiratet die Greisin und bringt seine Geliebte als seine Schwester und Haushälterin mit in die Ehe ein. Die Jungen versuchen, die Alte umzubringen. Als sie schließlich eines natürlichen Todes stirbt, sind die Jungen voller Traurigkeit. Die Geschichten mit den Alten sind nicht immer so lustig bei Dreyer – und nur lustig ist dieser Film auch nicht. Die alte Schauspielerin, die die Pastorin spielt, war zum Sterben alt, sie versprach Dreyer, damit zu warten, bis der Film abgedreht sei. Ihr Versprechen hielt sie mit großer Pünktlichkeit. Im Film ist sie die reale Präsenz des Todes. Was das für den Film bedeutet, beschreibt genau eine Bemerkung, die Hitchcock gern zur Erklärung seiner Filme anführt, die aber von Dreyer stammt: »Stellen Sie sich vor, Sie sitzen in einem ganz gewöhnlichen Raum, und plötzlich sagt man Ihnen, dass hinter der Tür eine Leiche liegt. Der Raum, in dem man ist, verändert sich sofort, vollkommen, alles bekommt ein anderes Gesicht.«

Alle Filme Dreyers beginnen erst zu existieren durch die Relation vom Sichtbaren zum Unsichtbaren. Ihre Strenge, ihre Rigorosität in Sujet und Struktur, das Zugemachte ihrer Räume, das Insistieren auf ein paar sparsamen Gegenständen markiert nur umso nachdrücklicher den Punkt, die Grenze, an der dann die Imagination nach ihrem Recht verlangt. Es gibt viel mehr Sprache in Dreyers Filmen, als die Erinnerung zugibt. Redend rechtfertigen seine Personen ihr Verhalten, und dabei gleicht ihr Äußeres sich immer mehr den Ideen an, die sie vertreten, bis sie plötzlich dastehen wie Idole ihrer Ideen, nur noch ein Stück Inventar in einem Gebäude von Prinzipien: die Richter in *Jeanne d'Arc*, die Mutter mit ihrem Sohn Absalom in *Dies Irae* und *Gertrud*, die ihren Körper der Liebe verweigert, weil sie niemanden findet, der groß genug wäre, um ihrer Vorstellung von Liebe zu entsprechen. Die Männer, die in zwei Filmen Dreyers Frauen als Hexen dem Scheiterhaufen überantworten, glauben wirklich, dass sie deren Körper opfern, um ihre Seelen fürs Jenseits zu retten.

Retrospektiven sind nützlich, um Meinungen über einen Autor zu revidieren. Dreyer gilt unter den Filmregisseuren als einer, der sich immer gleich geblieben ist, als Verfechter eines puren Kinos. Dann sieht man seine Filme nacheinander und merkt, es gibt einen dänischen Dreyer, einen norwegischen, einen deutschen, einen französischen, einen schwedischen – in all den Ländern hat er Filme gedreht. Dann noch den Dreyer, der mit dem Stummfilm *La Passion de Jeanne d'Arc* einen Film über Sprache machte, mit *Ordet* über das Sichtbare, was man nicht sieht, und mit *Gertrud* (unter anderem natürlich, immer unter anderem) einen Film über den Raum, in dem die Sprache des Theaters sich bewegt.

Gertrud ist noch im Verleih in Deutschland. Wenn Sie, Leserzuschauer, ihn sehen wollen, müssen Sie nur Ihr Interesse äußern. Als er vor zwei Jahren in München erstaufgeführt wurde, wollten nur wenige ihn sehen. Auf den ersten Blick zu altmodisch, bei häufigerem Hinsehen die ganze Zukunft des Kinos.

Erstveröffentlichung: Frieda Grafe, »Der Kadaver hinter der Tür. Das Gesamtwerk Carl Theodor Dreyers im Österreichischen Filmmuseum«, Süddeutsche Zeitung, *1.2.1971*

Frieda Grafe

Kriegskulturfilme

Zu einer Retrospektive von Propagandafilmen der Jahre 1933–45

1972

Die Selbstverständlichkeit, mit der die Berichterstattung über diese Retrospektive an dieser Stelle der Zeitung [im Feuilleton, *Anm. d. Hg.*] erscheint, sollte Ihnen verdächtig vorkommen. Politische Sprache denkt selten über sich nach, niemand erwartet es. Die drängenden Tagesgeschäfte haben den Vorrang. In Wien sah man keine politischen Schreiber und Redakteure. Außer einem sehr aufmerksamen Publikum – alle Vorstellungen ausverkauft, auch am Wochenende, und auch in Wien ist Frühling – waren wir Fachidioten wieder unter uns.

Ich will nicht sagen, dass diese Retrospektive in erster Linie für die Fehlenden gemacht war. Aber ich bin sicher, wenn sie gekommen wären, sie hätten es gemerkt: dass es nicht auf der einen Seite die objektive, ehrliche Berichterstattung gibt und auf der anderen die absichtsvoll verstellte, manipulierende. Sie hätten gemerkt, wie die zweite aus der ersten sich entwickelt. Die Anfälligkeit politischer Sprache für Pervertierung, das war die wichtigste Lektion in Wien. Gefährdet, weil unreflektiert, bauend auf die Vermittlung richtiger Inhalte, sich für transparent haltend, selbstvergessen und deshalb leichtsinnig, eine Sprache, die so tut als sei sie keine. Bloß »Dienerin des Volkes«. Auf diesen Voraussetzungen baut die Sprache der Propaganda auf. Sie ist deren Farce. Es gibt keine bessere Schulung der Ohren für die Klischees und die Stereotypen der politischen Rede als diese Propagandafilme.

Ich habe nicht die Absicht, eine vorverdaute Analyse des Genres zu liefern. Es gehört nicht der Vergangenheit an. Ich möchte Ihnen die Realität Propagandafilm beschreiben und Ihnen den Brechreiz vermitteln, der einen ankommt, wenn man eine Woche mit diesen Filmen lebt. Was so hilflos wütend macht, wenn man vor ihnen sitzt, ist die Chuzpe ihrer monumentalen Verdummungspraktiken. Und das war keine Nazispezialität. Es gehört zum Genre, immer mit den undifferenziertesten Begriffen zu operieren, um die bei der Stange zu halten, mit denen man den Krieg gewinnen muss. Plötzlich sind alle gleich: die Neger in Amerika, der König von England und sein Volk, sogar die Juden von Theresienstadt sind fleißige Kriegsarbeiter. Je lauter der Krieg wird, je infamer die Absichten, desto substanzloser die Sprache. Die materielle Not, das Leid in den Bildern wird begleitet von einer hohlen, idealistischen Sprache, aus der jede soziale und historische Überlegung getilgt ist. Ob Hitler an die Äh-re des deutschen Volkes appelliert oder Roosevelt von der amerikanischen Freiheit spricht, immer geht es um »die höchsten Begriffe, die allgemeinsten, die leersten, den letzten Rauch der verdunsteten

Plakat zur Retrospektive, März 1972

Realität«. Ein Sprachbrei quoll von der Leinwand, der sicher durch die Häufung, aber auch durch die nationalen Varianten hellhörig machte.

Kostproben: He has the human touch of a born commander (englisch, über Montgomery vor Arbeitern der Rüstungsindustrie); der Fluch des Hakenkreuzes breitet seine düsteren Schatten aus (amerikanisch); das Meer schwemmt seltsame Ungeheuer ans Ufer (französisch, über amerikanische Amphibienfahrzeuge); Paris fällt als reife Frucht überlegener Strategie in deutsche Hand.

Und alle reden immer wieder von ihrem arbeitsamen, friedliebenden Volk. Dessen Enthusiasmus gebraucht wird. Der Terror dieser Sprache rührt nicht aus ihren Aussagen, sondern aus ihrer Plumpheit. Es macht fassungslos, dass diese verbale Hilflosigkeit, gepaart mit möglichst schlagenden Bildern, ihre Wirkung tun konnte. Hitlers nichtssagende Antithesen: nicht der Staat befiehlt uns, sondern wir befehlen dem Staat; Heß, der brüllt: der Führer, das ist das Reich, das Reich, das ist Deutschland, und Deutschland, das ist die Welt. Oder so ähnlich. Nicht mal bösartig. Stupidität, die zu Verstellung gar nicht in der Lage ist. Die konnten gar nicht anders. Dieser ganze Krieg erscheint einem plötzlich als Folge von Dummheit und Mittelmäßigkeit. Ich hab nicht gezählt, wie oft in diesen Tagen ich Chamberlain aus seinem storchenbeinigen Flugzeug steigen sah, mit naivglücklichem Gesicht sein Münchener Papier schwenkend.

Was man nicht weiß, was man in Wien lernen konnte: wie klein das Bildreservoir, wie rudimentär das Bildgedächtnis vom Zweiten Weltkrieg ist. Zwei Hauptquellen: Hipplers *Sieg im Westen* und Leni Riefenstahls Parteitagsfilm. Alle Parteien, Nazis wie Alliierte, haben da immer wieder geplündert. Wenn man zum fünften Mal dasselbe Bild vom Abt Schachleitner beim Nürnberger Parteitag sieht, dann denkt man unwillkürlich an Kuleschows berühmtes Experiment, bei dem er eine Einstellung von Mosshukin nacheinander mal mit einem leeren Teller, mal mit einer nackten Frau montierte und die Manipulierbarkeit von Bildern bewies mit einem Mosshukin, der je nachdem hungrig dreinschaute oder geil. Schachleitner, das ist wechselweise: die gefügige Kirche, die kollaborierende Kirche, die nachdenklich werdende Kirche.

Die ehrlichsten Filme in Wien waren wirklich die, bei denen die Technik des Fiktionsfilms durchschien; weil sie nicht so auftrumpften mit dem dokumentarischen Wert ihrer Bilder. Farbfilme: wie »Die rote Hölle von Iwo Jima«, der nicht so hieß, aber den Eindruck machte; John Fords *Battle of Midway* mit den Stimmen von Henry Fonda und Mother Joad aus den *Früchten des Zorns*, in dem es mitten in einem schweren Luftangriff heißt: and all that is real. Das schafft Distanz. Das macht die Bilder zu Bildern.

Meine Aggressivität vor diesen Bildern hat noch einen besonderen Grund: In diesem martialischen Genre ist kein Platz für Frauen. Nicht alle sagten es so laut wie der Reichsfilmintendant Hippler: »Die Frau hat einen relativ kleineren Kopf, leichteres Gehirn, geringer differenzierte Gehirnwindungen, sie ist ins Unbewusste, in den noch formlosen Untergrund rassischen Wesens zu weisen.«

Eines ging schlagend aus all diesen Filmen hervor, dass Krieg in vielfacher Hinsicht Störung des natürlichen Gleichgewichts bedeutet. Es war eine Wohltat, nach endlosen Paraden des Nürnberger Parteitags einen kleinen Film zu sehen, der mit Bewegungstricks und Tanzmusik die Bilder der Riefenstahl von zackig geschleuderten SS-Beinen in eine Shownummer verwandelte. Dass solche Komik dem Ernst der Lage nicht gerecht würde, das ist ein Argument mindestens so alt wie Brechts *Arturo Ui* oder Chaplins *Great Dictator*; dass es sich so hartnäckig hält, beweist nur, dass Komik für Ernsthaftigkeit eine wirkliche Gefahr ist. Nicht auslachen, sondern sich lachend befreien, wenn wer sich zu ernst nimmt, keine Distanz hat, für natürlich und ewig hält, was gemacht und veränderbar ist. Hin und her denken, die Standpunkte wechseln, Einbahnstraßen vermeiden, sich selbst sehen und hören. »Keine Klasse, keine Kaste, weil alles gleich, will sagen selbstlos.« Das ist korrekt zitiert. So sprach der Führer.

Erstveröffentlichung: Frieda Grafe, »Kriegskulturfilme. Zu einer Retrospektive von Propagandafilmen der Jahre 1933–45 im Wiener Filmmuseum«, Süddeutsche Zeitung, *28.3.1972*

ERIC ROHMER, 1972
Im Dezember 1972 kam Eric Rohmer auf Einladung des Filmmuseums nach Wien, um anlässlich dieser ersten Retrospektive über sein Werk zu sprechen. Viele seiner Filme waren in Österreich damals nicht bekannt, und für manche Filmemacher in Wien war die Begegnung mit ihnen sehr fruchtbar. Ein später Reflex davon findet sich noch in John Cooks kleinem Text über seine Rohmer-Affinität, den er im Jahr 2000 für den *Falter* verfasste (abgedruckt auch im Cook-Buch der FilmmuseumSynema-Publikationen).

Es gab noch einen zweiten Grund für Rohmers Wien-Besuch: Wie er am Ende des nachfolgend abgedruckten Briefs an das Filmmuseum ausführt, arbeitete er zu dieser Zeit an einer Analyse des *Faust*-Films von Friedrich Wilhelm Murnau. Im Archiv, am Prevost-Schneidetisch, konnte Rohmer die *Faust*-Kopie des Filmmuseums genau studieren.

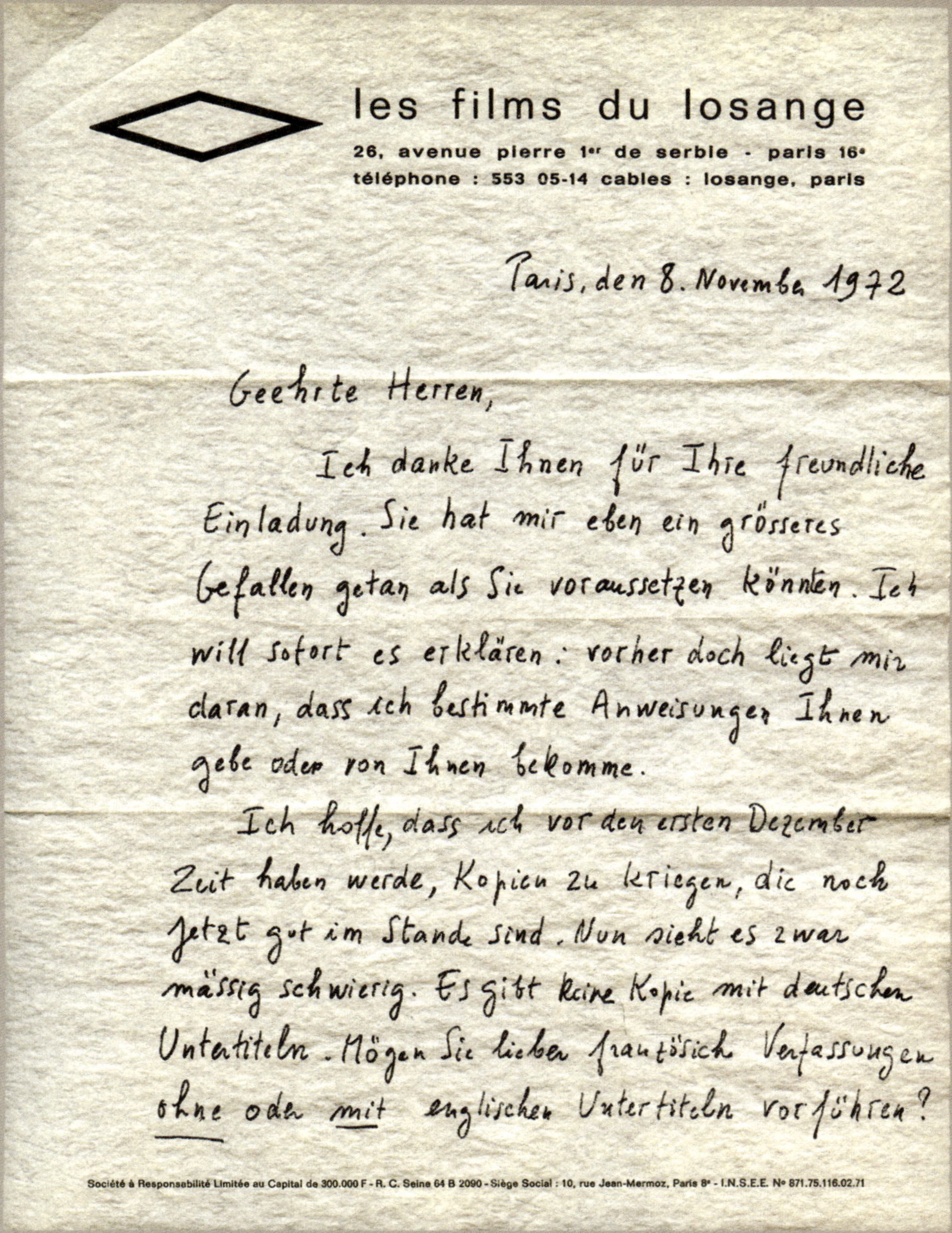

les films du losange

26, avenue pierre 1er de serbie - paris 16e
téléphone : 553 05-14 cables : losange, paris

Paris, den 8. November 1972

Geehrte Herren,

Ich danke Ihnen für Ihre freundliche Einladung. Sie hat mir eben ein grösseres Gefallen getan als Sie voraussetzen könnten. Ich will sofort es erklären: vorher doch liegt mir daran, dass ich bestimmte Anweisungen Ihnen gebe oder von Ihnen bekomme.

Ich hoffe, dass ich vor den ersten Dezember Zeit haben werde, Kopien zu kriegen, die noch jetzt gut im Stande sind. Nun sieht es zwar mässig schwierig. Es gibt keine Kopie mit deutschen Untertiteln. Mögen Sie lieber französich Verfassungen <u>ohne</u> oder <u>mit</u> englischen Untertiteln vorführen?

Société à Responsabilité Limitée au Capital de 300.000 F - R. C. Seine 64 B 2090 - Siège Social : 10, rue Jean-Mermoz, Paris 8e - I.N.S.E.E. Nº 871.75.116.02.71

EIN BRIEF VON ERIC ROHMER (siehe auch Kommentar linke Seite)

2

les films du losange

26, avenue pierre 1er de serbie - paris 16e
téléphone : 553 05-14 cables : losange, paris

Diese Frage selbstverständlich nur im Falle, dass die Möglichkeit der Wahl mir geboten wird.

Hier ist das Verzeichnis meiner Filme.

35 mm. 1st. 40 m. Le Signe du Lion . Französische Verfassung mit ~~[illegible]~~ oder ohne Englischen Untertiteln

(17 m.) Veronique et son Cancre nur F. V.

(10 m.) Place de l'Etoile nur F. V.

(25 m.) La Boulangère de Monceau nur F. V

(52 m.) La Carrière de Suzanne nur F. V. mit E. U.

(1st 30 m.) La Collectionneuse nur F. V.

(1st 50 m.) Ma nuit chez Maud F. V mit und ohne E. U

(1st 50 m) Le genou de Claire F V mit und ohne E. U

(1st 40 m) L'Amour l'Après Midi nur F. V.

(13 m.) Fermière à Montfaucon nur F. V.

16 mm (13 m.) Nadja à Paris nur F. V

Ich bitte Sie um Geduld mit meinem unreichenden, unrichtigen, vielleicht unverständlichen Deutsch. Ihre Einladung kommt zur Zeit. Seit zwei Monaten fang ich wieder an Deutsch zu lernen. In diesem Fall will ich keine

les films du losange

26, avenue pierre 1er de serbie - paris 16e
téléphone : 553 05-14 cables : losange, paris

Gelegenheit ablehnen, Fortschritte zu machen. Es fehlt mir denn an Ausübung. Zu oft habe ich über meine Filme gesprochen. Antworten auf Französich immer die selben Fragen, ist es für mich leicht, aber langweilig. Dagegen versuchen auf eine fremde Sprache meine Gedanken auszudrücken, ist es schwierig, beinahe unmöglich – in dem gegenwärtigen Zustand meiner Fähigkeiten. Aber es ist tausendmal reizender. Ich werde also ins Wasser tauchen, wenn auch ich noch nicht ganz schwimmen kann. Bekömmern Sie nicht, bitte, einen Dolmetscher zu berufen. Vielmehr fürchte ich, dass ich in Wien zu viele Leute treffe, die Französich besser, als ich Deutsch, können. Wenn es Sie nicht stört, möchte ich lieber in einem (bescheidenen, sogar unmodernen) Gasthof absteigen, worin niemand Französich spricht.

Sie sollen noch mich für wünderlich halten. Kann ich mit der Bahn fahren? All meine Filme waren in dem Zug erdichtet, und ich vermute, dass der "Orient Express" (was für ein Mythos!) vielfache Geschichte mir eingeben wird. Ich möchte Dienstag den 28. November um 22.15 u.

les films du losange

26, avenue pierre 1er de serbie - paris 16e
téléphone : 553 05-14 cables : losange, paris

(in Schlafwagen) von Paris abfahren – Rückfahrt den 3. December um 8.30 morgens von Wien ab.

Ich hoffe, dass meine Ansprüche nicht zu übermässig sind. Erlauben Sie mir noch eine gewöhnlichere Bitte an Sie zu richten. Ich setze jetzt eine Forschung über Murnaus Faust fort. Wenn Sie mal eine Kopie dieses Films besitzen, darf ich ihr auf einem Schnitttisch zuschauen, damit ich prüfe, ob sie mit anderen Kopien (die in Paris, Bruxelles, Wiesbaden, New York gesehen habe) sichtbare Unterscheidungen darbietet?

Entschuldigen Sie noch, wenn ich Sie ziemlich verwirrt habe, und empfangen Sie, bitte, samt meinem herzlichen Dank, meine besten Grüsze.

Eric Rohmer

Société à Responsabilité Limitée au Capital de 300.000 F - R. C. Seine 64 B 2090 - Siège Social : 10, rue Jean-Mermoz, Paris 8e - I.N.S.E.E. N° 871.75.116.02.71

Ruth Beckermann

Schauen, lesen, sprechen, hören

Vor 40 Jahren: »Oktober« im Filmmuseum

Das Filmmuseum nimmt einen fixen Platz in meinem persönlichen Entwicklungsroman ein, dessen Kapitel »Jugend« in eine Zeit fiel, als Wien wenig geistige Nahrung zu bieten hatte. Mit Operette und Heimatfilm aufgewachsen, kam mir die Wiener Universität, wo höhere Töchter in den Kunstgeschichte-Vorlesungen schliefen und ehemalige Nazis demokratischen Journalismus unterrichteten, wie die Fortsetzung dieser Vernebelungsstrategien vor. Doch mitten in der Wüste gab es dieses Viereck in der Innenstadt, wo die Gesellschaft für Literatur in den Palais Wilczek und Palffy tagte, das Café Hawelka spät nachts mit frischen Buchteln und müden Künstlergesprächen lockte und sich das Filmmuseum befand, das mit seinen Holzbänken und Pulten mehr einem perfekt verdunkelten Hörsaal glich als einem Kino. Und wie sehr unterschied es sich von den Kinos der Stadt! Zeigten diese damals doch fast ausschließlich von Wenzel Lüdecke synchronisierte Filme für ein Publikum, das günstige Unterhaltung suchte.

Dass Film Kunst ist, lernte ich im Hörsaal in der Albertina und bei Eisenstein. In meiner Erinnerung wurde im Filmmuseum nämlich immer Eisenstein gezeigt. Das ist natürlich falsch und kommt wohl daher, dass ich manche Eisenstein-Filme mehrmals dort gesehen habe, sowohl die vollendeten wie auch das Material zu seinem unvollendeten Mexikofilm. Alles in Originalfassung ohne Untertitel. Das hieß in diesem Fall: stumm mit russischen Zwischentiteln.

Eisenstein war in mehrfacher Hinsicht ein Schock für mich: Seine Filme waren Geschichtsunterricht und ästhetische Revolution. Sie zeigten mir, welch aufregende intellektuelle Auseinandersetzung die Montage eines Films hervorrufen kann, wenn die Zuseher durch eine diskursive, oft überraschende Kombination der Szenen in die Lage versetzt werden, nicht allein Geschichten zu folgen, sondern Gedanken und Konzepte im Kopf zusammenzusetzen. Seine Filme *Streik*, *Panzerkreuzer Potemkin* und *Oktober*, den er übrigens als »Essay« bezeichnete, weisen in eine Zukunft jenseits von Spiel- und Dokumentarfilm. Eisenstein hatte vor, sein dialektisches Denken an der »Kinofizierung« des *Kapital* zu erproben, einem Projekt, das den neuen Machthabern leider nicht mehr genehm war.

So sah ich eines Abends im Jahr 1973 den Film *Oktober* – ohne die Musik von Schostakowitsch und mit kyrillischen Zwischentiteln. Der Saal war voll, jeder hatte die Zettel mit der Übersetzung auf seinem Pult liegen, an ein Mitlesen war in der Finsternis jedoch nicht zu denken.

Ich nehme an, wir hätten sie vorher auswendig lernen sollen. Es war so still, dass man das unvermeidliche Knarren der Bänke hörte und sogar ein wenig Projektorengeräusch aus der Kabine zu vernehmen war. Ich saß im mittleren rechten Drittel des Saales, und als der Lichtschein der Leinwand genau auf das vor mir liegende Blatt fiel, kam mir die Idee, die Zwischentitel live und laut einzusprechen. Gedacht, getan. Beim Hinausgehen dankten mir einige Besucher, andere sahen mich verwundert an.

Erst einige Monate später klärte mich ein Filmmuseum-Stammgast darüber auf, welchen Fauxpas ich begangen hätte. Es sei nämlich nicht so, wie ich gedacht hatte, dass die Filme ohne Untertitel gezeigt würden, weil man sie nicht anders ausleihen und selbst keine herstellen könnte, sondern aus puristisch cinephilen Gründen. Schamesröte über mein peinliches Verhalten an diesem heiligen Ort stieg mir ins Gesicht. Ab nun hielt ich den Mund und lauschte umso andächtiger Peter Kubelkas Lektionen.

Ende der 70er Jahre wurde ich dem Filmmuseum untreu. Es war die Zeit nach der Arena-Besetzung. Ich hatte mit Franz Grafl und Josef Aichholzer den Kompilationsfilm *Arena besetzt* hergestellt und gründete mit den beiden den Verleih »filmladen«, der politische Filme wie *Salz der Erde* oder *Flaschenkinder* nach Österreich brachte, ein Land, in dem lediglich die katholische »Aktion der gute Film« für »Aufklärung« sorgte. Unser Motto war »Gebrauchsfilm statt Traumkino«. Und wir wollten Eisenstein aus der elitären Cinémathèque holen und in Gemeinde-und Gewerkschaftssälen projizieren. Das Projekt ging auf, unsere Filme reisten durch Österreich, solange es engagierte Gruppen und Lehrer gab. Der Katalog des »filmladen« gibt Einblick in die Themen jener Zeit – von Anti-AKW bis zum Kampf um die Aufhebung des Abtreibungsverbots. Schnell stellte sich der Mangel an österreichischen Filmen heraus, was uns dazu veranlasste, selbst Hand anzulegen und 1978 den Semperit-Streik, 1981 den Arbeitskampf bei VEW zu dokumentieren.

Als ich mich nach einigen Flugblattfilmen Ende der 80er Jahre zum Autorenfilm bekannte und meine eigene Handschrift entwickelte, kehrte ich ins Filmmuseum zurück. Und stellte erfreut fest, dass wir uns beide weiter entwickelt hatten und die Rezeption von Filmen nicht mehr puristisch, nur in die eine oder andere Richtung sahen. Wie bei so vielen Fragen fällt mir auch bei jener des Verstehens eine klare Antwort immer schwerer, weil das Verstehen eines Films auf so vielen kognitiven und emotionalen Ebenen stattfindet. Außer Frage steht die unbedingte Notwendigkeit der originalen Tonspur, der Dialogsprache und der Stimmen! Man kann indische oder russische Filme lustvoll aufnehmen, ohne ein Wort zu verstehen, während es bei so manchem asiatischem Film trotz Untertitelung an kultureller Kompetenz mangelt. Gut übersetzte und gespottete Untertitel sind wunderbar, aber leider selten, so als würden die akribischsten Regisseure sich nicht mehr um diesen Bestandteil des Produkts kümmern.

Ende der 90er Jahre, als ich aus Anlass einer Retrospektive meiner Filme eine Woche bei dem französischen Dokumentarfilmfestival in Lussas verbrachte, wurde mir mein *Oktober*-erlebnis wieder in Erinnerung gerufen. In Anwesenheit von Agnès Varda wurde ihr Film *Mur murs* über die Graffiti-Kultur in Los Angeles gezeigt. Der Film existiert in zwei Versionen: mit englischer oder französischer Off-Stimme. Man führte die englische Fassung vor, weil der Verleih die falsche Kopie geschickt hatte. Als der erste Off-Text ertönte, ging ein lauter Aufschrei durch den Saal, Agnès Varda sprang auf, ließ den Film abbrechen, verlangte nach einem Saalmikrophon und sprach den gesamten Film ein. Ich liebte sie für diese Aktion. Denn im Grunde hatte ich damals doch richtig gehandelt. Die Zwischentitel in *Oktober* sind dramaturgisch wichtige Elemente, die man verstehen soll. Zum Beispiel werden Titel, welche die Reduktion der Brotrationen anzeigen, zwischen die Bilder der verelendeten Bevölkerung gesetzt, um den Zusammenhang von Krieg und Hunger herzustellen und die Ankunft Lenins vorzubereiten. Während die Bilder der leidenden Bevölkerung einander ähneln, bringen die Zwischentitel die Zuseher dazu, die Menschen, welche nur noch ein halbes, dann ein Viertel Kilo Brot erhalten, jeweils anders wahrzunehmen.

Glückliches Nachspiel: Am 10. November 2013 erlebte ich einen von vielen unvergesslichen Abenden im Filmmuseum.* Präsentiert wurde das Projekt der Sammlung und Annotierung ephemerer Filme aus der Zeit des Nationalsozialismus. Unter anderen gespenstisch-faszinierenden Sequenzen, welche an der Begeisterung der österreichischen Bevölkerung für die Nazis keinen Zweifel mehr lassen, wurden die Home-movies der amerikanischen Familie Baker aus dem Wien des Jahres 1938 gezeigt, welche den bekannten Bildern vom »Anschluss« neue Perspektiven hinzufügen. Das Material liegt im Holocaust Memorial Museum in Washington und wurde von den beiden Kuratorinnen Lindsay Zarwell und Leslie Swift in Wien vorgestellt. Sie hatten vor, die stummen Bilder durch Einsprechen der Tagebucheintragungen von Daisy Baker zu ergänzen. Und man ließ sie gewähren! Als Leslie Swift an das Stehpult seitlich der Leinwand trat, dachte ich »o tempora o mores« … Michael Loebenstein, einer der Projektleiter, hatte wohl denselben Gedanken und sagte, während er eine winzige Leselampe einschaltete: »Now we'll break one of the last taboos here… speaking to a silent film… and keeping the light on!«

* Um nur einige Beispiele zu nennen: die Begegnungen mit den Brüdern Dardenne und mit Jonas Mekas, die Retrospektive zum zehnjährigen Bestehen der Interessensgemeinschaft österreichischer Dokumentarfilm oder die 11-stündige Veranstaltung rund um die Interviews, welche Claude Lanzmann im Jahr 1975 mit Benjamin Murmelstein geführt hatte.

ELIZAVETA SVILOVA, 1974

Das erste Bild zeigt Elizaveta Svilova im Jahr 1934 mit Dziga Vertov, dessen Schnittmeisterin, engste Mitarbeiterin und Partnerin sie war. Im Zuge ihrer Vertov-Forschungen hatten Peter Konlechner und Peter Kubelka früh Kontakt mit Svilova aufgenommen und sie bereits im Mai 1970 nach Wien eingeladen, wo sie im Filmmuseum über Vertov und Lenin sprach. Dieser Besuch führte zur Übergabe der ersten Materialien aus dem Nachlass, Grundstein für die bedeutende Vertov-Sammlung des Filmmuseums. Das zweite Bild zeigt Frau Svilova (Mitte) mit Peter Kubelka und der Slawistin und Übersetzerin Rosemarie Ziegler, der wichtigsten Mitarbeiterin der Vertov-Projekte im Filmmuseum. Das Foto wurde inmitten der Vertov-Ausstellung in der Portikus-Halle der Albertina aufgenommen, die parallel zur großen Retrospektive im April 1974 stattfand. Eine umfassende Darstellung der Beziehungen zu Vertov und Svilova findet sich in dem vom ÖFM, Thomas Tode und Barbara Wurm herausgegebenen Buch *Die Vertov-Sammlung im Österreichischen Filmmuseum* (Wien: Synema 2006).

ELIZAVETA SVILOVA, 1974 in Peter Konlechners Büro

JULIJA SOLNCEVA, 1976 im Kunsthistorischen Museum
Die Regisseurin und Drehbuchautorin Solnceva, Lebenspartnerin und engste Mitarbeiterin von Aleksandr Dovženko, besuchte das Filmmuseum anlässlich der Dovženko-Retrospektive im März 1976, in deren Rahmen auch ihre eigenen Regiearbeiten gezeigt wurden.

DEUTSCHE BUNDESPOST 40
DEUTSCHE BUNDESPOST 10
Post – damit Sie in Verbindung bleiben

Peter Konlechner
Österreichisches Filmmuseum
Augustinerstraße 1
1010 Wien
Österreich

Lieber Herr Konlechner 25. März 73
besten Dank für die [illegible]. Ob farbig oder richtig dieses Foto wird auf jeden Fall der Umschlag meines Romanes "Der Tag wird kommen", das im Herbst erscheint. An die 200 Seiten in 10 Tagen geschrieben. Ohne das Western-Filmretrospektive-Erlebnis wäre er in dieser plötzlichen Gestalt nicht entstanden, so muß Ihnen sehr dankbar sein. Mit besten Grüßen an die Frau Gemahlin, die Mitarbeiter und Sie [illegible]
Herbert Achternbusch

EINE POSTKARTE VON HERBERT ACHTERNBUSCH

Der Text von Herbert Achternbusch auf den folgenden Seiten befasst sich mit der Western-Retrospektive des Filmmuseums im April 1973 und wurde als »Erzählung« in der *Süddeutschen Zeitung* publiziert. Kurz danach sandte Achternbusch die oben abgebildete Postkarte an Peter Konlechner, um ihm und dem Filmmuseum zu danken – und um seinen Roman anzukündigen, der noch im selben Herbst bei Suhrkamp erscheinen sollte. Roman und Erzählung tragen denselben Titel, der wiederum einer berühmten Dialogzeile in John Fords *The Searchers* entlehnt ist: »That'll be the day« – Der Tag wird kommen.

Ein weiterer großer Achternbusch-Text zu einer Filmmuseum-Retrospektive erschien am 30. 7. 1976 in der Hamburger *Zeit:* »Das Mumienherz«. Anlass war die vollständige Schau der Werke von Kurosawa Akira, und wieder erschien dem Autor die Wienerstadt wie von Filmmuseumsblitzen durchzuckt: »Da mag Wien um den Stefansdom in Schutt und Asche liegen, dann wird die Mannschaft des Österreichischen Filmmuseums den Hochaltar dunkel verhängen und auf eine weiße Leinwand projizieren.«

Im Jänner 1978 und im April 1997 zeigte das Filmmuseum jeweils Gesamtretrospektiven von Achternbuschs eigenen Filmen (siehe auch die Abbildung auf S. 264).

Herbert Achternbusch

Der Tag wird kommen

Eine Erzählung

1973

Als wir den Schriftsteller Herbert Achternbusch zu einer vom Österreichischen Filmmuseum veranstalteten Retrospektive amerikanischer Western nach Wien schickten, erwarteten wir von ihm natürlich keinen üblichen »Bericht«. Achternbusch, von dem der Suhrkamp-Verlag in den letzten vier Jahren nicht weniger als zwei Erzählungsbände und drei Romane veröffentlicht hat, ist ein übermütiges, einfallsreiches Talent. Seine Phantasie gehe, wie Reinhard Baumgart in der SZ geschrieben hat, sowenig auf eine Kuhhaut, wie sie zwischen zwei Buchdeckel passt. Was er nun aus Wien mitgebracht hat, ist denn auch nicht eine journalistische Sache, sondern Schriftsteller-Werk – eine Erzählung, von der er sagt, dass sie sich zum Roman »Der Tag wird kommen« auswachsen wird. [Red.]

Ach ja, die Erinnerung, so kurz vor dem Tod. Es begann mit einer Wiese, die ich damals geschenkt bekam, wie sie ein jeder einmal in seinem Leben geschenkt bekommt. Ich hätte mir gerade eine Kuh kaufen können mit meinem Einkommen, hätte mit ihr trauern können und von ihrer Milch hätte ich leben können, denn ich bin ein bescheidener Mensch. Aber, wie es in der Bibel so treffend heißt: Gott hielt weiterhin seinen Arm ausgestreckt, und ich musste daran zappeln. Schließlich geht es darum, ob einer, der eine Wiese hat, seine Chance zu nutzen weiß. Ich lernte damals gerade Werner Herzog kennen, wenn ich mich recht erinnere, den ich auf jeden Fall abgöttisch verehrte. Seht euch seinen *Aguirre, der Zorn Gottes* an, sagte ich zu jedem, den ich traf. Ich muss schon sagen, es war mir damals schon immer, wenn ich zu einem sprach, als hätte ich mehrere vor mir. Ich wollte ja auch einen Film drehen, und das zukünftige Publikum ist überall. Aber wie kann man einen Film drehen, der aufs Haar dem gleichen sollte, was ich mir nicht vorstellen konnte? Wie gut, dass ich mich damals entschied, einen enormen Erlös für das Grundstück nicht für Tausende von Filmmetern mit Viehherden zu verschwenden, die doch nur bis zur Unkenntlichkeit zertrampelt hätten, was mir am Herzen liegt: ein Leben ohne Bedrängnis.

Film, das hat für mich mit Liebe zu tun, insofern man das Geld hat, was bei mir der Fall war. Noch lag diese Wiese brach und ich wanderte mit meiner Kuh jedes Wochenende zum Starnberger See, immerhin an die 10 Kilometer, um in ihm meinen See zu erkennen. Ich wollte ihn käuflich erwerben, aber es gab schon ein wenig Sozialismus. Nach 17 Jahren wollte ich plötzlich glücklicher sein als der Papst. Weil ich mit ihr, meiner deutschsprechenden Französin, auf diesem See gerudert bin, und sie im Sonnenschein gesagt hat: Wie können wir die

Luft, in der wir stehen, den Boden, über den wir gehen, die Blätter eines Baumes, die im Wind rascheln, wie können wir einen Teil der Wolken, einen Teil der Erde als etwas erklären, das nur uns allein gehört? Und sie nicht mehr gehabt habe. Deshalb wollte ich all das käuflich erwerben und nicht nur noch vor Filmen sitzen, die mich immer wieder wie damals auf dem Starnberger See schaukeln ließen.

Ich tüftelte gerade an einem Generalunternehmervertrag, weil ich wissen wollte, ob ich aus den Kommanditisten nicht noch ein paar Millionen lockern könnte, den Hotelbau, der jetzt nutzlos auf meinem Grund stand, fertigzustellen. Ich hing gerade an der Strippe, dem Landtagsabgeordneten zu erkennen zu geben, dass ich ihm seinen Bankdirektor an den Hals hetze, wenn er mir den Termin für die Steuervergünstigung nicht um ein Jahr verlängert, da ein Telegramm auf diese unerfreulichen Pläne flatterte, ein Telegramm von der *Süddeutschen*, ob ich nicht als Berichterstatter zu einer Westernretrospektive nach Wien fahren möchte. Es blieb mir keine Zeit, mich mit der Materie zu beschäftigen, da ich am Abend schon *My Darling Clementine* von John Ford sehen sollte. So saß ich schon mit der wieder jäh aufgerissenen Wunde, der unbedingten Sicherheit, mich richtig entschieden zu haben und mit meinem Percussion-Revolver im Flugzeug. Jeder von den dreien ein ganzer Kerl. Und jetzt war auch noch die Presse dabei, wie beim alten landrush. Sollte ich dieses Flugzeug voller Schurken in die Luft jagen? Nur eine bedrohliche Bewegung und ich würde meine Zigarette im Pulverfass ausdrücken, schreiend: Where was Moses when the light went out? Aber wie schon bei den beiden Kontrollen kümmerte sich auch hier niemand um meinen Revolver, gerade als möchte man ihn nicht als Waffe anerkennen. Aber da stürzten wir auch schon ab in den Graben mitten in Wien, dass die Leute auseinanderstoben. Ich folgte dem Pferdemist von der Spanischen Hofreitschule bis zur Albertina, in der damals das österreichische Filmmuseum untergebracht war.

Entschuldigen Sie, eine dumme Frage, sind das dieselben Wolken, die, die – ?

Natürlich, antwortet mein Nebenmann, Priessnitz, ein freier Mitarbeiter des Museums, wie sich später herausstellte.

Natürlich was? Der Film erschien mir wie eine Mutter im Traum, wo sie viel jünger ist. Was, du Ma? frage ich erstaunt. Und sie ist glücklich, dass ich mit so viel Freude akzeptiere, dass sie jung ist. Welche Frau möchte schon ihrem Sohn eine alte Mutter sein? Ich nicht. Aber warum ist heute das Mondlicht auf Tombstone viel schöner als sonst? Und die Schüsse des betrunkenen Indianers im Saloon sind so echt, dass es niemand auffällt, wie ich in den Saal einen Schuss aus meinem Revolver abgebe. Und jetzt dieser Regen. The cattle is gone, sagt ein Earp. Und James unter der Erde lässt Hoffnung schöpfen, dass es weitergeht, weil er hin ist. Schon taucht in *Red River* von Howard Hawks Coleen Gray wie damals in den Armen von John Wayne auf. Hör mir zu mit dem Herzen, sagt sie, die Hälfte des Tages gehört der Nacht. Und wie nie zuvor zerfloss ich beim Anblick des langen Haars von Coleen Gray. Sie wird jetzt auch schon gestorben sein, aber ich erinnere mich an dieses Licht. Im Film taucht bei Wayne ein Junge mit seiner Kuh auf und sagt, dass Coleen von den Indianern umgebracht worden ist. Meine Kuh ging in die Büsche, sagt er, so habe ich überlebt. Von nun an wird Wayne nur noch Rinder züchten und über Leichen gehen wie ich. Die gleich ausbrechende wildeste Stampede, weil ein Schleckermaul sich an den Zucker rangemacht und ein Blechtopf wie in der eigenen Küche zu Boden klirrt, macht mich aus Lust am Erkennen dieses Lärms donnernder Rinder so heiter, dass ich lachend den Revolverlauf abbreche und überhaupt nicht betrübt bin, dass ein Cowboy unter den Hufen umkommt, der eben noch an seine liebe Frau gedacht hat. Und in *The Big Sky* war der Originalton ebenfalls so phantastisch, dass ich gleich gar nichts verstand von dem altmodischen Amerikanisch und dem vielen Französisch. Die Leute, die sich mit Film beschäftigen, wissen, welchen Wert Hawks auf Sprache legte, und normale Kinobesucher bekommen nur verdammte Synchronisationen zu hören.

Ganz den Sinnen überlassen, merkte ich meinen heimlichen Wunsch, von diesem Trapper Arthur Hunnicutt erzogen worden zu sein, der sich in der unentdeckten Welt des oberen Missouri besser auskannte als irgendeiner, den ich je traf, in der unsrigen. Von wem habe ich schon was gelernt? Wenn mir nicht Jerry Lewis im Traum erschienen wäre, wäre ich heute noch Straßenkehrer! Als noch feststand, dass ein anderer nach Wien fahren werde, sagte er mir: Herby, sagte er, du wirst dich bald in einer der besten Cinematheken der Welt nicht wiedererkennen. Du wirst in dem Film *River of No Return* von Otto Preminger, der dir im Übrigen nicht zu gefallen braucht, die Marilyn Monroe sehen und deinem alten Leid verfallen. Du findest nicht, was du suchst, also mach dir einen Spaß daraus. Aber ich wollte nicht auf ihn hören und empfand in dem Gesang der Monroe nur meine alte Liebe wohltuend und nah. Ich konnte plötzlich wieder Französisch, das ich nie gelernt habe: Une main secourable … The body en action … Jeux de mains, jeux incertains … Ich fragte den Nebenmann, was das heißt. Ich wechselte bei der nächsten Vorstellung den Sitz, damit man den Blutfleck unterm Stuhl nicht auf mich bezog. So hatte mein Herz geblutet. Du bist es wert, dass ich dir ein Loch in den Kopf schieße, dachte ich neulich, als ich dem jungen Gautinger Buchhändler gegenübersaß, der mir eben erzählt hatte, dass er seine Jugendliebe, neben der er sich auf eine Bank gesetzt hatte, schlagartig nicht mehr mochte, als sie sagte, wie er mit der Hand ihren Kopf liebkosen wollte, er dürfe da nicht hinlangen, weil ihr Schädel nicht ganz zusammengewachsen sei. Vorsorglich nahm ich die Hand aus der Tischschublade. Herr Kirchheim, sagte ich schroff und wies ihm die Tür. Es ist schrecklich, aus welcher Gefühlsarmut heutzutage junge Männer sofort Geschäftsleute werden. 17 Jahre war ich einen Umweg gegangen, bis ich zu dem sagenhaften Hotelbau kam. Und wenn ich Kommanditisten und Gesellschafter betrog, dann nur, damit ein kolossaler Rohbau dastand. Ein Beweis, wie ich auf Geld und Moral pfiff, wenn meine heimliche Braut nicht wirklich neben mir stand. Als nächster Film stand *Vera Cruz* von Robert Aldrich auf dem Programm, dem ich in meiner Verfassung nichts abgewinnen konnte. Ich wollte nicht sehen, wie etwas endet, sondern wie es zu mir gekommen war. Ich sah in dieser Retrospektive damals auch den Film *Shane* von George Stevens in einer hervorragenden Kopie, die man vom Originalnegativ in Hollywood hat ziehen lassen, und solange zurückgeschickt hat man sie, bis man wirklich eine optimale bekommen hat.

Damals kapierte ich erst, warum mir *Shane* als Kind so gefallen hat, weil ich auch wie der Bub Joey, dem im richtigen Augenblick das Spielzeug Shane erscheint, den Kaiser Sepp wollte, dem wir gegen eine Limonade eine Auffahrt zu seinem Haus gruben, die er Die Straße der 3b nannte, der hätte doch dazu eine Chance gehabt. Aber unsere Lehrer kamen vom Krieg heim und sie brauchten uns Kinder nur, um ihren Krimskramsstoff loszukriegen, damit sie sich wieder als anständige Menschen fühlen konnten. Wie Grashalme stehen sie alle da und ducken sich unter meiner Erinnerung. Jeden Tag einmal außer Atem kommen, war eine ihrer wenigen Lehren. Aber im Kino treibt der Bub Joey das Geschehen weiter, indem er es dem Zuschauer überlässt, ob Shane, der für ihn nicht feige ist, obwohl sich jener im Saloon, als er für Joey Limonade holte, nicht doch schon feige verhielt, wie er sich einen Whisky über sein neues Arbeitshemd schütten lässt. Shane muss wohl oder übel noch einmal Limonade für Joey aus dem Saloon holen, und Joey sieht diesmal selber zu und Shane muss seinen Widersacher zusammenschlagen und als das geschehen ist, sagt Joey, dass Shane aufhören soll, es sind zu viele, Shane! Und Joey bestimmt, wann über Liebe gesprochen wird, indem er seine Mutter fragt, ob sie auch Shane mag, was längst offenkundig ist, und sie wiederholt bejahend den ganzen Satz. Und als Shane Joey den Revolver vorführt, den Joey im Verborgenen schon gehätschelt hat, taucht seine Mutter im Hochzeitskleid auf, was aus der Sicht der Erwachsenen peinlich ist, aber für Joeys großen Augenblick nur gebührend. Aber zurück in die Schule, zu den Salzsäulen der Gerechtigkeit, die für ein Kind nur noch die große Liebe übriglässt, die bestimmt schiefgehen wird.

Weil ich mich bei der Monroe schon so verrannt hatte, war es mir am gleichen Abend recht, dass im Club 13 die Pataki auf meinem Schoß einen aufreizenden Rhythmus hopste. Gedichte hat sie früher veröffentlicht. Sehr witzig. Und jetzt Frauenemanzipation. Sehr witzig. Ich steh auf emanzipierte Frauen. Aber wenn ein Bart wächst, wirds bedenklich. Alles beantwortet sie mit sehr witzig. Fahren wir nach Italien. Das habe ich schon oft gehört, sagt sie. Stürzen wir uns in den Ätna, sage ich. Keine Antwort. Pataki! Einen Kuss … Recht geschieht mir, dass in der Morgendämmerung die Amseln in meine einsamen Ohren ihre Pfeile schießen!

Am nächsten Morgen ist es schon 12 vorbei. In der Vorfreude auf die heutigen Filme werde ich schon wieder mächtig aufgebaut werden. Dieser Gary Cooper gestern in *High Noon* von Fred Zinnemann war zum Fürchten. Der Hilfssheriff, der ihn als erster verlassen hat und sich im Saloon betrinkt, wird beim Anblick der einzigen Großaufnahme im Film vom Gesicht seines Chefs, der von draußen hereinsieht, wieder linientreu, bietet seine Hilfe an und wird in einem Mietstall zusammengeschlagen. Aber jetzt ist auch Cooper ein verlorener Mann. Der Bader legt ihm in seinem Saloon das Totentuch über, bloß der Film geht weiter. Soll er. Pyrker zeigt mir im Filmmuseum den Tisch voll Bücher über das Thema. Inwieweit bei *High Noon* der CIA die Hand im Spiel hatte? Ich weiß es nicht und lass ihn aus meiner Whiskyflasche trinken. Wie ich in den Büchern und Standphotos blättere, habe ich davor Angst wie Buster Keaton vor den Kühen in *Go West*. Diesen Western zeigte man leider in Wien nicht. Ich bräuchte eine hinkende Kuh, der ich den Stein aus den Hufen nehmen und eingraben könnte. Wenn ich dann Herrn Konlechner, den Leiter des Filmmuseums kennenlerne, wird er mir nicht ins Gesicht sagen: Was schicken sie uns da für einen Deppen!? Aber da sitzen wir schon bei einem Kaffee und ich spreche von dem wunderbaren Ton seiner Vorführungen. Herby, sagt er, Sie sind eben ein sensibler Mensch und merken das gleich. Andere, fährt er fort, sind von den Farben begeistert. Na und der Ton, fragt er sie. »A bissl laut«. Die haben kein Gespür für einen guten Ton. Jetzt fällt es mir wieder ein, als die Rede auf eine etwaige Jerry-Lewis-Retrospektive kommt, was mir der zugeflüstert hatte, dass ich dem kompetentesten Menschen für Tontechnik begegnen werde. Ich schämte mich, denn ich wusste es von J. L. Doch keine falschen Gefühle. Da fängt Nemeczek vom Zeitschriftenmagazin *Der Spiegel* damit an, dass er es arrangieren könnte, dass ich »Jerry Lewis leibhaftig die Hand geben werde«. Wenn du die Monroe in Wien hörst, hatte mir Jerry gesagt, musst du wissen, dass ihre Stimme überhaupt nicht verzerrt ist wie sonst im Kino. Denn dieser geniale Konlechner hat selber ein Schaltgerät gebaut, und das No Return hörst du aus einem Hauptverstärker mit 120 Watt, der also zum geringsten Teil ausgelastet ist, ein No Return ohne Verzerrungen, ein No Return mit großer Dynamikreserve, Vorverstärker, die eigens ausgewählt worden sind, weil sie meistens die Dynamik begrenzen, und einen unerhört großen Aussteuerungsbereich für dein No Return haben, wie es sonst kein Kino für nötig erachtet. Bei dieser neuen Sicht des No Return ist mir auch meine Zukunft klar: mein Grundstück stelle ich der Gesellschaft im Erbbaurecht für 99 Jahre zur Verfügung, was mir jährlich 100.000 Mark einbringt nach Amerika, denn damals fasste ich den nie bereuten Entschluss, nach Amerika auszuwandern. Nichts sprach damals mehr für Amerika, denn wie in seinen Filmen schuf es jetzt auch in der Wirklichkeit um der Siege willen Wildnisse, es blieben allerdings neuerdings die Siege aus. Ich setzte mich allerdings wieder durch.

Es kam mein letzter Tag in Wien, mein letzter Film *The Searchers* von John Ford, der beste Film und meine persönlichste Schwäche. John Ford: Die Tragödie eines Einzelgängers. Der Mann, der aus dem Bürgerkrieg zurückkam, wahrscheinlich rüberging nach Mexiko, Bandit wurde, wahrscheinlich für Juarez oder Maximilian kämpfte – eher für Maximilian, wegen der Medaille. – Ja, die Medaille, die man von all dem nur sieht, hat eine Krone. Da ich weiß, was ohnedies passiert, nämlich dass die Wilden die Männer dieser Farm durch einen Rinderdiebstahl weglocken werden, damit sie die Farm und ihre Bewohner vernichten können und das Mädchen Debbie rauben, schließe ich aus der Art, wie die Schwägerin, bevor sie umkommt, den Mantel des Heimkehrers Wayne nimmt und aus Ward Bonds Ausdruck und daraus – als ob er nichts bemerkt hätte, dass diese Debbie, seine Nichte, die er jahrelang bei den Wilden sucht, seine Tochter ist. Als er endlich mit ihrem Bruder Martin Pawley sie im Zelt des Häuptlings findet und sie am nächsten Morgen verstohlen zum Lager der beiden kommt, ruft Martin: Debbie! Debbie I'm Martin! I'm Martin your brother, erinnere dich. – Ich erinnere mich. Immer. First I prayed you come and get me take me home du bist nicht gekommen. – Aber jetzt bin ich da. Das ist mein Volk, sagt sie, und etwas auf indianisch. Go! Go! Martin! Bitte. Da sagt Wayne unerbittlich: Stand aside Martin! Er will Debbie erschießen. Martin: Ethan, no you don't! Und jetzt messerscharf Wayne: Stand aside! Auf die Seite! Muss ich sagen, da es letzten Endes keinen Unterschied macht, ob man die Geliebte, die Tochter oder die Schwester sucht, dass ich endlich nach Jahren in der Karosserieabteilung des Auto-Ford zurück in Deutschland selbständig geworden war, weil ich ein neues Verfahren nahtlosen Schweißens erfunden hatte, mich auf den Weg nach Paris machte, wo ich diese Französin fand und sie mir so fremd war, dass ich sie umbringen hätte wollen? Ich will nicht vertuschen, dass eine Wilde geworden zu sein und sich dazu zu bekennen, für einen Amerikaner unerträglich ist. Wayne von einem Pfeil verwundet, lässt Pawley sein Testament vorlesen, worin er nach der Feststellung, dass er gesund ist, bei Vernunft ist, und ohne Blutsverwandte, seinen ganzen Besitz Martin Pawley vermacht. Doch die Suche geht noch drei Jahre weiter und Wayne rächt sich an Pawley, dessen Geliebte Laurie einen Brief von Pawley bekommt, nach dem er mit einer Squaw gelebt hat und der ohne besondere Grüße endet. Den Brief hat Wayne geschrieben, wie nur aus der dürftigen Lesekunst von Pawley zu schließen ist. Laurie sucht sich einen andern, gleich den Briefüberbringer. Am Ende bringt Wayne Debbie heim, die vor ihm wegrennt und furchtsam auf seinen Armen getragen wird. Als die Musik, die die Zuschauer immer buhen lässt, einsetzt, sieht man sie nicht ins Haus gehen, sondern mit dieser Musik kommt der verwirrte Mose Harper ins Bild, der halbnackt endlich in seinem Schaukelstuhl sitzt, was die Zuschauer leider nicht zu deuten wissen. Er ist zufrieden. Wayne ist sofort wieder im Freien und sucht weiter, denkend: I just sell sincerity. And I've been selling the hell out of it ever since I got going. Es ist gleichgültig, was das heißt. Aber vielleicht kann er einmal vergessen. Alles vergessen. Wenn dieser Film von mir wäre, hätte ich nichts mehr zu sagen. Aber das Flugzeug erhob sich und trug mich nur zu einem anderen Ort.

Erstveröffentlichung: »Der Tag wird kommen. Eine Erzählung«, Süddeutsche Zeitung, *28./29.4.1973. Wiedergegeben nach* Der Tag wird kommen. Roman, *Frankfurt a.M. 1973, S. 231–244*

ELIA KAZAN, CIRCA 1970
Elia Kazan besuchte mehrmals Wien, allerdings immer privat, nicht zu den beiden Retrospektiven, die ihm zu Lebzeiten gewidmet waren. Eine seiner Filmmuseum-Visiten galt etwa der Privatvorführung von Vertovs *Mann mit der Kamera* und Dovženkos *Aerograd*, den er verloren geglaubt hatte. (Vgl. »Elia Kazans Wiener Abenteuer«, *Neues Österreich*, 19.1.1966)

JEAN ROUCH, 1972

HANS-JÜRGEN SYBERBERG, 1975

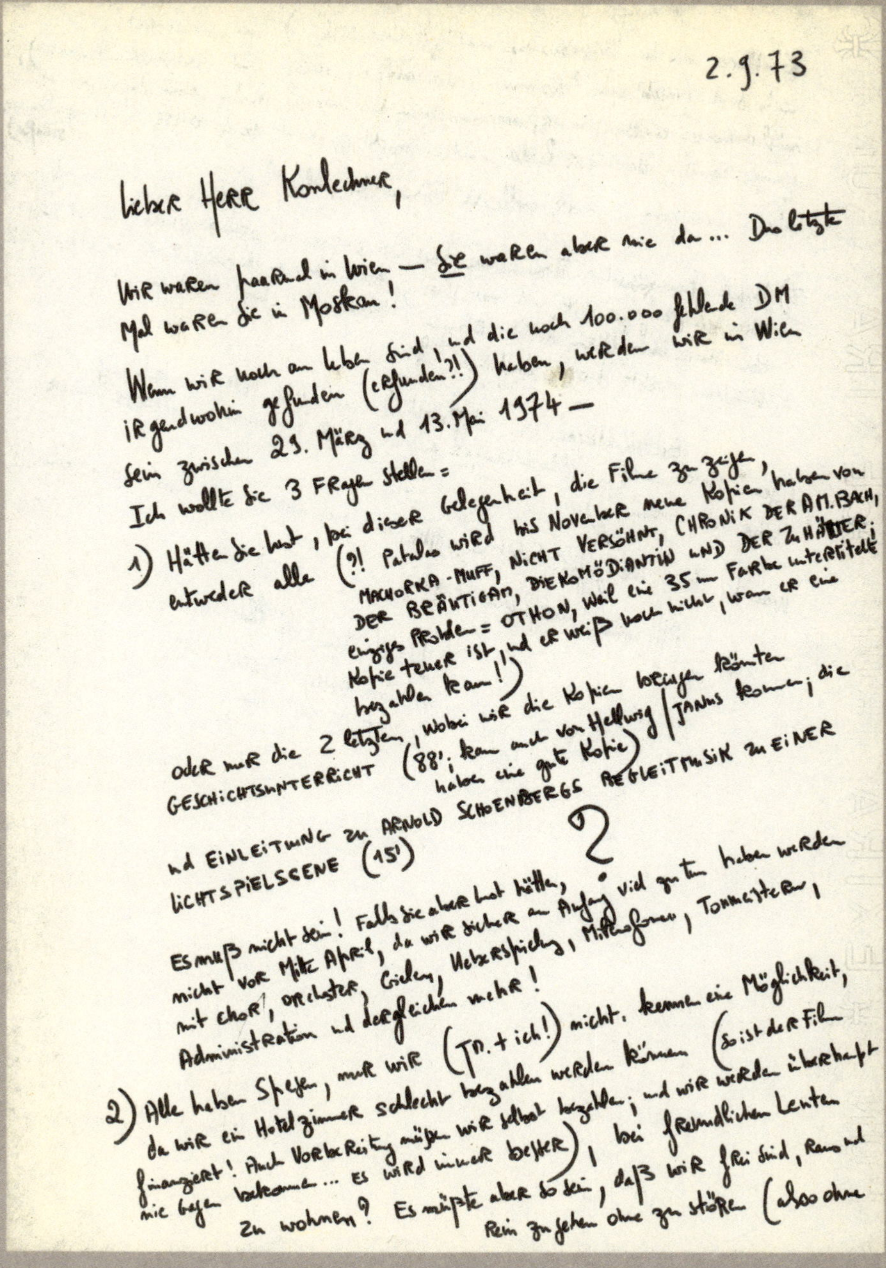
2.9.73

Lieber Herr Konlechner,

Wir waren paarmal in Wien — Sie waren aber nie da ... Das letzte Mal waren Sie in Moskau!

Wenn wir noch am Leben sind, und die noch 100.000 fehlende DM irgendwohin gefunden (erfunden?!) haben, werden wir in Wien sein zwischen 29. März und 13. Mai 1974 —

Ich wollte Sie 3 Fragen stellen:

1) Hätte Sie Lust, bei dieser Gelegenheit, die Filme zu zeigen, entweder alle (?! Patalas wird bis November neue Kopien haben von MACHORKA-MUFF, NICHT VERSÖHNT, CHRONIK DER A.M. BACH, DER BRÄUTIGAM, DIE KOMÖDIANTIN UND DER ZUHÄLTER. Einziges Problem = OTHON, weil eine 35mm Farbe Internegativ Kopie teuer ist, und er weiß noch nicht, wann er eine bezahlen kann!)

oder nur die 2 letzten, wobei wir die Kopien besorgen könnten: GESCHICHTSUNTERRICHT (88'; kann auch von Hellwig / JANUS kommen, die haben eine gute Kopie) und EINLEITUNG ZU ARNOLD SCHOENBERGS BEGLEITMUSIK ZU EINER LICHTSPIELSCENE (15')

?

Es muß nicht sein! Falls Sie aber Lust hätten, nicht vor Mitte April, da wir sicher am Anfang viel zu tun haben werden mit Chor, Orchester, Sängern, Ueberspielung, Mikrofonen, Tonmeister, Administration und dergleichen mehr!

2) Alle haben Spesen, nur wir (J.M. + ich!) nicht. Kennen Sie eine Möglichkeit, da wir ein Hotelzimmer schlecht bezahlen werden können (so ist der Film finanziert! Auch Vorbereitung müssen wir selbst bezahlen, und wir werden überhaupt nie Gagen bekommen ... es wird immer besser), bei freundlichen Leuten zu wohnen? Es müßte aber so sein, daß wir frei sind, raus und rein zu gehen ohne zu stören (also ohne

EIN BRIEF VON DANIÈLE HUILLET

»Wir waren paarmal in Wien« bezieht sich auf die Vorarbeiten zu Jean-Marie Straubs und Danièle Huillets *Moses und Aron* (1974), der in Zusammenarbeit mit dem Symphonie-Orchester und dem Chor des Österreichischen Rundfunks und in Koproduktion mit dem ORF entstand.

Komplexe, die bei längerer Zeit unerträglich werden!), und wo es ruhige
Leute sind (nicht eine "Kommune": wir müßen schlafen und... nachdenken können),
möglicherweise ein Badzimmer, wo man einen Bad nehmen kann, ohne daß die
ganze Familie darunter leidet, und... nicht zu weit vom ORF (Argentinierstraße)

Nicht so einfach.... aber vielleicht können Sie helfen?

3) Unser französischer Tonmeister (hat auch CHRONIK und OTHON gemacht) wird in
Wien sein die ganze Zeit; er hat Spesen, kann also ein Hotelzimmer bezahlen.
Kann aber das Lärm nicht ertragen. Kennen Sie was Ruhiges, und
trotzdem nicht hors de prix?

Entschuldigen Sie, daß ich Sie mit diesen Fragen belästige
(Jean-Marie weiß davon sogar nichts, aber ich dachte, daß Sie immer
sehr nett waren!)...

Wenn Sie keine Lösung für Punkt 2 wissen, macht das nicht. Wir finden schon eine.

Mit vielen herzlichen Grüßen,

Danièle Straub-Huillet
Piazza Della Rovere 105
00165 Roma —

DANIÈLE HUILLET / JEAN-MARIE STRAUB, 2004
Im Gegensatz zur landläufigen Meinung zeigte das Österreichische Filmmuseum bereits früh die Filme von Jean-Marie Straub und Danièle Huillet. Im Mai 1969 und April 1974 waren in Anwesenheit der beiden jeweils alle ihre Filme zu sehen – unter dem Solokünstler-Titel »Retrospektive Jean-Marie Straub«. Im Oktober 2004 fand, diesmal unter Nennung beider Namen, die dritte Gesamtschau statt. Als Teil dieser gemeinsamen Retrospektive des Filmmuseums und der Viennale wurde auch eine von Huillet und Straub getroffene Auswahl der Filme John Fords gezeigt. Es war Danièle Huillets letzter Besuch in Wien. Sie starb am 9. Oktober 2006.

Dr.Fritz Herrmann

Wien, am 18. Februar 1974

Lieber Herr Konlechner,
Lieber Herr Kubelka!

Noch sind es keine acht Stunden nach Ihrer Monsterschau, und noch leicht betäubt, aber ganz frisch unter dem Eindruck des Ganzen möchte ich Ihnen und Ihren Mitarbeitern gratulieren.

Ich hätte das besser unmittelbar nach Schluß mündlich tun sollen, aber da war ich eben doch zu schwer angeschlagen. Ein Mensch spielt nicht ungestraft die Rolle eines kulturpolitischen Spitzensportlers, indem er sieben Stunden und dann nochmals dreizehneinhalb Stunden, mit vier Stunden Schlaf dazwischen, vor der Leinwand sitzt.

Vorweg: Es war ein außergewöhnliches Kollektiverlebnis. Ein vollgepfropfter Kinosaal, wo sich keiner von seinem Sitzplatz wegzurühren traut, weil er fürchtet, daß er draußen vor der Tür auf den Ärger der Wartenden, vom Paradies Ausgeschlossenen stoßt und nie mehr rein, geschweige denn auf einen Sitzplatz kann. Das allein ist außergewöhnlich. Da wird einem bewußt, wie froh der Mensch sein soll, wenn er in der Gesellschaft ein bescheidenes Plätzchen hat - er darf sich nur nicht einbilden, daß ihm irgendwas gehört.

Aber im Ernst: Ich malte mir die ganze Zeit aus, daß hier viele hunderte junge Leute, manche zum ersten Mal, ständig ins Historische gestoßen werden und nachdenken müssen, und daß sie, angesichts der Abbildung vergangener Kulturzustände, ihre gegenwärtigen relativieren

Herrn
Peter Konlechner
Peter Kubelka
Österreichisches Filmmuseum
Augustinerstraße 1
1010 Wien

Nach der Zehnjahresfeier des Filmmuseums: ein **BRIEF VON FRITZ HERRMANN**, kulturpolitischer Berater der SPÖ-Unterrichtsminister Leopold Gratz und Fred Sinowatz lernen, also objektiv sehen.

Mich selber belehrten z.B. die drei langen russischen Filme aus der Stalinzeit sehr wesentlich über die geistigen Strukturen einer Epoche, die noch nicht ganz zu Ende ist und deren Gehalt ich mir seit Jahrzehnten überlege.

Als die jungen Besucher ironisch aufjauchzten bei jener Staatsvertrags-Wochenschau 1955, in der der schwache Vers der Bundeshymne 'Volk, begnadet für das Schöne' ausgerechnet mit einem Gemeindebau-Bild gekoppelt wird, belehrte mich das wiederum über den Stand des kritischen Bewußtseins des jungen Publikums; eine gleiche Generation vor 19 Jahren hätte wohl noch stumm und positiv die mit dem begnadeten Volk amalgamierten Gemeindebauten angeglotzt. (Womit ich übrigens nicht sagen will, daß dieses junge Publikum schon durchgehend kritisch wäre: Es honorierte bei dieser Wochenschau mit spießerhaftem Middleclass-Applaus gewisse An-sich-Werte wie Nation und Fahne.)

Belehren ließ ich mich auch von den komischesten Szenen in den Filmen der Marx Brothers und Charlie Chaplins - der ganze Saal schrie befreit auf, wenn Harpo oder Charlie mit wildem, kindlichen Aufbegehren, mit vulkanischem Zappeln, die solide Welt des Bürgers erschüttern. In jedem von uns steckt ein Individualanarchist, der traut sich nur in der Dunkelheit heraus.

Falls ich mich von dieser Jubiläumsschau des ÖFM in die Cinéphilie treiben lasse, so unbedingt über die Philosophie, daß uns die filmische Information, und zwar die diachronisch dargebotene, hinweist, ja hinstößt auf die Strukturen der Gegenwart. In dieser Philosophie steckt ein bißchen der hegelianische Fortgang, das Fortschreiten des Weltgeistes, der sich, indem er sich selber in seiner ständigen Bewegung anschaut und darüber nachdenkt, hinaufrangelt zu immer höheren Bewußtseinsformen.

Aber damit meine Gratulation nicht ganz ins Affirmative

ausartet: Sie sagten mir, daß Sie es verschmähen, das Publikum mit 'Erklärungen' zu den einzelnen Filmen zu langweilen oder autoritär zu beeinflussen; das täten andere Institute ohnehin, Sie wollten niemandem vorschreiben, wie er etwas zu sehen und aufzufassen habe.

Bei allem Respekt vor Ihrer Haltung, die Sie sicherlich durch ein Jahrzehnt ÖFM-Erfahrung stützen können, glaube ich doch, daß Information niemals schadet, Sie muß ja nicht per Zeigefinger erfolgen, vielleicht nicht einmal durch eine von vielen unerbetene 'Einführung' vor dem Film, vielleicht auch nicht einmal durch etwas Gedrucktes, das man den Besuchern in die Hand drückt. Aber solch Gedrucktes sollte vielleicht doch, ganz im Sinne der gesellschaftspolitischen Aufgaben des ÖFM, irgendwo aufliegen und (würde) von denen, die Belehrung (ich bin schon wieder bei der 'Belehrung', das Wort 'Information' wäre besser) wünschen, dankbar quittiert werden.

Möglicherweise werden Sie antworten, eine subtile Form der flankierenden Maßnahmen zur Instruierung Ihres Publikums sei auch eine materielle Frage. In diesem Fall hätte ich kein Argument, wie immer, wenn sich das ÖFM über die Kargheit der Mittel beklagt.

Ich könnte Ihnen nur sagen - wie immer - , daß ich meine Funktion jederzeit im Interesse Ihres, sehr der Allgemeinheit dienenden Institutes zu nützen suche.

Die zwanzigeinhalbstündige Jubiläumsvorführung hat meine Ansichten über Ihr, also (besser) unser ÖFM ziemlich zementiert. Spähen wir also mit heroischen Cinéphilen-Augen, gerötet, aber mit geschärftem Blick für das Wesentliche, nach einer guten Zukunft aus.

Herzlichst grüßt Sie

Ihr Fritz Herrmann

Dominik Steiger

mein langer weg durch die wiener kinos, zum filmmuseum und in die große weite welt

als grüner junge spann ich viele wirre fäden zu allerlei mustern. damals durfte ich singen und sagen, was mir gerade einfiel, niemand achtete darauf, meine hellhörige mutter ausgenommen; der krieg hatte sie das fürchten gelehrt.

wo aber war sie tagsüber? bei dem anatomen, der ihr leichenbefunde und kleinere post-mortem-präparate in die schreibmaschine diktierte.

so zog ich am ende eines schultags von hietzing hinauf nach penzing und reimte mir träume zusammen, wie es meiner verbildeten naivität entsprach. erlebnisse und gedankliche schlenker sollten noch früh genug in phülle meine wege zieren. jetzt verbanden sich jugendliche sehnsüchte, das schulische und eine natürliche melancholie zu einem gemenge, das mich für die kinowelt empfänglich werden und vom vorgeschriebenen weg immer öfter abweichen ließ; heimlich, wenn ich ein paar kröten hatte, großmutter ansempernd, wenn ich etwas brauchte. gescheiterweise spielte sie mit mir karten um einen kleinen einsatz: verlor ich, hatte ich eine ehrenschuld bei ihr, gewann ich, konnte ich mir das lichtspielvergnügen leisten.

die kinos, die ich damals oft besuchte, waren das gloriette und das fischer kino in der linzer straße, das schwender, das schwegler, das baumgartner und das flötzersteig kino, wo ich den seehelden errol flynn, tarzan johnny weissmüller und andere vorbilder zum ersten mal sah. das non stop kino beim westbahnhof, das schon vormittags geöffnet hatte, war mir, wenn ich die schule schwänzte, auch nicht zu schlecht; da spielte man gewöhnlich das dreigespann: fox tönende wochenschau, einen trickfilm und einen dokumentarfilm aus der natur.

so geriet ich immer mehr ins phantasieren; der wilde westen, die amerikanischen kriminalfilme der 50iger jahre prägten mich derart, dass ich bald eine arg verwurstelte person war, die sich ihre zukunftspläne aus leinwandmaterial zurechtmachte. beinah vergaß ich charlie chaplin, buster keaton und andere komiker zu erwähnen, die in meiner schulzeit täglich in einem kellerkino in der mariahilfer straße gezeigt wurden. ferner danny kaye im ehemaligen kaufhaus stafa, red skelton, stan und ollie im felber kino. in der praxis bedeutete das, dass es mich ins kriminelle milieu, andrerseits zum clownesken hinzog.

das war meine geistige grundausstattung. noch aber war schule, die ich mit ach und krach bestand.

mein leben nahm dann mehrmals böse wendungen. die schier unmögliche umsetzung des vorgegaukelten ließ mich beschließen, kurzen prozess zu machen; einmal in paris, einmal in mutters gartenhäuschen. beide male hat mich mein schutzengel ins leben zurück geholt.

ein zwischenspiel als clown mit falscher nase, erigierender krawatte und einem kleinen bauchladen für tombola in altwiener gasthäusern verlief im sand.

geläutert durch jahrelanges herumziehen im abend- und morgenland, ging mir schließlich ein licht auf, wie ich mich in der welt behaupten, ein auskommen finden könnte.

es fügte sich gut, dass meine kluge gefährtin und muse mich in den sechziger jahren öfter ins filmmuseum entführte. da tat sich eine flimmerwelt auf, die das meiste mir in dem genre bekannte weit hinter sich ließ. mae west, w.c. fields, die marxbrothers, jean vigo, max ophüls und andere pioniere des spielfilms der ersten jahrhunderthälfte. marcel carné, buñuel, die russen vor und nach dziga vertov, pier paolo pasolini, andre italini, japaner, experimentelle amerikaner, einige wenige deutsche und der rühmliche, wegen selbstbeschränkung hier nicht genannte rest.

im publikum das elegante paar putti und paul, der kleine, professor genannte reinhard priessnitz und andre charakterköpfe, die sich nach der vorführung gern zum stehachtel im augustiner keller einfanden; eine schöne erinnerung.

summa summarum hat das filmmuseum dazu beigetragen, meine neigungen mit den licht- und schattenseiten des panoptikums in einer brauchbaren lebenspraxis aufgehen zu lassen; der sprache ihren witzigen platz zuzugestehen, haupt- und seitenansichten zu bieten, die die verwickelten aufgaben, die wechselfälle des täglichen lebens vielleicht besser erfüllen und ertragen ließ.

mit diesem kleinen erinnerungsfilm verbinde ich die besten wünsche für das institut.

Im Jänner 2014, weniger Monate,
nachdem er diesen Text verfasst hatte, verstarb
Dominik Steiger nach langer Krankheit in Wien.

REINHARD PRIESSNITZ (MITTE) UND DAGMAR KÜTTNER, 1974
Der Dichter und Essayist Reinhard Priessnitz war einer der wesentlichen Protagonisten der österreichischen Avantgarde und lange Zeit intensiver Besucher der Verführungen und Vorführungen des Filmmuseums. Er schrieb mehrere Texte für die Monatsprogramme und andere Publikationen des Hauses, reflektierte aber auch in Zeitschriften wie *Neues Forum* über Film- und Kunst-Themen. Auf den folgenden Seiten sind Auszüge aus seinen Texten über Buster Keaton, W. C. Fields und Karl Valentin zu finden. Das schriftstellerische Werk von Reinhard Priessnitz wurde nach dessen Tod von Ferdinand Schmatz in mehreren Bänden herausgegeben (Edition Neue Texte, Literaturverlag Droschl, Graz/Wien).

Das Foto stammt von der Zehnjahresfeier des Filmmuseums am 16. und 17. Februar 1974 (siehe auch Band 1 dieser Publikation). Rechts ist Dagmar Küttner zu sehen, die 1970 als Sekretärin zum Filmmuseum stieß und rasch zu Peter Konlechners wichtigster Stütze bei der Programmorganisation für die großen Retrospektiven wurde. Sie war bis 1995 für das Filmmuseum tätig.

Reinhard Priessnitz

Buster Keaton, W. C. Fields, Karl Valentin

1972, 1976

KEATON, KOMIK, KOMMUNIKATION

[...] bis heute sind keatons filme den geschäftsgebarungen zwischen europäischen und amerikanischen branchen zum opfer gefallen; nicht zuletzt sind gerade sie für die diversen verstümmelten und neukommentierten fassungen, die in unseren breiten unter filmkomik kursieren, verantwortlich zu machen. noch immer haben sich verleihfirmen und rechtsinhaber nicht zu arrangieren verstanden und versuchen einander – klarerweise auf kosten der filme – übers ohr zu hauen. diese fussangeln des kommerzes vermitteln uns filmkomik in einer form, die ernstzunehmende künstler zu mittelmässigen idioten degradiert. das ist der verliehene keaton. der andere wäre im rahmen einer retrospektive, die das österreichische filmmuseum veranstaltete, wiederzufinden gewesen. es ist an der zeit, keatons leistung in grössere zusammenhänge zu stellen, wie es wahrscheinlich überhaupt gut wäre, die amerikanische filmkomik neu zu bewerten und ihre hervorbringungen gegenüber anderen ereignissen innerhalb der kunst abzuwägen. ihr einfluss auf die arbeiten der avantgarde der damaligen zeit ist nicht zu unterschätzen, und es wäre gut, die einzelnen hommagen und dokumente hervorzuholen, die das beweisen. [...]

um so verlorener die situation aussieht, in welcher sich der komiker befindet, desto mehr an geschick hat er unter beweis zu stellen, und um so absurder müssen seine eingebungen sein. Den entfremdungen von natur und technik muss mit mitteln beizukommen versucht werden, die von einer unpraktischen vernunft hergeleitet scheinen. in solchen szenen sieht sich das publikum unterschwellig jenes alpdruckes enthoben, der auf den verwirklichten menschheitsträumen lastet. keatons filme demonstrieren schlagend, wie vielschichtig die beherrschung über die technik aufgefasst werden kann, wenn nur der richtige einfall, den die konventionen des alltags verhindern, parat gehalten wird. insofern hat hier auch james agees bemerkung, keatons gesicht steht fast auf einer stufe mit dem lincolns als ein früher amerikanischer archetyp, seine berechtigung; sein ausdruck verleiht seinem tun etwas heroisches, und in der tat ist er ja auch im umgang mit den gegenständen als eine art pionier zu bezeichnen. [...]

noch ein anderer gesichtspunkt, der für ein urteil einschränkend zu berücksichtigen wäre: die realität, in der keaton die dinge aus dem schlaf ihrer funktionen gerissen hat, ist nicht die der aktionen in den galerien, die um dasselbe bemüht waren. die wirklichkeit des filmbildes auf der leinwand wirkt noch immer platt und evoziert illusion, nicht die aufforderung einzugreifen, der film ist bislang noch keine propaganda durch die tat geworden; die illusion, die durch die kinoapparatur vermittelt wird, verhindert zunächst noch jegliche entschlusskraft, das gezeigte könnte auch realiter geschehen. – die kriminalisierung durch den film etwa, ist eher ein bonmot der soziologie und der presse; geliefert wird bestenfalls die gestik, nicht die haltung. fast nur in der komik sind gestik und haltung eins, und es sind die errichteten barrieren der bürgerlichkeit, vor denen die bewusstseine sich sperren, von beiden gebrauch zu machen.

die gesellschaft zwang über die bahnen der anerkennung – und ausschliesslich dieser – den komiker in die position des aussenseiters: für ihn war ein rahmen bereitet, innerhalb dessen die so heimlich ersehnten zerstörungen willkommen waren, und das medium des films schien diesem wunsch, der unter dem namen »unterhaltung« in die gesellschaftsformen integriert wurde, besonders geeignet: die angelegenheit wäre wieder einmal gebannt. es besteht jedoch aller voraussicht nach die möglichkeit, dass das illusionistische moment, welches dem film noch anhaftet, durch die hervorbringung anderer medien eliminiert wird, und dass durch einflussnahme auf das hier vorgeführte und im eindimensionalen (die filmzeit ausser acht gelassen) neue bestrebungen entstehen, die diese einstellungen realiter zu praktizieren trachten. die kommunikation hält noch eine reihe von spielräumen offen; diese gilt es anzustreben.

Auszüge aus: »Keaton, Komik, Kommunikation. Zur Retrospektive im Österr. Filmmuseum«, Neues Forum *Nr. 223, 1972*

ZUR KOMIK VON W. C. FIELDS

Komik löst jenen eigenartigen eruptiven Mechanismus aus, den wir Lachen nennen. Wie, wodurch und zu welchem Zweck dies eigentlich geschehe, ist bislang noch nicht hinreichend erklärt. Tatsache bleibt, dass Komik als der vielleicht einzige Bereich menschlicher Kreativität anzusehen ist, in der durch einen höchst komplexen Reiz ein massiver physiologischer Reflex hervorgerufen wird.

Der Komiker ist der an diesem Prozess maßgeblich beteiligte: er führt ihn sozusagen. Seine Fähigkeit besteht darin, dass er die Kollision zweier scheinbar unvereinbarer Systeme provoziert und zuwege bringt. Der Effekt dieses Zusammenstoßes ist der Witz, der sich wiederum als eine Art Schutz vor der Erkenntnis bezeichnen ließe, dass außerhalb der Konvention bloß Abgrund sei. Je besser nun die Leistung des Komikers ist, desto mehr vermittelt er von besagter Erkenntnis. Dass er in diesen Abgrund stürzen könne, ja dass dieser sich vor uns auftue, evoziert Angst. Sie wird dadurch abgewehrt, indem sich die überschüssige Affekterregung entlädt: Lachen ist ein Regulativ gegenüber spezifischen Situationen. Unterhaltung wieder ist eine bestimmte Form von Identifikation.

Das ist derjenige Teil, der für die Filmkomik interessant sein könnte. Seit Jahren, und fast seit seinen Anfängen, hat der Film in der Komik (und diese wiederum im Film) ein Medium gefunden, das sich als besonders geeignet herausgestellt hat, auf einer breiten Basis Wirkung auszuüben. Das Ergebnis war die Artikulation einer eigenständigen Form beider Medien in einem. Die Technik des Films ermöglichte eine

Aneinanderreihung der bereits erwähnten »spezifischen Situationen«, und der Komiker konnte sich dank ihr in verstärkter Form entfalten. Auf diese Weise wurde eine Gattung ins Leben gerufen, die den kreativen Leistungen der Kunst insgesamt ebenbürtig ist; nicht zuletzt aber ist sie auch die Manifestation einiger Persönlichkeiten, für die die Bezeichnung »einzigartige Erscheinung« im wahrsten Sinne des Wortes zutrifft.

Unter diesen Erscheinungen ist die Persönlichkeit von W. C. Fields eine der wichtigsten. Ihr unter anderem ist es zu verdanken, dass das Genre um einige Aspekte angereichert und in seiner Entwicklung weitergeführt wurde.

Fields gehörte zu jenen Darstellern innerhalb des Films, die einzig als Außenseiter und mit der nötigen Narrenfreiheit versehen vor ihrem begeisterten Publikum passieren dürfen. Nur in dieser Rolle und Maske waren ihm Revolten gestattet, und in seinem Falle war die Revolte eine, die in die Süßigkeiten des American Way of Life eine nicht unbeträchtliche Menge Galle spritzte und von da an dessen Intensität in bestimmten Grenzen hielt. Repräsentiert wurde dieser Traum durch die American Sweethearts: Filmkinder, Blondinen und Tüchtigkeit. Fields praktizierte nun in seinen Filmen einen Aufstand dagegen – wie es scheint sogar genuin, denn was sich als Anekdoten rund um sein Leben gesammelt hat, klingt ganz so, als entstammte es einer seiner Arbeiten. Verachtung, Missmut und Missgunst waren seine Masken, Argwohn und Rücksichtslosigkeit seine Aura, Tölpelhaftigkeit seine Auszeichnung. Damit trat er gegen die Kommunikation selbst an, und zwar mit der Entschlossenheit desjenigen, der in Leuten nur Objekte sieht, die ihn in die missliche Lage versetzen, sie beiseite schaffen zu müssen. Provozierten, lädierten die Dinge und Personen ihn nicht, hätte er einen guten Schurken abgegeben.

Unter normalen Umständen hätte er empfindlich verletzt, was sein Publikum als »gute Sitten« in anderen Zusammenhängen bezeichnet hat: dass es ihm bei der Destruierung aber so bereitwillig und begeistert folgte, scheint zu beweisen, dass er hier einem breiten Bedürfnis zupass kam, welches nur nicht den Mut fand, sich im Alltag durchzusetzen, sondern eben Fields an diese Front wünschte. (Im Übrigen schien mit der einmal vollzogenen Grenzüberschreitung des guten konservierenden Geschmackes auch das Tabu gefallen – nicht wenige seiner Aussprüche und Anzüglichkeiten wurden alsbald »geflügelte Worte«.)

Fields war auf der Höhe seiner Zeit: Seine Darbietung umschließt eine Art Misanthropologie des durch Film und Presse klischierten Verhaltens. Diese konnte er durch den Kontext, den er sich mit den von ihm selbst verfertigten Drehbüchern schuf, in allen Nuancen und Details abhandeln und zur Geltung bringen. Ohne diesen Kontext lassen sich die Elemente seiner Komik schwerlich zitieren; sie im Film zu genießen fällt allerdings leicht.

Seine im Film geäußerte Verachtung geht etwa so weit, dass er es z. B. nicht einmal mehr der Mühe Wert findet, seine Partner über sie hinwegzutäuschen – darin ist er sogar ehrlich. Mehr noch: Seine Verwunderung tritt nur dann in Erscheinung, wenn er mit etwas konfrontiert wird, das ihn nicht wie Querelen anmutet. Ob Frauen, Söhne, Schwiegermütter, ob Handelsreisende, Bankbeamte, Polizisten oder Filmproduzenten, ob Tiere oder Babies – er hasst den ihnen von der Gesellschaft verliehenen Nimbus, und er hasst ihn um so mehr, als er mit ihm ständig konfrontiert wird. Mit diesem Hass geht er fast bis ans Antisoziale und berührt damit Saiten, die in der Klischierung selbst bereits mitschwingen, die aber niemand wagte aufzuziehen. Die Unerträglichkeit des Klischees: Fields hat etwas von dem personifizierten Ekel, der einem mitunter aus der Seele spricht, etwas von dem Hass, auf den mancher sich freut.

Er war ein Pionier des ungesunden Misstrauens allem und jedem gegenüber, ein elephant terrible unter schrecklich geratenen Kindern. Dies allein macht seine Kritik menschlich und bewahrt ihn davor, eine Art Macchiavelli des Haustyrannentums zu werden.

Er sammelt missgelaunt die Gegenstände ein; dann befühlt er die Beulen; gibt seinem Hass die nötige Bedächtigkeit und schmeißt die Dinge der Gesellschaft zurück an den Kopf.

Erstveröffentlichung: Mitteilungen des Österreichischen Filmmuseums 1/1976

ÜBER KARL VALENTIN

Im Kosmos der Komik ist die Karl Valentins ein galaktisches System spezifischer Form und komplexen Ausmaßes. Von einer Einsicht in es, von seiner Erforschung trennen uns Lichtjahre; seine Wirkung ist jedoch glücklicherweise unmittelbar und stark. Sie evoziert Erstaunen, Bewunderung, Zustimmung, was auch immer – nur nicht eine objektive (objekt-tiefe) Einschätzung der Elemente des Valentin'schen Witzes: das Verständnis muss vor dem Effekt passen. Darin ist der Vorgang dem Schock verwandt.

In seiner Komik hat Valentin den Mechanismen unseres Handelns und Sprechens Tiefendimensionen verliehen, die wir, behaftet mit den Maßeinheiten und -instrumenten des Alltäglichen und Gewohnten, gerade durch diese nicht auszuloten vermögen. Allein das müsste Unbehagen erwecken; dieses aber entlädt sich, als Schutz vor der eigenen Unzulänglichkeit, in Gelächter und Zustimmung. Anders ausgedrückt: Valentin durchbricht mit seiner Kunst das, was uns als evident gegeben scheint – und dies sonderbarerweise mit eben den Mitteln, durch die wir bislang eine solche Gewissheit gewährleistet sahen. Seine Aktionen zeigen eine Alternative zu dem an, was wir unserer Erfahrung gemäß als funktionabel, einhellig oder plausibel erachten, kurz, deren normierte Armut. Er stößt um, was wir für unumstößlich halten. Insofern ist Valentin, wie Brecht es formuliert hat, »ein durchaus komplizierter, blutiger Witz«.

Es ist das Singuläre an großen Komikern, dass sich die von ihnen angezeigte Alternativform des Verhaltens nicht von intellektueller Einsichtnahme herleitet, sondern gleichsam ein angeborener, eingefleischter Bestandteil ihrer Persönlichkeit ist. Jeder Auftritt, jede scheinbar noch so unbewusste Geste Valentins gibt davon Zeugnis. Wohl hat er seine Haltung ingeniös durch Dekorationen, Pointen und Situationen stilisiert, um seiner Aktionsfähigkeit einen würdigen Rahmen zu zimmern; aber seine der üblichen Erwartung entgegengesetzte Einstellung zu all dem, was das menschliche Selbstverständnis auszumachen scheint, zeigt uns in seiner Person, dass dieses nicht sonderlich groß ist.

Valentins Komik besticht durch viele Facetten. In ihren Grundzügen reicht sie von lokaler Folklore – der er sich traditionell verpflichtet fühlte – bis zur diffizilen Anwendung von Sinn- und Unsinnserzeugnissen; sie beinhaltet Sozialkritik ebenso wie subtiles Spiel mit semiotischen Dimensionen und Ebenen. Was sie u.a. so einzigartig macht, ist Valentins geniales Verhältnis zur Kommunikation und der sie bestimmenden Sprache. Er zeigt, wie durch kleinste Verschiebungen dessen, was als ausgemacht nicht mehr in Zweifel gezogen wird, dem doch daran Zweifelnden Situationen erwachsen, aus deren Verstrickungen zu lösen ihm nicht mehr möglich wird, auch wenn es sich bei diesen Situationen um solche, jedem bekannter, einfacher und häufig wiederkehrender Art handelt; nur eine (und sei sie auch banale) Pointe vermag ihn vor diesem Chaos zu retten. Was anfänglich als Situation empfunden werden mochte, ist durch Valentins Eintreten und deren Auflösung als etwas Hoffnungsloses auf der Strecke geblieben. […]

Auszug aus: »Über Karl Valentin«, Mitteilungen des Österreichischen Filmmuseums 2/1976

RAINER WERNER FASSBINDER, 1975
Das November-Programm 1975 begann mit Rainer Werner Fassbinder, der seine jüngsten Filme *Faustrecht der Freiheit* und *Mutter Küsters Fahrt zum Himmel* im Filmmuseum vorstellte. Das Gespräch mit dem Wiener Publikum, moderiert von Peter Konlechner, war von heftigen Emotionen geprägt. 1975 – mit Don Siegels Besuch – begann auch eine mehrjährige Phase, während der das Filmmuseum einzelne Publikumsgespräche und Vorträge auf Video festhielt. Einem solchen U-Matic-Band entstammen die hier abgedruckten *frame grabs*.

WERNER SCHROETER, 1975

Werner Schroeter zählt – so wie etwa Jean Eustache, Jean-Marie Straub und Danièle Huillet, Sam Peckinpah, Marcel Hanoun, Ōshima Nagisa, Martin Scorsese oder Eric Rohmer – zu jenen Vertretern eines jüngeren bzw. »Neuen Kinos« in den 60er und beginnenden 70er Jahren, die vom Österreichischen Filmmuseum schon früh mit Retrospektiven gewürdigt wurden. Schroeters erster Besuch ereignete sich im Dezember 1970, als er, 25-jährig, drei Programme mit seinen ersten Langfilmen präsentierte. Das Foto (oben) wurde im November 1975 aufgenommen, als das Filmmuseum Schroeters bisheriges Gesamtwerk zeigte. Weitere Besuche folgten, so etwa am 7. Oktober 1978 zur Österreich-Premiere von *Il regno di Napoli* (siehe gegenüberliegende Seite).

WERNER SCHROETER
November 1975 (linke Reihe) und Oktober 1978 (rechte Reihe)

GERTIE FRÖHLICH, 1979
Christine de Grancys Fotoserie erschien zusammen mit einem Porträt der Künstlerin von Marie Luise Kaltenegger im *Extrablatt* vom Oktober 1979; siehe auch das Editorial einer Folgeausgabe des *Extrablatt* auf der gegenüberliegenden Seite.

MARIE LUISE KALTENEGGER, EDITORIAL, *EXTRABLATT*, 6.11.1979

Manchmal kommt es ganz anders, als man denkt. Im Oktoberheft von *Extrablatt* waren es nicht so sehr die von uns als diskussionsträchtig eingeschätzten Artikel, die das meiste Echo auslösten, sondern ein Interview mit einer Frau. Die Wiener Malerin Gertie Fröhlich hatte aus der Sicht einer Frau und Künstlerin Kritik geübt. Direkt und zumeist noch mit Namen und Adresse. Sie sprach von dem Egoismus der Männer, insbesondere von Künstlern, die auf Kosten ihrer Frauen Karriere machen, indem sie beispielsweise die Verantwortung für die Kinder auf die Frau abwälzen. Sie sprach davon, wie Frauen reduziert und zurechtgestutzt werden. Männer wollen problemlose fesche Katzen, Künstler wollen Musen. Wenn die Muse den Mund aufmacht, dann – »kusch, Muse« (authentischer Ausspruch eines Wiener Künstlers). Frauen werden verkleinert, entpersönlicht, kastriert. Dann sind sie keine Konkurrenz mehr. Das Rollenangebot ist unattraktiv: hübsches Ornament, fürsorgliche Ersatzmutter, alte Schachtel. Nur ja kein Frau-Mensch, nur ja nichts Schöpferisches. Gertie Fröhlich hat nichts gesagt, was wesentlich neu wäre. Dennoch schieden sich an dem, was sie sagte und wie sie es sagte, die Geister – und zwar streng getrennt in männlich und weiblich. Die Männer reagierten – von zwei Ausnahmen abgesehen – mit bösen Briefen und gehässigen Telefonanrufen. Die Frauen mit Betroffenheit und Zustimmung. Die Frauenfrage ist eine leidige Frage. Dies wurde auch anlässlich des »Club 2« am 16. Oktober demonstriert. Thema: die öffentliche Kunstförderung. Als einzige Frau unter lauter Männern – Gertie Fröhlich. Übrigens vollkommen die bestehende Situation widerspiegelnd: Die öffentlichen Mittel werden von Männern an Männer ausgeteilt. Männer kriegen 2 Millionen Schilling für Kunst, Frauen 4.000 Schilling. Da saß nun Gertie Fröhlich eingezwängt zwischen einem beleibten Künstler und einem beleibten Minister und sagte etwas von der Benachteiligung der Frau durch die Kunstförderung. Die Männergesichter erstarrten in Langeweile. Schon wieder diese Weiber. Immer dasselbe. Muss das sein? Der Einwurf wurde abgewürgt, und hurtig fochten die Männer einen gallertartigen Ästhetikzopf, der keinen Einstieg mehr ermöglichte, warfen sich Bonmots und Gescheitheiten an den Kopf, dass es eine Freude war, und ignorierten Gertie Fröhlich für die restlichen zwei Diskussionsstunden. Gott sei Dank. Denn die Frauenfrage ist eine leidige Frage. Als der Club zu Ende war, erinnerten sich die Männer voll des Charmes an die Anwesenheit des weiblichen Geschlechts. Gnädige Frau hin, gnädige Frau her. Die Öffentlichkeit war ausgeschaltet, der Profilierungszwang konnte ad acta gelegt werden, Konkurrenz war keine mehr zu befürchten, man war ja privat. Eine Lektion in Sachen Sexismus. Frauen sind Menschen, die genauso laut reden wie Männer, die aber nicht gehört werden. Kusch, Muse.

ŒSTERREICHISCHES
FILMMUSEUM
Wien

FILME VON

RICHARD LEACOCK
ALBERT & DAVID MAYSLES

27. März bis 3. April 1965 im Hörsaal VII des Hauptgebäudes der Technischen Hochschule, Wien IV, Karlsplatz 13

Vorstellungen täglich 20 Uhr, Samstag 16, 18, 20 Uhr

Sonntag, 28. März, keine Vorstellung

Eintritts- und Mitgliedskarten im Sekretariat des Österreichischen Filmmuseums, Wien I, Augustinerstraße 1

(im Gebäude der Albertina) und an der Abendkasse

PLAKATENTWÜRFE VON GERTIE FRÖHLICH

Seinen Text *für gertie fröhlich* (1974), erschienen zur Ausstellung von Fröhlichs Plakaten bei der Zehnjahresfeier des Filmmuseums, lässt Reinhard Priessnitz um »das träge Augentier« kreisen. Gemeint ist der Zyphius, jenes von Gertie Fröhlich gefundene Wappentier des Filmmuseums.

Das Augentier sollte sich glücklich schätzen, »was es an futter erhält, wenn es seine zirka 130 millionen stäbchen, 7 millionen zapfen und etwa 2 millionen optischer hirnnervenfasern und ganglienzellen, kurz, sämtliche bestandteile seiner hässlichen oder schönen apparate jenen bildern zuwendet, die gertie fröhlich seit einiger zeit für es entworfen hat. grund genug fürs augenschwein, seinen organen eine grunzende freudenträne abzulocken oder, besser gesagt, seltene regung; darf es doch hier, bei selbst für seine begriffe geringer anstrengung des umsichblickens, seinen gesichtsmit seinem umgangssprachlichen geschmackssinn decken, ein umstand, den es zumeist in seinem trüben alltag entbehrt, neben und mit ein wenig umsichtigeren sehnaturen, die, eingedenk, dass sie die bilder bereits seit jahren kennen, ihren netzhauten diesmal ein vollbad gestatten …«

So möge sich das träge Tier also »zusammen und seine augen aufreissen«, um sich »in dieser von gertie fröhlich unterzeichneten welt aus seiner wäsche heraus umzuschauen«.

Eine reiche Auswahl ihrer Arbeit findet sich in dem Katalog *Gertie Fröhlich – Plakate für das Österreichische Filmmuseum 1964–1984*, hg. von Gertie Fröhlich, Österreichisches Filmmuseum, Gesellschaft der Freunde der bildenden Künste, Ulysses Kunsthandelsgesellschaft, Wien 2005.

ŒSTERREICHISCHES
FILMMUSEUM
Wien
CARL THEODOR
DREYER
Ausstellung und Retrospektive
Albertina, 14. – 30. Jänner 1971

ŒSTERREICHISCHES
FILMMUSEUM
Wien
OKTOBER 1972
Retrospektive
DZIGA
VERTOV
Retrospektive
TARZAN
und Filme von Robert Beavers
Jerome Hill, Gregory J. Markopoulos,
Kenji Mizoguchi

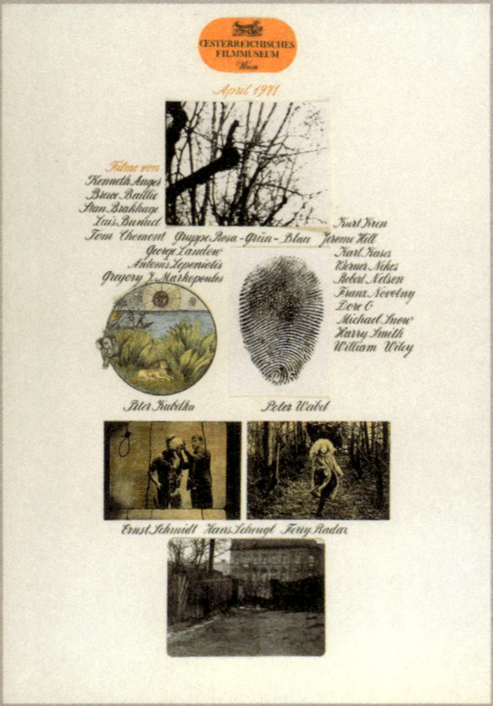
ŒSTERREICHISCHES
FILMMUSEUM
Wien
April 1971
Filme von
Kenneth Anger
Bruce Baillie
Stan Brakhage
Luis Buñuel
Tom Chomont
Gruppe Rosa-Grün-Blau
Kurt Kren
Jerome Hill
George Landow
Antonis Lepeniotis
Gregory J. Markopoulos
Karl Kases
Werner Nekes
Robert Nelson
Franz Novotny
Dore O
Michael Snow
Harry Smith
William Wiley
Peter Kubelka
Peter Weibel
Ernst Schmidt
Hans Scheugl
Ferry Radax

ŒSTERREICHISCHES
FILMMUSEUM
Wien
OKTOBER 1976
FEDERICO
FELLINI
RETROSPEKTIVE
UND FILME VON ANTONIONI, CAHN,
DE SICA, DIMKO, EISENSTEIN, HAJEK,
HELPERN, HILL, JAGLOM, LATTUADA,
MASELLI, MEKAS, RISI, VISCONTI,
WRYE UND NEUE FILME
AUS ÖSTERREICH

ŒSTERREICHISCHES
FILMMUSEUM
Wien
mai 1974
hauptwerke des
american
independent
cinema

ŒSTERREICHISCHES
FILMMUSEUM
Wien
JÄNNER 1979
Retrospektive
FREDERICK WISEMAN
W. C. FIELDS
Filme von Herbert Achternbusch
Kenneth Anger · Luis Buñuel · Salvador Dali
Federico Fellini · Elfi Mikesch
Carol Reed · Barbet Schroeder
Orson Welles · Robert M. Young
und Neue Filme aus Österreich von
Gernot Friedl und Manfred Kaufmann

Werner Dütsch

Gast im Dunkeln

Siebzigerjahre. Erste Halbzeit. Dehnte sich eine Retrospektive über Wochen, arrangierte Peter Konlechner für eine kleine Schar auswärtiger Gäste eine Woche lang zusätzliche Vorführungen, beginnend um 10 Uhr. Ganze Tage in der *Albertina*, unterbrochen von schmalem Lunch oder einem Kaffee gegenüber im *Tirolerhof*. Das touristische und schicke *Café Mozart* wurde gemieden, ungeachtet der Gespenster von Joseph Cotten und Ernst Deutsch.

Lange Tage, strenge Regeln. Filme in Originalfassungen, das war ja selbstverständlich. Für die beiden Peter waren aber auch Untertitel eine Schändung. *Red River* gab's 1970 zur Hawks-Retro nur mit UT, wurde also »outgesourced« in ein Wiener Kino.

Die angereisten Gäste: mehrheitlich *Filmkritik*-Autoren und -Leser, mehrheitlich Straub- und Godard-Fans. Verbannt waren JLG und Straub nicht gerade, aber besonderes Interesse oder gar Begeisterung waren bei Konlechner und Kubelka nicht zu vernehmen, eher schon Zweifel, Einwände. Auch eine Antwort auf die Frage *Was ist Film*. 1998 dann der ganze Godard. Ein Wunsch der Viennale?

Zum Wohlergehen konnte gehören, dass Konlechner die Zugereisten nach fünf Filmen in ein Nachtrestaurant führte und zur bescheidenen Beleuchtung zusätzliches Kerzenlicht orderte. Tiefe Nacht wurde es, wenn Friedrich Geyrhofer mich in ein Beisl mitnahm. Wann und wo hätte man sonst noch über Filme reden können, dazu noch mit der Geyrhofer eigenen, angenehmen Unaufgeregtheit, selbst wenn das Beisl kein seriöses war.

Die Ausbeute der Hawks-Retro? Eine Filmreihe im Westdeutschen Fernsehen und eine Nummer der *Filmkritik*, in der Frieda Grafe überraschend einleuchtend Hawks mit Warhol zusammenbrachte. Die beiden Museumsleiter fanden, Frieda Grafe sei am Herd besser aufgehoben; die jüngeren Autoren der *Filmkritik* bemühten sich, Frieda Grafe zu versichern, auch den letzten Foucault gelesen zu haben.

Undurchschaubar die Besonderheiten der Wiener Filmszene: wer mit wem, wer gegen wen. Zwei Filmarchive, Knatsch mit dem Personal der Albertina, die guten und die schlechten österreichischen Filmemacher und Journalisten. Konlechner versicherte, es in Wien nicht auszuhalten – aber konnte es Konlechner ohne Wien geben? Kennengelernt habe ich ihn im Prager Frühling, in Gottwaldov auf einer FIAF-Zusammenkunft zur Identifizierung nichtidentifizierter Filme. Konlechner war strikt gegen alle kühnen wie vagen Pläne zur künf-

Fritz Lang und seine Lebensgefährtin Lily Latté, 1971 im Wiener Forum-Kino (mit Josef Lovecek, Mitarbeiter in der Kulturabteilung der Stadt Wien)

tigen Zusammenarbeit, aus der dann auch nichts wurde. Karel Zeman zeigte uns seine Dinosaurier. Der Höhepunkt ein Kinotraum: Projektion einer wie unberührt anmutenden Lavendelkopie von *Sunrise,* die Jahre später verbrannte. Nitro.

Beim Milchrahmstrudel in einem Wiener Café Wiedersehen mit Herbert Holba, den ich flüchtig aus Berlin kannte. Ich konnte die Begeisterung des leidenschaftlichen Sammlers für das alte österreichische und deutsche Kino einfach nicht nachvollziehen, ausgenommen Hans Moser und Theo Lingen. Gleichwohl gefiel mir das Neben- und Gegeneinander von Filmkunst und heimatlich-nationalem Kino an einem Ort.

Avantgarde-Retrospektive 1971: Antwort auf die naive Vorstellung, das Kino sei erst mit der Nouvelle Vague seiner selbst inne geworden. Die kinematographischen Witze des Adrian Brunel, die schöne Nadia Sibirskaïa als Projektionsfläche und Fetisch für Dimitri Kirsanoff – vor Godard, vor Petzold, vor Sternberg. Überraschend *Im Frühling* von Michail Kaufman, der immer hinter seinem Bruder zu verschwinden droht.

Plötzlich ist Fritz Lang in Wien, für irgendeine Auszeichnung. In keinem Kino ein Langfilm. Lang hat einen Filmwunsch: *Autumn Fire* seines Freundes Herman G. Weinberg. Also kam Lang an einem Vormittag vom *Sacher* ins Filmmuseum, nahm in der ersten Reihe Platz und ließ sich von Lily Latté – *»meine nurse«* –

erklären, was es zu sehen gab. Nach der Vorführung großer Tisch im *Demel*: Lang, Latté, Konlechner, Kubelka, Patalas, eine Dame, deren Namen ich nicht mehr erinnere – und ich als Youngster. Wer immer etwas sagte – Lang widersprach. Er habe eine Dame gekannt, »*deren Namen ich hier nicht nennen kann*«, der es im KZ recht gut ergangen sei. Kurzer Streit um die Frage, welche Lager Vernichtungslager waren. In Deutschland fühlte er sich mies behandelt und wohlfeiles Lob seiner Stummfilme beantworte er mit dem Hinweis, dass es die nur gäbe dank seiner Mitarbeiter, Ausstatter, Kameramänner. Er war unhöflich zu Lily Latté, die sich über den blühenden Baum samt Verwandlung in *Siegfrieds Tod* lustig machte: »*Halt mal die Schnauze meine Liebe.*« Er fand es unangemessen, dass ich *Moonfleet* bewunderte, und vergeblich hatte ich gehofft, dass er einen (damals) verschollenen Akt von *Das Testament des Dr. Mabuse* nacherzählen könne, hatte er sich doch für das 1963 erschienene Protokoll von *M* so detailliert an (damals) noch nicht wieder aufgefundene Szenen erinnert.

Für Enno Patalas schrieb er seine Adresse auf eine Serviette – mit einer Exaktheit, die Zweifel an seiner Blindheit weckte, von der er auch der Wiener Presse erzählte. Jeder, der mit ihm sprach, fühlte sich aufmerksam angeschaut; oder war das Teil einer lebenslangen Selbstinszenierung?

Selbst wenn er nicht sprach, war er das Zentrum. Ein weißer Elefant. Und diese großen, beeindruckenden Hände, wie auf den Arbeitsphotos seiner Filme und auf seinem Selbstporträt von 1917. Es fiel mir leicht, seine nüchternsarkastische Rede und seine Reaktionen mit seinen Filmen zusammenzubringen, in denen es an Händen nicht fehlt.

Don Siegel 1975. Da stand nach *Dirty Harry* die Fortsetzung der Gewaltdiskussion an. Es kam anders: Mein Seh-Vergnügen machte sich fest an weniger gewichtig daherkommenden Filmen – vor Siegels Jahren mit Eastwood. Lee Marvin, Robert Keith, Elvis Presley, Ronald Reagan, Mickey Rooney, Eli Wallach: Nie habe ich sie alle besser gesehen als in Siegels Filmen, in Crime-, Noir-, B-movies. Natürlich wurde mit Siegel auch über Bullen geredet, die deutsches Kino oder Fernsehen nie zu zeigen sich traut: *Dirty Harry* und seine Kollegen in *Madigan*.

In Erinnerung geblieben aber ist mir der freundliche, auskunftsbereite Regisseur als der Mann, der dem Nichtrauchen heftig das Wort redete und Tipps für den Verzehr von Vitaminen bereithielt. Wer sagt denn, dass Regisseure und ihre Filme einander ähnlich sein sollen?

1975 erfuhr ich von einer Dissertation zu Wolf Albach-Retty, deren Lektüre ich immer noch aufschiebe.

DON SIEGEL, 1975
Ein halbes Jahr bevor die Herren Fassbinder, Syberberg, Schroeter – geballt im November – das Haus beehrten, trat ein Meister aus Hollywood ans Rednerpult des Filmmuseums: Im Rahmen der Retrospektive seines Gesamtwerks hielt Don Siegel einen (auch auf Video aufgezeichneten) Vortrag über »Technical Problems of Making Films in America«. Der auf der folgenden Doppelseite abgedruckte Dankesbrief Siegels nach seiner Rückkehr in die USA gibt (im Absatz über Peter Kubelka) einen kleinen Einblick auch in die weltanschaulichen Debatten dieser Jahre, die bereits im Text von Werner Dütsch zart anklingen.

UNIVERSAL CITY STUDIOS, INC. AN MCA INC. COMPANY

March 27, 1975

Mr. Peter Konlechner
Oesterreichisches Filmmuseum
Wien
Austria

Dear Peter:

One of the highlights of my career was your wonderful retrospective of my films recently in Vienna. I shall always be grateful to you not only for your energy and obvious talent but for your graciousness as well.

I have turned over all the press clippings that I had to the Foreign Department at Universal. They are in the process of translating them and ultimately a large series of stories will be coming out relative to it.

While I remember it, could you let me have the names of the two gentlemen who were in charge of the party given by the American Embassy? I believe one of the gentleman's name was Arnold but the other, who I believe to be his superior, completely escapes me.

Please thank Peter Kubelka for his kind attention. He is obviously a very talented young man. With the exception of his confusion concerning the participation of the United States in Austrian affairs as opposed to the participation of the United States in Viet Nam affairs, I think we got along very well indeed.

I hope that the rest of the retrospect was as successful as the beginning. By that I mean that I hope every performance sold out. My secretary, Ceil Burrows, pointed out to me that we could use, if it is possible, some more posters. Everyone here who has seen the poster, plus the schedule of the films, were very impressed. As for myself, I had long forgotten that I had completed so much work. Needless to say, it was far and away the most comprehensive and best run retrospective of my work that has ever been shown.

Please, in your very best French, thank your lovely wife for her spontaneity and great sense of fun. Try to make a supreme éffort to stay away from Demel's with their wonderful chocolates and pastries. In fact I suggest if for no other reason than dietary

100 UNIVERSAL CITY PLAZA · UNIVERSAL CITY, CALIFORNIA 91608 · 985-4321

EIN BRIEF VON DON SIEGEL (siehe auch Kommentar S. 145)

that you come out to California and enjoy our lovely weather. You will always be welcome here. You can find me at Universal. (Ceil just said if you come please bring chocolates). Seriously, I would very much like to see you again.

I'm enclosing an article that appeared in today's Variety which you might find interesting.

Sincerely,

Don

Donald Siegel

DS:cb
Encl.

P.S. What is the name of the charming London Time reviewer that we had dinner with? I would like to see, if possible, what he wrote about the retrospect.

I never did receive an invitation to the Embassy party. Do you happen to have an extra one that I might have?

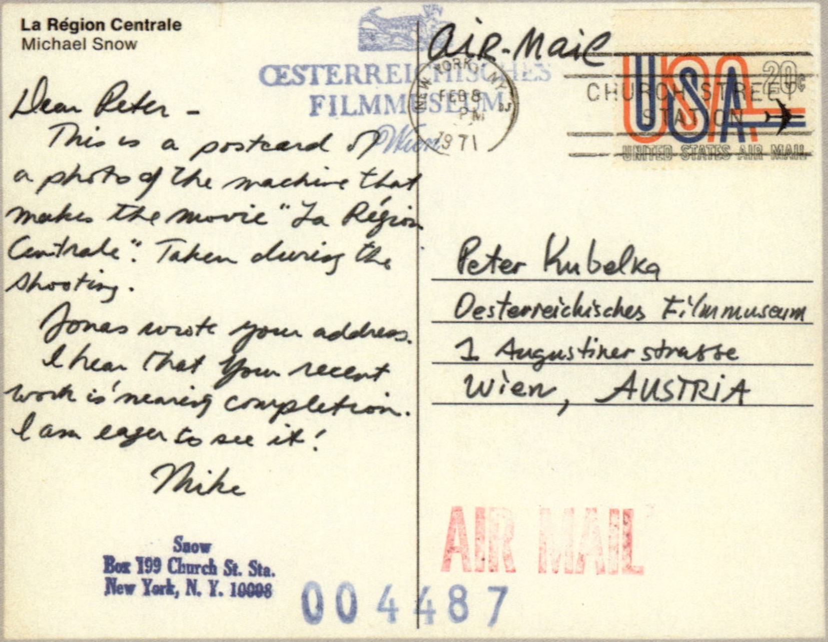

La Région Centrale
Michael Snow

ŒSTERREICHISCHES FILMMUSEUM Wien

Air-Mail

NEW YORK, N.Y. FEB 8 PM 1971

CHURCH STREET STATION

USA 20¢ UNITED STATES AIR MAIL

Dear Peter –
This is a postcard of a photo of the machine that makes the movie "La Région Centrale". Taken during the shooting.
Jonas wrote your address. I hear that your recent work is nearing completion. I am eager to see it!
Mike

Peter Kubelka
Oesterreichisches Filmmuseum
1 Augustinerstrasse
Wien, AUSTRIA

Snow
Box 199 Church St. Sta.
New York, N. Y. 10008

AIR MAIL

004487

EINE POSTKARTE VON MICHAEL SNOW
»I hear that your recent work is nearing completion«, schreibt Michael Snow 1971 an Peter Kubelka, »I am eager to see it!« And so are we, möchte man hinzufügen, denn das angesprochene Filmprojekt Kubelkas (*Denkmal für die alte Welt*) wurde nie fertiggestellt bzw. aufgeführt. Fluch dieser Postkarte: Snows eigener Film *La Région Centrale*, für den die Karte als Werbemittel fungiert, ist das einzige seiner Hauptwerke, das vom Filmmuseum bisher nicht für die Sammlung erworben werden konnte.

Snow gastierte im Oktober 1968 erstmals mit seinen (und Joyce Wielands) Filmen im Filmmuseum. Im Mai 1981 wurde ihm eine große Retrospektive gewidmet, und im Februar 2012 trat er im Rahmen eines gemeinsamen Projekts mit der Wiener Secession erneut mit seinen Werken im Filmmuseum auf (siehe S. 330).

JONAS MEKAS, 1971
Auch Jonas Mekas war mehrmals zu Gast im Filmmuseum (siehe etwa S. 191 und 330). Seine Freundschaft mit Peter Kubelka und seine Beziehung zu Österreich sind u.a. in Mekas' Film *Reminiscences of a Journey to Lithuania* (1972) dokumentiert, aus dessen Entstehungszeit dieses Foto stammt.

ERNST SCHMIDT JR. UND PETER KUBELKA, 1974
Im Rahmen der Zehnjahresfeier des Filmmuseums wurde auch der Film *Bodybuilding* von Ernst Schmidt jr. (hier: sitzend, im Vordergrund) gezeigt.

ROBERT BREER, 1978
Eine weitere Zentralfigur des *New American Cinema:* Robert Breer bei seinem zweiteiligen, auf Video dokumentierten Vortrag am 2. und 3. Mai 1978

dear peter,   oct 11, 1973

1. a detail of the whole of Ray Gun Virus framed between sheets of plexiglas

2. the "official" data sheet on the film premiered at your museum

3.a. your print of N:O:T:H:I:N:G seems to be 5–7 feet short (should be 1279'28 frames & yours is 388 meters or 1272–1274 feet)

3.b. so: please check one section towards the end of the film (exactly: 1185'33 frames to 1187'26 frames) and see if in that section there are 5 single picture frames of the light bulb image

3.c. please let me know <u>immediately</u> yes or no so i can make print of that section for you — THANK YOU!

- over -

EIN BRIEF VON PAUL SHARITS

4. peter kubelka will be coming up here in 2nd week of december to be interviewed by brakhage

5. i see you never made it to ANTHOLOGY — that's a shame as the "new anthology" will be, unfortunately, a lot different i think — however, nothing is moved yet, i don't think.

very best regards to you &

joy,

paul

P.S. may be in italy in may &
in germany in june or july (PROJEKT 74)
KÖLN
& perhaps i'll come by vienna to visit —
should have several new films by
then

P.P.S. have a very talented viennese student studying film here now — kari barrata — used to be at muehl's "commune" — nice guy it seems.

Friedrich Geyrhofer

Das Ende der Avantgarde?

1975

Die Avantgarde erscheint uns heute als ein abgeschlossener historischer Komplex. Seine Anfänge liegen in der Mitte des 19. Jahrhunderts: Baudelaire in der Literatur, Wagner in der Musik, die Impressionisten in der Malerei. Entscheidend ist die revolutionäre Haltung: Affront gegen die Erwartungen des Publikums, Protest gegen die Schönmalerei der offiziellen Kunst, Unabhängigkeit von allen bürgerlichen Normen. Schließlich erklärt Mallarmé den Drang nach Verständlichkeit zur größten Versuchung des Künstlers – nur keine Konzessionen! Zola, selbst ein Avantgardist, hat in seinem Roman *Das Werk*, der die heroischen Anfänge der impressionistischen Schule behandelt, die Atmosphäre einer verfemten Künstlergeneration beschrieben, die zum Archetypus für die folgenden 100 Jahre Kunstgeschichte werden sollte. Das ist nicht mehr die Laxheit der Bohème, die übrigens schon damals ein Opernklischee war, sondern die asketische Strenge einer Revolte, die für sich und gegen die Gesellschaft philosophische, politische und ethische Allgemeingültigkeit beansprucht. In diesem Geist hat Nietzsche den Sündenfall Wagners in Bayreuth kritisiert.

Und das Ende der Avantgarde? Es besteht in ihrem Sieg. Da außerhalb der Avantgarde keine Kunst mehr existiert, erledigt sich eine Haltung, die gleichermaßen »Vorhut« und »Opposition« zu sein beanspruchte. Auch der »neue Realismus«, wie er heute unter verschiedenen Vorzeichen als Erbe der Avantgarde propagiert wird, baut auf ehemals avantgardistische Techniken auf, ohne allerdings ihren Protest zu übernehmen – wogegen sollte protestiert werden, wenn der Gegenspieler, die prätentiöse Gebrauchs- und Massenkunst, nicht mehr vorhanden ist? Die aktuellen Reminiszenzen ans alte Hollywood, an die UFA-Filme, die gerade von Intellektuellen gepflegt werden, sind dafür der beste Beweis. Im Gegensatz zu einem Vicki-Baum-Roman oder Heimatfilm deklarieren sich ein TV-Quiz oder eine Krimiserie von vornherein als pure Konfektionsware, die gar nicht mehr die Illusion individueller Verarbeitung wecken will; es gibt ja auch keinen Kitsch mehr. Damit wäre ein Zustand erreicht, von dem um die Jahrhundertwende Adolf Loos nur träumen konnte – die klare Scheidung zwischen Kunst und Gebrauch. Wie so oft in der Geschichte, wurden die Ziele einer Bewegung durch ihre Verwirklichung widerlegt. Nunmehr übernimmt ein Gutteil der »progressiven Kunst« jene Funktion des snobistischen Protzentums, das seinerzeit einen Böcklin von einem Beckmann trennte.

Die Avantgarde stellte kategorische Ansprüche an Vergangenheit, Gegenwart und Zukunft: gegenüber der Vergangenheit auf absolute Originalität, gegenüber der Gegenwart auf unbestechlichen Nonkonformismus, gegenüber der Zukunft auf die Rollen des Märtyrers, des Vorbilds und des Bahnbrechers. Die einzelnen Elemente dieses Syndroms sind älter als das 19. Jahrhundert und werden auch das 20. sicherlich überleben. Gegen die Staatskirche und ihr Weltbild gerichtete häretische, mystizistische, manieristische Tendenzen gehören zu den wertvollsten Bestandteilen der spätmittelalterlichen und der barocken Kunst – von den Avantgardisten wurden sie als Geistesverwandte neu entdeckt. Aber die Abweichler früherer Jahrhunderte verfolgten ausdrücklich und eingestandenermaßen propagandistische, theologische, wissenschaftliche Zwecke; die Avantgarde hingegen setzt die Autonomie der Kunst als einer spezifischen Tätigkeit sui generis voraus, wie sie erstmals Kant (gewiss kein Schöngeist) in der *Kritik der Urteilskraft* begründet hatte. Seither ist die Zwecklosigkeit der Kunst ihr einziger moralischer Zweck, der sie von den bornierten Interessen und dem harten Egoismus der bürgerlichen Prosa unterscheidet. Aus den Kirchen, Schlössern und Rathäusern werden die Kunstprodukte in das Museum, den Konzertsaal und das Lesebuch transferiert, wo sie zu Mumien einer zweckentfremdeten Schönheit erstarren, deren soziale Verwendung nur noch die historische Bildung des Betrachters erraten kann. Diese Konservierung der Bildungsgüter im stillen Raum des Museums wirft die Frage nach ihrer Lebenskraft auf.

»Die ästhetische Erziehung«, schreibt 1830 Auguste Comte, »wird einst die große Lücke ausfüllen, die aus dem Erlöschen der religiösen Gebräuche hervorgeht. Sie wird zu der Wendung führen, die das praktische Leben erfordert, wenn es nicht zu einem stumpfen und egoistischen Trachten ausarten soll.« Daher das avantgardistische Streben, aus der Kunst ein Evangelium zu machen. Wagner wollte in Bayreuth das Kollektiverlebnis des antiken Theaters herstellen (ein verführerischer Gedanke, wie er in den »Wiener Materialaktionen« fortlebt). Andrerseits revoltiert jedoch gerade die Avantgarde gegen die sterile Isolierung der Kunst in den offiziellen Musentempeln. Die Futuristen, die erste organisierte avantgardistische Bewegung, erheben den Schlachtruf: Heraus aus den Museen! und kämpfen gegen den »passatismo«, den Bildungsrespekt vor dem Überlieferten. Das sind die zwei Seiten derselben Medaille – wo sich die Kunst das Leben unterwerfen will, muss sie sich mit dem Leben identifizieren: also aufhören, Kunst zu sein! Marinetti verlangte ein »Kunstwerk-Leben«, das seine faschistischen Schüler im Eroberungskrieg, seine bolschewistischen in der Revolution realisiert sahen. Die Avantgarde lebt von jener Autonomie der Kunst, deren Liquidierung das eigentliche Thema der Avantgardisten ist. Die Beziehung zum Publikum muss immer wieder neu definiert werden, und jede Definition ruft automatisch den Widerspruch hervor. Deshalb die beherrschende Rolle der Parolen, Programme, Manifeste, Thesen und Theorien in der Geschichte der Avantgarde, die in diesem Betracht einem permanenten Wahlkampf gleicht.

Man ist kein Avantgardist, man deklariert sich als solcher. Folglich gehört die Diskrepanz zwischen Programm und Verwirklichung zu den Wesenszügen der Avantgarde, die ihrem Anspruch nach nichts als ein Projekt ist – weg von der Vergangenheit, gerichtet auf die Zukunft. Jede avantgardistische Strömung distanziert sich von den ihr vorangegangenen, womit die Bildung einer Tradition grundsätzlich ausgeschlossen wäre. Deshalb ist schon das Konzept einer »Geschichte der Avantgarde« paradox: sein Auftauchen notifiziert das Absterben des Phänomens, den Verzicht auf die Suche nach dem absolut Neuen. Während die Avantgardisten stets in Zukunftsmusik schwelgten, muss ihr Historiker sie als ein Stück Vergangenheit abschreiben. In der geschichtlichen Perspektive fallen Theorie und Praxis auseinander: in diesem Sinne gibt es keine Avantgardisten, und hat es nie welche gegeben. Was existiert, ist eine Episode der Kunstgeschichte, zu der auch die ehrgeizigen Programme der Avantgardisten gehören, die aber nicht nach ihnen beurteilt werden darf.

Wie in der Politik, so dient auch in der Kunst die Theorie dem Zweck, Anhänger für eine Praxis zu gewinnen, die in Wahrheit nach ganz anderen Gesetzen abläuft. Die Theorien des Avantgardefilms, wie sie heute die Standardwerke der Filmästhetik füllen, mystifizieren die Konflikte einer Kunstpraxis, die doch keineswegs ästhetischer Natur sind. So ist der Avantgardefilm eine soziologische Reaktion auf die Industrialisierung des Kinos, die den Künstler in seiner traditionellen Rolle in eine Außenseiterposition drängt (bereits die Esoterik Flauberts und Baudelaires war eine Reaktion auf den Journalismus, die impressionistische Malerei auf die Photographie).

Während des ersten Weltkrieges beginnt in der Filmbranche ein Konzentrationsprozess, der die kleinen Firmen in überdimensionalen Konzernen fusioniert; die Filmkonzerne gehören zu den ersten Multis der Wirtschaftsgeschichte, sie sind älter als die Erdölkonzerne, die erst um 1930 ein Kartell bilden, das die amerikanische Filmwirtschaft schon 1910 besaß. Gleichzeitig werden die Filme erheblich länger und kostspieliger, Schauspieler und Regisseure verwandeln sich in Stars, deren astronomische Gagen Objekt öffentlicher Bewunderung sind. Wenn nach 1918 das Programm der Filmavantgarde entsteht, dann als Protest gegen das Manöver der Konzerne, ihre kommerziellen Produkte einem bürgerlichen Publikum als »Kunst« zu verkaufen – eine Prätention, die den ersten anderthalb Jahrzehnten der Filmgeschichte fremd geblieben ist, in denen immerhin die Filme eines Méliès entstanden, welche später von den Avantgardisten im Sinne ihres Programms reklamiert wurden. Méliès bereitete als Kaufmann, Künstler und Techniker eine neue Phase der Filmgeschichte vor, die ihn dann aus dem Geschäft werfen sollte: »Avantgardist« ist dieser Pionier freilich nicht gewesen. Bei Méliès kann klarerweise keine Rede von einer Opposition gegen den industriellen Film sein, dessen »naive«, noch handwerkliche Frühform er schließlich verkörpert.

Die Avantgardisten verteidigen die Autonomie der Kunst gegen den Studiofilm, der mit großem finanziellen Aufwand von einem arbeitsteiligen, hierarchisch geordneten Team für kommerzielle Zwecke produziert wird. Hatte doch Kant in einem klassischen Text der *Kritik der Urteilskraft* die Kunst als »Beschäftigung, die für sich selbst angenehm ist«, definiert, die industrielle Arbeit hingegen als »Beschäftigung, die für sich selbst unangenehm (beschwerlich), und nur durch ihre Wirkung (z. B. den Lohn) anlockend ist, mithin zwangsmäßig auferlegt werden kann«.

Weniger die Revolte gegen den Zwang der Lohnarbeit als die Unfähigkeit des Künstlers, mit dem Kapitalaufwand der Industrie zu konkurrieren, prägte die oppositionelle Haltung der Filmavantgarde. Ihr Stolz war die »Unabhängigkeit«, ein relativer Begriff, in Relation nämlich zum Prozess der industriellen Bürokratisierung und Konzentration, dem in Hollywood Regisseure wie Griffith und Stroheim zum Opfer fielen. Jay Leyda bemerkt in seiner Geschichte des russischen Films (*Kino*), dass Größen wie Eisenstein, Vertov und Dovženko nur in den chaotischen Zuständen der sowjetischen Filmindustrie während der zwanziger Jahre aufblühen konnten; die stalinistische Reorganisation nach dem Vorbild Hollywoods Anfang der dreißiger Jahre bedeutete das Ende der goldenen Jugend des sowjetischen Films. Ein ähnlicher Verlauf charakterisiert die Biographie Dreyers, der lange Jahre im Rahmen der kommerziellen Industrie arbeitete, bis ihn ihre Konzentration zum Außenseiter, zum »Avantgardisten« wider Willen machte. Erst die Verwandlung der Filmproduktion aus einem Handwerk in eine Massenindustrie hat als ihren Gegenpol die Avantgarde hervorgerufen.

Der Avantgardismus überträgt auf den Film die primitiveren wirtschaftlichen Verkehrsformen, wie sie für die bildende Kunst bezeichnend sind: Mäzenatentum, Kunsthandel, Stipendien, Wanderausstellungen, Lehraufträge … Der avantgardistische Künstler ist also keineswegs »nicht-kommerziell« – im Vergleich mit den hochbezahlten Angestellten der Filmindustrie trägt er unter Umständen das weitaus größere kommerzielle Risiko. Wie in der kapitalistischen Industrie überhaupt entstehen auch in der Filmwirtschaft rund um die großen Werke, die in Serie und für den Massenabsatz produzieren, kleine Betriebe, die auf Sonderanfertigungen und technische Innovationen spezialisiert sind: nach diesem Modell haben Avantgardisten wie Walter Ruttmann, Oskar Fischinger und Alberto Cavalcanti wenigstens zeitweise mit der Filmindustrie kooperiert. Jene »Schändungen«, die das Leben so vieler Künstler zerstörten, sind einfach typisch für das Verhalten der Monopole gegenüber den »Kleinen«.

Dieser gesellschaftliche Sachverhalt fand seinen ideologischen Reflex in den Theorien der Filmästhetik, die den »reinen« Film gegen seinen kommerziellen Missbrauch abgrenzen. Die Filmtheoretiker sind sich einig im Appell an die »filmische Technik«, die den Film als autonome Kunstform definieren soll. Es ist der stereotype Vorwurf der Avantgardisten gegen den Spielfilm, er hätte das Kino ans Theater verraten. Hier handelt es sich um einen – wenn auch produktiven – Irrtum: es gibt nur ein »unreines Kino«. So wurde die Filmavantgarde nicht zuletzt durch die zeitgenössische Malerei befruchtet. Die Gattungsästhetik ist falsch: es gibt keine autonomen Kunstformen. Bezeichnenderweise heben die Filmtheoretiker aus den vielen möglichen Elementen der Filmtechnik eines heraus (z. B. die Montage), das sie zum wichtigsten verabsolutieren. Aber die surrealistischen Montagen eines Stroheim oder Buñuel haben eine ganz andere ästhetische Funktion als die dialektische Montage Eisensteins oder die musikalische Dziga Vertovs.

Die ästhetischen Tendenzen und Programme sind wichtiger als die »technischen« Grenzen zwischen Musik, Malerei, Literatur, Theater. Gerade die Avantgardisten haben »Bastardisierungen« und »Perversionen« der traditionellen Kunstmittel in die Welt gesetzt, während sich umgekehrt der konventionelle Spielfilm in seiner Blütezeit durch rein technische Perfektionen (z. B. in der Aufnahme- und Beleuchtungstechnik) auszeichnete. So gehören viele Formen der Filmmontage in die Geschichte der konkreten Musik, die photographische Technik eines Man Ray ist Teil des Surrealismus, die avantgardistischen Filme des jungen Buñuel beruhen auf literarischen Einfällen. Wenn der Film Kunst ist, dann nur, wenn er den verschiedensten und einander widersprechenden Ausdrucksformen Raum gibt.

Erstveröffentlichung: Friedrich Geyrhofer, »Das Ende der Avantgarde?«, in: Meisterwerke des Avantgarde-Films 1904–1936, *Österreichisches Filmmuseum 1975*

Ulrich Seidl

Warum Jean Eustache und das Filmmuseum schuld sind, dass ich und wie ich vor 31 Jahren meinen Film *Der Ball* gedreht habe

»In Wirklichkeit ist der Skandal im Kopf der Zuschauer, die sich von diesem Film demaskiert fühlen und nicht verstehen, wie sehr das Werk eine Bestürzung widerspiegelt, eine Angst, die zweifellos nicht dem Autor zugehört …«
Jean Eustache

Es war einer jener Tage, es muss Anfang der 80er Jahre gewesen sein, an dem ich lieber im Bett geblieben wäre. Es war ein unwirtlicher Tag für mich, innerlich wie äußerlich; ein Tag, der mir Angst machte, Angst vor Begegnungen, Angst vor Menschen. Ein Tag, an dem man normalerweise nicht aus dem Haus gehen will und kann, zumindest nicht überall hin. Nur an bestimmte Orte.

Ich musste mich also überwinden, aus dem Haus zu gehen, und bin dann auch aus dem Haus und hinaus in die Dunkelheit gegangen und wie so oft davor in das Österreichische Filmmuseum. Ich habe mich in die Dunkelheit des Österreichischen Filmmuseums geschlichen, durch die übergroße, zugige Halle dieses übergroßen, geschichtsträchtigen Innenstadtgebäudes mit seiner spärlichen Beleuchtung, vorbei an der Kassa mit Guckloch, vorbei an wenigen Menschen, die an jenem Tag gekommen waren, hin zu den Holzklappstühlen, hinein in den Kinosaal. Einen Sitz ausgesucht, möglichst dort, wo die Sitze rundherum ausgesucht leer sind. Den Klappstuhl runtergeklappt, den Mantel nicht ausgezogen, den Mantel angelassen, mich gesetzt. Jetzt in der Dunkelheit Filme sehen, die man vorher noch nie gesehen hat, Filme, die einem die Welt erschließen. Filme, die einen anstacheln, in Unruhe versetzen, nicht mehr los lassen, Filme, die einen dazu drängen, selbst Filme zu machen. Viele dieser Filme habe und hatte ich im Österreichischen Filmmuseum gesehen. An diesem Tag, in dieser Nacht aber sollte ich zum ersten Mal Jean Eustache begegnen.

Ich war ein Spätberufener in Sachen Film, spät erst habe ich angefangen, die für mich wichtigen Filme zu schauen. Filme, die mich begleitet haben zu einer Zeit, als ich selber mit dem Filmemachen schon begonnen hatte, Filme und Regisseure, unter deren Einfluss ich geriet, die mir Lehre und Lehrmeister wurden. Wie Jean Eustache.

Ich bin Jean Eustache nie persönlich begegnet, ich habe ihn nie getroffen, obwohl er doch in Wien war und das mehrmals, weil ihn das Österreichische Filmmuseum mehrmals würdigte, indem man ihm zu Lebzeiten wie auch nach seinem Freitod Retrospektiven widmete. Ich hätte ihn also treffen können. Aber was hätte ich dann sagen sollen, was hätte ich mit ihm reden sollen, ich, der Menschenfürchtende, der es selten wagte, Menschen anzusprechen, noch dazu einen von mir Verehrten? – Nein, das hätte ich nie gewagt.

Stattdessen habe ich mir in der düsteren Vorhalle, am Guckloch der Kassa, eine Broschüre gekauft, die vom Österreichischen Filmmuseum herausgegeben worden war. Ein dünnes Heft, billiger Druck, Schwarzweiß. Ein Hefterl, das Auskunft gab über Jean Eustache, über seine Filme und filmischen Ansichten mit Kritiken, Analysen und Interviews.

Dieses Hefterl in Händen ging ich zurück nach Hause, zurück in mein Bett, zurück in mein Alleinsein, um einzutauchen in seine Person, in seine Denkweisen, in seine politische Weltsicht und seine Forderungen an sich selbst, was das Filmemachen betrifft. Dieses Hefterl hat mich gefüttert mit Anschauungen und Grundsätzen, wie die Welt in den Film zu bringen ist oder der Film die Welt zu beschreiben hat.

»Man soll einem Ereignis nichts unterlegen, einzig das, was es selbst sagt.«

»Der Film ist sowohl dokumentarisch als auch fiktiv: ich glaube immer weniger an die Trennung von Dokumentar- und Spielfilm.«

»… aber ich filme das, was geschieht, genauso wie ich Fiktion filmen würde. Der Blick ist derselbe und dieser Blick bin ich, dieser Blick ist mein Film … «

»Den Stil (eines Films) merkt man immer und er ist zugleich das Thema.«

»Ich mag Filme, die den Zuschauer dazu anregen, sich eigene Kriterien zu schaffen … und ich mag Filme, die die Kritiker dazu herausfordern, ihre Meinungen über den Film, die Welt und die Kunst zu revidieren – Filme, die man nur beurteilen kann, indem man neue Worte prägt – und neue Gedanken.«

Die Grundsätze von Jean Eustache waren radikal, für mich waren sie eine Offenbarung, eine Inspiration. Es galt über sie nachzudenken, eigene Ideen daran zu schärfen und zu überprüfen. Es galt, sich in Position zu bringen, Stellung zu beziehen, sich der Welt zu stellen, in der man selbst Filme machen will. Es galt, über den eigenen Zugang zum Filmemachen nachzudenken, daraus das Eigene zu finden, den eigenen Ansatz, den eigenen Stil zu bilden.

Ich habe sie dann alle gesehen, seine Filme, die alle im Österreichischen Filmmuseum gezeigt wurden, einer nach dem anderen, Abend für Abend. Und immer mehr wurde sein Credo zu meinem Credo. Bis schließlich mein Film *Der Ball* (1982) ganz unter seinem Einfluss stand, dem Einfluss von *La Rosière de Pessac*, den Jean Eustache im Jahr 1968 und noch einmal im Jahr 1979 gedreht hatte. Der damalige Ko-Direktor des Filmmuseums, Peter Konlechner, hatte dazu beigetragen, dass *La Rosière de Pessac* einen Zwilling erhielt: Eustache sah den Film bei seiner Retrospektive in Wien nach langer Zeit wieder und fasste im Gespräch darüber den Plan, an diesen Ort zurückzugehen und die Wahl zur Rosenkönigin erneut zu dokumentieren.

Jean Eustache ist in Pessac, in der Region Aquitanien in der Nähe von Bordeaux geboren und aufgewachsen. Dort, in seiner Heimatstadt, hatte er also diese jährlich wiederkehrende Zeremonie gefilmt, die Wahl zum tugendhaftesten Mädchen der Stadt. Ich wiederum bin in Horn, in der Region des niederösterreichischen Waldviertels, aufgewachsen. Dort, in meiner Heimatstadt, wollte auch ich einen Film über ein alljährlich wiederkehrendes Ereignis drehen: einen Film über den Maturaball.

Das war die Idee, das war mein Vorhaben. Ich wollte ganz im Sinne der filmischen Anschauungen von Jean Eustache, im Sinne einer Beschränkung der filmischen Mittel, im Sinne einer reduzierten Ästhetik, ein Thema in Angriff nehmen, das mir sehr vertraut war, mit dem ich aufgewachsen war.

Also machte ich mich an die Arbeit. Ich ging zurück in meine Heimatstadt, die ich Jahre zuvor verlassen und hinter mir gelassen hatte. Ich ging zurück, um Altbekanntes neu zu betrachten. Das, was ich kannte, womit ich aufgewachsen war, was ich selber oftmals erlebt hatte, galt es neu anzuschauen. Mein Blick war ein Blick zurück und doch ein neuer Blick.

Ich habe recherchiert, Menschen getroffen und wieder getroffen, ich habe beobachtet, gefragt und hinterfragt. Ich habe Gespräche geführt und Meinungen ausgetauscht. Ich habe Darsteller für mein Filmvorhaben gesucht und mich mit den Umständen auseinander gesetzt. Ich habe mich der Wirklichkeit ausgesetzt und so ein Konzept entwickelt, ganz im Sinne von Jean Eustache. Es war ein Gebetsbuch, ein Grundsatzprogramm, wie der Wirklichkeit für den Film zu begegnen sei.

Ich habe damit angefangen, Interviews mit den Honoratioren der Stadt zu drehen, vom Bürgermeister über den Schuldirektor bis hin zum Obmann der ÖVP. Ich habe die

Jean Eustache, 1971

Vorbereitungen für den Ball gefilmt. Das Einüben der Eröffnungspolonaise, das Anprobieren der Ballkleider und weißen Handschuhe, das Schmücken des Ballsaals. Die Vorfreude der Schülerinnen und Schüler.

Für die Umsetzung der Ballnacht selbst aber hatte ich mir ein strenges formales Konzept zurechtgelegt, nach dessen Prämissen ich das Geschehen filmen wollte. Ich hatte sieben Kamerastandpunkte festgelegt, verteilt über die Räumlichkeiten: die Ballsäle, die Stiegenaufgänge, die Toilettenanlagen, die Bars und

Kellerstüberln. Und ich hatte mir vorgenommen, nur an diesen festgelegten Standpunkten mit einer fix eingestellten Kamera zu drehen. Die einzelnen Standpunkte sollten im Laufe der Nacht in einer Art Endlosschleife immer wieder mit unserer Kamera abgeklappert und eingenommen werden. Das war das Konzept, das war das Vorhaben, das mich zunächst begeisterte.

Doch dann ist alles anders geworden.

Der Trubel dieser Ballnacht, das Treiben und Tanzen der Ballbesucher, das Drängen und Schieben der Menschen und Menschenmassen, die Ausgelassenheit der Damen in Weiß und der Herren in Schwarz, das Trinken und sich Betrinken und die zusehends zunehmend Betrunkenen führten das Konzept, das ich mir so schön ausgedacht hatte, sehr schnell ad absurdum. Die Wirklichkeit, die von Eustache so klug und viel zitierte, gab etwas ganz Anderes vor. Ich musste plötzlich darum kämpfen, Ausschnitte und Momente dieser Wirklichkeit, wie ich sie an diesem Abend, bei diesem Ball, in dieser meiner Heimatstadt sah, in meinen Film, auf mein 16mm-Umkehrmaterial zu bekommen. Ich musste darum kämpfen, mit meiner Kamera zur richtigen Zeit am richtigen Ort zu sein.

In den Turbulenzen dieser Maturaballnacht bin ich also gescheitert an der puristischen Theorie einer filmischen Umsetzung à la … (in meinem Fall: Eustache). Während ich mich mit der vorgefundenen Realität auseinandergesetzt hatte und den Menschen nähergekommen war, war viel von dem zerbröckelt, was ich mir vorgenommen hatte. Die Möglichkeiten, die sich für eine filmische Umsetzung eröffneten, aber vor allem mein Blick darauf, mein Blick auf die Wirklichkeit, führten mich woanders hin, zu einem anderen Film und schließlich zu einer anderen Art des Filmemachens.

Meine visuellen Vorstellungen, mein Drang, mit Einstellungen die Wirklichkeit nicht abzubilden, sondern neu zu erfinden, ließen das reine Credo – »Man soll einem Ereignis nichts unterlegen, einzig das, was es selbst sagt« – weit zurück. Ich hatte mit dem Film *Der Ball* etwas verloren und etwas anderes, eigenes gefunden.

In vielerlei Hinsicht bin ich Jean Eustache und seinen filmischen Ansichten dennoch über die Jahre hinweg treu geblieben. Wie im Übrigen auch dem Österreichischen Filmmuseum, dem ich die Begegnung mit Meistern wie ihm verdanke. Damals, bei unserer ersten Begegnung, in Originalsprache und ohne Untertitel, im noch unwirtlichen und düsteren und kalten Filmmuseum, habe ich, der Nichtfranzose, ich, der nicht Französisch spricht und sprach, ein wenig mehr von der Welt verstanden. Und auch von mir selbst.

Das Leben ist das Leben und ein Film ist ein Film

Jean Eustache in Wien: Ein Bericht und ein Gespräch

1977, 1979

Von Jean Eustache hat einmal – es ist gar nicht so lange her – jemand gesagt, er hätte den Schlüsselfilm seiner Generation gemacht: *La Maman et la putain*, das Porträt jener jungen Franzosen, die mit und nach dem Mai 1968 die Hoffnung ihres Lebens zu Grabe getragen haben. Jetzt, fünf Jahre später, erfolgte die Weltpremiere seines neuesten Films *Une sale histoire* in Wien, im Filmmuseum. In zweifacher Hinsicht kein Zufall.

Zu den Pflichten einer ordentlich geführten Cinémathèque, die es sich zur Aufgabe gemacht hat, nicht nur die Geschichte, sondern auch und vor allem die Gegenwart des Kinos zu pflegen, gehört zweifellos die aufmerksame Beobachtung jener Szene, die Filme produziert, ohne zu wissen für wen. Denn die chancenlosen Außenseiter, jene, die nicht willens oder nicht fähig sind, den in der Regel überaus engmaschigen und bornierten Normen der Industrie mit Anpassung zu begegnen, sind oft genug nicht nur die Repräsentanten der verdrängten Gegenwart, sondern vor allem der Zukunft des Mediums. Peter Konlechner, der seine Cinémathèque sehr ordentlich führt, hat Eustache für das Wiener Publikum schon lange vor seinem Welterfolg mit *La Maman et Ia putain* entdeckt. Das mag das Publikum vergessen haben, Eustache selbst hat es nicht. Darum ist die Weltpremiere von *Une sale histoire* im Wiener Filmmuseum kein Zufall.

Der zweite Grund, warum ein französischer Filmemacher, der nicht nur in Frankreich, aber auch und vor allem dort, noch vor kurzem »der junge Vigo« und »des Landes größte Filmhoffnung« genannt wurde, nach Österreich ausweichen muss, wenn er einen Film vorführen will, ist wohl in der Tatsache zu suchen, dass jene Generation der Franzosen, deren »Mai« gescheitert ist, an diesem »Mai« letztlich nicht zu Unrecht gescheitert ist. Es scheint sich nämlich um eine sehr engstirnige und intolerante Generation zu handeln.

Denn jenes Publikum, das sich in *La Maman et la putain* so trefflich wiederzuerkennen glaubte und den Film darum zum Welterfolg trug, mochte diesem seinem Chronisten auf dessen weiterem Werdegang nicht mehr folgen. Seinen schönsten Film, *Mes petites amoureuses*, ein stilles und zartes Meisterwerk, strafte es mit Verachtung. Dessen vulgäre Kommerzversion, *Her mit den kleinen Engländerinnen*, akklamierte dasselbe Publikum. Die französische Filmindustrie durfte einen neuen Trend vereinnahmen.

Für Eustache ist heute in Frankreich nicht viel zu holen. Nicht mit seinen poetischen Kindheitserinnerungen, einem Film, der durchaus seine kulinarischen Qualitäten hat, schon gar nicht mit einer anspruchsvollen Reflexion zu einer erkenntnistheoretischen Problemstellung, wie es *Une sale histoire* darstellt. Eustache, in Wien sehr bitter, macht daraus kein Hehl. [...]

Franz Manola, »Die Surrealisten hätten sich gefreut. Jean Eustache ließ seinen Film ›Une sale histoire‹ in Wien uraufführen«, Die Presse, *12. 10. 1977*

~

JEAN EUSTACHE: Der Film *Le Cochon*, ein sehr bescheidener Dokumentarfilm – 16 mm, Schwarzweiß –, wurde beim Filmfestival in Berlin gezeigt. Als ich nach Paris zurückkam, rief mich Herr Konlechner an, um mir zu sagen, dass er den Film in Berlin gesehen hat, und um mich zu fragen, ob ich vorher andere Filme gemacht habe. Ich habe ihm gesagt, dass ich kleine Filme gedreht habe, dass ich wenig Mittel habe und es wirklich arme kleine Filme sind. Er wollte sie sehen, er hat sie gesehen und mir gesagt, dass es ihn freuen würde, wenn ich nach Wien käme, um die Filme vorzustellen. Das hat mich sehr berührt, denn die Arbeit war wirklich bescheiden. Also kam ich 1971. Vor zwei Jahren, nachdem ich den Film *Une sale histoire* gemacht habe, hat er mich eingeladen und ich habe angenommen, weil es mir große Freude machte und ich gute Erinnerungen hatte. Heuer hat er mich wieder eingeladen und ich habe angenommen, weil ich ihm sehr dankbar bin.

[...]

FALTER: Sie haben 1968 *La Rosière de Pessac*, einen Film über einen alten Brauch – die Wahl einer Rosenkönigin – gemacht. In diesem Jahr, also elf Jahre später, haben Sie dasselbe Ereignis noch einmal gefilmt. Können Sie erklären, wie sich die beiden Filme zueinander verhalten?

EUSTACHE: Eigentlich bedaure ich, dass es diesen Film nicht schon seit 1900 gibt, alle 5 oder 10 Jahre, weil man da sehr schön sehen kann, wie ein Land sich ändert. Das würde ermöglichen, Dinge über Frankreich zu lernen, die man sich durch Bücher zwar vorstellen, die man aber nicht hören und sehen kann. Das Kino aber, wo es diese Möglichkeit zu hören und zu sehen gibt, vermittelt das natürlich anders. Ich habe es interessant gefunden, wie so ein alter Brauch noch bestehen kann in einer sich verändernden industriellen Gesellschaft. [...]

FALTER: Wie würden Sie selber einen Film wie *La Rosière* bezeichnen? Gegen den Begriff Dokumentarfilm verwehren Sie sich doch.

EUSTACHE: Die Absicht, die ich bei diesem Film hier habe, ist die, das Leben, das, was sich im wirklichen Leben abspielt, zu filmen wie einen Spielfilm. Anstatt den Leuten zu sagen: »Sie werden jetzt eine Dokumentation über die Eskimos oder über das Leben eines afrikanischen Stammes sehen«, sage ich ihnen überhaupt nichts. Ich zeige ihnen eine Sache und versuche, so zu filmen, als wäre es ein inszenierter Film, geschrieben und geplant, aber es gibt keine konstruierte Handlung. Vielmehr gibt es eine Konstruktion des Lebens. Wie sich überhaupt das Kino der Fiktion in den letzten zwanzig Jahren immer mehr von theatralischer Dramatik entfernt, um sich dem Leben anzunähern. Das Problem dabei ist, das wirkliche Leben zu filmen, ohne den Leuten zu sagen, was sie tun sollen, und dass das immer mehr der cinematographischen Erzählung ähnelt. Es ist des Öfteren passiert, dass Leute, die über das Sujet überhaupt nicht informiert waren, gedacht haben, dass es sich um Schauspieler handelt, dass es nicht Wirklichkeit sei.

FALTER: Dass es wie ein Spielfilm aussieht, wird das hauptsächlich durch die Montage bewirkt?

EUSTACHE: Nein, nicht nur. Es ist durch die Konstruktion, die man z. B. hat, wenn man einen Spielfilm dreht. In einem Spielfilm schreibt man z. B.: hier mache ich eine Aufnahme mit mehreren Leuten, in dieser Umgebung, und dann mache ich eine andere Aufnahme, wo der und der spricht und dann ein anderer. Für mich ist es sehr schwierig, weil ich nicht weiß, was sich im Leben abspielen wird. Aber ich versuche, es vorauszusehen. Ich versuche zu filmen, als wäre es geschrieben. Nur ist das sehr schwierig, denn ich weiß nicht, was sich ereignen wird, weil ich derjenige bin, von dem es ausgeht. Ich filme es so, dass es nicht einem Dokument gleicht, sondern einem Stück Leben. Ich möchte das Kino der Fiktion und das Kino, das man Kino der Dokumentation nennt, das aber Leben filmt, zusammenführen. Ich möchte an einen Punkt gelangen, wo das das gleiche Kino wäre.

FALTER: Und was dabei entsteht, das hat man im Filmmuseum bei den *Rosière*-Filmen beobachten können, das bedeutet für viele Leute eine gewisse Irritation. Dass die Leute da lachen, obwohl dieselben Leute, wären sie in Pessac dabei gewesen, wahrscheinlich nicht gelacht hätten.

EUSTACHE: Das ist sicher richtig. Ich habe es selbst oft bei Vorführungen bemerkt, dass die Leute zum Lachen neigen. Nach den Vorführungen habe ich gesagt, dass es nicht meine Absicht war, die Leute zum Lachen zu bringen. Wenn ich das gewollt hätte, hätte ich vielleicht andere Filme gemacht. Wenn sie beim Fest gewesen wären, hätten sie überhaupt nicht gelacht. Es ist nur, weil es gefilmt war, das hat ihnen erlaubt, das Leben anders zu sehen. Ich glaube nicht, dass man die Dinge im Leben gleich sieht, wie wenn sie gefilmt sind. Denn wenn sie gefilmt sind, werden sie gezwungenermaßen Fiktion. Und wenn man das Wort Fiktion nicht verwenden will, sie werden Film. Das Leben ist das Leben und ein Film ist ein Film. Die beiden *Rosière de Pessac* sind Filme, das ist überhaupt nicht das Leben.

FALTER: Sie haben gesagt, dass Sie mit Ihren Filmen keine bestimmte Meinung vertreten wollen.

EUSTACHE: Ich kann keine eigene Meinung haben. Ich weigere mich jedenfalls an die »idées« zu glauben. *(Anmerkung: das französische Wort »idée« wird im weiteren Verlauf des Gesprächs von Eustache des Öfteren in etwas unterschiedlicher Bedeutung verwendet. Da wir in der deutschen Übersetzung dafür keine zufriedenstellende Lösung finden konnten, haben wir im Folgenden das französische Wort »idée« stehenlassen. Es entspricht am ehesten so etwas wie einer »vorgefassten Sichtweise«).* Von »idées« sind schon die Enzyklopädien voll, sie sind gut oder schlecht, aber sie dauern nur ihre Zeit und dann sind sie vollkommen unnütz. Und ich glaube nicht, dass die Kunst von Trägern von »idées« gemacht wird. Das sieht man sehr gut, sei es in der Musik, sei es in der Malerei. Wenn ein Kunstwerk außergewöhnlich ist, dann nicht, weil der Künstler

»idées« hatte, sondern es ist eine Frage von Stil und Arbeit und das ist viel schwieriger, als »idées« zu haben. Und ich verweigere mir, ich verbiete mir und ich passe sehr auf, die »idées« in den Filmen über die Wirklichkeit zu vermeiden. Ich bin ein Mann der Arbeit. Das heißt, wenn ich etwas Interessantes mache… *(hier sind einige Worte unverständlich)*, ist es durch den Stil und die Arbeit und überhaupt nicht wegen der »idées«.

[…]

FALTER: Was für Probleme stellen sich, wenn Sie Leute filmen, die keine Schauspieler sind? Wie verhalten sich diese Leute, wenn sie vor einer Kamera stehen?

EUSTACHE: Darüber habe ich vor dem Filmen sehr viel nachgedacht, weil es tatsächlich ein Problem ist. Deswegen finde ich auch, dass im Fernsehen im Allgemeinen Verrat an der Wirklichkeit stattfindet. Wenn man beispielsweise eine Kamera vor eine Verkäuferin stellt, ist das für die meisten sehr beeindruckend, weil sie es nicht gewöhnt sind. Es ist schwierig für sie, natürlich zu sein, weil es für sie die Nervosität gibt. Wenn man aber filmt, während sie an der Kassa die Rechnungen tippt, wenn die Kunden das, was sie gekauft haben, hinlegen, während sie ihre Arbeit macht, wenn man sie eher von hinten filmt, wird sie sicher ihre Arbeit wie gewöhnlich machen. Hier ist die Kamera nicht gewaltsam. Während wenn man die Kamera vor jemanden hinstellt und sagt: »sprechen Sie«, kann niemand mehr was sagen, außer jemand ist daran gewöhnt, denn das ist nicht natürlich. In der *Rosière* und im *Cochon* habe ich Leute gefilmt, die arbeiten. Es gibt eine Kamera, das wissen sie genau, sie sehen sie ja, aber bald haben sie ihre Arbeit zu tun. Einen Augenblick sind sie ein bisschen erstaunt, aber dann haben sie ihre Arbeit zu tun und da die Kamera nichts von ihnen verlangt, sie sich nicht bewegt, gewöhnen sie sich daran, mit ihr zu leben. Und sie machen ihre Arbeit, ihre Gesten wie üblich. Sie machen es nicht für die Kamera, sie machen es, weil sie es sowieso getan hätten. Deswegen mache ich auch kein Interview mit dem jungen Mädchen, das Rosenkönigin wird, denn sie würde sagen, ich weiß nicht was. Sie würde sicher nicht dasselbe sagen wie zu ihren Eltern. Weil das etwas Gewaltsames wäre und das wäre falsch. Und wenn es falsch ist, ist es nicht das, was ich zu erreichen suche. Ich versuche auch nicht, zu tun, als ob die Kamera unsichtbar wäre. Ich zeige sehr wohl, dass die Kamera da ist. Die Leute arbeiten, und jemand, der vorbeigeht, schaut in die Kamera. Die Kamera hat den Leuten nichts gestohlen ohne ihr Wissen. Eins kann man sagen: Für die Leute, die arbeiten, ist die Kamera nicht wichtiger als für das Schwein selbst. Ich glaube nicht, dass das Schwein wegen der Kamera schreit. […]

Nadine Berger, Hans Hurch, Gerald Krieghofer, »Das Leben ist das Leben und ein Film ist ein Film. Gespräch mit Jean Eustache«, Falter *Nr. 62, 5. 12. 1979*

Peter Tscherkassky

Sitney, Kubelka & Co.

Oder: Was das Österreichische Filmmuseum dazu beigetragen hat, dass aus mir wurde, was aus mir wurde

1977 war es, da übersiedelte ich als knapp 19jähriges, zuversichtliches Kerlchen aus dem dörflich geprägten Weinviertel in die Bundeshauptstadt, um mich fürderhin den Freuden des Studiums und insbesondere des studentischen Lebens zu widmen. In meinem Ranzen befand sich eine solide, seit früher Kindheit gewachsene und sorglich gehegte Liebe zum Laufbild im Allgemeinen und dem Kinofilm im Besonderen. Wobei sich meine Erinnerung an die erste Begegnung mit projiziertem Film auf ihr Vorfeld reduziert: auf schemenhafte Bilder vom Marsch einer Volksschulklasse in Zweierreihe, vom Schulgebäude zum Kronen-Lichtspieltheater in der Mistelbacher Oberhoferstraße, nur wenige hundert Meter vom Elternhaus entfernt. Was damals auf der Leinwand geboten wurde, bleibt im Orkus der Erinnerungen verschollen. Der erste Filmtitel, den ich bewusst abrufen kann, ist *Die tollkühnen Männer in ihren fliegenden Kisten* aus dem Jahr 1965. Ich war sieben, und ab dann erfolgte der Besuch der sonntäglichen Nachmittagsvorstellungen mit einer gewissen Regelmäßigkeit, wobei Winnetou und Old Shatterhand in den Karl-May-Verfilmungen von Harald Reinl den mit Abstand prägendsten Eindruck hinterließen. (Martin Böttchers Soundtracks zaubern bis heute Gänsehaut hervor, so gewaltig war der Impakt. Und besungen wird an so manchem Lagerfeuer befreundeter Bleichgesichter meine Darstellung des Geierflugs zur Titelmusik von *Unter Geiern,* die sich darauf beschränkt, in der slowesten aller denkbaren Slow Motions mit weit gespreizten Flügelarmen auf einen Kreisflug einzuschwenken: zehn Grad Neigungswinkel innerhalb von drei Minuten. Klingt einfach, erfordert aber enorme Disziplin. Und Einfühlungsvermögen. Und Feuerwasser. Viel Feuerwasser.) Zu den Traumata meiner Kindheit zählt das mütterliche Verbot, Reinls Neuverfilmung der *Nibelungen (Teil 2)* sehen zu dürfen, bloß weil ich tags zuvor eine Stunde später als vereinbart (und einigermaßen schlammverkrustet) zu Hause erschienen war. Das war wohl 1967. Eine erste Übersiedlung nach Wien erfolgte 1969 und zwar zu den Jesuiten im hinteren 23. Bezirk. Dieser Transfer war bereits von der großen Angst begleitet, dass meine sonntäglichen Kinobesuche hier ein Ende finden könnten (sie wurde allerdings durch die Präsentation des hauseigenen Kinosaals durch Kalksburgs Rektor Reichlin-Meldegg, der Mutter und mir höchstpersönlich den imposanten Kollegiumsbau vorgestellt hatte, ein wenig gedämpft). Nachdem sich die Jesuiten und ich sechs lange Jahre später wegen fortgesetzt ungebührlichen Betragens meinerseits im nicht unbedingt allerbesten Einvernehmen

P. Adams Sitney, 1978

wieder getrennt hatten und die beiden letzten Jahre der Mittelschulzeit gemischtgeschlechtlich im Heimatort Mistelbach absolviert worden waren, erfolgte die bereits angedeutete zweite Übersiedlung nach Wien. Der Berufswunsch hatte sich Richtung Schriftsteller entwickelt; meine wahre Liebe jedoch galt nach wie vor mehr dem bewegten Bild, trotz der beträchtlich eingeschränkten Perspektive auf den kinematografischen Kosmos, die einem Mistelbacher in jenen Zeiten gegönnt war. Anspruchsvollere Filmwerke firmierten damals unter der Bezeichnung »Problemfilm«, und der Problemfilm ereignete sich jeden Montag im Nachtprogramm von ORF 2. Mein filmkünstlerischer Horizont endete irgendwo in der Gegend rund um Ingmar Bergman.

Nun aber kam Wien. Erste Programmkinos ermöglichten gezielten Kontakt mit dem (primär europäischen) Autorenkino. 1977 sattelte das Star-Kino im Siebenten von Porno auf Programm um, und das Action-Kino gab es meiner Erinnerung nach auch schon. Der wundersame Zyphius aus dem Logo des Filmmuseums tummelte sich noch unterhalb meines Radars. Bis zu jenem denkwürdigen Tag, an dem der Vorstand des Instituts für Publizistik, an dessen Gestade mich die vagen Pläne vom Schriftstellertum gespült hatten, am Ende seiner Vorlesung auf einen amerikanischen Filmhistoriker hinwies, der zur Zeit in Wien weile und eine Vortragsreihe im Österreichischen Filmmuseum abhalten werde – ein gewisser P. Adams Sitney. Dieser Hinweis erfolgte wohl nicht so sehr aus eigenem Antrieb des Institutsvorstands, sondern auf Bitte von Prof. Peter Konlechner. (An dieser Stelle verspäteter Dank hierfür! Mangelndes Werbebudget musste das Filmmuseum wohl immer schon durch gezielt platzierte Mundpropaganda ausgleichen.) Es war jedenfalls ein lebensentscheidender Hinweis, und er kam im Jänner 1978. Was folgte, waren fünf Tage auf den damals noch nicht unsichtbaren, dafür umso spürbareren Holzklappsesseln des Filmmuseums – mit bis zu (und selten weniger als) sechs Stunden Film am Stück; im Anschluss daran ein jeweils zweistündiger Vortrag von P. Adams Sitney über das eben Gesehene.

Meine Sicht der Welt und des Kinos änderte sich schlagartig und fundamental. Sitney, einflussreicher Chronist und Wegbegleiter der amerikanischen Avantgarde, präsentierte – nebst Werken von Dreyer, Bresson, Dovženko, Vertov et al. – die klassische europäische Avantgarde und das New American Cinema in seiner ganzen Fülle: Filme, von denen ich nie gehört, geschweige denn etwas gesehen hatte. Hier nun, mit den Werken von Stan Brakhage, Michael Snow, Robert Breer, Peter Kubelka und vielen anderen führte Sitney drastisch die Möglichkeiten des Films als eines künstlerischen Ausdrucksmediums jenseits der Hegemonie erzählerischer Grammatik vor Augen. Völlig unerwartet sah ich mich mit einer realistischen Möglichkeit konfrontiert, selbst Film als Kunstform gestalten zu können, ohne einen riesigen, arbeitsteilig organisierten Produktionsapparat bedienen und bewegen und ohne für siebenstellige Budgets die Verantwortung tragen zu müssen. In diesen Stunden und Tagen im Filmmuseum lernte ich die Kamera als ein Instrument zu begreifen, das wie eine Schreibmaschine oder ein Pinsel bedient werden konnte. Plötzlich war klar, was ich *wirklich* werden wollte: Filmemacher. (P. Adams Sitneys Hauptwerk *Visionary Film: The American Avant-Garde 1943–1978* geriet mir in der Folge zu einer Art Bibel – die Sitney 18 Jahre später, als ich ihn im Rahmen des Symposions *Der Blick der Moderne* nach Wien lotsen konnte, im Zustand fortgeschrittenen Verfalls noch mit einer berührenden Widmung versah …).

Kurz darauf, das genaue Datum ist mir entfallen, die erste Lecture-Serie mit Peter Kubelka, ebenfalls im Filmmuseum. Auch sie ein Parforceritt durch die vielschichtige und vielgestaltige Welt der Filmavantgarde – und vor allem: Kubelkas unwiderstehliche Erläuterung der Bedeutung des Einzelkaders, der Schönheit kinematografischer Verdichtung! Bis zum heutigen Tag hüte ich sorgfältig die Audiotapes dieser Vorträge, mit einem billigen Philips-Kassettenrekorder aus der Mitte des Kinosaals aufgenommen: primär Raumakustik, und dann, in gehöriger Ferne, die Stimme des Meisters, jedoch immer noch gut verständlich.

Man merkt schon: Die Rede ist hier von jener unwiederbringlichen Zeit, in der man wie ein Schwamm die Welt erkundet, alles Neue begierig in sich aufsaugt, sich tatsächlich auf einer Art Entdeckungsreise befindet, bei der man hinter jeder sprichwörtlichen Ecke auf Unerwartetes und Unerhörtes stößt – *the formative years,* wie der Angelsachse sagt. Was für ein grandioser Lebensabschnitt, in dem man einen Miles Davis für sich *entdecken* konnte! Mich jedenfalls formten die Vortragsreihen von Sitney und Kubelka im Österreichischen Filmmuseum zutiefst – sie führten mich weg vom Schreibtisch, hin zum Schneidetisch.

Und von dort zurück ins Filmmuseum! 1982: eine meiner ersten öffentlichen Aufführungen in Wien, im Rahmen eines gemischten Super-8-Programms. Zu sehen war *Erotique*, dessen Soundtrack in einer *Falter*-Besprechung des betreffenden Abends als ein (sinngemäß) »wenig originelles Gekicher« bezeichnet wurde. Wobei es sich beim dieserart abgekanzelten Sound-

Peter Tscherkassky, 2005

track um »Erotica«, das vierte *mouvement* der *Symphonie pour un homme seul* von Pierre Henry und Pierre Schaeffer aus den Jahren 1949/1950 handelt – das erste Werk der Musique concrète überhaupt, eine der wirklich richtungsweisenden Kompositionen des 20. Jahrhunderts (die sich ungefähr genauso verknittert und verknistert anhört, wie meine Dunkelkammerfilme aussehen …). Auch mit den Bildern von *Erotique* konnte der Rezensent nicht viel anfangen, aber mit Schaeffer und Henry war man in bester Gesellschaft, insofern war das Geschreibsel egal, ebenso wie der Umstand, dass das Programm im Rahmen des sogenannten »Open House« stattgefunden hatte – einer Einrichtung, die die Direktion des Filmmuseums nach der Besetzung ihres Hauses im Jänner 1969 durch einen Teil der heimischen Filmszene etabliert hatte, sozusagen als Nische für Produktionen, für die man keinerlei wie immer geartete Verantwortung übernehmen und tragen wollte. Einen Ruf, der solcherart hätte beschädigt werden können, hatte man sich ohnehin noch nicht erworben, und die Super-8-Bewegung, die damals gerade volle Fahrt aufnahm (ihre Exponenten sollten später die dritte Generation der österreichischen Filmavantgarde genannt werden), ließ keine Gelegenheit zur Präsentation ihrer Werke verstreichen. (Ein Blick auf das Programm von Kubelkas unschätzbarem Zyklischen Programm *Was ist Film* macht übrigens rasch klar, dass die hier angedeuteten filmkünstlerischen Konflikte der 1960er und 70er Jahre ein gütliches Ende gefunden haben.)

1979 hatte ich mir in einer Berliner Substandardwohnung ein zweites Domizil eingerichtet und das Studium der Philosophie aufgenommen. Was in Berlin das Kino Arsenal, insbesondere die von Alf Bold unter dem Titel »arsenal 2« programmierten montäglichen Nachtprogramme (erneut die Montagnacht!) leistete, das ermöglichte in den vier Monaten des Wintersemesters, die ich zumeist in Wien zubrachte, das Österreichische Filmmuseum:

die Möglichkeit zur Begegnung mit den Werken der Avantgarde, mit Filmen, die es anderswo kaum zu sehen gab. Dies systematisch betrieben zu haben (und immer noch zu betreiben), sämtliche Gattungen der Filmkunst gleichrangig zu präsentieren, zählt für mich zu den wahrhaft historischen Leistungen des Österreichischen Filmmuseums und allen für seine Programmierung Verantwortlichen.

1987, nach Rückübersiedelung und erfolgreich abgeschlossener Dissertation über die Ästhetik des Avantgardefilms, mein erster analytischer Essay über das Werk von Maestro Kubelka, veröffentlicht im (nun schon lang entschlummerten) Filmmagazin *blimp*. 1989, aus Anlass der Verleihung des Filmförderungspreises und auf Einladung von Peter Konlechner, meine erste Retrospektive im Österreichischen Filmmuseum. Bei dieser Gelegenheit vertraute ich auch meine Negative und Originale den erfahrenen Händen von Edith Schlemmer im klimatisierten Lager des Filmmuseums an (auch ihr an dieser Stelle den mehr als wohlverdienten Dank!). Mit diesem Akt war meine innige Verbundenheit mit der Institution quasi besiegelt. Noch ein paar Jahre später, 1995, durfte ich mich intensiv dem Werk ihres Mitbegründers und Co-Direktors widmen und gemeinsam mit Gabriele Jutz die erste deutschsprachige Monografie über Peter Kubelka herausgeben. Und weitere zehn Jahre danach, 2005, präsentierte am selben Ort ihr neuer Direktor, Alexander Horwath, gemeinsam mit Michael Loebenstein das erste Buch über mein eigenes filmkünstlerisches Werk. Da hatte man mich zwar bereits in den Vorstand des Filmmuseums gewählt, aber irgendwie schloss sich erst am Abend dieser Buchpräsentation ein Kreis für mich – einer, der im Rückblick fast magisch anmutete: Sitney; Kubelka; mein Entschluss an genau diesem Ort, bei aller Unwägbarkeit, es mit der Kunst zu versuchen, es *zuzulassen*; und nun ein Resümee über 25 Jahre dieses eigenen Versuchs, Filmkunst zu schaffen, in Gestalt eines Buchs, publiziert vom Österreichischen Filmmuseum, herausgegeben von dessen Direktor und dem am Haus beschäftigten Filmwissenschaftler Loebenstein (der übrigens heute, als Direktor des *National Film and Sound Archive* in Australien, die Verantwortung für das audiovisuelle Gedächtnis eines ganzen Kontinents übernommen hat).

Man sieht: Ich habe allen Grund der Welt, mich dieser Institution in Dankbarkeit, aber auch Bewunderung für das in den vergangenen fünfzig Jahren Geleistete verbunden zu fühlen. Und ihre Bedeutung wächst exakt in diesen Tagen – nolens volens – rasant, wird sie doch nach der von der Industrie rücksichtslos betriebenen Vernichtung der analogen Kinematografie zu den bald letzten Orten zählen, an denen analoge Filme in der für sie vorgesehenen und einzig richtigen Form präsentiert werden können: als analoger Filmstreifen in analoger Projektion mittels eines analogen Projektors. Wir alle erleben (und erleiden) einen historischen Moment, während dessen, fast beiläufig, eine Heimstatt der Filmkunst in einen Hort des Widerstands sich wandelt, wandeln muss. Bei dieser großen Aufgabe wünsche ich dem Österreichischen Filmmuseum von Herzen allen denkbaren Erfolg. Vergesst nie: *Ganz Gallien? Nein!*

1980

JÄNNER

Humphrey Bogart Retrospektive Teil 1 • **Georges Méliès** Retrospektive • **Neue Filme aus Österreich – Open House** [Werner Grusch] • **Filme von** Dziga Vertov, Luis Buñuel, Salvador Dalí

FEBRUAR

Karl Valentin Retrospektive • **Humphrey Bogart** Retrospektive Teil 2 • **J. J. Murphy** • **Neue Filme aus Österreich – Open House** [Karl Kowanz] • **Filme von** Luchino Visconti, Sidney Peterson, Harry Smith, Luis Buñuel, Jean Cocteau, Carl Theodor Dreyer

MÄRZ

Sergej Michailovič Eisenstein Retrospektive • **Filme aus Australien** [Gillian Armstrong, Fred Schepisi, Paul Cox, John Duigan, Ken Hannam, Carl Schultz] • **Aus der Frühzeit des Films** Filme aus der Sammlung des Österreichischen Filmmuseums • **Gregory J. Markopoulos / Robert Beavers** • **Neue Filme aus Österreich – Open House** [Reinhard Kofler & Alexander Schukoff, Peter Sämann, Kurt Matt] • **Filme von** Marcel Carné, Federico Fellini, Kurosawa Akira, Mizoguchi Kenji, Max Ophüls, Jean Renoir

APRIL

Les Blank Retrospektive • **Louis Feuillade** Retrospektive • **Antonis Lepeniotis** Retrospektive • **Ernst Schmidt jr.** Retrospektive • **Ein Film von** Vladimir Majakovskij & Evgenij Slavinskij

MAI

Erich von Stroheim Retrospektive • **Internationales Forum des Jungen Films, Berlin 1980** [Derek Jarman, Krzysztof Kieślowski, Georgij Danelija, Fred Zinnemann, Eagle Pennell, Michelle Citron, Stefan Jarl, Warrington Hudlin, András Jeles, Elfi Mikesch, Usch Barthelmess-Weller & Werner Meyer, Roswitha Ziegler, Urs Graf u. a.]

OKTOBER

Das amerikanische Musical der dreißiger Jahre [Viennale 1980]

NOVEMBER

Australische Filme 1896–1956 • **Gunvor Nelson** • **Filme von Federico Fellini und Vsevolod Pudovkin** • **Neue Filme aus Österreich – Open House** [Lisl Ponger, Linda Christanell, Herwig Kempinger, Niki List, Peter Schreiner, Konrad Spindler, Wolfram Paulus jr., Egon Humer, Johannes Fabrick, Tone Fink, Robert Polak, Robert Quitta, Said Manafi, Babak Mohammadi, Bärbel Neubauer, Karl Krauss, Elfie Stejskal] • **Filme von** Henry King, John Ford, Orson Welles, Kurosawa Akira, Karl Valentin

DEZEMBER

Hommage à Jules Verne [Georges Méliès, Karel Zeman, Ludwig Ráža, Cy Endfield, Sidney Hayers] • **Filme von** Herbert Achternbusch, Mizoguchi Kenji, Kurosawa Akira, Valie Export, Pastor Vega, Andrzej Wajda, Nicholas Ray, Claude Chabrol, Luchino Visconti, Michail Kalatozov, Roman Karmen, Willy Zielke, Harry Smith, Jean Renoir, Bruce Beresford, H. C. Potter, The Marx Brothers

PUBLIKATIONEN Harry Tomicek, *Louis Feuillade*, Wien: ÖFM 1980 • Harry Tomicek, *Das amerikanische Musical der dreißiger Jahre*, Wien: ÖFM 1980

GÄSTE Gunvor Nelson, J. J. Murphy, Gregory J. Markopoulos, Robert Beavers, Wolfram Paulus jr., Lisl Ponger, Linda Christanell, Egon Humer, Ernst Schmidt jr., Said Manafi, Herwig Kempinger, Johannes Fabrick, Karl Kowanz, Madeleine Malthéte-Méliès, Stadtrat Heinz Nittel u. a.

1981

JÄNNER

In memoriam Mae West • **Rainer Werner Fassbinder** Retrospektive Teil 1

FEBRUAR

Rainer Werner Fassbinder Retrospektive Teil 2 • **Jean Vigo** Retrospektive • **Filme von** Carl Theodor Dreyer, Agnès Varda, Dimitri Kirsanoff, Luis Buñuel, Jean Renoir, Salvador Dalí, The Marx Brothers

MÄRZ

Propaganda und Gegenpropaganda im Film 1933–1945 • **Marcel Hanoun** Retrospektive • **Neue Filme aus Österreich – Open House** [Penelope Georgiou] • **Filme von** Lindsay Anderson, Karel Reisz, Dziga Vertov, Luis Buñuel, Gregory La Cava, Edward L. Cahn

APRIL

Rainer Werner Fassbinder Retrospektive Teil 3 [*Berlin Alexanderplatz*] • **Lecture Friedrich Geyrhofer** mit Filmbeispielen [Propagandafilm 1933–45] • **Filme von** Josef von Sternberg, Fritz Lang, Heinz Bütler, Kenneth Anger, Bruce Baillie, Stan Brakhage, Robert Breer, Jonas Mekas, Robert Nelson, Jean Renoir, René Clair,

Marcel Carné, Jean Cocteau, Carl Theodor Dreyer, Robert Wiene, Robert J. Flaherty, John Grierson, Humphrey Jennings, Basil Wright & Harry Watt

MAI

Michael Snow Retrospektive • **Internationales Forum des Jungen Films, Berlin 1981** [Jim Jarmusch, Leo Hurwitz, Charles Burnett, Andrej Tarkovskij, Marco Bellocchio, Pierre Clémenti, Mário Peixoto, Ruy Guerra, Rui Solberg, Amir Naderi, Michael Oppitz, Charles Lane, Michelle Parkerson, Warrington Hudlin, Lothar Lambert, John Lowenthal, Pius Morger u. a.]

18. BIS 26. MAI

Humor als Waffe Retrospektive satirischer Filme [Wiener Festwochen 1981, Vorführungen: Künstlerhaus-Kino] [Tomás Gutiérrez Alea, Robert Altman, John Boulting, Charles S. Chaplin, Luigi Comencini, Kerry Feltham, Arnaldo Jabor, Stanley Kubrick, Ernst Lubitsch, Nino Manfredi, Leo McCarey & The Marx Brothers, Andrzej Munk, Martin Ritt, Jean Rouch, Ousmane Sembène, Preston Sturges, Rolf Thiele, Billy Wilder]

OKTOBER

Kurosawa Akira Retrospektive • **Hollis Frampton** • **Filme von** Werner Schroeter, Dziga Vertov, Luchino Visconti • **Neue Filme aus Österreich – Open House** [Ernst Schmidt jr.]

NOVEMBER

Fritz Lang Retrospektive [Viennale 1981]

DEZEMBER

Filme aus der Schweiz [Richard Dindo, Bernhard Giger, Kurt Gloor, Claude Goretta, Elisabeth Gujer, Marlies Graf, Markus Imhoof, Nino Jacusso, George Janett, Thomas Koerfer, Beat Kuert, Lucienne Lanaz, Remo Legnazzi, Rolf Lyssy, Gaudenz Meili, Bruno Moli, Fredi M. Murer, Hans-Ulrich Schlumpf, Daniel Schmid, Alexander J. Seiler, Paulo Spozio, Michel Sutter, Georg Radanowicz, Alain Tanner, Jacqueline Veuve] • **Peter Kubelka: Was ist Film?** Projektionen und Analysen • **Filme mit** W. C. Fields und den Marx Brothers

GÄSTE Alberto Sordi, Luigi Comencini, Michael Snow, Hollis Frampton, Marcel Hanoun, Herbert Achternbusch, Markus Imhoof, Beat Kuert, Ernst Schmidt jr., Penelope Georgiou, Primarius DDr. Leo Navratil, David Robinson u. a.

1982

JÄNNER

Im memoriam Jean Eustache • **Peter Kubelka: Was ist Film?** Projektionen und Analysen • **John Cook** Retrospektive • **Filme von** Fritz Lang, Friedrich Wilhelm Murnau, Robert Wiene, Luc Moullet, Herbert Achternbusch, Henri-Georges Clouzot, Jean Renoir

FEBRUAR

Karl Valentin Retrospektive zum 100. Geburtstag • **Peter Kubelka: Was ist Film?** Projektionen und Analysen • **Filme von** Luis Buñuel, Jean Cocteau, Mizoguchi Kenji, Max Ophüls

MÄRZ

Vsevolod I. Pudovkin Retrospektive • **Filme von Jonas Mekas** • **Unabhängige Filme aus Kanada** [Joyce Wieland, Michael Snow, Al Razutis, David Rimmer, Jean-Claude Labrecque, Michael Ondaatje u. a.] • **Post Modern Dance im Film** [Trisha Brown, Rudy Burckhardt, Merce Cunningham, Yoshiko Chuma, Amy Greenfield, Meredith Monk, Yvonne Rainer, Carolee Schneeman, Charles Atlas, Andrew Horne, Richard Leacock, Michael Blackwood u. a.] • **Neue Filme aus Österreich – Open House** [Wolfram Paulus jr., Angela Summereder, Tone Fink, Said Manafi, Babak Mohammadi, Ernst Schmidt jr., Peter Tscherkassky, Lisl Ponger, Herwig Kempinger, Robert Quitta, Thomas Reinhold, Ernst Schagerl] • **Filme von** Kurosawa Akira, Ernst Lubitsch, Federico Fellini, Luchino Visconti

APRIL | MAI

Filme aus Australien [Peter Weir, Bruce Beresford, Donald Crombie, John Duigan, Colin Eggleston, John Power] • **Filme von Lina Wertmüller** • **Peter Kubelka: Was ist Film?** Projektionen und Analysen • **Filme von** Isa Hesse-Rabinovitch, Donald Brittain & John Spotton, Eric Rohmer, Pier Paolo Pasolini, Elio Petri, Damiano Damiani, Cecil B. DeMille, Dziga Vertov, Sergej Eisenstein, Willy Zielke, Walter Ruttmann, The Marx Brothers

11. BIS 29. MAI

Das Charlie Chaplin Fest [Wiener Festwochen 1982]
AUSSTELLUNG *Charles Chaplin*, Foyer der Albertina (11.–29.5.)

OKTOBER

Jean-Pierre Melville Retrospektive • **Internationales Forum des Jungen Films, Berlin 1982** [Glauber Rocha, Martha Rodriguez & Jorge Silva, Edgardo Cozarinsky, Amos Gitai, Paulin Soumanou Vieyra, Cinema Action,

Babette Mangolte, Joe Comerford, Klaus Michael Grüber u. a.] • **Tomislav Gotovac** • **David Gerstein** • **Neue Filme aus Österreich – Open House** [Michael Pilz, Linda Christanell, Karl Friedrich] • **Filme von** Alberto Cavalcanti

OKTOBER | NOVEMBER

Elia Kazan Das Gesamtwerk [Viennale 1982] • **Taylor Mead** Live Show und *Home Movies*

DEZEMBER

Pier Paolo Pasolini Retrospektive
AUSSTELLUNG *Pier Paolo Pasolini. Zeichnungen und Gemälde*, Albertina (Säulenhalle, 2.–18.12.)
Filme von Max Ophüls, The Marx Brothers

GÄSTE Taylor Mead, Tomislav Gotovac, Michael Pilz, Linda Christanell, Isa Hesse-Rabinovitch, David Gerstein, Karl Friedrich, Marcia B. Siegel, Prof. Giuseppe Zigaina, Angelo Caltagirone, John Gillett, David Francis, Michel Ciment, Mo Rothman, Lady Oona Chaplin u. a.

1983

JÄNNER

Dziga Vertov Retrospektive • **Neue Filme aus Österreich – Open House** [Robert Quitta] • **Filme von** Gregory J. Markopoulos, Robert Beavers, Stan Brakhage, John Ford, Jean Renoir und mit Abbott & Costello

FEBRUAR

W. C. Fields Retrospektive • **Robert J. Flaherty** Retrospektive • **Filme von** Mizoguchi Kenji, Luis Buñuel, Georges Franju

MÄRZ

Marcel Ophüls Retrospektive • **Filme von Stan Brakhage** • **Neue Filme aus Österreich – Open House** [Wolfgang Lehner, Lisl Ponger, Peter Tscherkassky, Gudrun Bielz, Gisela Scheubmayr, Herwig Kempinger, Wolf Kristöfl, Gerhard Stangl] • **Filme von** Georg Wilhelm Pabst, Elia Kazan, Vittorio De Sica, Roberto Rossellini, Aleksandr Dovženko, Luis Buñuel, Edward L. Cahn und mit Stan Laurel & Oliver Hardy

APRIL | MAI

Alfred Hitchcock Retrospektive: Die englische Periode 1925–39 • **Filme von** Luis Buñuel, Friedrich Wilhelm Murnau, Aleksandr Dovženko, Sergej Eisenstein, Max Ophüls

10. BIS 31. MAI

Zur Geschichte des Animationsfilms unter der Patronanz von Chuck Jones [Wiener Festwochen 1983] [Alexandre Alexeieff, Tex Avery, Joseph Barbera, Raoul Barre, Berthold Bartosch, James Stuart Blackton, Stan Brakhage, Stephen Bosusto, John Randolph Bray, Robert Breer, Mary Ellen Bute, Dudley Buxton, Bill Cause, Bob Clampett, Emile Cohl, Mannie Davis, Walt Disney, Marcel Duchamp, Earl Duvall, Anson Dyer, Viking Eggeling, Hans Fischinger, Oskar Fischinger, Bud Fisher, Max & Dave Fleischer, John Foster, Isadore ›Friz‹ Freleng, Burt Gillett, Rube Goldberg, Manny Gould, Anthony Gross, William Hanna, Jack Hannah, Ben Hardaway, Hugh Harman, Ben Harrison, Hector Hoppin, John Hubley, Earl Hurd, Rudolf Ising, Ub Iwerks, Chuck Jones, Bob Kuwahara, Gregory La Cava, Walter Lantz, Alex Lovy, Louis & Auguste Lumière, Len Lye, Henry Mayer, Winsor McCay, Robert McKimson, Norman McLaren, Arthur Melbourne-Cooper, Otto Messmer, Frank Moser, Charles ›Joe‹ Noble, Bill Nolan, Noburo Ofuji, Claire Parker, Ernest Pintoff, Connie Rasinski, Lotte Reiniger, Hans Richter, Walter Ruttmann, F. Percy Smith, Harry Smith, Paul J. Smith, G. E. Studdy, Pat Sullivan, Frank Tashlin, Paul Terry, Vladimir Peter ›Bill‹ Tytla u. a.]

OKTOBER

In memoriam Luis Buñuel Teil 1 • **Internationales Forum des Jungen Films, Berlin 1983** [Philippe Garrel, Marguerite Duras, Ernie Gehr, Michael Snow, Charles Musser, Alberto Seixas Santos, Antonió Reis & Margarida Cordeiro, Boris Lehmann & Nadine Wandel, Paolo Quaregna, Kurisaki Midori, Ýamamoto Masachi, Assia Djebar, Haïle Gerima, Utpalendu Chakraborty, Samir Zikra u. a.]

NOVEMBER

In memoriam Luis Buñuel Teil 2 • **Naruse Mikio** Retrospektive Teil 1 • **Neue Filme aus Österreich – Open House** [Ulrich Seidl, Norbert Gmeindl, Werner Jurasek, Angela Hans Scheirl, Gabriela Schmidt] • **Ein Film von** Bob Connolly & Robin Anderson

DEZEMBER

Naruse Mikio Retrospektive Teil 2 • **Neue Filme aus Österreich – Open House** [Bärbel Neubauer, Robert Quitta] • **Filme von** Erich von Stroheim, Cecil B. DeMille, Karl Freund, James Whale, George Marshall, H. C. Potter, George Waggner, Stuart Walker, The Marx Brothers

GÄSTE Chuck Jones, Marcel Ophüls, Ulrich Seidl, Bob Connolly, Gregory J. Markopoulos, Robert Beavers, Lisl Ponger, Angela Hans Scheirl, Gudrun Bielz, Bärbel Neubauer, Wolfgang Lehner, Peter Tscherkassky u. a.

1984

JÄNNER

Jean Cocteau Retrospektive • **Charles Spencer Chaplin – Die frühen Filme** • **Neue Filme aus Österreich – Open House** [Penelope Georgiou, Gerhard Ogrisek]

FEBRUAR

Sergej Michailovič Eisenstein Retrospektive • **Karl Valentin** Retrospektive • **Ernst Schmidt jr.** Retrospektive • **Neue Filme aus Österreich – Open House** [Peter Schreiner]

MÄRZ

Filme über den Krieg [Aleksandr Dovženko, Julija Solnceva, Juli Raisman, Leonid Varlamov & Ilja Kopalin, Sergej Jutkevič, Roman Karmen, Frank Capra, John Ford, William Wyler, Josef von Sternberg, Anatole Litvak, Len Lye, Humphrey Jennings, Anthony Veiller, Hans Bertram, Svend Noldan, Hanuš Burger, François Reichenbach u. a.] • **Marcia B. Siegel: Lectures on Early Modern Dance Choreographers**

28. MÄRZ BIS 5. MAI

John Huston Retrospektive [Viennale 1984] • **40. Kongress der Fédération Internationales des Archives du Film** Seminar: Die Bedeutung des Nicht-Industriellen Films in unserem kulturellen Erbe • **Jonas Mekas** Retrospektive • ***Memory of the Camps*** von Alfred Hitchcock

7. BIS 24. MAI

Carl Theodor Dreyer Das Gesamtwerk

25. MAI BIS 18. JUNI

Screwball-Comedies [Wiener Festwochen 1984] [Frank Capra, René Clair, George Cukor, Howard Hawks, Alfred Hitchcock, Garson Kanin, William Keighley, Gregory La Cava, Mitchell Leisen, Ernst Lubitsch, Leo McCarey, Norman Z. McLeod, George Stevens, Preston Sturges, W. S. Van Dyke, William Wellman, Billy Wilder]

OKTOBER

Orson Welles Retrospektive • **Internationales Forum des Jungen Films, Berlin 1984** [Jean Rouch, Raymond Depardon, Johan van der Keuken, Sally Potter, Billy Woodberry, Sheila McLaughlin & Lynne Tillman, Eagle Pennell, Howard Brookner, Mark Rance, Stan Brakhage, Ogawa Shinsuke, Terayama Shūji, Gilles Groulx, Abacar Samb-Makharam, Humberto Rios, Joris Ivens, Henri Storck, Louis J. Gasnier u. a.] • **James Broughton / Joel Singer** • **Ein Film von** George Sidney

NOVEMBER

Howard Hawks Retrospektive Teil 1 • **Sozialkritische Dokumente – USA 1904–1945**

DEZEMBER

Howard Hawks Retrospektive Teil 2

PUBLIKATION Harry Tomicek, *Screwball-Comedies*, Wien: ÖFM 1984

GÄSTE Jonas Mekas, James Broughton, Joel Singer, Ernst Schmidt jr., Peter Schreiner, Penelope Georgiou, Gwynne Dyer, Marcia B. Siegel, Clive Coultass u. a.

1985

JÄNNER

P. Adams Sitney: Shot and Countershot. Four Lectures on Representation in Cinema mit Filmbeispielen von Michelangelo Antonioni, Bruce Baillie, Ingmar Bergman, Sergej Eisenstein, Federico Fellini, Alfred Hitchcock, Danièle Huillet, Chris Marker, Pier Paolo Pasolini, Roberto Rossellini, Jean-Marie Straub • **Neue Filme von Frederick Wiseman** • **Filme von** Rainer Werner Fassbinder, Werner Schroeter, Chuck Jones, Friedrich Wilhelm Murnau, Adolfas Mekas, Alberto Cavalcanti, Andor von Barsy, Dimitri Kirsanoff, László Moholy-Nagy, Viktor Turin

FEBRUAR

Aleksandr Dovženko Retrospektive • **Filme von Mae West** • ***Heimat*** von Edgar Reitz • ***Der Prozess*** von Eberhard Fechner • **Filme von** Elia Kazan, Kurosawa Akira, Luis Buñuel, Salvador Dalí, Sergej Eisenstein

1. BIS 12. MÄRZ

Ken Russell Retrospektive Teil 1

13. BIS 31. MÄRZ

François Truffaut Retrospektive [Viennale 1985]

9. APRIL BIS 18. MAI

Ken Russell Retrospektive Teil 2 • **Österreichische Filmdokumente 1896–1955** aus den Sammlungen des Österreichischen Filmmuseums • **Warren Sonbert** • **Neue Filme aus Österreich – Open House** [Dietmar Brehm, Peter Tscherkassky, Linda Christanell, Herbert Schager, Arnold Schicker, Terese Panoutsopoulos] • **Filme von** Lima Barreto, Robert Gardner, Kenneth Anger, Stan Brakhage, George Kuchar, Jean Renoir, Dziga Vertov, John Ford, Edward L. Cahn, James Whale

20. MAI BIS 15. JUNI

… Bis zur Stunde Null [Wiener Festwochen 1985] [Michelangelo Antonioni, Usch Barthelmess-Weller, Bernardo Bertolucci, Charles Chaplin, Noël Coward, Michael Curtiz, Vittorio De Sica, Jacques Doillon, Michel Drach, Harun Farocki, Costa-Gavras, Werner Herzog, Kurt Hoffmann, Leslie Howard, Markus Imhoof, Helmut Käutner, Alexander Kluge, Kobayashi Masaki, Theodor Kotulla, András Kovács, Stanley Kramer, Fritz Lang, David Lean, Leopold Lindtberg, Joseph Losey, Louis Malle, Jirí Menzel, Marcel Ophüls, G. W. Pabst, Powell & Pressburger, Carol Reed, Edgar Reitz, Jean Renoir, Alain Resnais, Dino Risi, Roberto Rossellini, Werner Schroeter, Shindō Kaneto, Wolfgang Staudte, R. A. Stemmle, Florestano Vancini, Luchino Visconti, Andrzej Wajda, Peter Watkins, William Wellman, Billy Wilder, Konrad Wolf, William Wyler, Luigi Zampa, Fred Zinnemann]

OKTOBER

Erich von Stroheim Retrospektive aus Anlass seines 100. Geburtstages • **Daniel Schmid** Retrospektive • **Filme des Internationalen Forums des Jungen Films, Berlin 1985** [Raúl Ruiz, Eduardo Coutinho, Léa Pool, Suwa Atsushi, Tsuchimoto Noriaki, Diego Risquez, José Luis Garcia Agraz u. a.] • **Carte blanche à L'I.N.A.** [Philippe Garrel, Chantal Akerman, Manoel de Oliveira, Benoît Jacquot, Raúl Ruiz, André Téchiné, René Allio, Michelle Porte u. a.] • ***Die Nacht*** von Hans-Jürgen Syberberg

NOVEMBER

Bertrand Tavernier Retrospektive • **F. W. Murnau** Retrospektive • **Peter Bogdanovich** Retrospektive

DEZEMBER

Marcel L'Herbier Retrospektive • **Filme von** Albert Lewin, Beatrice Leuthold & Hans Stürm, Wyler, Dreyer, Eisenstein, Gardner, A. Mekas, H.C. Potter, The Marx Brothers

GÄSTE Ken Russell, Daniel Schmid, Edgar Reitz, Warren Sonbert, Robert Gardner, Hans-Jürgen Syberberg, Beatrice Leuthold, Hans Stürm, Dietmar Brehm, Peter Tscherkassky, Arnold Schicker, Herbert Schager, Linda Christanell, Jean Collet, P. Adams Sitney u. a.

1986

JÄNNER

W. C. Fields Retrospektive • **Filme von** Luchino Visconti, Antonis Lepeniotis, Jacques Tourneur, John Ford, Federico Fellini, René Clair, Viking Eggeling, Fernand Léger, Hans Richter, Walter Ruttmann

FEBRUAR

Mae West Retrospektive • **Filme von** Claude Chabrol, Maurice Pialat, Georges Rouquier, Chuck Jones, Max Ophüls, Carl Theodor Dreyer • **Neue Filme aus Österreich – Open House** [Kurt Mayer]

1. BIS 21. MÄRZ

Buster Keaton [Viennale 1986]

APRIL

The Great British Films [Reginald Beck, Ludwig Berger, Alberto Cavalcanti, Charles Crichton, Jack Clayton, Henry Cornelius, Basil Dean, Basil Bearden, Thorold Dickinson, Robert Hamer, Alfred Hitchcock, Alexander Korda, Zoltan Korda, David Lean, Joseph Losey, Alexander Mackendrick, William Cameron Menzies, Laurence Olivier, George Pollock, Michael Powell, Emeric Pressburger, Carol Reed, Karel Reisz, Tony Richardson, Tim Whelan]

MAI

The Great British Films [Wiederholungen] • **Filme von Frankfurter Filmmachern** [Thomas Feldmann, Regina Steenbock, Roland Krüger, Wilhelm Orlopp] • **Ein neuer Film aus Österreich – Open House** [Peter Schreiner] • **Gespräche über die Filmarbeit** [Hans Scheugl, Michael Scharang, Michael Pilz, Ernst Schmidt jr., Lisl Ponger, Lukas Stepanik]

OKTOBER

Kurosawa Akira Retrospektive

NOVEMBER

Filme der »Schwarzen Serie« [Film noir] [Edward Dmytryk, Henry Hathaway, Howard Hawks, John Huston, Fritz Lang, Anthony Mann, George Marshall, Otto Preminger, Robert Siodmak, Jacques Tourneur, Frank Tuttle, Charles Vidor, Raoul Walsh, Billy Wilder] • **Filme von Jonas Mekas**

DEZEMBER

Filme aus Indien [Satyajit Ray, Raj Kapoor, Guru Dutt, Mrinal Sen, Mani Kaul, Buddhadeb Dasgupta, Adoor Gopalakrishnan, Prema Karanth, Girish Karnad, Nirad N. Mohapatra, Kumar Shahani, Vanakudre Shantaram] • **Filme von** Rouben Mamoulian, Norman Foster, Howard Hawks, James Whale, Charles Chaplin, Sergej Eisenstein, Luis Buñuel, Salvador Dalí, Marcel Duchamp, Fernand Léger, René Clair, Hans Richter, Viking Eggeling, Walter Ruttmann, H.C. Potter, Laurel & Hardy, The Marx Brothers

GÄSTE Hans Scheugl, Michael Scharang, Michael Pilz, Lisl Ponger, Peter Schreiner, Thomas Feldmann, Ernst Schmidt jr., Lukas Stepanik, Antonis Lepeniotis, Regine Steenbock, Roland Krüger, Wilhelm Orlopp, William Karl Guerin u. a.

1987

JÄNNER

Luis Buñuel Retrospektive

FEBRUAR

Karl Valentin Retrospektive • **Filme von** Friedrich Wilhelm Murnau, Max Ophüls, Ernst Lubitsch, Luis Buñuel, Carl Theodor Dreyer, Elia Kazan, Gregory La Cava, Henry Koster, Grigorij Kozincev & Leonid Trauberg, Viktor Turin

MÄRZ

Filme mit Fred Astaire • **Warren Sonbert**

MÄRZ | APRIL

America – God's Own Country [Viennale 1987] [Robert Altman, Kenneth Anger, John G. Avildsen, Frank Capra, Michael Cimino, Blake Edwards, Victor Fleming, John Ford, Howard Hawks, Dennis Hopper, John Huston, Norman Jewison, Elia Kazan, Stanley Kubrick, Fritz Lang, Sergio Leone, Mervyn LeRoy, George Lucas, Adolfas Mekas, Mike Nichols, Alan J. Pakula, Martin Ritt, John Schlesinger, Martin Scorsese, George Sidney, Raoul Walsh, Jack Webb, Orson Welles, Billy Wilder, William Wyler, Fred Zinnemann] • ***The Journey*** A Film for Peace by Peter Watkins

MAI

Taumel und Entstellung. Maniera im narrativen Film nach 1950 [Wiener Festwochen 1987] [Robert Aldrich, John Brahm, Jean Cocteau, Charles Laughton, Albert Lewin, Joseph Losey, Joseph L. Mankiewicz, Jean-Pierrre Melville, Vincente Minnelli, Michael Powell & Emeric Pressburger, Nicholas Ray, Jacques Rivette, Alain Robbe-Grillet, Raúl Ruiz, Daniel Schmid, Werner Schroeter, John M. Stahl, Josef von Sternberg, George Stevens, John Sturges, Orson Welles]

OKTOBER

Fred Zinnemann Retrospektive • **Peter Kubelka über Film, Kochen, Musik** • **Heinz Bütler** • **Adele Friedman**

NOVEMBER

The Great British Films: Michael Powell and Emeric Pressburger • **Neue Filme aus Österreich – Open House** [Arnold Schicker, Eva Beauvale] • **Filme von** Mizoguchi Kenji, Carl Theodor Dreyer, Aleksandr Dovženko

DEZEMBER

Johanna Heer [Amos Poe, Gábor Bódy, Muscha, Percy Adlon, Werner Schmiedel] • **Filme von** Maurice Pialat, Robert Bresson, Henri-Georges Clouzot, Jean Renoir, Max Ophüls, Marcel Carné, Claude Autant-Lara, Jean Cocteau, René Clément, Luchino Visconti, László Moholy-Nagy, Ernst Schmidt jr., Jonas Mekas, François Reichenbach, Erich von Stroheim, Robert J. Flaherty, Carl Theodor Dreyer, Dziga Vertov, Sergej Eisenstein, Millard Webb, H.C. Potter, The Marx Brothers und mit W. C. Fields

PUBLIKATION Karl Sierek (Red.), *Taumel und Entstellung. Maniera im narrativen Film nach 1950*, Wien: ÖFM, Wiener Festwochen 1987

GÄSTE Sergio Leone, Harold Pinter, Warren Sonbert, Johanna Heer, Heinz Bütler, Adele Friedman, Ernst Schmidt jr., Arnold Schicker, Eva Beauvale, Ulla Schulz, Walther & Ulf Derschmidt, Primarius DDr. Leo Navratil, Dr. Johann Feilacher, Attilio d'Onofrio, Enno Patalas u. a.

1988

JÄNNER

Sergej Michailovič Eisenstein Retrospektive • **Canada's Ten Best Films** ausgewählt von 100 internationalen Filmkritikern [Claude Jutra, Michel Brault, Pierre Perrault, Ted Kotcheff, Donald Shebib, Philip Borsos, Gilles Carle, Francis Mankiewicz, Jean Beaudin, Don Owen] • **Filme von Kenneth Anger**

FEBRUAR | MÄRZ

Werner Herzog Retrospektive • **Der Weg nach Auschwitz** Die Machtergreifung, der Anschluss und die Apokalypse [Filmdokumente]

15. MÄRZ BIS 4. APRIL

Federico Fellini Retrospektive [Viennale 1988]
AUSSTELLUNG *Federico Fellini. Zeichnungen*, Albertina (Säulenhalle, 15.3.–4.4.)

APRIL

Der Weg nach Auschwitz Die Machtergreifung, der Anschluss und die Apokalypse [Wiederholungen] • **Jeanne Moreau** im Österreichischen Filmmuseum • **In memoriam Ernst Schmidt jr.** • **Filme zur Ausstellung**

Kunst und Revolution [Dziga Vertov, Aleksandr Dovženko, Sergej Eisenstein, Vladimir Majakovskij & Evgenij Slavinskij] • **Giuseppe Desiato** • **Ein Film von** Henri-Georges Clouzot

MAI

Die andere Welt Filme aus Afrika, Asien und Lateinamerika [Wiener Festwochen 1988] [Ousmane Sembène, Souleymane Cissé, Safi Faye, Paulin Soumanou Vieyra, Haïle Gerima, Ruy Duarte, Lino Brocka, Hou Hsiao-hsien, Edward Yang, Chang Yi, Lu Jianhua & Yu Zhongxiao, Yan Xueshu, Lee Chang-ho, Lee Doo-yong, Yilmaz Güney & Serif Gören, Sohrab Shahid Saless, Youssef Chahine, Atif El-Tayeb, Omar Amiralay, Taib Louhichi, Abdellatif Ben Ammar, Ridha Behi, Salah Abu Seif, Ahmed L. Maanouni, Mani Kaul, Shyam Benegal, Anand Patwardhan, Glauber Rocha, Zelito Viana, Miguel Littin, Eduardo Maldonado, Tomás Gutiérrez Alea, Maria Luisa Bemberg, Dominique Cassuto de Bonet, Salvador Bonet]

OKTOBER

That's Jazz. The Sound of the Century V. Jazz-im-Film-Festival

NOVEMBER

Ozu Yasujirō Retrospektive

DEZEMBER

Filme von Luis Buñuel, Max Ophüls, Lev Kulešov, Grigorij Kozincev & Leonid Trauberg, Henry King, John Ford, Edward L. Cahn, Salvador Dalí, H. C. Potter, The Marx Brothers

PUBLIKATIONEN Harry Tomicek, *Ozu Yasujirō,* Wien: ÖFM 1988 • Helmut Weihsmann, *That's Jazz. The Sound of the Century,* Wien: ÖFM 1988 • Viennale (Hg.), *Federico Fellini. Zeichnungen,* Wien: Viennale 1988

GÄSTE Federico Fellini, Jeanne Moreau, Werner Herzog, Johanna Heer, Werner Schmiedel, Giuseppe Desiato, Daniel Keel, Mario Natale u. a.

1989

JÄNNER

Humphrey Jennings Retrospektive • **British Music-Hall: Flanagan & Allen und »The Crazy Gang«** • **Mae West** Retrospektive • **Filme von** Vsevolod Pudovkin, John Ford, George Marshall

FEBRUAR

Karl Valentin Retrospektive • **50 Jahre FIAF** Restaurierte Filme aus Archiven der ganzen Welt [Alexander Korda, Manoel de Oliveira, Mauritz Stiller, E. A. Dupont, Erkki Karu, David M. Hartford, Raoul Barré, Alcides Greca, André Calmettes] • **Amerikanische Western** [Allan Dwan, John Farrow, Cecil B. DeMille, George Marshall, Paul H. Sloane] • **James Broughton** • **Filme von** Carl Theodor Dreyer, Elia Kazan

7. BIS 18. MÄRZ

Paolo & Vittorio Taviani Retrospektive [Viennale 1989] • **Filme von** Boris Barnet, Chuck Jones, Frank Borzage, Cecil B. DeMille, Jean Delannoy, Alberto Cavalcanti, Sergej Eisenstein, Willy Zielke

MÄRZ | APRIL

Propaganda und Gegenpropaganda im Film 1933–1945 Mit zahlreichen neuen Beispielen zum englischen Propaganda-Film • **Warren Sonbert**

MAI

Internationales Forum des Jungen Deutschen Films, Berlin 1989 [Claire Denis, Aleksandr Sokurov, Jon Jost, Bruce Weber, Jerry R. Barrish, Charlotte Zwerin, Christoph Janetzko, Klaus Telscher, Gaston Kaboré, Ciro Cappellari, Margarida Cordeiro & António Reis, Stephen Teo, Park Kwang-su, Nurith Aviv & Eglal Errera, Nejia Ben Mabrouk, Juan Carlos Bustamente, Joram ten Brink, Sato Tosuke, Filme junger Regisseure aus den Philippinen u. a.] • **Robert Quitta** Retrospektive • **Filme von** Pier Paolo Pasolini, Roberto Rossellini, John Ford, Jean Renoir, Bruce Baillie, Stan Brakhage

NOVEMBER

25 Jahre Österreichisches Filmmuseum – Eröffnung Das Unsichtbare Kino • Vorlesungen und Filme zum Thema 100 Jahre Filmisches Denken

DEZEMBER

Anthony Mann Retrospektive Teil 1 • **Peter Tscherkassky** • **Filme von** Michael Pilz, Federico Fellini, H. C. Potter, The Marx Brothers

PUBLIKATION Harry Tomicek, *Jennings,* Wien: ÖFM 1989

GÄSTE Paolo & Vittorio Taviani, Warren Sonbert, Michael Pilz, Peter Tscherkassky, Clive Coultass u. a.

ALBERTO SORDI, 1981
Am 18. Mai 1981 eröffneten Alberto Sordi und Luigi Comencini im Rahmen der Wiener Festwochen die Filmmuseum-Retrospektive »Humor als Waffe«, die im Künstlerhauskino abgehalten wurde. Erst im Jänner 2010 schaffte es Alberto, der Große, auch auf ein Plakat des Filmmuseums – jenes zur »Commedia all'italiana«, einer Schau, die unter den Cine-Italophilen Wiens einen neuen Sordi-Kult entfachte (siehe auch S. 312 in diesem Band).

PAOLO UND VITTORIO TAVIANI, 1989

ŒSTERREICHISCHES
FILMMUSEUM
Wien

Das vollklimatisierte Film Lager

Einladung zur Lagerung Ihres Filmmaterials

Das vollklimatisierte Sicherheitsfilm-Lager
in Wien-Nußdorf

EIN FILMARCHIV IN NUSSDORF, 1982

Nachdem die Sammlungen des Filmmuseums in den späten 1960er und 70er Jahren stark angewachsen waren und die stetig hinzukommenden Archivräume den Umgang mit den Beständen immer komplizierter machten, begann die Suche nach einem zentralen Archivgebäude. In Nußdorf, im 19. Wiener Gemeindebezirk konnte im Jahr 1982 ein zweigeschoßiges Gebäude bezogen werden, in dem alle Sammlungen und Bearbeitungsräume untergebracht wurden. Das erste Klima-Filmdepot in Österreich wurde (siehe oben) mit einer eigenen Broschüre beworben – heute, mehr als dreißig Jahre später, hat das Archiv bereits seine absolute Kapazitätsgrenze erreicht. Die Abbildungen auf der gegenüberliegenden Seite zeigen (oben) den Prevost-Schneidetisch für 35mm- und 16mm-Film (siehe auch S. 100) sowie die beiden Arri-Umrolltische (links) und den Synchron-Abziehtisch desselben Herstellers, der für Negativschnitt und den kadergenauen Kopienvergleich (auch zwischen 16mm- und 35mm-Filmen) verwendet wird. Ein in der digitalen Ära undenkbarer Aspekt: Alle diese Geräte waren bereits in den frühen 70er Jahren in Verwendung und befinden sich teilweise immer noch im Einsatz.

Prevost

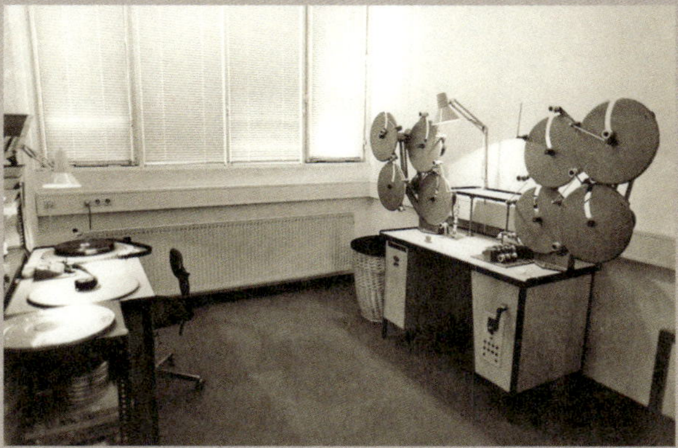

CHUCK JONES, 1983

»Zusammen mit Walt Disney galt und gilt er als der bedeutendste Schöpfer amerikanischer Zeichentrickfilmkunst, er hat sich unvergessliche Phantasiefiguren wie ›Bugs Bunny‹, ›Daffy Duck‹ und ›Wile E. Coyote‹ ausgedacht. Mittlerweile über siebzig, freilich zwei Jahrzehnte jünger wirkend in seiner Vitalität und ungebrochenen Witzellust, eröffnete Chuck Jones am Dienstag die monumentale Animationsfilmschau des Österreichischen Filmmuseums im Rahmen der Festwochen mit einem in jeder Hinsicht ›illustrierten‹ Vortrag.

Gäbe es ein Maßband für Lacherfolg und hätte jemand Lust, mit diesem nachzuprüfen, wer von den amerikanischen Filmkomikern die größten Quantitäten an diesem befreienden Vorgang bei ihrem jeweiligen Publikum hervorgerufen hat, Chuck Jones hätte gute Chancen, neben Chaplin oder Keaton im vordersten Feld zu landen. Obwohl er, im Gegensatz zu seiner engsten Konkurrenz, nie auf einer Kinoleinwand zu sehen war und bis heute – trotz dreier ›Oscars‹ – nur einem Spezialistenkreis namentlich bekannt ist. […]

In seinem mit zahlreichen köstlichen Anekdoten angereicherten Vortrag im Filmmuseum skizzierte Jones die Entstehungsgeschichte seiner populärsten Figuren und erläuterte deren jeweilige ›Ratio‹. Die beste Illustration für seine Arbeitsmethode waren freilich jene Filme, die von Experten zu den allerfeinsten Beispielen der Gattung gezählt werden. Darunter die Persiflagen auf die Welt der Oper, *What's Opera, Doc?* und *Rabbit of Seville*, oder der geniale kleine Streifen *Duck Amuck*, in dem Jones Trickfilmverfahren didaktisch brillant, freilich aber auch simpel unterhaltsam vorgeführt hat.«

Franz Manola, »Das pure Kino ist ein Trick«,
Die Presse, *13. 5. 1983*

From: CHUCK JONES

4527 Tremont Lane
Corona del Mar, CA 92625

July 19, 1983

Dear Peter,

This letter is long overdue. I have so much to thank you for -- my stay in Vienna was one of the most rewarding of my life. You made things so easy (which is not easy, I know) for me and so natural too. If my appearance in any way lived up to your hopes then I am grateful indeed. In only one sense am I certain that I have something in common with great men, and that is in the recurring surprise that an audience will really appear just to see my work and hear me speak about it. This was perhaps best stated by Artur Rubenstein, who said, "Whenever I walk out on a stage and see hundreds, sometimes thousands, of people who have paid just to see me perform -- me! -- it is so incredible, so unbelievable, that I know that the very best I can do, the absolute maximum of my ability is the least I can offer these wonderful people. I wish I could do more."

Everything about Vienna was so warm and wonderful. By some miracle, considering the food, I did not even gain weight. Marian, meeting me at the plane, expected to see them roll me down the steps. She was delighted with the clothes and looks smashing in them. We can hardly wait until autumn to arouse jealousy among those who do not know the Konlechners.

Was the money for the clothes correct? There seemed to be a vast supply of ignorance at our bank regarding schilling/dollar exchange rate. I enclose a copy of the transaction from Bank of America (once known as the Bank of Italy, owned in my youth by a patriarch by the name of "Doc" Gianini). If there is any discrepancy - or, if by chance the funds were sent to Istanbul, or the Vatican Bank, or an unnumbered Swiss account, please do not hesitate. I've been looking for an excuse to sue the Bank of America. An old friend is now chairman emeritus of the board of the parent company: Transamerica Corporation. He labors under the name of Chauncey Medbury III. I suspect he achieved this exalted position because of this exalted name, rather than any brilliance in monetary matters. CAn you imagine a president emeritus of the chairman of <u>anything</u> named Chuck Jones?

(continued)

EIN BRIEF VON CHUCK JONES
(diese Seite und folgende Doppelseite)

From: CHUCK JONES

I have not heard from anyone at the Art Institute about the animation discs or the other material. I think you said it arrived safely, but my accountant, who is a bully beyond belief, demands that I have an acknowledgement for tax purposes. Also, I neglected to include a film speed/metronome graph - very necessary in animation timing. So I will enclose it with this letter.

Now then the substance of the matter. I must bring Marian to Vienna or stop talking about you and it, which is impossible. As of now the best time for us would be a few days between the 10th to the 30th of October; we must spend another few days in Venice and London. It would be pleasant to spend a day with the animation students under your auspices and perhaps a mini-showing of some other of my films for a small audience of your friends. Plus schnapps of course. Does this make sense for you? We would need time with your superb family too. Let me know. No financial obligation incurred, of course.

Lastly, but not leastly, thank you for the reviews, particularly that in VON, and VARIETY, which was flattering to the point of inaccuracy. I did not "create" Bugs and Daffy and felt it incumbent to put a small blurb in Daily Variety saying so. (enclosed) Otherwise it was a splendid article, more than I deserve, but you don't have to deserve something in order to enjoy it. If you did, I would never have been invited to Vienna.

I hope the entire animation festival has gone to your satisfaction. You well deserve the best.

Marian joins me in the warmest of salutations. And, of course, love to you and your superb and beautiful Helga.

Sincerely,

Chuck -

From: CHUCK JONES (Enclosure)

Metronome reading	Equivalent in motion picture framing
7	208
*8 (three beats to the second)	184
9	160
10	144
11	132
*12 (two beats to the second)	120
13	112
14	104
15	96
*16	88
18	80
20	72
*24 (one beat to the second)	60

*Most useful - since they are easily divisable in 4's, 6's, 8's, and 12's.

There is also a kind of stopwatch, most useful in all film-making. In the U.S.A. it is called by the trade name "Filmeter". It registers frames per second (90) as well as the usual 60 seconds. If it or one like it cannot be obtained in Europe I will be glad to ferret one out over here.

By the way, I have not had time to write Renate Kordon to thank her for her gift of that splendid calendar. She draws beautifully, far better than I do now,come to think of it. If her fancy turns in this way to further education in animation I would suggest that she apply to the California Institute of the Arts, Valencia, California -- or better still, Sheridan College, Trafalgar Road, Ontario, L6H 2L1, Oakvilled, Canada...Attn: S. Scott Turner -- a splendid school with strong desire to attract foreign students. I will be up there in early August and will enquire. If she writes be sure to mention my suggestion that she do so. She is a brilliant artist and deserves the best of assistance.

MARCEL OPHÜLS, 1983

Im März 1983 präsentierte das Filmmuseum in Anwesenheit von Marcel Ophüls erstmals in Österreich eine Retrospektive zu dessen Werk. Ende Mai 2010 war es wieder so weit: Zum »doppelten Ophüls-Fest« – einer Gesamtschau der Filme seines Vaters Max und einer umfassenden Auswahl eigener Arbeiten – brach Ophüls nach Wien auf. Doch in Paris musste er aufgrund eines Schwächeanfalls halt machen und umkehren. An Constantin Wulff, den Kurator der Schau, sandte er kurz vor der Eröffnung per Fax ein kleines »Communiqué«, das am Abend verlesen wurde. Es findet sich auf der gegenüberliegenden Seite abgedruckt.

Liebe Grüsse aus dem viel zu fernen Béarn,

Marcel Ophuls

COMMUNIQUE: Aus dem Westen nichts Neues!

Lieber Constantin,

Bitte richten Sie "unserem" Wiener Publikum heute abend aus, wie sehr ich mich freue, dass sie gekommen sind. Da es ja eine Vater und Sohn Retrospektive ist, die Sie mit dem FILMMUSEUM organisiert haben, hoffe ich sehr, dass mein genialer Vater, und danach hoffentlich auch ein klein bischen ich bei gerade diesem Publikum Anklang gefunden haben und weiter noch finden.

Die Programnoten die Sie mir netterweise geschickt haben deuten darauf hin, dass Sie nicht nur Unterschiede zwischen dem alten, und dem inzwischen noch viel älteren Ophüls gefunden haben, sondern auch einige Aehnlichkeiten. Das macht mir natürlich besonders grosse Freude, und sorgt bei mir für gute Laune.

Trotz dieser guten Laune bin ich leider auf halben Weg zu Ihnen stecken geblieben, genauer gesagt in Paris, aus gesundheitlichen Gründen, und bin jetzt wieder sei ein paar Stunden bei mir zuhause gelandet.

Ich danke also sehr herzlich den unbekannten Wiener Freundinnen und Freunde, die heute abend ins Filmmuseum gekommen sind, und FAXEN Sie mir gleich morgen früh wieviele Zuschauer es am Anfang sind, und vor allen Dingen auch wieviele noch am Schluss!
Ich bin Ihnen alle hier aus der Ferne sehr, sehr dankbar für ihre Anwesenheit und, da es doch sehr lange Filme sind, auch im Voraus für ihr Vertrauen.

Es wäre gut wenn Sie darauf aufmerksam machen könnten dass es zwischendurch eine kurze Pause gibt, so wie im herrlichen Foyer der schönen Wiener Staatsoper z.B. für besonders aufregende und laute Stücke von Richard Wagner, nur leider ohne Champagner und Brötchen, wie beim Ring der Niebelungen... gerade genug Zeit den Weg zu den Toiletten zu finden.

Auf einer unserer letzten gemeinsamen Reisen, kamen mein Vater und ich nach Wien. Ich weiss nicht mehr zu welcher Gelegenheit. Da fuhren wir an einem kleinem Hotel vorbei, nicht weit vom Burgtheater. Da sagte mein Alter zu mir: "Du bist zwar in Frankfurt geboren, Zewen, aber hier bist Du entstanden!"

In der Stadt in der ich entstanden bin waere wirklich gern heute abend, und morgen, und übermorgen mit ihnen alle Zusammen.

Vielen Dank dass Sie gekommen sind

EIN FAX VON MARCEL OPHÜLS, 28. Mai 2010

Eileen Bowser

Peter and Peter, and 1984

In the seventies and eighties, through the activities of FIAF, I came to know the Oesterreichisches Filmmuseum as the work of two larger-than-life personalities, Peter Konlechner and Peter Kubelka. I find it difficult if not impossible to separate my picture of specific film archives from the individuals who founded and formed them, and Vienna is no exception. For much of that time, one or the other Peter represented the archive at the annual FIAF congresses, taking turns from one year to the next. In some ways they are very much alike, in others quite different. Both are well-rounded (in both meanings of the term) individuals, passionate about cinema and culture and life itself. In the contacts directly between archives, I dealt with Peter Konlechner, always reliable, responsive and responsible. He apparently was the one who managed the details, the daily operation of the Filmmuseum, while my experiences of Peter Kubelka, the artist and visionary, were based on his memorable and entertaining harangues at FIAF meetings, not to mention his lectures and his films and his cooking in New York, where he appeared at MoMA and contributed to the creation of Anthology Film Archives. I sat in those closed-in isolation seats he designed for Anthology's theater.

While I know perfectly well that the Oesterreichisches Filmmuseum engages in all the responsibilities of a real film archive, that it has built a strong international collection based on the concept that film is an art form (similar to the purposes of the Museum of Modern Art in New York), that it stores its films under the correct conditions, that it catalogues, preserves, restores, educates, and runs a rich public program, I must confess, somewhat to my embarrassment, that what remains in my memory most vividly from my various contacts with the archive is that of an overwhelmingly generous Viennese hospitality. All the archives I have ever visited have received me in a hospitable and friendly manner, but the most lavish treatment I have ever received was, I think, the Oesterreichisches Filmmuseum. On my first visit to Vienna, Peter Konlechner housed me in the most luxurious hotel I ever experienced (except perhaps the Danieli in Venice) – I don't know its name now but it was a hotel with vast spaces in which I wandered (thinking of it now, I am somehow reminded of *Last Year at Marienbad)*, where I felt a little out of place, maybe not sufficiently well-dressed for such rich surroundings. Late into the night when I arrived from overseas, Peter took me on a tour of Vienna's wine cellars, until I had to protest, weary and jet-lagged, and beg for my rest. On the morning of my departure flight, he met me for breakfast, where he ordered platters heaped with the famous delicious Viennese pastries so that I could taste all kinds: fortunately his wife and kids had joined us and the children gladly ate the excess.

At the 1984 FIAF congress held in Vienna this Austrian hospitality was the chief characteristic of the meeting. The congress was co-hosted by the independent Oesterreichisches Filmmuseum and the Filmarchiv Austria (then the Oesterreichisches Filmarchiv). In those days the two institutions were sometimes uneasy rivals, probably under the usual pressures of competition for financial resources, perhaps even due to the opposing philosophies of their film archives – and the very different personalities of the managers. Or so it appeared to an outsider. While the managers of the two archives seemed to cooperate very well in the organization of the congress, we all sensed a competition as to who could provide the most lavish hospitality. They took turns each day in providing luncheons at various restaurants and each day the lunches grew more extravagant. Instead of the usual hour and a half for the midday break, the luncheons grew into three-hour feasts. By the end of them, no one had energy (or sobriety?) for an afternoon working session. I think the Filmmuseum won the contest by hosting the closing night dinner party. Nobody was going to best Peter Kubelka in the enjoyment of good living, good food and wine. At the end of the dinner, this man of unlimited interests emerged to perform in a chamber music concert.

Is it surprising that I remember these moments even more strongly than the symposium Kubelka organized for that congress, which he called the »non-industrial cinema«? The term puzzled the native English-speakers a little when he first asked us for our contributions because we might have used the term »industrial cinema« to refer to a specific kind of documentary. Then we understood Peter to mean »non-theatrical cinema,« or »non-commercial cinema.« In any case, we saw an imaginative and stimulating array of the kind of films made outside the commercial film industry. They were in danger of being lost, because their value as a resource for study of our history, our culture, and our daily lives had not been understood. These were films that we have come to call »orphan films« because all too often there is no institution responsible for their preservation. The Oesterreichisches Filmmuseum, as it turned out, had organized a seminal symposium that continues to have repercussions even now.

Paolo Caneppele und Raoul Schmidt

»Die Bedeutung des nicht-industriellen Films in unserem kulturellen Erbe«

Zum FIAF-Kongress 1984 in Wien

In den letzten zwanzig Jahren hat das Interesse für den sogenannten nicht-industriellen Film deutlich zugenommen – und zwar nicht nur, was seine avantgardistischen Ausprägungen anbelangt. *Orphan films, Sponsored films, Home movies* und *Ephemerer Film* sind gängige Begriffe und zu begehrten Untersuchungsgegenständen geworden. Tagungen, Arbeitsgruppen, Gespräche über solche Materialien und beispielhafte Aufführungen mehren sich an Universitäten, Forschungszentren und in der Welt der Filmmuseen und -archive.

Zwei Kongresse der internationalen Vereinigung der Filmarchive (FIAF) stellen wichtige Etappen innerhalb dieser Entwicklung dar. Im April 1997 wurde im Rahmen des 53. FIAF-Treffens die Tagung *Out of the Attic: Archiving Amateur Film* abgehalten: »The subject of the Symposium [...] comes from the need to take care of non-industrial, experimental, independent and home-movie footage, which is disappearing almost as fast as it is produced. Its importance is even greater in the majority of countries without a film industry. We are aware of the fact that amateur production has not received the attention that it deserves, among other reasons because of the difficulties to define all the concepts involved in the term amateur, beside those related to finding, classifying, preserving and reusing that material. These issues will be studied in our journey.«[1]

Noch wichtiger war wohl das Symposium während des 40. FIAF-Kongresses 1984 in Wien – einerseits, weil es früher stattfand, andererseits wegen seiner relativ ausführlichen theoretischen Begründung und der darin enthaltenen ersten Versuche einer Taxonomie des privaten und nicht-industriellen Films. Wie weit die Tagung 1984 ihrer Zeit voraus war, wird deutlich, wenn man bedenkt, dass die Thematik bis dahin in der Fachliteratur noch kaum aufgearbeitet war – abgesehen von den ethnologischen Überlegungen zum Nutzen und Wert von Amateurfilmen durch Richard Chalfen (Mitte der 70er Jahre) und der Pionierarbeit Michael Kuballs (der in die Vorbereitung der Tagung involviert war). Die anerkannten Theoretiker des Phänomens privater Filmproduktion, z.B. Patricia Zimmermann (1986)[2] oder Roger Odin (1995)[3], sollten ihre Arbeiten erst später publizieren.

Der Kongress von 1984 wurde von den beiden österreichischen FIAF-Mitgliedern, dem Österreichischen Filmarchiv und dem Österreichischen Filmmuseum gemeinsam durchgeführt.

Das Symposium mit dem Titel *Die Bedeutung des nicht-industriellen Films in unserem kulturellen Erbe* wurde vom Filmmuseum gestaltet und organisiert und fand am 9. April 1984 im hauseigenen Kinosaal statt. Die Vorbereitungsarbeiten hatten während des 39. FIAF- Kongresses in Stockholm (30.–31. Mai 1983) begonnen: Im Rahmen der Generalversammlung berichtete Peter Kubelka über den Stand der Vorbereitungen für den kommenden Kongress, präsentierte den Arbeitstitel des Symposiums (»The non-industrial cinema or unofficial cinema in film archives«[4]) und gab eine längere Stellungnahme zu diesem Thema ab. Sein Statement hat zwei Schwerpunkte: Zum einen bittet er alle FIAF-Mitglieder und anwesenden Kollegen um Mithilfe bei der Auswahl, d. h. um die Einreichung von Filmen, die 1984 bei der Tagung präsentiert werden sollen. Zum anderen entwickelt Kubelka theoretische Überlegungen: Was sind diese Filme, und aus welchen Gründen sind sie so wichtig? Er wagt sich dabei an eine Unterteilung des riesigen Gebietes und schlägt vier Kategorien vor: 1) Privatfilme, hergestellt von Avantgarde-Künstlern in der Zeit vor dem Zweiten Weltkrieg; 2) Das Independent Cinema in der Periode nach dem Zweiten Weltkrieg; 3) Amateurfilme; 4) Film als Werkzeug und Hilfsmittel in speziellen Berufen. Die Rede schließt mit der Aufforderung an die Archive, diesen Filmen ihren spezifischen Platz zu geben, ihre Katalogisierung zu betreiben und ihre Bedeutung offiziell anzuerkennen. Zur besseren Einordnung möchten wir das Kongressprotokoll der FIAF zitieren:

»Symposium organized by Oesterreichisches Filmmuseum: ›The non-industrial cinema or unofficial cinema in film archives‹. Mr. Kubelka asked everyone present for help in the preparation of this Symposium. He pointed out that 99% of the films they preserved as part of our ›cultural heritage‹ gave a totally artificial picture of what life in our time is actually like. He suggested that archives had a duty to preserve also records of the ordinary, of life as lived, rather than the extraordinary, artificial life as dreamed, of the feature films. He pointed out that the problem existed for all kinds of historians: everyone knew what the emperor's sword and helmet looked like in the fifteenth century but no-one could produce a kitchen knife or everyday underwear. [...] Apart from the official ›industrial‹ film which was made for commercial reasons, with high investment to generate high profits, and therefore aimed to provide easy entertainment for the widest possible audience, he identified various other categories of films which provided alternative views of ›what life is really like‹ although these too provided their own distortions: • Private films made by, for instance, the French and German avant-garde (Duchamp, Buñuel, Dreyer). It was interesting that such films were often made by artists in other fields (painting, sculpture, music). • Post '45, there was the ›independent cinema‹ and

1) »Welcome to FIAF 53, 1997«, in: *FIAF 1997 Cartagena de Indias. Report*, S. 37

2) Patricia Zimmermann, »The amateur, the avant-garde, and ideologies of art,« in: Journal of Film and Video, Vol. 38, Nr. 3–4 (Summer/Fall 1986)

3) Roger Odin, *Le film de famille: usage privé, usage public*, Paris: Éditions Méridiens Klincksieck 1995

4) Möglicherweise wurde Kubelka bei der Wahl des Begriffs »Industrial / Non Industrial Film« von einem Essay Maya Derens beeinflusst: »Planning by Eye. Notes on ›individual‹ and ›industrial‹ film,« in: *Film Culture*, Nr. 39 (Winter 1965)

worldwide artists are producing films privately. • Amateur films, generally made in imitation of the industrial genre, including the pornographic. It was through their imperfection that they were often more revealing as ›contemporary documents‹ than the professional product. • ›Professional aids‹ films made by groups of specialists to help them in their work. This group included films made for medicine, the behavioural sciences, the military (including the illegal ›countermilitary‹ film-makers). [Kubelka] asked everyone present to think seriously about the creation of a new category for their own archive collections, which would preserve, through the cinema, a record of ourselves as we are. He suggested it was our duty, to ourselves and to future generations seeking to understand us.«[5]

Ein Jahr später konnte man die Früchte dieser Vorarbeit im Kino präsentieren: Viele der eingereichten Filmbeispiele wurden gezeigt und alle Vorführungen kommentiert.[6] Am 10. April, dem Tag nach dem Symposium, wurden die Filme in öffentlichen Projektionen für das allgemeine Publikum wiederholt. Im Kinoprogramm waren sie als Filme des FIAF-Seminars mit der Anmerkung angeführt: »Die im Seminar manchmal nur auszugsweise vorgeführten Filme werden zum eingehenden Studium noch einmal zur Gänze gezeigt.«[7]

Den Seminarteilnehmern und den Kinobesuchern am 10. April wurde ein Begleittext angeboten, der theoretische Fragen anspricht und wichtige Informationen zur Gestaltung und Ausführung der Tagung sowie die Namen der Vortragenden enthält. Zur Aufgabenstellung des Seminars finden sich zwei Punkte. Der erste verweist auf den Versuch, »anhand von Referaten, Diskussionsbeiträgen und Filmbeispielen den ausgezeichneten Stellenwert des nicht-industriellen Films hervorzustellen. Da die herrschende Meinung Film fast ausschließlich mit dessen industrieller Produktion assoziiert, dient das Seminar als Beitrag zur Erschaffung eines erst zu entwickelnden Bewusstseins von der Spannbreite, Gewichtung und [den] eigentlichen Möglichkeiten des Mediums«[8]. Der zweite Punkt »stellt das Thema des nicht-industriellen Films ausdrücklich in den Zusammenhang der Bewahrung unseres kulturellen Erbes. […] Das Seminar versucht Interesse an der Erhaltung bislang benachteiligter Filmformen zu [wecken]«[9].

Das fünfseitige Papier berührt Themen, die seitdem nichts an Relevanz verloren haben. Besonderes Augenmerk wird auf die Konservierung und Überlieferung der Artefakte gelegt; ein Teil des Seminars war der Diskussion über die besten Konservierungsstrategien beim Amateurfilm gewidmet.[10] Über die Notwendigkeit, Filme der Unterhaltungsindustrie zu bewahren, herrschte zu diesem Zeitpunkt bereits Konsens,

5) *FIAF XXXIX Stockholm. Minutes of the XXXIX General Meeting*, 30–31 May 1983, S. 20
6) Die Korrespondenz, die Unterlagen und die Recherchematerialien für die Filmauswahl der Tagung sind im Österreichischen Filmmuseum aufbewahrt (Mappe FIAF Kongress).
7) *Österreichisches Filmmuseum*, Programmfolder April 1984
8) *Die Bedeutung des nicht-industriellen Films in unserem kulturellen Erbe. Seminar im Rahmen des 40. FIAF-Kongresses*, Begleittext zur Veranstaltung, S. 3–4 (Sammlung ÖFM, Mappe FIAF Kongress)
9) Ebd., S. 4
10) Ebd., S. 5

FIAF-KONGRESS 1984 IN WIEN.
Im Uhrzeigersinn:
Peter Kubelka, Eileen Bowser, Jonas Mekas,
FIAF-Mitglieder im Saal des Filmmuseums

doch die Erhaltung nicht-industrieller Filme war noch kein Thema: »Künstlerische, geistige und dokumentarische Aspekte sind in [unverstellter], freier und schöpferischer Form im nicht-industriellen Film aufbewahrt. Wer jedoch bewahrt den nicht-industriellen Film vor kultureller Zerstörung und natürlichem Verfall? Die Erweckung des Bewusstseins dieses Problems ist notwendig für den oft in großen Worten besungenen Umgang mit Kultur als menschlichem Erbe.«[11]

Durchaus innovativ sind auch die Kategorien, die für die Veranstalter dieser Tagung dem nicht-industriellen Film zuzurechnen sind: intime Aufzeichnungen wie der Tagebuchfilm, gefilmte Briefe, die völlig ignorierte Spezies der von Kindern hergestellten Filme oder die Kategorie des subversiven Amateurfilms, betrachtet als filmisches Dokument des Widerstands gegen eine politische Situation oder ein Regime.

Das ganztägige Symposion und die Filmvorführungen wurden von Peter Kubelka moderiert; eine komplette Liste der gezeigten Werke ist vorhanden (vgl. Anhang 2). Wegen Zeitmangels wurden viele Filme nur in Ausschnitten gezeigt. Vortragende waren unter anderen Dr. Wulf Schiefenhövel, stellvertretender Leiter des Max-Planck-Instituts, der über den Stellenwert des Films für die Verhaltensforschung referierte, und der Leichtathletiktrainer Roland Gusenbauer, der die Ausformung der Hochsprungtechnik anhand von Filmbeispielen thematisierte. Gusenbauer verwendete das Filmmedium zur Bewegungsanalyse und zur Verbesserung der Bewegungsabläufe beim Training seiner Frau, der Hochsprung-Weltrekordlerin von 1971, Ilona Gusenbauer. Er sprach über die unterschiedlichen Ziele der Amateurfilmsportaufnahmen: »Für den Trainer ist die Betrachtungsweise eine ganz andere als für den Kommerzfilm-Betrachter, wir wollen alle Sprünge dokumentiert haben, nicht nur die schönen guten, sondern auch die fehlerhaften – gerade aus diesen Sprüngen lernt man. Es wäre sinnlos, wenn wir das jetzt zusammengeschnitten hätten auf drei schöne Sprünge.«[12] Auf diese Aussage reagierte Kubelka: »Therefore these films are invaluable because they are an indispensable step, they have been an indispensable step to reach a result, where of course the working tool is not visible anymore, but would we lose [the tool], we would lose knowledge of how [the result] came into being.«[13]

Amateurfilme werden hier eindeutig nicht als Kunstobjekte betrachtet, sondern als »Wissensträger« und »Werkzeug«. Dennoch eröffnete die Tagung auch eine künstlerische Perspektive auf den nicht-industriellen Film. So referierte etwa Jonas Mekas zum Thema der »Film diaries« und zeigte eigene Arbeiten sowie verschiede Beispiele von Stan Brakhage, Warren Sonbert, Larry Rivers, Richard Leacock, Ken Jacobs, Robert Frank, Peter Hutton und Francis Lee. Als Paradebeispiel für die Imitation von Industriefilmen im (jugendlichen) Amateurbereich dienten Arbeiten von Filmmachern, die später kanonischen Künstlerstatus erwerben sollten: Werke von George Kuchar, der vom 13-jährigen Joris Ivens hergestellte Indianerfilm *La Flèche ardente* (1911) und *Canary Bananas* (1935), gedreht von Richard Leacock im Alter von 14.

Die gesamte Tagung wurde auf Tonbandkassetten aufgenommen; die Bänder sind im Filmmuseum archiviert und wurden 2010 digitalisiert. Aus heutiger Sicht erscheint der Beitrag von Jonas Mekas besonders relevant für eine Vertiefung des Diskurses über den Amateurfilm. Mekas schildert einen persönlichen Versuch zur Katalogisierung dieser Materialien und eine neue Bewertung solch privater Aufnahmen als Egodokumente:

»Home movie and video makers are recording reality around us: their lives, or vacation trips, birthday parties, weddings, anything around them. That has been done for a long time and much of the footage is gone. The anthropologists in the museums are trying to collect some of it. And some examples of what those 20 million filmmakers do today – filmmakers, home movie makers, independent filmmakers, who have been collecting that footage for years – began to turn toward a direction which had already, for thousands of years, developed in literature: the autobiographical, diaristic direction. The cinema, during the last 25 years, has gone into the same direction. It has developed the equivalence in that area, into one or other kind of form that is biography, autobiography, memoirs, confessions, reflections, testament, diary, log, sketch book, notebook, travel log. There are nature or place portraits, self- or auto portrait, postcard, letter, reminiscences of acquiring a home or visiting places, visiting people, self analysis, etc.«[14]

Es ist schwer zu sagen, wie sich die FIAF-Tagung von 1984 ausgewirkt hat – oder ob die damalige Diskussion zunächst so ephemer blieb wie die Filme, denen sie sich gewidmet hatte. Der vorliegende Text soll zur Neurezeption dieser fast vergessenen Veranstaltung beitragen. Weitere Recherchen müssten untersuchen, wie und in welchem Maß das Symposium Auswirkungen auf die späteren Theoretiker des Amateurfilms und ihre bekannten Schriften aus den 1990er Jahren gehabt hat. Und nicht zuletzt wäre zu erforschen, in welcher Weise die verschiedenen FIAF-Mitgliederarchive die Anregungen der Wiener Tagung aufgegriffen haben. Im Österreichischen Filmmuseum selbst ist in den Jahrzehnten seither die Aufmerksamkeit gegenüber ephemeren und Amateurfilm-Materialien kontinuierlich gewachsen. Bisher konnten mehr als 6000 Amateurfilme in den Bestand aufgenommen werden, und das Filmmuseum hat sich als Partner für wichtige Forschungsprojekte in diesem Bereich etabliert.[15] Die be-

11) Ebd., S. 2
12) Tonbänder der Tagung 1984, Sammlung des ÖFM
13) Ebd.
14) Ebd. Das Zitat wurde gegenüber dem Originalvortrag (Tondokument) leicht verdichtet.
15) In jüngster Zeit etwa folgende Projekte: *Film. Stadt. Wien – A Transdisciplinary Exploration of Vienna as a Cinematic City* (2009–11), Projektpartner: Ludwig-Boltzmann-Institut für Geschichte und Gesellschaft (Wien), D&S – Gustav Deutsch und Hanna Schimek (Wien), gefördert vom Wiener Wissenschafts- und Technologiefonds.
Ephemere Filme: Nationalsozialismus in Österreich (2011–13), Projektleitung: Ingo Zechner, Projektpartner: United States Holocaust Memorial Museum (Washington), LBI für Geschichte und Gesellschaft (Wien), gefördert vom Zukunftsfonds der Republik Österreich.
Archäologie des Amateurfilms. Ausgrabungen zur visuellen Kultur der Moderne (2011–13), Projektleitung: Siegfried Mattl (LBI für Geschichte und Gesellschaft, Wien), weitere Projektpartner: Universität Siegen (Lehrstuhl für Mediengeschichte), Kinothek Asta Nielsen (Frankfurt a. M.), gefördert vom FWF, dem österreichischen Wissenschaftsfonds.

wusst offen gehaltene Sammlung entwickelt sich auch dank der internationalen Netzwerke, die seit den 1990er Jahren auf dem Gebiet des ephemeren Films entstanden sind, stetig weiter und wird von Kunst- und Kulturinstitutionen, Historiker/inne/n sowie Künstler/inne/n aktiv genützt.

~

Anhang 1

THE IMPORTANCE OF NON-INDUSTRIAL CINEMA WITHIN OUR CULTURAL HERITAGE

Dear Fellow Member of FIAF,

Österreichisches Filmmuseum is honoured to invite your participation at a seminar/screening designed to investigate new categories of cinema which merit preservation. The seminar will be held as part of the 40th Congress of FIAF in Vienna on April 9, 1984 at the screening room of the Österreichisches Filmmusem, Augustinerstraße 1, 1010 Wien.

Status quo: The categories for which preservation is stipulated by the automatism of the deposit laws and provided traditionally by the film archives are industrially produced Fiction Films and also industrially produced so-called Documentary Films aimed to be shown in commercial cinemas for entertainment purposes.

Investigation: Is the preservation of these films sufficient for the purpose of FIAF or is there more to look for, if we desire to secure the survival of the full spectrum of our cultural heritage existing on film.

Proposed categories:

Personal films – made not by a team but entirely by the author. These can be Works of Art, Works of Experimentation, Private Documents, Amateur Imitation of Industrial Films, Diaries, Filmed Messages (Film letters), Films by Children, Homemovies, etc.

Film as Working Tool – that is film not for entertainment and not for a general audience but film as an instrument indispensable for the advancement in certain fields of science, sports, philosophy, music, urban planning, etc. (Examples: The results of behaviouristic research which are strongly influencing contemporary worldview could not have been achieved without the use of film. For the advancement of techniques in various Sports film has become an indispensable tool.)

Small Formats – 16mm, (9.5mm), 8mm. Are there valid results achieved with these formats which are not better done in the »professional« 35mm or bigger formats? Is it possible that for certain purposes the small formats are better suited than the larger ones?

Other Categories

Subversive Films

Invitation: If you can provide samples to illustrate the categories mentioned or if you would like to propose and illustrate other categories, if you would like to make statements or make any kind of suggestion or contribution to the seminar, please contact us.[16]

16) Rundbrief an die FIAF-Mitglieder, versendet durch das Österreichischen Filmmuseum in der Vorbereitung des Symposiums (Sammlung des ÖFM, Mappe FIAF Kongress)

Anhang 2

DIE WÄHREND DES SYMPOSIUMS AM 9. APRIL 1984 GEZEIGTEN FILME

A Portrait of Max Planck
Made 1942 at the Filmarchiv, Berlin
(Staatliches Filmarchiv der DDR, Berlin)

A Portrait of Ernie Gehr, 1968
By Andrew Noren (London Filmmakers Coop)

Japanese High Jumpers at Tokyo University, 1937
Filmed by an amateur

Schifahren in Bayrisch Zell
Filmed by amateurs in 1937
(Österreichisches Filmmuseum, Wien)

Dark Ground Illumination of Explants, 1928/29
Film used as basis for scientific study

Microcultural Incidents in Ten Zoos, 1971
By Ray Birdwhistell and Jacques Van Vlack
(Österreichisches Filmmuseum)

Eureka, 1971
By Ernie Gehr (Moderna Museet, Stockholm)

Westinghouse Works, 1904
Biograph Company (Museum of Modern Art, New York)

Ahlen & Holm Insjön, 1911
Documentary
(Svenska Filminstitutet – Cinemateket, Stockholm)

Vienne: Vues diverses, 1920
Collection Kahn, Paris (Service des Archives du Film du Centre National de la Cinématographie, Bois d'Arcy)

A Yangtse Incident
(Imperial War Museum, London)

Sir Basil Gould in Lhasa, 1936/1941
(National Film Archive, London)

Sommerurlaub, Oberhof, 1935
Amateur movie (NDR, Hamburg)

Transport Westerbork, app. 1942
Amateur documentary
(Nederlands Filmmuseum, Amsterdam)

Fahrenheit 451, 1966
By François Truffaut

Books by Jewish Authors Are Burned, 1933
Documentary filmed in Halle an der Saale
(Staatliches Filmarchiv der DDR)

Warsaw Ghetto, 1940–41
(Staatliches Filmarchiv der DDR)

The Assassination of John F. Kennedy, 1964
By [Abraham] Zapruder (National Film Archive)

Priestley and Friends at Home, app. 1932
Amateur film (National Film Archive)

Fairbanks/Pickford/Chaplin Home Movie, app. 1929
(Museum of Modern Art)

Julius Jaenzon's Familiy Chronic, 1920–1929
(Svenska Filminstitutet – Cinemateket)

Men, 1983
Cigarette commercial by Franz Novotny
(Österreichische Tabakregie)

Sound Advice, app. 1935
English cigarette commercial (National Film Archive)

Industrial Waste/Archeological Treasure
Cutouts and throwaway pieces from industrial film production (Österreichisches Filmmuseum)

Jubilee, 1935
Film on the Royal Jubilee (National Film Archive)

Mickey au Vietnam
Private animation
(La Cinémathèque québécoise, Montréal)

Dangerous Mice, 1984
By Norbert Gmeindl

Divine Miracle, 1973
By Daina Krumins (Österreichisches Filmmuseum)

Harlekin, app. 1920
Anonymous (Jugoslavenksa Kinoteka, Beograd)

Tiere und Töchter, 1932
German home movie (Österreichisches Filmmuseum)

Adventures of the Exquisite Corpse, 1968
By Andrew Noren (London Filmmakers Coop)

München-Berlin Wanderung, 1927
By Oskar Fischinger (Anthology Film Archives, New York)

World War II and Me, 1977
By Francis Lee (Anthology Film Archives)

Divided Loyalties, 1978
By Warren Sonbert (Anthology Film Archives)

Notes for Jerome, 1966–78
By Jonas Mekas (Österreichisches Filmmuseum)

The films shown in the symposium which come from FIAF archives are presented by: Eileen Bowser (The Museum of Modern Art, Department of Film, New York), Manuel Gonzales Casanova (Filmoteca de la UNAM, Mexico City), Clive Coultass (Imperial War Museum, London), Robert Daudelin (La Cinémathèque québécoise, Montréal), Luz Fernandez de Alba (Cineteca Nacional, Mexico City), Jan de Vaal (Nederlands Filmmuseum, Amsterdam), David Francis (The National Film Archive, London), Wolfgang Klaue (Staatliches Filmarchiv der DDR, Berlin), Rolf Lindfors (Svenska Filminstitutet – Cinemateket, Stockholm), Vladimir Pogacic (Jugoslavenksa Kinoteka, Beograd), Frantz Schmitt (Service des Archives du Film du Centre National de la Cinématographie, Bois d'Arcy), Anna-Lena Wibom (Svenska Filminstitutet – Cinemateket, Stockholm).[17]

17) *Die Bedeutung des nicht-industriellen Films in unserem kulturellen Erbe. Seminar im Rahmen des 40. FIAF-Kongresses*, Filmprogramm zur Veranstaltung, S. 4 (Sammlung ÖFM, Mappe FIAF Kongress). Anmerkung: Jonas Mekas (Anthology Film Archives, New York), der im Rahmen des Symposiums referierte, ist mit einem eigenständigen Programmpunkt in der Liste angeführt, seine Name erscheint daher nicht in der Gesamtliste der Präsentator/inn/en.

Serge Daney

Autorenfilm und Manierismus

1987

Die französische Filmkritik hat vielleicht als letzte jene Form des Films »manieristisch« enannt, die sie vielleicht als erste adäquat beschrieben hatte. Die charakteristischen Züge hatte man schon herausgearbeitet, aber der passende Begriff war noch nicht gefunden. 1981, noch unter dem Eindruck der Filme von Syberberg, Ruiz und Oliveira, schrieb ich im Nachwort zu einer Sammlung von Aufsätzen, die in den *Cahiers du cinéma* erschienen waren: *Ist das Barock?* Diese Frage, die ich damals für gewagt hielt, war bloß vorschnell, denn jeder x-beliebige Student der Kunstgeschichte hätte mich darauf hinweisen können, dass dem Barock der Manierismus vorausging. Ich möchte hier zusammenfassen, warum ich nicht auf jenen Studenten gehört hätte: Erstens hatte der Begriff des Manierismus in Frankreich immer einen negativen Beigeschmack. Zweitens irritierte mich die Vorstellung, dass der Film eine Entwicklung durchlaufen konnte, die der Kunstform einer anderen Epoche, beispielsweise der Malerei des 16. Jahrhunderts, vergleichbar wäre. Und drittens hielten wir uns, in politischen wie in literarischen Dingen, noch an eine Begrifflichkeit, in der Form und Inhalt die zentralen Bezugspunkte waren. Schon immer war die Kritik der *Cahiers du cinéma*, besorgt um ihre Tradition, darum bemüht, den Formen der Vergangenheit, den Genres, Ausdrucksformen und Codes ihren Wahrheitsgehalt, ihren impliziten Inhalt zu restituieren – ein Ansatz, den die »engagierte«, soziologisch orientierte Kritik als »formalistisch« einstufte. Nicht dass die Kritiker der *Cahiers* jene Formen für endgültig und ewig gehalten hätten – John Ford war ja bereits tot, sein Stil nicht kopierbar –, aber aufgrund eines Sergio Leone konnten sie John Ford eine liebevolle Hommage widmen. Durch die Übertreibungen Leones war das Bild John Fords verzerrt, als Anamorphose, erschienen. Eine ähnliche Beziehung besteht zwischen De Palma und Hitchcock, zwischen Coppola und Minnelli, zwischen Ruiz und Welles. Wenders schließlich gestaltete die von Ray, Ozu, Dwan und Lang überlieferten Bilder um. Wir nannten diese Wiederholungen und Metamorphosen der Vergangenheit – unserer Vergangenheit – noch nicht »manieristisch«, sondern nahmen nur deren Melancholie wahr. Zehn Jahre später, als diese Melancholie zum Klischee verkommen war und zum Rezept, mit dem man kühl die alten Stilfiguren manipulierte, fanden die aufgebrachten Kritiker es an der Zeit, den Begriff des Manierismus einzuführen. Mir passierte das 1982 zum ersten Mal, bei Coppolas *One From the Heart*. Die *Cahiers* haben diesem Thema erst 1985 eine Ausgabe mit dem Titel »Der Film in der Phase des Manierismus« gewidmet – spät also, und es scheint paradoxerweise noch später, bedenkt man, dass die Kritiker dieser Filmzeitschrift selbst mit Hilfe des Autorenfilms, den sie zwanzig Jahre vorher zu ihrem Hauptthema gemacht hatten, auch jenem Manierismus den Weg ebneten.

Es fehlt nicht an Schlagworten, die den Manierismus charakterisieren. »Verlust der Mitte«, schreibt Sedlmayr, »Zerstörung der Einheit« heißt es bei Germain Bazin, und Mauriès präzisiert: »Krise des Organischen«. Der filmische Manierismus drückt, zunächst melancholisch, dann frivol, den Verlust einer organischen und um eine Mitte zentrierten Einheit aus, die in der Geschichte des Films vielleicht nur im Rahmen des amerikanischen Studiosystems zwischen 1930 und 1960 produziert oder eher serienmäßig hergestellt wurde; noch aber sind die Mittel nicht vorhanden, »das Unendliche wiederzugeben«, wie es die barocke Illusion intendiert. (Diese Mittel werden in der Geschichte der Medien vielleicht ein explosionsartiges Wachstum der Kommunikations- und Bildindustrien auslösen.) Wenn heute Regisseure wie Tavernier in Frankreich oder Schlöndorff in Deutschland sich damit begnügen, mit einer gewissen »ressentimentalen« Pietät die althergebrachten Formen zu kopieren, dann wirken ihre Filme bloß akademisch. Wenn sie aber, wie Zulawski in Frankreich oder Ken Russell in England, sich selber als »barock« deklarieren und dabei einen nicht vorhandenen Taumel vorwegnehmen, dann sind sie bloß posierende Gaukler. Der Manierismus ist seinem Wesen nach eine Übergangserscheinung, eine Station auf halbem Weg, Pause und Pose zugleich.

Verkehrt ist die manieristische Vorgangsweise dadurch, dass sie die ursprüngliche Einheit kopiert und ihr ein »Mehr« hinzufügt. Das heißt, dass die ursprüngliche Einheit in ihrer Totalität sowie als Ausgangspunkt nicht mehr ausreicht. Aus ihr entwickelt sich nichts mehr, nichts weist mehr von selbst auf ein Anderes – kurzum, die ursprüngliche Einheit ist nichts Organisches mehr, sondern ein Fossil. Der klassische Film basierte auf der Einstellung [*plan*], ein schlechthin zweideutiger Begriff, und die Einstellung beruhte auf zwei Faktoren: auf dem Schnitt und auf dem »Außenfeld«. Jede Einstellung verweist aber nur dann auf eine andere, wenn sie ausläuft und ins »Außenfeld« schwenkt. Ob das nun metonymisch geschieht wie bei Ozu oder metaphorisch wie bei Eisenstein, die so entstandene Einstellung ist Teil des gleichen Universums, des gleichen Horizonts im heideggerschen Sinn, wie die Einstellungen, an die sie sich anreiht. Der manieristische Film entstand zu der Zeit, als man regredierend von der »Einstellung« zum »Bild« zurückkehrte, eine Entwicklung, die auf Aussagen mancher junger Filmemacher wie etwa Beineix hinausläuft, für die »der Film vor allem aus Bildern besteht«. Nur dass ein hinzugefügtes Bild eben nicht einfach »ein Bild mehr« ist, sondern eine andere Art von Bild, vergleichbar dem »Mehrwert« der ökonomischen Theorie. Dort, wo die Einheit brüchig wird, werden Bilder »aufgepfropft«. Ich weiß nicht, ob man Truffaut zu den Manieristen zählen soll, doch er führte z. B. am Ende seines ersten Films (*Les quatre cents coups*) ein Stilmittel ein, das bis zum Überdruss beliebt werden sollte: das Anhalten des Bildes, die sogenannte »gefrorene« Einstellung; *frozen*, wie die Amerikaner so schön sagen. Das Einfrieren des Bildes ist typisch manieristisch insofern, als dieses eine Bild mehr unmerklich zum letzten Bild wird, das der Abfolge der anderen Bilder ein Ende setzt und sie markiert, ihr aber äußerlich bleibt, wie die zum Kauf verführende Verpackung einem Produkt. Der Manierismus entwickelt sich mit der Vervielfältigung dieser »letzten Bilder«, mit den Filmausschnitten, den Trailern und Plakaten, mit den Namen der Regisseure und der Aufprägung des persönlichen Markenzeichens. Dennoch bleibt das letzte Bild eine anfechtbare Lösung, wie ein »double bind« à la Borges, denn entweder präsentiert es eine echte Einheit, dann ist es überflüssig – man halte sich z. B. nur die Schwierigkeit der Filmkritiker vor Augen, ihre Aufmerksamkeit und die ihrer Leser darauf zu lenken, wie ein Film ist, nicht darauf, als was er schon vorher verkauft wird. Oder das letzte Bild ist notwendig, dann war die Einheit, die es beschließt, falsch, d.h. veraltet und unecht.

Es scheint fast banal, zu sagen, dass der Kampf der *Cahiers du cinéma* für eine *politique des auteurs* dreißig Jahre später mit einem Pyrrhussieg geendet hat. Die Kritiker dieser Zeitschrift hoben den Filmautor von seinen Filmen ab – zugunsten des Œuvres, unter das alle Filme subsumiert werden. Und sie verzichteten auf die Darstellung seines politischen und sozialen Umfeldes im Interesse einer Weltanschauung, die sein Werk transzendiert. So wurden die Namen der Filmautoren durch die Kritik bekannt, und aus den Namen wurden Rubriken, schließlich Markenzeichen und ein Verkaufsargument mehr. In der Folge lernten die neuen, kinobesessenen Filmautoren der sechziger Jahre, sich einen Namen zu machen, indem sie ihren Filmen vor allem eine persönliche Handschrift verliehen und sich als treue Jünger der so bewunderten, aber zugleich überholten Tradition stilisierten. Man könnte einwenden, sie hätten keine andere Wahl gehabt. Aus wirtschaftlichen Gründen sei es unmöglich gewesen, an den alten Film anzuknüpfen. Der Verfall des Studiosystems, der Rückgang der Besucherzahlen, die Propagierung des Cineastentums als neuer Kultur von »Parvenüs« und der Übergang zur Reklame-Ära der »persönlichen Botschaften«, das alles hätte die Filmautoren ohnehin gezwungen, sich als die Urheber ihrer Produkte geltend zu machen, während sie doch oft nur verdienstvolle Unternehmer waren oder im Auftrag anderer produzierten. Mittlerweile ist es leichter, jedenfalls wünschenswerter, ein Filmemacher zu sein, als Filme zu machen – Godard ist nicht müde geworden, gegen diesen Unfug zu polemisieren. Aber um als Filmemacher zu gelten, muss man mindestens einen Film gemacht haben, und dieser Film soll in extenso alle künftigen Filme enthalten, die vielleicht nicht gedreht werden können. Die stilistischen Kraftakte vieler junger Filmautoren, auch der begabtesten wie z. B. Carax, haben darin ihren Grund. Heute rechtfertigt sich ein Filmautor nicht mehr durch einen angemessenen Einsatz, den er riskiert oder den man auf ihn setzen könnte, weil das nämlich Zeit bräuchte, sondern er weist sich mit der Summe seiner »letzten Bilder« aus, aber auch mit anderen Vergünstigungen, die ihm mit einem Mal zugutekommen: Werbeplakate, Veröffentlichungen in Filmzeitschriften, Interviews, Reisen und Präsentationen auf Festivals. So wie sich der Übergang von einer Ästhetik der Einstellung, die sich nur im zeitlichen Ablauf entfalten kann, zu einer Ästhetik des Bildes vollzogen hat – das Bild wird zum Schnappschuss, sofort verkäuflich und wieder verwertbar –, so hat man die anonyme Serie, hinter der unter Umständen Filmautoren wie Chabrol oder Mocky standen, durch den Prototyp ersetzt. Nur gelegentlich einen Film zu machen, heißt aber, dass alle nicht realisierten und alle in Zukunft nicht realisierbaren Filme die Dreharbeiten in eine Hetzjagd verwandeln. Hierin liegt ein weiterer Grund für den Manierismus.

Wie konnte es dazu kommen? Wie konnte aus der *politique des auteurs* eine Börsenspekulation werden? Hier geht es nur um die Entwicklung in Frankreich, wo in Paris eine Gruppe von Filmkritikern und -autoren dem Manierismus ungewollt den Weg ebnete. Das scheint deshalb umso paradoxer, als der Film der Nouvelle Vague – zumindest anfangs – nicht manieristisch und die *politique des auteurs* eher eine Taktik als eine Strategie war. Welche vier Regisseure wurden nun wirklich von den *Cahiers* am häufigsten herangezogen, ja geradezu vergöttert? – Die Amerikaner Hawks und Hitchcock und die Europäer Renoir und Rossellini. Die ersten beiden hatte man bis dahin für geschickte Handwerker gehalten, die anderen beiden galten natürlich als Filmautoren, deren Einfluss allerdings rapide schwand. Die *Cahiers du cinéma* haben sich also ausgerechnet für diese vier entschieden und nicht für die großen Demiurgen oder Einzelgänger, denen ihr Werk alles bedeutete. Die Wahl der *Cahiers* fiel weniger auf die zwar bewunderten Regisseure wie Tati und Bresson, sondern eher auf Renoir, den »patron«.

Wäre der Begriff des Filmautors für die Kritiker der *Cahiers* ein rein literarischer gewesen, so hätten sie sich nicht so stark für diejenigen interessiert, die innerhalb eines Produktionsbetriebs, den sie weder in Frage stellten noch verachteten, eher das verwirklichten, was sie konnten, als das, was sie wollten. Die Filmautoren der *Cahiers du cinéma* waren Meisterregisseure, die allerdings den Anforderungen des Kommerzes und der Unterhaltung unterworfen blieben. Es handelte sich um keine Außenseiter, sondern um Leute, die es verstanden, sich geschickt aus der Affäre zu ziehen. Unter den Amerikanern standen dafür Ray, Fuller, Aldrich oder Sirk, nicht die großen Meister des Hollywood-Betriebs (von Stevens bis Wyler). So nahmen die Filmautoren der Nouvelle Vague bei ihren Lieblingsregisseuren nur Lektionen in Sachen Schliche, Widerstand und Anpassung an Zwänge, während die ältere Generation der französischen Regisseure das Gefühl hatte, von narzisstischen und selbstbewussten Aufsteigern brutal verdrängt zu werden. Gelernt wurde freilich nur das Metier der Lieblingsregisseure, nicht das, was sie ausdrücken wollten. (Hitchcock z. B. hat Truffaut ein ganzes Rezeptbuch vermacht.) Erlernbar an der *mise en scène* schien nur das eigene Ausführen standardisierter Programme.

Diese Taktik stellte sich rasch als überflüssig heraus. Es zeigte sich nämlich, dass die Generation amerikanischer Regisseure (die von Ray und Fuller), die in den vierziger Jahren debütiert hatte, machtlos dastand, als jenes Studiosystem zusammenbrach, in dem sie groß geworden war. Diese Generation, die durch den Schock der McCarthy-Ära überaus empfindlich geworden war, hatte mit allerlei Schlichen versucht, über obsolete Konventionen und Genres (Western, Melodram, Musical) hinweg eine neue Sensibilität zu vermitteln. In Frankreich war es zu einer ähnlichen Entwicklung gekommen, obgleich sie sich hier langsamer vollzog. Bekanntlich wird hier die Filmindustrie staatlich gefördert und gelenkt – etwas, was in den Vereinigten Staaten undenkbar wäre. Dies führte zusammen mit der Schwächung dieser Branche dazu, dass zu dem Zeitpunkt, als Godard und Truffaut sich gerne in trivialen und populären Genres ausgedrückt hätten, sie als Opfer ihrer eigenen Erfindung gezwungen waren, »allmächtig« zu erscheinen, als Künstler und Demiurgen, mit einem Wort als »Filmautoren«. Das brachte ihre Dauerfeinde in Rage, die zu Recht enthüllten, wie unerheblich ihre Weitsicht oft blieb, in welchem Ausmaß diese kleinbürgerlich, ja sogar konformistisch war. Godard freilich sollte nie wirklich, nicht einmal widerwillig, akzeptieren, dass er als einsamer Künstler anerkannt wird. Er ist par excellence derjenige, der auf das »System« böse ist, weil ihm nicht mehr die Aufträge erteilt werden können, die er mit dem größten Vergnügen umgangen oder zunichte gemacht hätte. Truffaut, zunächst der Wildeste, wurde nach und nach zu einem kleinen, gut organisierten Boss, der (zu sehr auf eigene Faust) mit dem Widerspruch zwischen Kunst und Kommerz fertig werden musste. Rohmer ist davon überzeugt, dass der Film sich nicht zu stark selbst thematisieren sollte, und er hat lange darauf gewartet, bis die öffentliche Anerkennung ihn davon befreite, den Filmautor spielen zu müssen. Rivette schließlich entschied sich plötzlich dafür, vier Filme gleichzeitig zu drehen, als ob er der Versuchung nicht erliegen wollte, ein Meisterwerk zu schaffen. Trotz ihrer Koketterien haben die Filmautoren der Nouvelle Vague so lang wie möglich regelmäßig Filme gemacht.

Aus einem anderen Grund noch hatte der französische Film das Aufkommen des Manierismus lange Zeit hintan halten können. Als Erbin von Renoir und Rossellini, von Rouch und Bazin hatte die Nouvelle Vague einen anderen Anspruch: den, Zeuge zu sein, zu erforschen, ja sogar zu erziehen. Der Film schien noch insofern eine unmittelbare Beziehung zur Wirklichkeit zu haben, als diese Widerstand leisten, aber durch den Film auch zu einer anderen werden konnte. In diesem Sinne sagte Godard, dass eine Kamerafahrt »eine moralische Angelegenheit« sein könne. Deshalb ist »Blick« das Zauberwort des französischen Films der sechziger und siebziger Jahre.

Die modernen Filmautoren der verschiedenen Wellen der Nachkriegszeit erwarteten sich vom Zuschauer nicht mehr eine Identifikation mit Stars oder ein Einverständnis mit bestimmten Erzählweisen, sondern die Identifikation mit dem Blick, der auf die Wirklichkeit gerichtet wird, selbst auf die der Stars und der Erzählweisen. Klarerweise wurde die große Mehrheit der Zuschauer dabei mürrisch, entschied sich fürs Fernsehen und hielt sich einige Abende frei, um die Erinnerungen an die alten Filme für die ganze Familie – von Belmondo bis *Jean de Florette* – wachzuhalten. Blieben die Cineasten, von denen man, auch aufgrund der Politisierung, lange Zeit verlangen konnte, nicht Zuschauer, sondern Zeugen zu sein. Niemand ist darin weiter gegangen als die Straubs.

Möglicherweise ist die Tendenz zum Unmittelbaren, zum Direktton, zum Bild, das dem Wort verpflichtet bleibt, kein Widerspruch zum Manierismus. (Filmautoren wie Wenders, Thome oder Tanner haben diese Tendenz übrigens beibehalten.) Wenn wir an unsere Minimaldefinition des Manierismus denken – der Manierismus als ein »Mehr«, das einer falschen Einheit hinzugefügt wird –, dann kann der Blick in perfekter Weise dieses hinzugefügte »Mehr« sein. Denkbar wäre ein Manierismus des Blicks, sobald der Blick wichtiger wird als das Angeblickte. Dazu kam es nicht vor 1980. Der Blick von Rossellini auf Rom, der von Resnais auf die Konzentrationslager, der von Rouch auf das entkolonialisierte Afrika, der von Antonioni auf das wiederaufgebaute Italien oder der von Godard auf das Frankreich der sechziger Jahre, das alles sind zugleich Blicke von jemandem auf etwas. Zwanzig Jahre später ist der Film angesichts des Fernsehens nicht mehr in der Lage, als Zeuge aufzutreten oder etwas zu erforschen. Wenn der Filmautor es doch versucht, geht der Film in ein Bildungsprogramm des Fernsehens über, wie bei Rossellini, oder er wird zum Video, wie bei Godard.

Dort, wo der Akt des Sehens zur Askese geworden ist, bietet sich die Praxis der Lektüre als Schauspiel dar. Der Manierismus verzichtet aufs Nie-Gesehene, um Ordnung ins Schon-Gesehene zu bringen. Zwischen die Kamera und die Wirklichkeit legt sich ein Schleier aus cineastischer Kultur, aus der allen zugänglichen Semiologie und aus dem Humor der Werbung. Dieser Schleier übernimmt die Funktion der ehemaligen Wirklichkeit, einer Wirklichkeit, die es nicht mehr zu sehen, sondern zu lesen gilt. Sie ist die gemeinsame Kultur des Filmautors und seines Publikums, ein Universum der Zeichen, in dem der Augenblick des Einverständnisses über den Blick triumphiert hat. Dadurch wird der Zuschauer nicht mehr zum Zeugen, sondern zum Komplizen. Der Manierismus ist der tödliche Moment einer illusionslosen Komplizenschaft. Dem Barock wird es im glücklichsten Fall gelingen, einen neuen Zuschauer zu erfinden.

Erstveröffentlichung in: Karl Sierek (Red.), Taumel und Entstellung. Maniera im narrativen Film nach 1950, *Wien: Österreichisches Filmmuseum, Wiener Festwochen 1987.*
Übersetzung aus dem Französischen: Georg Kranner

SERGIO LEONE, 1987

»Durch die Übertreibungen Leones war das Bild John Fords verzerrt, als Anamorphose, erschienen«, schreibt Serge Daney im vorangegangenen Essay über den Eintritt des Manierismus ins moderne Kino. Fünf Wochen vor der Manierismus-Schau, für die Daney seinen Aufsatz verfasste, war Sergio Leone auf Einladung des Filmmuseums höchstselbst nach Wien gereist. Am 27. März 1987 besuchte er die Vorstellung seines letzten Films *Once Upon A Time in America* im Rahmen der USA-Retrospektive »God's Own Country«. Wie Franz Manola in der *Presse* anmerkte, stand eine Leone-Retrospektive schon lange an oberster Stelle der »Traumschauen-Wunschliste« von Peter Konlechner. Realisieren konnte er sie erst im Mai 2000, elf Jahre nach dem Tod des Regisseurs. Manolas Bericht von seinem Gespräch mit Sergio Leone ist auf den folgenden Seiten abgedruckt. Er evoziert sehr plastisch einen Film, den es nie geben würde: Leones damals in Vorbereitung befindliches Epos über die Belagerung von Leningrad.

Franz Manola

Once Upon A Time in Russia von Sergio Leone

1987

Eine jener bis an die Grenzen des Erträglichen ausgekosteten Großaufnahmen, wie sie aus *Spiel mir das Lied vom Tod* in bleibender Erinnerung sind, zeigt uns die Hände Schostakovitschs auf dem Klavier: die ersten verhaltenen, verzögerten Akkorde seiner »Leningrader Sinfonie« klingen an. Eine Bildüberblendung führt uns in ein großes Auditorium, mehrere tausend Zuhörer, fast zweihundert Musiker auf der Bühne. Die »Leningrader Sinfonie« dümpelt, jetzt voll instrumentiert, immer noch piano vor sich hin. Die Kamera erhebt sich, von einem Hubschrauber getragen, über die Gassen, Straßen und Plätze Leningrads. Von überall streben bewaffnete Männer in Straßenbahnen und Lastwagen den Vorstädten zu, Schostakovitschs Musik schwillt an. Die Kamera führt uns, in immer noch derselben Einstellung, an die Peripherie der Stadt, schwebt über die Schützengräben und Verteidigungslinien der Russen hinweg und landet vor den Geschützen der deutschen Panzer. Das Fortissimo der »Leningrader Sinfonie« und die ersten Salven aus den deutschen Geschützen vermengen sich zu einer infernalischen Kakophonie. »Schnitt, und jetzt der Vorspann«, ein seliges Lächeln huscht über Sergio Leones Gesicht, die Spannung löst sich.

Den Film, dessen Bilder es noch nicht gibt und die dennoch mittlerweile meine Vorstellung in weit größerer Intensität okkupiert halten, als Legionen anderer, tatsächlich schon gesehener, indessen halbvergessener Filme, hat noch keinen Titel. Alles was ich von ihm weiß, ist was Leone von ihm erzählt, diese seine grandiose Anfangs- und seine tragische Schlussszene: Im selben Auditorium haben sich, einige hundert Tage später, kaum fünfzig Zuhörer und nur eine Handvoll Instrumentalisten versammelt, um die »Leningrader« aufzuführen und zu hören. Das pathosdurchtränkte, nur in riesiger Besetzung vorstellbare Werk, klingt dementsprechend kläglich. Zwischen der ersten Einstellung und der letzten, zwischen dem ersten und dem letzten Schuss in der Schlacht um Leningrad, liegt – Leone sagt es ganz leise – »Dantes Inferno«.

Er will es nicht zeigen, nur spürbar machen: »Das wird kein Kriegsfilm, das wird *un film di amore.*« Ein junger amerikanischer Kriegsberichterstatter, der nur wenige Tage in Leningrad bleiben wollte und von der Schlacht überrascht wurde, die vor ihren Toren ausbricht, beginnt eine junge Russin mit einer Leidenschaft zu lieben, die ebenso intensiv ist wie die Grausamkeiten auf den umliegenden Schlachtfeldern und die Angst, die das Mädchen zu durchleiden hat inmitten stalinistischer Repression, der nicht zuletzt jene ausgesetzt sind, die das Tabu durchbrechen und sich einem »Westler« nähern. Wie immer der Film heißen wird, was uns erwartet, ist Großes Kino.

Großes Kino war auch die Viennale-Aufführung der vollständigen, 229 Minuten langen Fassung von Leones epischem Gangsterfilm *Once Upon A Time in America* im gesteckt vollen Kinosaal des Österreichischen Filmmuseums am Freitag Abend. Leone vermochte sich lange nicht von dem Film, den er hunderte Male gesehen hatte, loszureißen: »So eine gute Tonanlage habe ich noch nie, so eine gute Projektion fast noch nie erlebt.«

Das war mehr als nur ein wohl verdientes Kompliment für Peter Konlechners pedantisch gepflegte Vorführmaschinerie, das war die halbe Zusage für die komplette Leone-Retrospektive, die der Filmmuseums-Chef seit langem an der obersten Stelle seiner Traumschauen-Wunschliste führt. Als RAI 1 vor kurzem alle Leone-Werke, von den frühen, inzwischen längst »klassischen« Italo-Westernfilmen *Für eine Handvoll Dollar*, *Für ein paar Dollar mehr* und *Spiel mir das Lied vom Tod* bis hin zu *Once Upon A Time in America* brachte, versammelten sich 65 Prozent aller fernsehenden Italiener vor den Bildschirmen und ein einsamer Einschaltziffern-Rekord ward aufgestellt.

Dass der neben Fellini letzte Altmeister des traditionellen italienischen Kinos seinen Wien-Aufenthalt an der Spitze einer hochrangigen Delegation italienischer Filmindustrie-Funktionäre auf die Länge fast einer Woche ausdehnt, hat nicht nur damit zu tun, dass Leone die Wien-Leidenschaft vieler seiner Landsleute teilt. Das Angenehme ist mit Notwendigem verknüpft: Peter Konlechner hütet den umfangreichsten Schatz sowjetischer Wochenschauaufnahmen rund um die Schlacht von Leningrad, den es im Westen gibt. Und den muss Leone studieren, bevor er sich an sein vorläufig unbetiteltes, jedenfalls aber großes Alterswerk macht.

Erstveröffentlichung: Franz Manola, »Once Upon A Time in Russia. ›Presse‹-Gespräch mit Sergio Leone, der seinen nächsten Film in Leningrad dreht«, Die Presse, *30.3.1987*

Erika Gregor

Für Peter Konlechner

Am 3.1.1970 eröffneten wir das *Arsenal,* und irgendwann in den 70ern begannen die Telefonate. Ich weiß nicht, wer zuerst anrief, aber sie begannen meistens mit: »Habe gerade Ihr neues Programm bekommen, sehr interessant, finde den Film X darin, wo haben Sie die Kopie her?« Dann sagte man, eventuell unter dem »Siegel der Verschwiegenheit«: von Y, aber der Mann ist schwierig, gibt nicht gern, Sie müssen … etc. Oder bei osteuropäischen Archiven: nicht den Direktor fragen, der antwortet nicht – oder hat sowieso keine Ahnung, aber es gibt in der Hierarchie den Z, der a) genau weiß, was im Archiv liegt, und b) hilft, weil er Film genau so leidenschaftlich liebt wie wir …

Auch Austausch über neue Filme: Haben Sie XXX gesehen, las von X eine gute Kritik, traue ihm nicht ganz, wie ist Ihre Meinung? Und ungeschönt konnte man sie sagen!

~

Einmal im Jahr, wenn ich zur Viennale kam, war ein Tag für das Österreichische Filmmuseum reserviert. Ich kam in dieses wunderschöne Haus, die immer freundliche und hilfsbereite Frau Küttner empfing mich (sie kannte mich natürlich vom Telefon), ich bekam einen Kaffee, die neuen Publikationen – nicht nur inhaltlich interessant, sondern auch wunderbar gestaltet, so schön wie auch die Plakate der Künstlerin Gertie Fröhlich (und ich dachte etwas traurig an unsere so nüchternen Berliner *Arsenal*-Programme …).

Und dann Besichtigungen – sogar ins Archiv fuhren wir: groß, sauber, ordentlich – ich sah es bewundernd und neidlos. Mittags gingen wir essen; beim ersten Mal wunderte ich mich, dass es in ein Café ging, aber es war ein feierlicher Akt, das Demel zu betreten. Ich versank in einem Ecksofa, »dort hat schon die Erzherzogin Elisabeth gesessen« (ich dachte, die Sprungfedern hätten sie inzwischen reparieren können), aber das Essen war hervorragend und der Wein auch, und aufstehen musste ich sowieso lange Zeit nicht.

~

In den 80er Jahren gab es eine Zeit, in der Herr Konlechner unzufrieden war mit den neuen Filmen. Wir sprachen auch über andere Dinge, und er erzählte von seinem neuen Interesse für Computer. Ich konnte es nicht verstehen; ich sagte, es gibt so viele Filme zu sehen, so viele Bücher zu lesen, so viel Arbeit im Arsenal und im Forum (von zu Hause nicht zu reden), ich habe einfach nicht die Zeit dafür, aber mein Mann sitzt stundenlang vor den Kästen, entwirft Programme, stellt Listen zusammen etc.

Helga Konlechner, Federico Fellini, Peter Konlechner, 1988

Ich kann es nicht verstehen. Ja, sagte Herr Konlechner, das kann ich Ihnen erklären, Ihr Mann ist doch etwa in meinem Alter, so Anfang, Mitte fünfzig? Ja, sagte ich. Nun, sagte Herr K., da braucht der Mann etwas Neues, er ist vielleicht nicht ganz ausgefüllt mit der Arbeit, auch zu Hause läuft alles in ruhiger Bahn, da wird er unruhig. Ein dummer Mann nimmt sich eine neue Frau und denkt, er kann noch einmal neu anfangen mit der Neuen, das geht natürlich schief. Ein kluger Mann wie Ihr Mann und ich sucht sich ein neues Hobby oder einen neuen Schwerpunkt in seiner Arbeit.

Darüber habe ich nachgedacht, mich in unserer Umgebung ein wenig umgeschaut und war ganz froh, dass die liebe Frau K. und ich kluge Männer haben …

FEDERICO FELLINI, 1988

»Niemand wollte es wirklich glauben: Ist er wirklich abgeflogen, sitzt er in der Maschine, kann nichts mehr dazwischenkommen? Als Federico Fellini, bekannt für Absagen im letzte Moment, dann wirklich aus der Alitalia-Maschine stieg und freundlich den ungastlichen Wiener Schneeregen und den Ansturm der Photographen über sich ergehen ließ, huschte Erleichterung über die Gesichter. Peter Konlechner, der die umfassende Retrospektive des italienischen Regisseurs im Filmmuseum zusammengestellt hat, meinte, dieser Augenblick sei die Krönung seiner langjährigen Arbeit. Fellini, der die Huldigungen verschmitzt lächelnd entgegennahm, stellte sich sogar bereitwillig vor das hübsche Plakat, das die Ausstellung seiner Zeichnungen in der Albertina ankündigt, die übrigens heute Abend eröffnet wird. Ja sogar das sensationshungrige *Seitenblicke*-Team fütterte er mit ein paar Statemen ab. Das war umso erstaunlicher, als man es bei Fellini mit einem äußerst launischen und pressescheuen Zeitgenossen zu tun hat, der ja heute bereits eine Legende der Filmgeschicht geworden ist. Aber diese Legende im Lodenmantel mit grauem Hut und rotem Schal ist lebendiger als je zuvor.«

Gernot Zimmermann, »Eine lebende Legende auf Reisen«
Die Presse, *15. 3. 198*

Harry Tomicek

Das »Unsichtbare Kino«

Überlegungen zum Wahrnehmungsraum des Films

1989

Während der vergangenen Sommermonate wurde der Kinosaal der Albertina in einen völlig schwarz-in-schwarzen Raum umgestaltet, dessen einzige Lichtquelle die vom Strahl des Filmprojektors erleuchtete Leinwand, also der Film selbst, darstellt. Der Umbau des Kinosaales macht das »Unsichtbare Kino« weltweit zur einzigen Kinoarchitektur, die beim Betrachten von Filmen bis zur Unsichtbarkeit hin abgeschattet und der Wahrnehmung entzogen bleibt. Gleichermaßen gewährt diese Architektur im Unsichtbarbleiben ein Höchstmaß an Konzentration auf und lustvoller Vertiefung in das, was in ihr sichtbar und hörbar wird: eine suggerierte Welt aus Bild und Ton namens Film.

Vor 25 Jahren noch, als das Österreichische Filmmuseum gegründet wurde, wäre der Gedanke einer Architektur, die dem Kunstwerk Film radikal Geltung und zugleich dem Zuschauer bestmögliches Vergnügen verschafft (also auch mittelbar eine kommerzielle Qualität maximal befördert, und dies unbesehen, ob es sich bei Filmen um Kunst oder Kinoware handelt), als Spleen, Verstiegenheit oder Überbewertung eines Mediums betrachtet worden, das man damals bestenfalls gnädig im Souterrain der Kultur anzusiedeln pflegte. 1989 beginnt der Gedanke vertraut zu werden, im Film die einzige vom Grund her wirklich neue Kunst zu sehen, die das 20. Jahrhundert hervorgebracht hat.

Vor etwa 100 Jahren, vor und nach 1890, werden in Amerika und in Europa die ersten Filme vorgeführt – in Jahrmarktszelten, Extrazimmern von Cafés, später in eigens für den Zweck errichteten »Kino-Theatern«. Diese geraten – der deutsche Name verrät es – zu Imitationen oder Karikaturen der Theater- und Opernsäle des 19. Jahrhunderts. Seit seiner Geburtsphase bietet sich der Film als Potential für einen ungeheuren Schub in der Geschichte der menschlichen Zivilisation an, einen Schub, der – von Beginn weg – sofort bis zur Unkenntlichkeit verdeckt wird. Erstmals ist es in den Techniken (und davon herkommend in den Künsten) möglich geworden, den Anblick der Realität mit Hilfe einer Maschine zeit- und bewegungsgetreu wiederzugeben und ihn zugleich, gemäß dem frei waltenden Willen eines zum filmischen Schöpfergott avancierten Filmmachers, zeitlich beliebig zu verändern und zu verdichten. Was gleich vom Ursprung her aus der Wucht dieser Erfindung gemacht wird, zeigt sich bereits vor der Jahrhundertwende in den Filmen von Lumière und Méliès: das Budenwunder vermarktbarer Weltanblicke und der Theaterzauber eines anstatt über die Bühne durch die wackelnden Filmdekors hopsenden Kabarettartisten.

Nosferatuschwer geküsst von der Doppelmuse Kultur und Industrie, gerät der Ort des Films im »Kino-Palast« zur Ikone. Einer Ikone freilich des totalen Missverhältnisses. Denn die Protuberanzen der Zutaten, egal ob Säule oder Applikatur, ob Zweiter Barock, Klassizismus, Art déco, Nierentisch-, Post- oder andere Moderne, haben mit der Tatsache und mit der Tat des Films (seiner wiedergebenden Verdichtung der Dinge in der Zeit) tatsächlich nichts zu tun. Jedes Missverhältnis trägt in sich Züge des Lächerlichen. John Wayne in Marmor und Dziga Vertov im Plüsch eines »Kino-Palast-Theaters«: Die Lächerlichkeit ist letztlich dieselbe.

In den »Kino-Theatern« (seien es falsche Palazzi oder Kinokettenkojen) ist die Dunkelheit nur ein zufälliges Moment, ein Gebrechen. Die Architektur aber ist ein Versprechen, das weder der Film noch die Repräsentationsart der Zuschauer einlöst. Diese versinken wie der Saal, der gesehen sein will, in der Dunkelheit. Etwas Fremdes in dieser Architektur, ihr nicht Zugehörendes – der in sie nur hineingebaute Anteil der Filmmaschine – zwingt sie, ihrem blickheischenden Dasein zum Trotz, unsichtbar zu werden, viel tiefer, wesentlicher und vehementer unsichtbar, als je ein Theater-, Opern- oder Konzertsaal unsichtbar werden dürfte, bei dem der noch wahrgenommene Unterschied von Bühne und Publikum gerade zum Kern des Pudels gehört.

In der Doppelbewegung von Unsichtbar- und Sichtbarwerden jedoch erfüllt sich das Ereignis des Films. Indem der Raum unsichtbar und darin nichts als eine erleuchtete Leinwand sichtbar wird, macht das Raumdunkel tatsächlich weit mehr unsichtbar als Wände und Zierat. Unsichtbar in einem weiten, Körper und Bewusstsein der Zuschauer durchspülenden Sinn werden alle anderen Daten, die nicht im Licht der Leinwand stehen, alle Sinneseindrücke, die nicht hier und jetzt im Film gesehen werden, und darüber hinaus für die Zuschauer alles an ihrer eigenen Existenz, was nicht akut und verdichtet an die Suggestion des ablaufenden Films gebunden ist.

Keine andere Kunst vermag ihre Rezeption auch nur annäherungsweise so intensiv in dem von ihr vorgegebenen Zeitmaß, der von ihr geforderten räumlichen Zuwendung und der von ihr aufgenötigten Exklusivität der Konzentration zu halten wie der Film. Diese Tiefe und Dichte seiner Erfahrungsart hat der Film durch sich selbst »erzielt«. Überlegt man eine Sekunde lang, wird man korrigieren: nicht durch sich selbst; sondern durch die Suggestionsmacht von Licht – Dunkel, Sichtbar – Unsichtbar. Diese jedoch waltet nur in einem »Kino« genannten Architekturraum: Die von allen Künsten abgehobene Erlebnisweise des Films ist durch den Kinoraum eingeräumt, der kein anderes, noch hinzukommendes Moment zum Moment des Films ist. Film und Kinoraum gehören im selbigen Wesen zusammen. De facto jedoch verkündet das vorhandene Kino-Theater anderes und Gegenteiliges: Ich und der Film sind zweierlei. Die Dunkelheit ist nur ein Akzidens, ein technischer Mangel an mir. Der technische Mangel aber ist die Vollkommenheit des

Films und die oberflächliche Unfreiheit seiner Zuseher im Kinodunkel die leuchtende Tiefe seiner Freiheit. Keine Kunst vermag sich darin mit dem über Maschinen aufgenommenen, über Maschinen veränderten und durch Maschinen vermittelten Film zu messen.

Erst im »Unsichtbaren Kino« nähert sich das Verhältnis von Film und Raum, Licht und Dunkel, Sicht- und Unsichtbarem einer Entsprechung an. Erst im »Unsichtbaren Kino« lässt die Architektur ihre Restanteile an Theaterähnlichkeit im Schwarz der Außenflächen und des Dunkels und im Licht des Films bis zur Unsichtbarkeit zurücktreten. Erst im »Unsichtbaren Kino« tritt das paradoxe Gesetz der Verhältnismäßigkeit von Film und Kino voll zur Geltung: je unsichtbarer das Kino, desto stärker verdichtet der sichtbare Film. Was der Kinoraum in seinem Schwarz und seiner Lichtreduktion für die Erfahrung sinnlich hervor treten lässt, ist die volle sinnliche Schönheit des Filmes und zugleich die in ihrer Funktion offenbar gemachte nüchterne Phantastik der Architekturmaschine Kino. Darin wird zweimal in einem ein Konzentrat oder das Maximum eines Minimums erfahrbar: ein im »Unsichtbaren Kino« in seiner Funktion zur Anschauung gebrachter Wesensteil des Films und die zur Anschauung gekommene Essenz des Kinoraums.

Die Aussage des »Unsichtbaren Kinos« lautet: Das Wesen des Films ist technisch, sein Ursprung ist die Maschine Kameraapparat, seine ermöglichte Gegenwart ist die Maschine Projektionsapparat. Zwischen beiden Maschinen waltet eine wesensmäßige Übereinstimmung. Diese Übereinstimmung stellt das »Unsichtbare Kino« durch sich selbst, also durch Architektur, Dunkel und Licht dar. Was zur Darstellung gelangt, ist das Wesen von Film und Kino in der gebauten Funktion der Filmmaschine. Das »Unsichtbare Kino« versteht sich als architektonische Maschine, die den Kameraapparat in der Analogie eines die Bewegungen und Blicke der Zuschauer mittels Licht (und dessen Gegenteil: Mangel an Licht) regelnden Raumes wiederholt.

Architekturgewordene Analogie zur Filmkamera. Der Zuschauer als für Licht empfindsames Material. Die dunkle Kammer der Kamera als Kammer des unsichtbaren Saals. Der den Lichteinfall regelnde Auslöser als Filmprojektor. Das künstliche Auge der Linse als Leinwand. Und wie sich optische Phänomene auf lichtempfindliches Material ablichten, überträgt sich der Film auf die im Dunkeln empfindsam gewordenen Sinne der Zuschauer. Und in all dem eine Transfiguration des Technischen, die wiederholt, was bereits im Film vollzogen ist: die Öffnung des rundum technischen Mediums hinein in einen Traum, der so banal charmant geträumt werden kann wie bei Méliès oder so ekstatisch-schöpferisch wie bei Brakhage. Unsichtbar im Dunkeln wie in einem Uterus erfahren sich die Zuschauer im »Unsichtbaren Kino«, geeint durch das, was sie – im schönsten Fall – im Licht des Films über sich selbst hinauszutragen wissen.

Harry Tomicek, »Das ›Unsichtbare Kino‹ – Überlegungen zum Wahrnehmungsraum des Films«, Neue Zürcher Zeitung, *9. 11. 1989*

Dietmar Brehm

Fortlaufender Text

1998, 2003

STEIF

Es war zu jener Zeit, als das Unsichtbare Kino noch mit den steifen Holzbänken bestückt war, sicher, um die Filmbetrachter zu foltern.

Andy Warhols *The Chelsea Girls* war programmiert. Es war eine russische Vorführung. Für die Doppelbildprojektion standen zwei 16mm Projektoren, umringt vom Publikum, an der Rückwand des Unsichtbaren Kinos. Begeistert inhalierte ich den überlangen Film, ohne zu realisieren, dass die verfluchte Holzbank den Körper versteifte. Das Ende der »Chelsea Girls« erlebten nur vereinzelte Betrachter. Wir schleppten uns langsam, mit verzerrten Gesichtern und stocksteif, zum Ausgang. Trotz der Verzerrung musste ich grinsen, denn durch das beinharte Unsichtbare Kino wurden die letzten Betrachter in Zombies verwandelt.

DAS UNSICHTBARE KINO

Im Dezember 2002 zeigte das Österreichische Filmmuseum die 7 Programme umfassende Retrospektive *Dietmar Brehm. Filme. 1974–2002.*

Im Programm-1, inmitten von vierzehn Filmen, war *Black Death Filter* (2003, 10 Min., 16mm, s/w, ohne Ton) programmiert.

Im Herbst 2002 hatte ich vermutlich einige »Black Death Filter« Zigaretten zu viel geraucht. Jedenfalls hatte ich die Idee für einen Schwarzfilm ohne Ton. Ich telefonierte mit Ing. Ludwig Draser von Andec-Film Berlin und bestellte 10 Minuten Schwarzfilm mit Start- und Endtiteln sowie einige Kopien. Ich war überrascht, dass Ing. Draser über die Bestellung verwundert war, denn Ing. Draser hatte sich über meine Kopien-Wünsche schon lange nicht mehr gewundert. Alles funktionierte schneller als gedacht. Dadurch konnte der mit 2003 datierte Film bereits Ende 2002 in Peter Kubelkas »Das Unsichtbare Kino« erstaufgeführt werden.

Das war das Beste, was *Black Death Filter* passieren konnte.

Für das Publikum gab es keinen speziellen Hinweis. Nach einigen zuckenden Pumping Screen Filmen wurde das unsichtbare Kino wirklich schwarz. Das schwarze Film Bild war im schwarzen Raum nur minimal sichtbar. Man konnte ahnen, dass ein Film abgespult wurde. Es ist überraschend, wie schnell man durch einen Schwarzfilm ohne Ton das Gefühl für die Zeit verliert. Ich war überrascht über die totale Stille im schwarzen Kino. Keine Unmutsäußerungen. Die Betrachter waren hypnotisiert.

Mein Platz war in der letzten Reihe, um alles überblicken zu können.

Und dann passierte Folgendes: Die linke Eingangstüre öffnete sich und ein zu spät Kommender tappte in die Stille des schwarzen Raumes, blickte erstaunt um sich, während alle Betrachter konzentriert die schwarze Leinwand fixierten. Verwundert ließ er sich in einen Sessel fallen, ratlos hin und her blickend. Vielleicht dachte er, das Unsichtbare Kino ist kaputt … Und dann stand eine Frau auf, tastete sich in Zeitlupe vorsichtig über die Stufen, die Ausgangstüre rechts der Leinwand anpeilend. Behutsam öffnete sie die Türe, ein greller Lichtschlitz schnitt in den schwarzen Raum, und der Körper der Frau verschwand langsam durch das Licht, während die Türe leise geschlossen wurde.

Von meinem Beobachtungsplatz konnte ich sehen, wie alle Betrachter atemlos auf die Erscheinung der verschwindenden Frau starrten.

Ich war begeistert. Durch die beiden Aktionen, den zu spät Kommenden und die zu früh Gehende, wurde das Unsichtbare Kino von *Black Death Filter* in einen dreidimensionalen Film verwandelt. Das Kino wurde zum Film.

Später, im WC des Filmmuseums, erzählten mir euphorische Betrachter, wie stark die *Black Death Filter* Wirkung war, vor allem, da der schwarze Film in radikaler Stille nichts zeigt.

Aus den 1990 begonnenen Sentenzen »Fortlaufender Text«

Eine andere, rote Variante von »Black Death Filter«: Zeichnung von Dietmar Brehm, 2013, Begleitblatt zum Manuskript des hier abgedruckten Texts

Michael Glawogger

Noch nicht genug gelebt

I

Originaltitel: *Fat City*

II

Er hieß Dietmar. Er hasste diesen Namen, wurde aber auch wütend, wenn seine Freunde ihn Didi nannten. Irgendwann, am Jakominiplatz um 3 Uhr früh, hatte ihn Andreas dann aus Versehen Tulli gerufen – es hätte auch Dulli oder Tully heißen können, wer weiß das so genau. Spitznamen werden ja selten geschrieben. Tulli blieb ihm. Jeder nannte ihn Tulli, obwohl er selbst eher selten mit den anderen um 3 Uhr früh am Jackyplatz (in Graz hat alles einen Spitznamen) anzutreffen war, denn er hatte wenig Zeit. Es gab Schule, Bankerlkicken im Park – ja, und Kino.

Tulli ging jeden Tag ins Kino. Jeden Film, der gezeigt wurde, schaute er sich an. Und Filme gab es damals nur im Kino. Zu Hause gab es zwar einen Schwarzweiß-Fernseher, aber was darin zu sehen war, begriff er nicht als Film, nicht als das, wonach ihn dürstete.

Er stellte seinen Plan für ein gegebenes Wochenende so zusammen, dass er von Freitagnachmittag bis Sonntagabend so viele Filme in so vielen Kinos wie möglich sehen konnte. Da kam doch einiges zusammen, denn die ersten Vorstellungen liefen schon um Halbdrei. Meistens begann er mit einem Kinderfilm in der Innenstadt, gefolgt vom Besuch eines Non-Stop-Kinos (durch den Hintereingang). Dort war seine eindrücklichste Erfahrung ein John-Wayne-Epos über den Vietnamkrieg, das er gleich mehrmals hintereinander sah. Um rechtzeitig zu *Mörderhaie greifen an* im Schubertkino zu sein, musste er fast laufen, und zu *Unmoralische Geschichten* von Walerian Borowczyk in einem Vorort war eine lange Straßenbahnfahrt nötig. Irgendwann verzehrte er die mitgenommene Jause, dann ging es zu einem pornografischen Werk über die sexuellen Ausschweifungen eines Klavierlehrers, und am Ende – nach glücklichen Momenten mit Bud Spencer und Terence Hill – landete er in einem prachtvollen und doch halbleeren Saal bei einem Film namens *Mandingo*. Seine Erinnerung an diese Zeit ist klar und schön.

Die Namen bestimmter Regisseure sagten ihm nichts. Er wusste nicht, was ihn erwartete, wenn er in einen »Polanski« oder einen »Fellini« ging, und er machte keinen Unterschied zwischen einem Porno und einem Tierfilm, sondern genoss Abfolgen wie *Die Wüste lebt*, *Der Ruf der Blonden Göttin* und *Was?*

Auch *Schuld und Sühne* musste er mehrmals sehen. Er hatte den Film nach einer Stunde unterbrochen, um eine 16mm-Doku über

Leonard Cohen einzuschieben, die nur einmal gezeigt wurde. Danach war er in *Schuld und Sühne* zurückgekehrt und hatte den Kartenabreißer überzeugt, ihn den Film in der nächsten Vorstellung mit der gleichen Eintrittskarte fertig schauen zu lassen (obwohl ihn alle Grazer Kinokartenabreißer schon kannten, war das nicht ganz leicht gewesen). Ein Stück des Films hatte er trotzdem versäumt und hätte es bei einem dritten Besuch nachgeholt, aber am nächsten Tag lief bereits *Wenn die Gondeln Trauer tragen*, und er vergaß St. Petersburg über dem Versuch, dieses seltsame Venedig zu deuten.

In Wien war dann alles anders. Er hatte sich inzwischen orientiert und wusste mehr darüber, wer wer war. Er hatte sich so etwas wie Geschmack zugelegt, und er trug diesen Geschmack wie ein modisches Sakko, das er nicht auszog, um keinen Preis. Aber kaum jemand begriff, warum er dieses Sakko trug. Er zerrte Freunde und Frauen in diverse Filme, und die wenigsten folgten ihm öfter als ein einziges Mal. Einer seiner besten Freunde kündigte ihm nach dem Besuch von *Geschichtsunterricht* beinahe die Freundschaft auf, und so begriff er, dass man alleine ins Kino gehen musste und auch den anderen nichts davon zu erzählen brauchte. Er fand, Geschmack hin oder her, das meiste, was er sah, gut. Er sog es auf wie ein Schwamm, und zum Bedürfnis nach Vollständigkeit war es nur mehr ein kleiner Schritt.

Also war das Filmmuseum der richtige Ort für dieses Vorhaben. Egal, ob Vertov, Chaplin, Ozu oder Melville, er schaute jede angebotene Retrospektive vom ersten bis zum letzten Film. Dabei entwickelte er eine Vorliebe für das Unfertige und Unausgegorene. Selten befriedigten ihn die Hauptwerke, sondern meist die ersten Schritte und die Momente, in denen jemand noch tastend begann, nach seinem Stil zu greifen. Dort, so glaubte er zu erkennen, waren die Eigenarten am schillerndsten. Und dort, wo der Stil allmählich wieder zerfiel, wo die Filme aussahen wie die Reste einer rauschenden Ballnacht, von der alle wichtigen Leute schon nach Hause gegangen waren. Das Tasten und das Zerfallen gleichzeitig fand er bei Visconti, und so war ihm, als wäre dessen gesamtes Werk nur ein einziger Film. Neil Young soll einmal einem Fan, der ihn wegen der Ähnlichkeit seiner Lieder kritisierte, von der Bühne herunter geantwortet haben: »Don't you understand? It's all one song.«

Und doch: Er verstand nur die Oberfläche der Dinge, die Oberfläche der Menschen, der Gefühle, der Kunst und der Ideologien. Er war fasziniert von Ideologien und begriff noch nicht, dass sie der Feind jeder genauen, direkten und einfühlsamen Betrachtung sind. Er hatte noch nicht genug gelebt, um wirklich zu wissen und nachvollziehen zu können, worum es da oben auf der Leinwand ging, was da ablief – flackernd, brüchig, rissig, leuchtend, kraftvoll, in tiefen, dichten Farben. Er ahnte vieles und wusste weniges.

Er fand im Kino auch keine Freunde. Er merkte wohl, dass es andere wie ihn gab. Sie huschten oft im letzten Moment in den Saal oder waren die ersten, die kamen, wenn die Türen sich öffneten, weil sie immer den gleichen Platz haben wollten. Sie kamen so oft wie er oder nur jeden Dienstag, manche Gesichter sah er jeden Monat nur einmal, und bei manchen Filmen kamen viele Fremde, die sonst nie da waren. Er dachte manchmal daran, sich mit jemandem über einen Film auszutauschen, und umkreiste den einen oder anderen in der Lobby, wenn eine Frage oder ein Gedanke in ihm brannten. Aber weder strahlten die Personen ihrerseits das Bedürfnis aus, sich mitzuteilen, noch wusste er, wie er ein solches Gespräch beginnen sollte. Also bemerkte er die Anwesenheit der anderen zwar und genoss sie mitunter, beließ es aber auch dabei.

Es gab eine Frau mit roten Haaren, mit der er doch gerne gesprochen hätte, aber dafür war er zu schüchtern. Sah er sie den Kinosaal betreten, achtete er tunlichst darauf, sich vor sie zu setzen. Er hatte einmal den Platz hinter ihr genommen und sich den Film *Forest of Bliss* dann noch einmal anschauen müssen, da ihn ihr Nacken und die leicht abstehenden Ohren unter den roten Haaren so abgelenkt hatten. Als er den Film wiedersah, verwirrte er ihn und versetzte ihn in einen nicht greifbaren inneren Aufruhr. Er hatte noch kein Alphabet für die melancholische Direktheit, die hier gnadenlos von der Leinwand starrte. Er starrte zurück und krümmte sich.

An einem anderen Tag, es war spät im Herbst, saß er im halbleeren Saal besagten Museums und wartete auf den Film, als sich die rothaarige Frau im letzten Moment hereinschlich und zwei Reihen vor ihn setzte. Die ersten Bilder des Films waren von so einfacher und klarer Schönheit, dass er ihren Nacken vergaß. Er merkte nur, dass er sich in diesem Film zu Hause fühlte, als wohnte er schon lange darin. Er kannte zwar die Welt nicht, die der Film beschrieb – und doch war ihm nichts fremd. Er war völlig gefangen von der Geschichte, und just, als er Gänsehaut bekam, weil die Oberfläche so sehr mit dem Geschehen übereinstimmte (es war eine Szene, in der der Protagonist des Films mit einer Frau, die er gerade in einer finsteren Bar kennengelernt hatte, am helllichten Tag betrunken auf die Straße torkelte), stand die rothaarige Frau auf und verließ den Saal.

Er war wie vor den Kopf gestoßen und merkte sofort, dass es keinen Sinn hatte, den Film weiter anzuschauen. Er würde nur darüber nachdenken, warum sie gegangen war. Er stand also, einem plötzlichen Impuls folgend, auf und ging der Frau hinterher. Im Hinausgehen war ihm noch, als würde ihm der Hauptdarsteller missbilligend nachschauen.

Draußen war es schon dunkel, und der Herbst zeigte sich von seiner besonders düsteren, trüben Seite. Er hatte zu wenig an, nur einen leichten, zerschlissenen Staubmantel und einen dünnen Pullover darunter. So fuhr ihm die feuchte Kälte besonders in die Glieder, während er versuchte, mit der Frau Schritt zu halten. Das war einfach, da ihre leuchtend roten Haare den Weg wiesen. Am Ring blieb sie an einer Straßenbahnhaltestelle stehen, drehte sich mit einer heftigen Bewegung zu ihm um und schaute ihn fragend und nicht gerade freundlich an. Er senkte betreten den Blick und tat so, als wäre nichts, obwohl klar war, dass es dafür schon zu spät war. Sie fragte barsch, was er von ihr wolle. Er wollte eigentlich etwas Nettes über ihren Nacken sagen – stattdessen fand er nur umständliche Worte über den Film, über die Szene und über sein Unverständnis darüber, dass sie gegangen war.

Während er das Gefühl hatte, um sein Leben zu reden, musterte sie ihn und wurde ein wenig freundlicher – aber nicht viel. Sie sagte aufgebracht, dass der Film sie total gelangweilt hätte. Die Figuren wären außerdem grauslich gewesen, besonders der ältliche Boxer. Als der dann betrunken in dieser Bar auf die Frau eingeredet und dreitausendmal gesagt habe, dass er sie niemals fallenlassen würde, habe es ihr gereicht. Solche besoffenen Arschlöcher könne sie weder im Leben noch im Kino ertragen. Sie habe sich mit der Frau (sie suchte nach Worten) einsam und verlassen gefühlt.

Im dramaturgisch unpassendsten Moment dieser Erklärung unterbrach er sie und fragte, ob sie mit ihm auf ein Bier gehen würde, um ihm all das genauer zu erklären. Sie aber meinte, dass sie nicht mehr an diesen Film denken, geschweige denn über ihn reden wolle. Er mochte sie nicht gehen lassen und versuchte umzuschwenken: von Bier auf Kaffee mit Kuchen, aber ihre Augen blieben kalt. Sie stieg in die Straßenbahn, und ein letzter Blick ihrerseits machte ihm klar, dass es keinen Sinn gehabt hätte, ihr zu folgen.

Auf dem Nachhauseweg grübelte er darüber nach, wie ihre nächste Begegnung im Filmmuseum wohl ablaufen würde. Das Nieseln wurde zu einem Eisregen, und ihm wurde mit einem Mal klar, dass er jetzt länger keine Filme würde schauen wollen. Seine Augenbrauen wurden schwer, und der eisige Wind ließ sie frieren. Er schämte sich und wusste nicht, wofür.

III

Sein Name war Mike, aber alle nannten ihn Michael. Sie machten dabei den Akzent seiner deutschen Freundin nach, das fanden sie irgendwie cool. Er fand das auch, aber es erinnerte ihn gleichzeitig schmerzlich daran, wie sie ihn verlassen hatte und welchen Riss das in seinem Herzen verursacht hatte.

Er dachte wieder an sie, als er in einem heruntergekommenen Hotelzimmer in Stockton, Kalifornien, lag und rauchte. Er hatte mit allem aufgehört, was ihm lieb und wert gewesen war, seit sie ihm in einer Greyhound-Station in Texas eine Tasse heißen Kaffees ins Gesicht geschüttet und erklärt hatte, dass er ein Verlierer sei, den sie nie geliebt hätte. Er glaubte, sie geliebt zu haben. Nein, er hatte sie geliebt. Und bis zu diesem Moment hatte er auch nicht wirklich gewusst, was Schmerz war.

Dabei war es sein Beruf, Schmerz zu ertragen, denn er war Boxer. Aber diesen Schmerz konnte er nicht wegstecken. Es half auch nichts, darüber nachzudenken. Seine Gedanken drehten sich dann im Kreis und endeten irgendwo bei dem Muttermal unter ihrem linken Jochbein, das sie hasste und er liebte. Das war es wahrscheinlich – sie hasste sich, er liebte sie, und deshalb hasste sie ihn.

Er zündete sich noch eine Zigarette an und dachte an Sex – oder besser daran, es sich selbst zu machen. Aber er würde doch nur wieder an sie denken, und irgendwie kam es ihm falsch vor, zu wichsen und sich dabei den Körper der Frau vorzustellen, die ihm das Herz gebrochen hatte. Er glaubte, von irgendwoher ihr Lieblingslied zu hören. Aber das war wohl nur dieser ständig in seinem Kopf kreisende Satz: »Take That Ribbon From Your Hair«. Dabei hatte sie nie Bänder im Haar getragen. Sie war überhaupt eine eher schlampige Person mit meist fettigen Haaren, die höchstens einen Haargummi verwendete, der schon einmal gerissen war und den sie notdürftig zusammengeknüpft hatte.

Diese Zigarette war die eine Zigarette zu viel. Der Brechreiz kam beim dritten Zug, und die Haare auf seinen Unterarmen richteten sich auf. Es war die falsche Zigarette im falschen Zimmer, im falschen Moment in einem falschen Dasein. Ein Weckruf. Er tötete sie ab, diese Zigarette, und mit ihr seine weinerliche, gekränkte Liebe zu der Deutschen (die in Wahrheit gar keine Deutsche war oder nur eine in dritter Generation, die mit diesem Image kokettierte), zog seine Hose an und verließ das Zimmer. Er wusste zwar nicht, wohin er gehen sollte, aber er wusste, dass er es wissen würde, sobald er einmal in die Gänge gekommen war.

Im Eingang des Hotels blieb er stehen. Alle, die hier auf der Straße standen oder gingen oder saßen, waren Menschen, die gerade eine Zigarette zu viel geraucht hatten. Er gehörte also hierher, das war klar. Da drehte er sich um und ging wieder nach oben. Unter dem Fenster stand seine Sporttasche, und an den zahllosen Bierdosen im Mistkübel daneben war zu ermessen, wie lange sie schon dort stand. Er nahm sie und verließ das Zimmer ein zweites Mal.

Wenig später war er wieder im Training und ging erneut den ganzen dornigen Weg der beruflichen Schmerzen. Er schloss Freundschaft mit einem jüngeren Boxer, der ihn an sich selbst und seinen damals jugendlichen Schmerz erinnerte. Er kämpfte noch einmal. Es fühlte sich wie ein letztes Mal an, obwohl er für ein letztes Mal doch noch zu jung war. Der Kampf wärmte ihn – und dann, in einem schwachen Moment (vielleicht, weil er sich zu sicher fühlte in seinem zweiten beruflichen Schmerz), ging er in eine Bar und trank.

Das Trinken war grausam vertraut. Es wärmte ebenfalls. Er sah diese Frau da sitzen, die am Ende war. Das war offensichtlich. Aber er konnte das Ende nicht sehen, er sah nur ihre Schönheit. Ihr Nacken war in Worten nicht zu beschreiben. Nicht, dass er so viele Worte gehabt hätte, aber er spürte die perfekte Mischung aus zwei perfekten Gefühlen: Das eine steigt auf, wenn man beim Gegner einen Schlag landet, der ihn zwar noch nicht zu Boden gehen lässt, ihn aber bricht. Das andere ist jener kristallklare Schmerz, der einen noch wilder und rasender macht und dem keiner widerstehen kann.

Die Frau wusste nichts mehr von kristallklaren Schmerzen, sondern nur von zittrigen, dumpfen – und von einem Loch im Herzen, das noch größer war als das Loch in ihrer Brieftasche. Sie erkannten einander, und sie liebte ihn sogleich mit dem letzten, müden Flügelschlag, zu dem sie fähig war. Er liebte sie mit der ziellosen Inbrunst eines alkoholischen Faustschlags.

Sie werde sich immer auf ihn verlassen können, beteuerte er ihr. In einem trunkenen Furor wiederholte er diesen Satz immer wieder, ohne aufhören zu können. Er konnte nicht aufhören. Er konnte nicht aufhören. Er konnte nicht aufhören damit. Denn aufhören konnte er am allerwenigsten.

Als er mit ihr hinausging und klar war, dass sie ein Stück Weges in diesem Leben miteinander gehen würden, blendete ihn das grelle Tageslicht so sehr, dass er kurz den Blick hob und etwas sah, das er nicht verstand. Er schrieb es dem Alkohol zu. Wäre er nüchtern gewesen, hätte er es begriffen, aber wäre er nüchtern gewesen, hätte er auch nichts gesehen. Er ahnte nur, dass es ein Saal war.

IV

Als Tulli den Film zwei Jahrzehnte später wiedersah, fielen ihm zwei Dinge auf: Der Reißverschluss am Rücken des Kleides der Frau in der Bar war nicht ganz zugezogen, und das war die beiläufigste und klarste Chiffre für bodenlose Einsamkeit, die er je gesehen hatte. Und dass der Film vom grandiosen Wahnsinn des Verlierens handelt.

Er war dankbar, der rothaarigen Frau gefolgt zu sein.

V

Eines Tages stand Tulli vor einem Readymade von Marcel Duchamp im Museum von Philadelphia und dachte: »Die Aufgabe des Museums ist es nicht, Gedankenwelten zu folgen, sondern sie erst möglich zu machen.«

VI

Deutscher Verleihtitel: *Das Leben passiert zwischen den Runden.*

JEANNE MOREAU, 1988

»In Wien lässt sich Madame auf Medienrummel und Publicity-Rituale nicht individuell, sondern nur kollektiv ein. Sie spielt vor dem Kollektiv ›Theaterpublikum‹, sie plaudert mit dem Kollektiv ›Filmpublikum‹, sie spricht mit der Presse und den elektronischen Medien en bloc. Dreierlei Auftritte. Dreierlei Öffentlichkeit, dreierlei Kunstfertigkeit, dreierlei Jeanne Moreaus.

Die Jeanne Moreau der Pressekonferenz zahlt bar. Keine Tricks, kein Getue, kein Schwindel. Diese Frau ist sechzig, und man sieht es. Ohrklipse in Übergröße, die blonde Lockenmähne einer Frau, die sich täglich mehrmals frisieren lässt. […] Sie beginnt mit einer raffinierten Huldigung an Wien. Sie betrete die Stadt zum ersten Mal, aber geistig sei sie oft hier gewesen – durch die Tagebücher und letzten Briefe Stefan Zweigs, die sie gerade gelesen habe, durch die Autobiographie Canettis, die Zeugnisse Freuds, Mahlers und Karl Kraus', durch das letzte Erinnerungsbuch von Mircea Eliade. Hermann Broch sei ihr natürlich auch vertraut – sie kenne seinen *Tod des Vergil* und *Die Schuldlosen.* […]

Auch die zweite Jeanne Moreau, der Filmliebling, zahlt bar. Ihre Erinnerungen an Luis Buñuel sind lebhaft erzählte, hübsche Bagatellen. Keine Publikumsfrage, auch nicht die taktloseste, kann sie erschüttern. Sie trägt silbergraue Seide, übergroßen Modeklunker und wirkt, ohne alle Koketterie, unerhört körperbewusst und erotisch. In seinen Lebenserinnerungen widmet Buñuel dem sinnlichen Fluidum der Moreau bewundernde und hingerissene Sätze. Ihr Gang sei es gewesen, der ihn fasziniert habe: ›Im *Tagebuch einer Kammerzofe* habe ich mir in der Stiefeletten-Szene ein besonderes Vergnügen daraus gemacht, Jeanne Moreau beim Gehen zu filmen. Wenn sie geht, zittert ihr Fuß leicht auf dem Absatz des Schuhs. Ein Mangel an Stabilität, der beunruhigt.‹ […]«

Sigrid Löffler, »In meinem Gesicht steht alles geschrieben. Momentaufnahmen aus einem nicht gegebenen Interview«, Profil, *25. 4. 1988*

1990

JÄNNER

Anthony Mann Retrospektive Teil 2

FEBRUAR

Mae West Retrospektive • **Linda Christanell** • **Dietmar Brehm** • **Filme von** Pavel Juráček, Joseph H. Lewis, Fred F. Sears, David Wark Griffith, Nicholas Ray, Luis Buñuel, Georges Rouquier, Ron Rice, Stan Brakhage, Vsevolod Pudovkin, Erich von Stroheim

MÄRZ

Karl Valentin Retrospektive • **Hou Hsiao-hsien** Retrospektive • **Jonas Mekas** Retrospektive • **Filme von** Andy Warhol, Mara Mattuschka, Robert Wiene

APRIL

The Buster Keaton Festival

MAI

Hommage für Kurosawa Akira

OKTOBER

Filme von Andy Warhol • **James Broughton** • **Filme von** Grigorij Aleksandrov, Woody Allen, Humphrey Jennings, Stanley Kubrick, Luchino Visconti, Jean Renoir, Karl Grune, Harry Watt, Jonas Mekas, Sidney Peterson

NOVEMBER

Fritz Lang Retrospektive Teil 1 • **Lisl Ponger** mit einem Solokonzert von Peter Ponger (Piano) • **Filme von** Peter Clifton & Joe Massot, Vittorio De Sica, Kenneth Anger, Stan Brakhage, George Kuchar, Harry Smith, Ron Rice

DEZEMBER

Fritz Lang Retrospektive Teil 2 • **Filme von** Stan Brakhage, Marcel Carné, H. C. Potter, The Marx Brothers

GÄSTE Mara Mattuschka, Linda Christanell, Dietmar Brehm, Lisl Ponger, Peter Ponger u. a.

1991

JÄNNER

Fritz Lang Retrospektive Teil 3 • **Rudy Burckhardt** • **Filme von** Robert Bresson, Emile Cohl, Jean Renoir, Charles Chaplin, Chuck Jones, Hans Richter, Lev Kulešov, Michael Snow, George Landow, Friedrich Wilhelm Murnau, Sergej Eisenstein, John Ford

FEBRUAR

W. C. Fields Retrospektive

MÄRZ

Grigorij Kozincev – Leonid Trauberg Retrospektive in memoriam Leonid Trauberg • **Hal Ashby** Retrospektive • **Charles Dekeukeleire** • **Filme von** Peter Kubelka, Agnès Varda, Alberto Lattuada, Bruce Baillie, James Broughton, Ken Jacobs, Ron Rice, Georg Wilhelm Pabst

APRIL

Harry Langdon • **Vsevolod Pudovkin** • **Filme von** Ernst Lubitsch, Gregory La Cava, Elia Kazan, George Cukor, Markus Imhoof, Piel Jutzi, Vladimir Majakovskij & Evgenij Slavinskij, Robert Bresson, Louis Delluc, Luis Buñuel, Alberto Cavalcanti, Salvador Dalí

MAI

Erich von Stroheim Retrospektive • **Richard Leacock** Retrospektive • **Unabhängige Filme aus Frankfurt** [Thomas Bayrle, Helga Beier, Karsten Bott, Urs Breitenstein, Helga Fanderl, Thomas Feldmann, Nikolaus Heyduck, Karin Hörler, Karl Kels, Roland Krüger, Fiona Léus, Wilhelm Orlopp, Ulrike Reichhold, Pola Reuth, Monika Schwitte, Stefan Seibert, Regine Steenbock, Theo Thiesmeier] • **Dietmar Brehm** • **Penelope Georgiou** • **Filme von** Robert J. Flaherty, Mizoguchi Kenji, Viktor Turin

OKTOBER

In memoriam Frank Capra • **Filme der Chronos-Film Berlin** [Irmgard von zur Mühlen, Bengt von zur Mühlen, Jochen Bauer, Dieter Hildebrandt, Michael Kloft]

18. OKTOBER BIS 14. NOVEMBER

Billy Wilder Retrospektive [Viennale 1991]

NOVEMBER | DEZEMBER

Robert Gardner Retrospektive • **Carte Blanche für Robert Gardner** [Vlatko Gilic, Luis Buñuel, Georges Franju, Stan Brakhage, Jean Vigo, Maya Deren, Robert J. Flaherty, Dziga Vertov, Basil Wright, Peter Kubelka] • **In memoriam Jean Eustache** Zum 10. Todestag • **Filme von** Michael Pilz, Peter Schreiner, Federico Fellini, Kurosawa Akira, H. C. Potter, The Marx Brothers

PUBLIKATION Harry Tomicek, *Gardner*, Wien: ÖFM 1991

GÄSTE Richard Leacock, Robert Gardner, Irmgard von zur Mühlen, Jochen Bauer, Thomas Feldmann, Helga Fanderl, Thomas Bayrle, Karl Kels, Monika Schwitte, Michael Pilz, Peter Schreiner, Penelope Georgiou, Dietmar Brehm, Ronny Loewy u. a.

1992

JÄNNER

That's Jazz. The Sound of the Century VI. Jazz-im-Film-Festival

FEBRUAR

Josef von Sternberg Retrospektive • **Filme mit Stan Laurel & Oliver Hardy** • **Ken Jacobs: 2 Nervous System Performances**

MÄRZ

Gosho Heinosuke Retrospektive • **Filme von Ernst Lubitsch** Teil 1 • **Filme mit Stan Laurel & Oliver Hardy**

APRIL

Festival Stan Laurel & Oliver Hardy • **Filme von Ernst Lubitsch** Teil 2

MAI

Filme von David Lynch • **Sergej Michailovič Eisenstein** Retrospektive • **Kurzfilme aus der Sammlung von William K. Everson** [Thomas H. Ince, Mack Sennett, Hal Roach, Charley Chase, Roscoe »Fatty« Arbuckle, George Stevens, Gustav Machatý, Fred Zinnemann, Cy Endfield, Jacques Tourneur u. a.] • **Klassiker des Animationsfilms** [Tex Avery, Friz Freleng, Bob Clampett, Bob McKimson, Chuck Jones, Frank Tashlin] • **Filme zum 100. Geburtstag von Fritz Kortner** • **Neue Filme aus Österreich – Open House** [Michael Kreihsl, Christian Frosch, Johannes Hammel, Dieter Delacher]

OKTOBER

BoxKampfKino Der Boxerfilm – Ein Subgenre [Viennale 1992] [Charles Chaplin, Mack Sennett, Buster Keaton, Alfred Hitchcock, Charles Dekeukeleire, King Vidor, Tod Browning, René Clément, Michael Curtiz, Rouben Mamoulian, Busby Berkeley, Anatole Litvak, Werner Klingler, Raoul Walsh, Alejandro Galindo, Robert Siodmak, Robert Rossen, Mark Robson, Robert Wise, John Sturges, Stanley Kubrick, John Ford, Herbert Kline, Robert Gordon, Elia Kazan, Vincente Minnelli, François Reichenbach, Ralph Nelson, Jerzy Skolimowski, Harry Chapin, Martin Ritt, William Cayton, John Huston, John Cook, William Klein, John G. Avildsen, Martin Scorsese, Dimitri Logothetis, Michael Ritchie]

NOVEMBER

The Buster Keaton Festival • **Klassische Horrorfilme von** James Whale, Karl Freund, Stuart Walker, George Waggner • **Filme von** Terence Davies, Joris Ivens, Jerome Hill, Jonas Mekas, Georges Méliès

DEZEMBER

Après Lumière Zur Geschichte des französischen Dokumentarfilms [Yves Allégret, Alexandre Astruc, Yannick Bellon, Pierre Chenal, Marcel Carné, Alain Cavalier, René Clair, Henri-Georges Clouzot, Jean Cocteau, Dominique Delouche, Jacques Demy, Raymond Depardon, Benie Deswarte, Jacques Doillon, Marguerite Duras, Robert Enrico, Jean Eustache, Georges Franju, Jean-Luc Godard, Jean Grémillon, Sacha Guitry, Roger Ikhlef, Joris Ivens, Nelly Kaplan, Pierre Kast, William Klein, Georges Lacombre, Albert Lamorisse, Roger Leenhardt, Claude Lelouch, Yann Le Masson, Eli Lotar, Auguste & Louis Lumière, Chris Marker, Jean Mitry, Edgar Morin, Jean Painléve, Léon Poirer, Jean-Daniel Pollet, Pierre Prévert, Jean Renoir, Alain Resnais, Eric Rohmer, Jean Rouch, Georges Rouquier, Mario Ruspoli, Coline Serreau, Agnès Varda, Jean Vigo] • **Filme von** Carl Theodor Dreyer, John Ford, H.C. Potter, Robert Wiene, The Marx Brothers • **Neue Filme aus Österreich – Open House** [Arnold Schicker]

GÄSTE Ken Jacobs, Michael Kreihsl, Arnold Schicker, Christian Frosch, Dieter Delacher, Johannes Hammel, Vladimir Dmitriev, Vladimir Malyshev, William K. Everson u. a.

1993

JÄNNER | FEBRUAR

In memoriam Hal Roach

MÄRZ

Gregory Markopoulos 12. März 1928 – 12. November 1992 **Robert Beavers** • **Carl Theodor Dreyer** Retrospektive • **Filme von** Bill Duke, John Singleton, John Ford, Fritz Lang, Robert Gardner, Willard Maas, Marie Menken, Dziga Vertov

APRIL

Mizoguchi Kenji Retrospektive Teil 1 • **Filme von** Dziga Vertov, Ėsfir Šub, Luchino Visconti, Howard Hawks, Orson Welles, Jack Smith, Ken Jacobs, Ron Rice, Karl Freund, Friedrich Wilhelm Murnau, Joris Ivens

MAI

Mizoguchi Kenji Retrospektive Teil 2: Das Frühwerk • **Ferry Radax** Retrospektive

SEPTEMBER

Lecture Allen Ginsberg mit Filmen von Robert Frank, Alfred Leslie, Bob Dylan

OKTOBER – NOVEMBER

Aufbruch ins Ungewisse – Österreichische Filmschaffende in der Emigration [Viennale 1993] [Filme von Berthold Bartosch, Hanuš Burger, Michael Curtiz, Paul Czinner, Friedrich Fehér, Paul Fejos, Karl Freund, Alexander Hammid, Harry Horner, Alexander Korda, Zoltan Korda, Carl Lamac, Fritz Lang, Reginald LeBorg, Leopold Lindtberg, Peter Lorre, Gustav Machatý, Joe May, Georg Wilhelm Pabst, Karl Paryla, Otto Preminger, Emeric Pressburger, Herbert Rappaport, Max Reinhardt, Leontine Sagan, Steve Sekely, Paul Ludwig Stein, Josef von Sternberg, Erich von Stroheim, André de Toth, Edgar G. Ulmer, Charles Vidor, Gunther von Fritsch, Billy Wilder, Fred Zinnemann u. a. – und unter Mitwirkung von John Alton, Louis Arco, Leon Askin, Lenore Aubert, Josef Auerbach, Felix Basch, Joseph Bato, Ferdinand Bellan, Elisabeth Bergner, Martin Berliner, Turhan Bey, Theodore Bikel, Tala Birell, Lajos Biro, J. Edward Bromberg, Vanessa Brown, Mady Christians, Albert Conti, Helmut Dantine, William S. Darling, Ernst Deutsch, Louis Donath, Peggy Drake, Martha Eggerth, Egon Eis, Otto Eis, Hanns Eisler, Erzherzog Leopold von Österreich, Carl Esmond, Fred Essler, Olga Fabian, Karl Farkas, Hans Fehér, George Froeschel, Steven Geray, Adrienne Gessner, Ernest Gold, Alexander Granach, Nora Gregor, Anton Grot, Ilka Grüning, Artur Guttmann, Otto Heller, Peter O. Helmers, Paul Henreid, Geza Herczeg, Oscar Homolka, Peter Illing, Manfred Inger, Hans Jaray, Walter Jurmann, Otto Kanturek, Rudolf Katscher, Vincent Korda, Erich Wolfgang Korngold, Fritz Kortner, Charles Korvin, Joseph Kosma, Gunther Krampf, Anton Kuh, Hedy Lamarr, Kurt Land, Ernst Laszlo, Francis Lederer, Bela Lugosi, Paul Lukas, Andrew Marton, Ilona Massey, Rudolph Maté, Carl Mayer, Harro Meller, Ernö Metzner, Franz Molnar, Rudolph Monter, Ruth Morley, Paul Muni, John Mylong-Münz, Rudolf Myzelt, Kurt Neumann, Maria Palmer, John Piffle, Franz Planer, Irene Prador, Arnold Pressburger, Fred Pressburger, Lisl Reisch, Walter Reisch, Hugo Riesenfeld, Friedrich Robert, Lionel Royce, Miklos Rozsa, Richard Ryen, S. Z. Sakall, Hans J. Salter, Joseph Schildkraut, Hedwich Schlichter, Irene Seidner, Max Slater, Magda Sonja, Leonard Steckel, Max Steiner, Ludwig Stoessel, Robert Stolz, Rose Stradner, Oscar Straus, Wolfgang Suschitzky, Hans Szekely, Richard Tauber, Helene Thimig, Robert Thoeren, Ernst Toch, Alexandre Trauner, Victor Varconi, Gustav von Seyffertitz, Otto Waldis, Helene Weigel, John Wengraf, Gisela Werbezirk, Oscar Friedrich Werndorff, Robert Wilmot, Adolf Wohlbrück, Alfred Zeisler]

DEZEMBER

In memoriam Federico Fellini 20. 1. 1920 – 31. 10. 1993 • **Peter Kubelka. Eine Woche öffentlicher Unterricht** Auf der Suche nach dem Wesen des Films • **Filme mit den Marx Brothers** • **Ein Film von** H. C. Potter

PUBLIKATIONEN Christian Cargnelli, Michael Omasta (Hg.), *Aufbruch ins Ungewisse. Band 1: Österreichische Filmschaffende in der Emigration vor 1945. Band 2: Lexikon, Tributes, Selbstzeugnisse*, Wien: Edition Wespennest 1993

GÄSTE Allen Ginsberg, John Alton, Francis Lederer, Theodore Bikel, Wolfgang Suschitzky, Leon Askin, Turhan Bey, Kurt Land, Curt Siodmak, Ute Aurand, Ferry Radax, Robert Beavers, Christian Cargnelli, Michael Omasta, Gero Gandert, Jerzy Toeplitz, Amos Vogel u. a.

1994

JÄNNER

30 Jahre Österreichisches Filmmuseum
Höhepunkte des Films I
Aus der Sammlung des Österreichischen Filmmuseums

FEBRUAR

30 Jahre Österreichisches Filmmuseum
Höhepunkte des Films II
Aus der Sammlung des Österreichischen Filmmuseums

MÄRZ

30 Jahre Österreichisches Filmmuseum
Höhepunkte des Films III
Aus der Sammlung des Österreichischen Filmmuseums

APRIL

30 Jahre Österreichisches Filmmuseum
Höhepunkte des Films IV
Aus der Sammlung des Österreichischen Filmmuseums

MAI

That's Jazz. The Sound of the Century
VII. Jazz-im-Film-Festival

OKTOBER

Cool – Pop. Politics. Hollywood 1960–68 [Viennale 1994] [John Frankenheimer, Samuel Fuller, Arthur Penn, Robert Rossen, Sidney Lumet, Stanley Kubrick, Alfred Hitchcock, Howard Hawks, John Ford, John Huston, Billy Wilder, Otto Preminger, Robert Aldrich, Elia Kazan, Richard Brooks, Don Siegel, John Sturges, Jerry Lewis, Blake Edwards, Sam Peckinpah, Richard Fleischer, Irving

Lerner, Marlon Brando, Allen Baron, Paul Wendkos, Alexander Singer, Franklin J. Schaffner, Edward Dmytryk, William Conrad, George Axelrod, Theodore Flicker, Norman Jewison, Roger Corman, Monte Hellman, Russ Meyer, John Boorman, Frank Perry, Richard Lester, Roman Polanski u. a.]

NOVEMBER

Jean Renoir 15. September 1894 bis 12. Februar 1979 • **Aleksandr Dovženko** 12. September 1894 bis 25. November 1956

DEZEMBER

The Ghost Goes West ... Hollywoods phantastische Komödien [Ernst Lubitsch, René Clair, Joseph L. Mankiewicz, Raoul Walsh, Stuart Heisler, Henry Koster, Jules Dassin, George Marshall, Archie Mayo, Norman Z. McLeod, Elliot Nugent, Charles Barton, Lou Breslow, Edward F. Cline, Alexander Hall] • **Filme von** Josef von Sternberg, Stan Brakhage, László Moholy-Nagy, Viking Eggeling, Hans Richter, Walter Ruttmann, H. C. Potter, The Marx Brothers

PUBLIKATION Alexander Horwath, Regina Schlagnitweit (Red.), *Cool – Pop. Politik. Hollywood 1960–68*, Wien: Viennale 1994

GÄSTE Arthur Penn, Claus Peymann, Michael Schorr, Karl Sierek u. a.

1995

9. JÄNNER BIS 2. FEBRUAR

Oliver Stone Retrospektive • **Karl Valentin** Retrospektive • **Filme von** Stan Brakhage und mit Mae West, W. C. Fields

3. FEBRUAR BIS 1. MÄRZ

Heimat Auf der Suche nach der verlorenen Identität [Herbert Achternbusch, Woody Allen, Lindsay Anderson, Chantal Akerman, Christian Berger & Werner Pirchner, Jonathan Berman, Peter Bogdanovich, Robert Bresson, David Byrne, Claude Chabrol, Charles Chaplin, Michael Curtiz, Terence Davies, Giuseppe De Santis, John Douglas, Aleksandr Dovženko, Sergej Eisenstein, Rainer Werner Fassbinder, Federico Fellini, Robert J. Flaherty, Peter Fleischmann, John Ford, Alexej Granovskij, D. W. Griffith, Veit Harlan, Markus Imhoof, Derek Jarman, Jim Jarmusch, Humphrey Jennings, Winfried Junge, Karel Kachyna, Elia Kazan, Michael Klier, Alexander Kluge, Barbara Kopple, Robert Kramer, Walter R. Lach, Spike Lee, Pare Lorentz, Peter Lorre, Ernst Morris, F. W. Murnau, Urs Odermatt, Ermanno Olmi, Pier Paolo Pasolini, Edgar Reitz, Jean Renoir, Alain Resnais, Leni Riefenstahl, Martin Ritt, Francesco Rosi, Roberto Rossellini, Kurt Rupli, Werner Schroeter, Jan Schütte, Martin Scorsese, Don Siegel, Victor Sjöström, Rolf von Sonjewski-Jamrowski, Steven Spielberg, Hanns Springer, Hans Steinhoff, R. A. Stemmle, Erich von Stroheim, Hans-Jürgen Syberberg, Samy Szlingerbaum, Vittorio & Paolo Taviani, Alain Tanner, Luis Trenker, Gustav Ucicky, Agnès Varda, Jean Vigo, Luchino Visconti, Andrzej Wajda, Christian Wagner, Josh Waletzky, William Wyler, Yolande Zauberman]

2. MÄRZ BIS 31. MÄRZ

Fiktion und Dokument Der 2. Weltkrieg im Film [Robert Aldrich, Ken Annakin, John Lionel Bandman, John Boorman, Roy Boulting, René Clément, Michail Čiaureli, Grigorij Čuchraj, Aleksandr Dovženko, Allan Dwan, Harriet Eder, John Ford, Samuel Fuller, Tay Garnett, Kurt Gerron, Jean Grémillon, Howard Hawks, John Huston, Ichikawa Kon, Humphrey Jennings, Sergej Jutkevič, Roman Karmen, Ilja Kopalin, Thomas Kufus, Fritz Lang, David Lean, Anatole Litvak, Len Lye, Louis Malle, Andrew Marton, Jean-Pierre Melville, Jost von Morr, Svend Noldan, Marcel Ophüls, Gerd Oswald, Jakov Poselskij, Michael Powell, Otto Preminger, Emeric Pressburger, Julij Rajzman, Charles Ridley, Roberto Rossellini, Shindō Kaneto, John Schlesinger, Julia Solnceva, Paolo & Vittorio Taviani, Leonid Varlamov, Irmgard von zur Mühlen, Andrzej Wajda, Raoul Walsh, William A. Wellman, Bernhard Wicki, Billy Wilder, Robert Wise, William Wyler, Fred Zinnemann, Yolande Zauberman]

APRIL

Hommage für Kurosawa Akira • Filme von Josef von Sternberg • Filme von Karl Kels • ***Alltagsgeschichte*** von Elizabeth T. Spira

MAI

John Ford – Howard Hawks – Fritz Lang

JUNI

Das grausame Auge Zum Surrealismus im Film [Luis Buñuel, Salvador Dalí, Germaine Dulac, Man Ray, Louis Feuillade, Jean Grémillon, Ernesto Giménez Caballero, Antoni Ribas]

30. SEPTEMBER BIS 4. NOVEMBER

The Last Great American Picture Show. New Hollywood 1967–1976 [Viennale 1995] [Robert Aldrich, Robert Altman, Joseph Anthony, Michelangelo Antonioni, Hal Ashby, Peter Bogdanovich, John Boorman, John Carpenter, John Cassavetes, Larry Cohen, Francis Ford Coppola, Jacques Demy, Brian De Palma, Daryl Duke, John Flynn, Robert Frank, John Frankenheimer, James Frawley, William Greaves, James William Guercio, Bill Gunn, James B. Harris, Monte Hellman, Dennis Hopper, John Huston, Henry Jaglom, Leonard Kastle, Elia Kazan, Robert Kramer, Barbara Loden, Sidney Lumet, Terrence Malick, Jim McBride, Floyd Mutrux, Jack Nicholson, Bill Norton, Alan J. Pakula, Ivan Passer, Sam Peckinpah, Arthur Penn, Roman Polanski, Bob Rafelson, Karel Reisz, Michael Ritchie, George A. Romero, Martin Scorsese, Jerry Schatzberg, Barry Shear, Don Siegel, Melvin van Peebles, Agnès Varda, John Waters, Haskell Wexler, Peter Yates]

5. BIS 30. NOVEMBER

Martin Scorsese Das Gesamtwerk [Viennale Special] • **Carte Blanche für Martin Scorsese** [Viennale Special] [Luchino Visconti, Dino Risi, Pier Paolo Pasolini, Bernardo Bertolucci, Michael Powell & Emeric Pressburger, Seth Holt, Allan Dwan, Charles Laughton, William Wyler, Raoul Walsh, Jean Negulesco, Irving Lerner, Bill Karn & Richard C. Kahn, Lewis Milestone, John Cassavetes] • **Buchpräsentation** *Peter Kubelka*

DEZEMBER

Hommage à Lumière • **Filme von** Ozu Yasujirō, Aleksandr Dovženko, Josef von Sternberg, Federico Fellini, Jean Cocteau, Jerome Hill, H. C. Potter und mit W. C. Fields, Mae West, The Marx Brothers

PUBLIKATION Alexander Horwath (Hg.), *The Last Great American Picture Show. New Hollywood 1967–76*, Wien: Edition Wespennest/Viennale 1995

GÄSTE Martin Scorsese, Monte Hellman, Jim McBride, Karl Kels, Elizabeth T. Spira, Peter Tscherkassky, Gabriele Jutz, Paul Génard u. a.

1996

JÄNNER

Dziga Vertov Retrospektive zum 100. Geburtstag • **Filme von** Billy Wilder, Anthony Mann, Ernst Lubitsch, Tod Browning, James Whale, Fritz Lang, George Marshall, Gregory La Cava

FEBRUAR

Luis Buñuel Retrospektive

MÄRZ

Luchino Visconti Retrospektive zum zwanzigsten Todestag

APRIL | MAI

Propaganda und Gegenpropaganda im Film 1933–1945 • **John Cook** Retrospektive • **Unbekannte Frühwerke von Robert Beavers** • **Filme von** Howard Hawks, Bob Fosse

OKTOBER

Before the Code: Hollywood 1929–1934 [Viennale 1996] [Lloyd Bacon, Franz Borzage, Rowland Brown, Tod Browning, Edward L. Cahn, Frank Capra, Jack Conway, Merian C. Cooper, George Cukor, Michael Curtiz, Cecil B. DeMille, Roy Del Ruth, William Dieterle, Allan Dwan, Dave & Max Fleischer, Victor Fleming, James Flood, Tay Garnett, Alfred E. Green, Howard Hawks, George Hill, Erle C. Kenton, Gregory La Cava, Mervyn LeRoy, Ernst Lubitsch, Rouben Mamoulian, Leo McCarey, Norman Z. McLeod, Elliott Nugent, Georg Wilhelm Pabst, Irving Pichel, Stephen Roberts, Wesley Ruggles, Lowell Sherman, Ernest B. Schoedsack, Joseph von Sternberg, W. S. Van Dyke, Rowland V. Lee, King Vidor, Raoul Walsh, William A. Wellman, William Wyler]

NOVEMBER

Robert Gardner Retrospektive • **Filme von** Joachim C. Fest & Christian Herrendoerfer, Dieter Hildebrandt, Irmgard von zur Mühlen, Lloyd Bacon, Elliott Nugent, James Whale, Roberto Rossellini, Vittorio De Sica, Paolo & Vittorio Taviani, Pier Paolo Pasolini

DEZEMBER

Was ist Film. Die Geschichte des filmischen Denkens in Beispielen Eröffnungsprogramm – Einführungen von Peter Kubelka – 12 vierstündige Programme • **Ken Jacobs in person** Nervous System Film Performance • **Filme mit den Marx Brothers**

PUBLIKATION Regina Schlagnitweit, Andreas Ungerböck (Red.), *Before the Code: Hollywood 1929–1934*, Wien: Viennale 1996

GÄSTE Ken Jacobs, John Cook, Robert Beavers, Yuri Tsivian, Anna-Lena Wibom, Antonia Lant, Annette Michelson, Jean-Louis Comolli u. a.

1997

JÄNNER

Karl Valentin Retrospektive • **Filme von** Grigorij Aleksandrov, Werner Schroeter, George Kuchar, Luchino Visconti • **Zyklisches Programm – Was ist Film**

FEBRUAR

In memoriam Marcel Carné 1909–1996 • **Filme zum Gedenken an Marcello Mastroianni** • **Zyklisches Programm – Was ist Film**

MÄRZ

Schatten. Exil – Europäische Emigranten im Film noir [Filme von Curtis Bernhardt, John Brahm, Michael Curtiz, Jules Dassin, William Dieterle, Hugo Haas, Jack Hively, Boris Ingster, Fritz Lang, Joseph Losey, Gustav Machatý, Anthony Mann, Rudolph Maté, William Cameron Menzies, Roy William Neill, Max Ophüls, Gerd Oswald, Otto Preminger, Victor Saville, Steve Sekely, Maxwell Shane, Robert Siodmak, Douglas Sirk, André de Toth, Edgar G. Ulmer, Bernhard Vorhaus, Billy Wilder – und unter Mitwirkung von John Alton, Daniele Amfitheatrof, Louis Arco, Nils Asther, Martin Berliner, Curt Bois, Mario Castelnuovo-Tedesco, Mady Christians, Ricardo Cortez, Hans Dreier, Hanns Eisler, Robert Erlik, Carl Esmond, Rudi Feld, Rudolf Frimel, Eduard Frischauer, Frederick Giermann, Erst Golm, Lisa Golm, Mutz Greenbaum, Else Heims, Peter O. Helmers, Paul Henreid, Gertrude W. Hoffmann, Friedrich Hollaender, Manfred Inger, Bronislau Kaper, Erwin Kaiser, Leo Katcher, Georg Kreisler, Ernst Laszlo, Herbert Lom, Peter Lorre, Michel Michelet, Harold Nebenzal, Seymour Nebenzal, Frank Partos, Arnold Phillips, Franz Planer, André Previn, Otto Reichow, Wolfgang Reinhardt, Fritz Rotter, Miklos Rozsa, Sig Ruman, Hans J. Salter, Eugen Schüfftan, Theodor Sparkuhl, Max Steiner, Helene Thimig, Dimitri Tiomkin, Ernst Toch, Ivan Tors, Peter Van Eyck, Otto Waldis, Franz Waxman, Robert Wilmot] • **Zyklisches Programm – Was ist Film**

APRIL

Herbert Achternbusch Retrospektive • **Kurzfilme von Charles S. Chaplin** • **Zyklisches Programm – Was ist Film**

MAI

Filme von Luis Buñuel • **Werke von Bernardo Bertolucci** • **Kurzfilme von Charles S. Chaplin** • **Zyklisches Programm – Was ist Film**

OKTOBER

Roberto Rossellini Retrospektive zum zwanzigsten Todestag [Viennale 1997] • **Zyklisches Programm – Was ist Film**

NOVEMBER

Jacques Tourneur Retrospektive • **Zyklisches Programm – Was ist Film**

DEZEMBER

Filme von Hou Hsiao-hsien • **Filme mit den Marx Brothers**
Filme von Rudi Mayer, Luis Buñuel, Federico Fellini, H. C. Potter, Josef von Sternberg • **Zyklisches Programm – Was ist Film**

PUBLIKATIONEN Christian Cargnelli, Michael Omasta (Hg.), *Schatten.Exil – Europäische Emigranten im Film noir*, Wien: PVS Verleger 1997 • Astrid Ofner, Andreas Ungerböck (Red.), *Roberto Rossellini*, Wien: Viennale 1997

GÄSTE Bernardo Bertolucci, Herbert Achternbusch, Kurt Mayer, Christian Cargnelli, Michael Omasta, Angelo Libertini, Tag Gallagher u. a.

1998

JÄNNER

Sergej Michailovič Eisenstein Retrospektive zum 100. Geburtstag • **Filme von Morgan Fisher** • **Filme von** Luchino Visconti • **Zyklisches Programm – Was ist Film**

FEBRUAR

Mae West Retrospektive • **Filme zum 100. Geburtstag von Bertolt Brecht** [Georg Wilhelm Pabst, Erich Engel, Slatan Dudow, Alberto Cavalcanti, René Allio, Peter Palitzsch & Manfred Wekwerth] • **Ein Film zum 100. Todestag von Lewis Carroll** [Norman Z. McLeod] • **Zyklisches Programm – Was ist Film**

MÄRZ

Wasser, Wind und Staub. Filme aus dem Iran [Bahram Beyzai, Rakshan Bani-Etemad, Abbas Kiarostami, Mohsen Makhmalbaf, Khosrow Sinai, Amir Naderi, Majid Majidi, Alireza Raisian, Kiurmars Poorahmad, Alireza Davudnezhad] • **Filme von Agnès Varda** • **Filme von** Anthony Mann, James Cruze • **Zyklisches Programm – Was ist Film**

APRIL

Wim Wenders Retrospektive • **Zyklisches Programm – Was ist Film**

MAI

Robert Guédiguian Retrospektive • **Filme von** Luis Buñuel, Federico Fellini, Elia Kazan, John Ford, John Huston, Jean Renoir, Erich von Stroheim • **Zyklisches Programm – Was ist Film**

OKTOBER

Jean-Luc Godard Retrospektive [Viennale 1998] • **Zyklisches Programm – Was ist Film**

NOVEMBER

Ozu Yasujirō Retrospektive • **Filme von** Marc Adrian, Jean Cocteau, Federico Fellini, Vittorio De Sica, Erle C. Kenton, John Farrow, Billy Wilder • **Zyklisches Programm – Was ist Film**

DEZEMBER

Orson Welles Retrospektive • **Filme von** H. C. Potter, The Marx Brothers • **Zyklisches Programm – Was ist Film**

PUBLIKATION Astrid Ofner (Red.), *Jean-Luc Godard*, Wien: Viennale 1998

GÄSTE Anna Karina, Morgan Fisher, Rakshan Bani-Etemad, Marc Adrian u. a.

1999

JÄNNER

Buster Keaton Retrospektive • **Filme von** Martin Scorsese, Luchino Visconti • **Zyklisches Programm – Was ist Film**

FEBRUAR

Buster Keaton [Wiederholungen] • **W. C. Fields** Retrospektive • **Zyklisches Programm – Was ist Film**

MÄRZ

Josef von Sternberg Retrospektive • **Filme von Lev Kulešov** • **Zyklisches Programm – Was ist Film**

APRIL

Mohsen Makhmalbaf Der zersplitterte Spiegel der Wahrheit • **Erich von Stroheim** Retrospektive • **Filme von** Bob Fosse, Howard Hawks, Stanley Kubrick, Roberto Rossellini • **Zyklisches Programm – Was ist Film**

MAI

Rainer Werner Fassbinder Retrospektive • **Filme von Stanley Kubrick** • **Zyklisches Programm – Was ist Film**

OKTOBER

Satyajit Ray Retrospektive [Viennale 1999] • **Zyklisches Programm – Was ist Film**

NOVEMBER

Alfred Hitchcock Retrospektive Teil 1 • **Zyklisches Programm – Was ist Film**

DEZEMBER

Alfred Hitchcock Retrospektive Teil 2 • **Peter Kubelka. Öffentlicher Unterricht zum Thema *Was ist Film***
12 Vorträge mit Filmen des Zyklischen Programms; Filmanalysen am Schneidetisch; Kunstobjekte, Werkzeuge, Speisen [weitere Filme von Larry Clark, Charles Laughton, Luchino Visconti, Tay Garnett, Bob Rafelson, Pierre Chenal, Thomas Draschan, Bernhard Schreiner, Alina Grumiller, Georg Wasner] • **Filme von** H. C. Potter, The Marx Brothers

PUBLIKATION Astrid Ofner (Red.), *Satyajit Ray*, Wien: Viennale 1999

GÄSTE Goutam Ghose, Sandip Ray, Bijoya Ray, Thomas Draschan, Bernhard Schreiner, Alina Grumiller, Georg Wasner u. a.

Michael Omasta

Aufbruch ins Ungewisse – 20 Jahre später

»Überblicksdarstellungen von Filmgeschichte neigen dazu, österreichische Filme und Filmschaffende pauschal dem deutschen Kino zuzuschlagen, mit dem Ergebnis, dass ihr spezieller Beitrag für gewöhnlich übersehen wird«, berichtete die US-Zeitschrift *Film Comment* (März/April 1994) unter dem Titel »You Have To Survive, Even If It Kills You« aus Wien. »Das machte die Filmretrospektive und das Symposium zu etwas so Besonderem. Dieser allzu späte, denkwürdige Tribut an Österreichs enormen Verlust an Kultur und menschlichen Leben durch die Hand seines einheimischen Laienmalers bot eine schillernde und gespenstische Parade berühmter alter Filme und alter Vertriebener auf: Als flackernde Schatten auf der Leinwand und im Vortragssaal kehrten diese Emigranten nun, gezeichnet von Alter und schmerzlichen Erinnerungen, mit einem Lächeln oder finsterer Miene in die Stadt ihrer Träume und Albträume zurück.«

Amos Vogel, der Autor dieser Zeilen, war 1939 aus seiner Heimatstadt vertrieben worden und einer jener 15 emigrierten Filmleute, die im Oktober 1993 zurück nach Wien kamen. Viennale, Österreichisches Filmmuseum und SYNEMA, die Gesellschaft für Film und Medien, hatten beschlossen, mit vereinten Kräften das kaum erforschte »österreichische Filmexil« zum Thema zu machen: mit einer zweimonatigen Filmreihe, einem dreitägigen Symposion und einer zweibändigen Buchpublikation unter dem Titel *Aufbruch ins Ungewisse*. – Genau das war es auch für Christian Cargnelli und mich, die wir zwei Jahre lang unter Hochdruck an diesem dreiteiligen Mammutprojekt arbeiteten.[1] Unsere mangelnde Erfahrung wurde nur durch unseren unerschütterlichen Enthusiasmus übertroffen; beides trug seinen Teil zum Ergebnis bei.

Von den über 500 aus (Alt-)Österreich emigrierten Regisseuren, Drehbuchautorinnen, Produzenten, Kameraleuten, Ausstatterinnen, Komponisten, Schauspielerinnen und Schauspielern, deren Biografien wir vor Ort in Wien, München, Berlin, London und Los Angeles recherchierten, waren 55 Jahre nach dem »Anschluss« nur mehr die wenigsten am Leben. Dennoch ist die Liste derjenigen Filmleute, die wir im Lauf der Arbeit noch kontaktieren respektive persönlich befragen konnten, recht imposant: Sie umfasst Peter Basch, Rudolph Cartier, André de Toth, Marta Eggerth, Egon

1) Wir zeichneten für das Projekt inhaltlich hauptverantwortlich, außerdem Alexander Horwath und Wolfgang Ainberger vom Wiener Filmfestival Viennale, Brigitte Mayr und Gottfried Schlemmer von SYNEMA, Peter Konlechner vom Österreichischen Filmmuseum.

Eis, Carl Esmond, Rudi Fehr, Elisabeth Freundlich, Alexander Hammid, Harry Horner, Anna Maria Jokl, Charles Korvin, Cissy Kraner, Georg Kreisler, Maria Ley-Piscator, Della Lind, Herbert Lom, Marcel Prawy, Luise Rainer, Gottfried Reinhardt, Lisl Reisch, Miklos Rozsa, Hans J. Salter, Fred Schiller, Bryan Sterling, Alexandre Trauner, Raoul Ernst Weiss, Hugo Wiener sowie Fred Zinnemann, der mir wiederholt Auskunft gab – insbesondere über seine alten Freunde und Kollegen wie Gunther von Fritsch, Boris Ingster, Franz Planer, Herbert Rappaport, Berthold Viertel, Billy Wilder.

An den großen Namen, deren filmisches Werk bereits erschlossen war, lag uns freilich nicht mehr als an den weithin vergessenen. Die »Österreicher in Hollywood« waren uns keineswegs wichtiger als diejenigen, die in Paris, London, Budapest, Amsterdam, Prag, Rom, Shanghai, der Sowjetunion oder in Südamerika gearbeitet hatten. Das gilt auch für all jene Filmexil-Projekte, die SYNEMA und das Österreichische Filmmuseum seither gemeinsam erarbeitet haben. Dies in ganz bewusster Abkehr zu früheren Versuchen hierzulande, die vertriebenen Künstler auf jene politisch mehr als zweifelhafte Art und Weise einzugemeinden, wie sie Günter Peter Straschek in seinem *Handbuch wider das Kino* (1975) beschrieben hat: »Seit langem schon versucht Österreich, sein bankrottes Kinogewerbe mit den im Exil berühmtgewordenen Filmberuflichen ›heimischer‹ Abkunft zu kompensieren. So stehen Stroheim und Sternberg, die beide früh in die USA emigriert sind – als Wiener Juden hätten sie ja erst 1938 außer Landes gemußt! – und mit dem österreichischen Film nichts gemein haben, in österreichischen Lexika als Renommiergenies.«

~

Unser jüngster Gast war 65, der älteste 94 Jahre alt. Vanessa Brown, 1928 als Smylla Brind in Wien geboren, begann ihre Karriere als »Quiz Kid« im Radio und tauchte bald nach Kriegsende als braves Dienstmädchen oder vernachlässigter Love Interest in ein paar bekannten Hollywoodfilmen auf. Francis Lederer hieß mit Vornamen noch Franz, als er in *Die Büchse der Pandora* von G. W. Pabst eine der Hauptrollen übernahm. Ein ikonisch gewordenes Foto aus dem 1928 gedrehten Stummfilmklassiker zeigt ihn als jugendlichen Liebhaber mit dem sprechenden Namen Alwa Schön, wie er sein Haupt auf den Schoß der anbetungswürdigen Louise Brooks bettet.

»Es war wie aus einem Film«, hat Bruno Kreisky in seinen Memoiren *Zwischen den Zeiten* eine Begegnung mit dem Schauspieler anno 1933 in der tschechischen Provinz beschrieben. »Er trug einen Strohhut, den berühmten Girardihut, einen karierten Anzug mit einer auffallenden Krawatte und schwarze Lackschuhe. Die Blicke der Frauen richteten sich nur noch auf ihn.« Nun, 60 Jahre danach, trat Lederer auf, wie es einem Weltstar von einst gebührt: mit Spazierstock, reichlich Rouge auf den Wangen und in Begleitung seiner dritten, deutlich jüngeren Ehefrau Marion. Er machte sich für uns einen Spaß daraus, ehemalige Schauspielkolleginnen zu parodieren. Elisabeth Bergner zum Beispiel, mit der er einst in Berlin auf der Bühne gestanden war und die mit ihrer außergewöhn-

Francis Lederer und John Alton (mit Regina Schlagnitweit)

lichen Phrasierung selbst den größten Banalitäten dramatischen Ausdruck zu verleihen wusste: »Lebewohl! Weiß Gott [*Pause*], wann wir uns [*lange Pause, neue Pose*] wiedersehen …« Und kaum, dass er Deutsch zu sprechen anfing, verfiel Lederer in den Akzent seiner Kindheit nahe Prag: ein leichtes, unnachahmlich charmantes Böhmakeln.

Ganz anders John Alton, der große Kameramann des amerikanischen Film noir, über dessen Herkunft aus Sopron – oder präziser: Ödenburg, wie seine Geburtsstadt an der österreichisch-ungarischen Grenze anno 1901 hieß – vorher kaum jemand Bescheid wusste. »My native tongue, my Muttersprache, was Viennese«, eröffnete uns Alton und behauptete: »After 68 years with the Yankees, I lost it.« Aber natürlich war das nur eine gelungene Pointe für das Publikum, denn sobald man eine Frage auf Deutsch an ihn richtete, antwortete er wie selbstverständlich im allerschönsten, geschmeidigen Wienerisch.

Mit seiner keck aus der Stirn geschobenen Baskenmütze wirkte John Alton, als schaue er nur rasch einmal vom Set von *An American in Paris* herüber (für dessen Kamera er vor einem halben Menschenleben mit dem Oscar ausgezeichnet worden war). Dabei hatte er sich bereits in den 1960ern ins Privatleben zurückgezogen und seither ausschließlich seiner ersten Liebe – der Malerei – gewidmet.

Kurt Land besuchte Österreich fast jeden Sommer. Er fing als Produktionsassistent bei Gustav Machatýs *Ekstase* an, dem größten Skandal der frühen Tonfilmära, lernte dann Schnitt und arbeitete an Meisterwerken wie *Maskerade* mit Adolf Wohlbrück mit, ehe das Schicksal ihn 1938 nach Buenos Aires verschlug. Dort fand er Anstellung in der rasch wachsenden argentinischen Filmindustrie und wurde von einem jungen, deutsch sprechenden Kameramann unter die Fittiche genommen: besagtem John Alton.

So meisterte Land zunächst die fremde Sprache, kam über den Schnitt zur Produktion und schließlich zur Regie. An die 20 Spielfilme hat er gedreht, Krimis vor allem und Melodramen, später auch Sexploitation wie *La culpa* (1968),

Im Wiener Stadtpark, v.l.n.r:
Vanessa Brown, dahinter,
teilweise verdeckt, Theodore Bikel,
Eric Pleskow, Kurt Land,
Curt Siodmak, Francis Lederer

der in unseren Breiten als *Die Sinnliche* lief – und unter dem pikanteren *Im Rausch der Wollust*.

Zu den schönsten Bizarrerien, die das Hollywoodkino der 1940er hervorbrachte, zählt *The Amazing Mr. X.* Noirish fotografiert von John Alton, in der Titelrolle: Turhan Bey als zwielichtiger Magier Alexis mit Rabe und Glaskugel. Der ehemals viel beschäftigte B-Movie-Star aus Wien, laut eigenem Bekunden »das Produkt einer tschechischen Jüdin und eines türkischen Diplomaten«, fand sich unter seinem Geburtsnamen Selahettin – im Wiener Telefonbuch! Anfang der 1950er, als sich mit der großen Zeit der orientalischen Abenteuerfilme auch seine Leinwandkarriere dem Ende zuneigte, versuchte Bey in Österreich erneut Fuß zu fassen und produzierte hier *Abenteuer in Wien* (englischsprachige Version: *Stolen Identity*): ein Kriminalfilm, der die düster bedrohliche Atmosphäre von *The Third Man* atmet und Francis Lederer in einem reichlich ambivalenten Part zeigt – als eleganter Konzertpianist, der insgeheim ein unberechenbarer Psychopath ist.

Eric Pleskow war bereits 1948 als amerikanischer Offizier zum ersten Mal wieder in Wien. Leicht, erzählte der Hollywood-Tycoon, sei es ihm nicht gefallen, auch nicht die drei, vier Mal, die er seine Geburtsstadt seither besucht habe: »Ich kenne niemanden mehr, leider habe ich alle meine Freunde hier verloren und alle meine Verwandten.« Pleskow, Jahrgang 1924, kam drei Tage vor Kriegsbeginn aus Österreich heraus, nach New York und fing noch als Teenager bei einer Filmfirma an. Er lernte das Geschäft von der Pieke auf und arbeitete sich bis zum Präsidenten von United Artists hinauf, bevor er 1978 mit Orion Pictures seine eigene unabhängige Produktionsfirma gründete, die binnen weniger Jahre gleich vier Mal den Academy Award für den Besten Film abräumte: für *Amadeus*, *Platoon*, *Dances With Wolves* und *Silence of the Lambs*.

Als ehemaliger Pressechef von United Artists erlebte Fred Hift die härtesten Jahre des Studios hautnah mit, einschließlich des Millionendebakels *Heaven's Gate*, nach dem der Konzern in den Untergang schlitterte. Dabei war der langjährige Korrespondent des Branchenblatts

Wolf Suschitzky (mit Ursula Pasterk)

Variety und Dutzender anderer Zeitungen geradezu als Spezialist für »schwierige Fälle« bekannt. 1960 etwa zählte der herrische Otto Preminger zu seinen Klienten, dessen Großfilm über die Gründung Israels, *Exodus*, er publizistisch betreute. Anschließend war Hift sieben Jahre lang Pressechef bei Twentieth Century Fox und gründete seine eigene PR-Firma. Später widmete er sich erneut ganz dem Schreiben – allerdings nicht nur über Film und Kino: So berichtete er aus New York für *Profil* über die Waldheim-Affäre.

Bereits zu Lebzeiten eine Legende war Stefan Lorant. 1901 in Budapest geboren, auf Filmsets von Mihály Kertész groß geworden, in Wien zum Kameramann befördert und bald auch als Regisseur tätig, drehte er mit Friedrich Porges *Der Film im Film* (1923), der Regiegrößen wie Fritz Lang und F. W. Murnau bei der Arbeit im Atelier zeigt. 1928 veröffentlichte er die illustrierte Prominentenfibel *Wir vom Film* und wechselte ganz zum (Foto-)Journalismus. Wegen angeblicher kommunistischer Betätigung sechs Monate inhaftiert, floh Lorant 1934 nach England, schrieb den Bestseller *I Was Hitler's Prisoner* und setzte mit Zeitschriften wie *Weekly Illustrated* und *Liliput* einen neuen Typ von Illustrierten in Großbritannien durch. Seinen größten Erfolg landete er mit der Gründung der *Picture Post*, deren Auflage binnen kurzer Zeit siebenstellige Höhe erreichte. 1940 übersiedelte Lorant in die Vereinigten Staaten, wo er als Herausgeber aufwendig recherchierter Bildbände über bedeutende Präsidenten wie Lincoln oder die Geschichte der Stadt Pittsburgh in Erscheinung trat – »eine Art moderner Columbus«, hat die Emigrantenzeitung *Aufbau* ihn einmal genannt.

Wolf Suschitzky, der Österreich nach dem Siegeszug des Austrofaschismus im Feburar 1934 verließ und in London sesshaft wurde, lernte Lorant bei der Suche nach einem Job kennen. Für einen Absolventen der Wiener Graphischen Lehr- und Versuchsanstalt lag die Fotografie als künftiges Betätigungsfeld nahe, doch seine erste Begegnung mit dem Zeitungszaren verlief alles andere als vielversprechend: Seine Fotos, meinte Lorant, seien zwar sehr schön, aber für einen Fotojournalisten verstünde er einfach zu viel von Fotografie! In der Folge hat Suschitzky dennoch etliche Reportagen für ihn gemacht – von der Eröffnung des ersten Fernsehstudios der BBC bis zur Räumung des Londoner Zoos unter dem Blitz.

Mit den 1940ern wurde das Kino zu seiner eigentlichen Domäne. Insgesamt hat »Su« als Kameramann an rund 200 Produktionen gearbeitet, von kurzen Dokumentarfilmen über britisches Genrekino à la *Get Carter* und langlebige Fernsehserien für Kinder bis zur aufwendigen

Literaturverfilmung in CinemaScope (*Ulysses*, 1967). Suschitzky hat sich selbst nie als Künstler verstanden – aber mit seinem handwerklichen Können, seinem Einfallsreichtum und nicht zuletzt auch seinem Humor hat er Schönheit in den Dokumentarfilm und dokumentarische Genauigkeit in den Spielfilm gebracht.

Die britische Dokumentarfilmbewegung war auch für Amos Vogel von entscheidender Bedeutung. Das prägende Kinoerlebnis seiner Jugend, erzählte er, sei eine Vorführung von *Night Mail* (1936) in der Wiener Urania gewesen. »Basil Wright und Harry Watt hatten ihn gemacht, W. H. Auden den Kommentar geschrieben, Benjamin Britten die Musik. Dieser Film war eine Offenbarung für mich, einen 15 Jahre alten Buben, und zwar weil mir klar wurde, dass man dokumentarisches Filmemachen mit poetischem Filmemachen vereinen konnte. Und das war etwas, dem ich mein Leben lang verbunden bleiben sollte: Tatsachenfilme, Dokumentarfilme, die Avantgarde, der poetische und der experimentelle Film.«[2]

Vogel hat als Autor, Kurator, Festivalgründer und – zusammen mit seiner Frau Marcia – langjähriger Betreiber des New Yorker Filmclubs Cinema 16 seine ganz eigene, autonome Spur in die Geschichte des unabhängigen Filmschaffens gezogen. Sein mehrfach und unter anderem auch in deutscher Übersetzung wieder aufgelegtes Buch *Film As a Subversive Art* sollte zur Pflichtlektüre für angehende Filmschaffende erklärt werden – und natürlich auch für angehende Filmkritiker.

Kein noch so gewiefter Drehbuchautor indes hätte sich ein Wiedersehen auszudenken gewagt wie jenes in Wien zwischen Amos Vogel und seiner (vermeintlichen) Cousine, zu der er seit Jugendtagen jeden Kontakt verloren hatte. Josefine Rüdiger-Littlejohn, gebürtige Vogelbaum, hatte an der Wiener Kunstgewerbeschule studiert, Theater und Kabarett gespielt und einen Kurzauftritt in *Maskerade* absolviert, bevor sie 1937 in die Vereinigten Staaten emigrierte und sich zunächst in New York mit dem Dekorieren von Kaufhausschaufenstern durchschlug. Nach diversen Jobs in den Disney-Studios heiratete sie 1944 Bill Littlejohn, einen Animationszeichner, der unter anderem *Tom and Jerry* auf die Sprünge half. Fini selbst arbeitete später als Kinderbuchillustratorin, Filmdekorateurin und Plakatkünstlerin. 1984 organisierte sie in Los Angeles – parallel zum sportlichen Großereignis – eine »Olympiade des Animationsfilms«.

Nun, die Überraschung war jedenfalls perfekt, denn niemand von uns hatte etwas von diesem familiären Naheverhältnis gewusst. Erst sehr viel später erfuhren wir, dass Fini Rüdiger-Littlejohn anlässlich ihres Wienbesuchs bei der Israelitischen Kultusgemeinde angefragt hatte, um Erkundigungen über ihre Angehörigen einzuholen. Dabei stellte sich heraus, dass Fini nicht Amos' Cousine war, sondern eine Tochter seines Vaters aus erster Ehe – seine Halbschwester also.

Und auch sonst blieb der »Aufbruch ins Ungewisse« nicht ohne Folgen. Leon Askin kam

2) Amos Vogels Statement beim Wiener Symposium wurde als »Aufruf zum Misstrauen« abgedruckt in: *Amos Vogel. Ein New Yorker Cineast aus Wien*, Wien: SYNEMA-Publikationen 2011.

1994 nach Wien zurück, um seinen Lebensabend im jüdischen Altersheim zu verbringen. Amos Vogel schuf 1995 zusammen mit dem Filmemacher Egon Humer den epischen Dokumentarfilm *Emigration, N.Y.* Eric Pleskow wurde 1998 Präsident des Filmfestivals Viennale und ist seit 2007 Ehrenbürger der Stadt Wien. Theodore Bikel, als Schauspieler wie Sänger eine imposante Erscheinung, gab seither mehrere Konzerte in Wien und nahm 2011 die österreichische Staatsbürgerschaft wieder an. Wolf Suschitzky erhielt das Österreichische Ehrenkreuz für Wissenschaft und Kunst und wurde anlässlich seines 100. Geburtstags mit einer Gala bei der Viennale 2012 geehrt.

~

Vielleicht darf man aus dem Abstand von zwei Jahrzehnten behaupten, dass die frühen 1990er eine Trendwende im Umgang Österreichs mit seiner Vergangenheit einleiteten. So hatten unsere Gäste nicht nur von Kurt Waldheim und Jörg Haider gehört, sondern jüngst auch die Worte des österreichischen Bundeskanzlers Franz Vranitzky in Jerusalem und vor dem Nationalrat in Wien. Und auch für die heimische Exilforschung erwiesen sich diese Jahre als fruchtbar: Man denke zum Beispiel an die Ausstellung *Vertreibung der Vernunft: The Cultural Exodus from Austria* bei der Biennale von Venedig 1993 oder die Gründung der Österreichischen Exilbibliothek im Literaturhaus Wien, die 1994 die Arbeit aufnahm.

Wir für unseren Teil haben uns nach dem großen »Aufbruch ins Ungewisse« darum bemüht, entschieden weiter ins Detail zu gehen, Filmwissenschaft und biografische Forschung in möglichst vielfältiger Form miteinander zu verschränken – am Beispiel von Genres wie dem Film noir (*Schatten. Exil*, 1997), einzelnen Werken der Filmgeschichte (Josef von Sternbergs *The Case of Lena Smith*, 2007), Themenreihen (*Verbrannte Bücher*, 2013) und natürlich anhand wesentlicher Persönlichkeiten des Kinos wie dem Avantgardefilmer Alexander Hackenschmied (2002), dem Schauspieler Peter Lorre (2004), dem Wiener Sowjetregisseur Herbert Rappaport (2008) oder eben Amos Vogel (2011).[3]

Bei allen Gemeinsamkeiten im »Leidschatz der Erinnerung« (Aby Warburg) geht es nicht mehr darum, sämtliche Filmschaffende unter einer verallgemeinernden Kategorie des Exils zu subsumieren, sondern darum, jeden einzelnen »Fall« zu konkretisieren und die Umstände zu recherchieren, unter denen ein Regisseur, eine Schauspielerin, ein Kameramann, eine Cutterin, ein Produzent, eine Ausstatterin oder ein Filmkritiker in die Emigration gehen musste: Für uns nicht nur eine Geste des Respekts gegenüber dem individuellen Schicksal, sondern vielmehr Voraussetzung für seriöse Forschung – denn, wie Günter Peter Straschek in seiner TV-Dokumentation *Filmemigration*

3) Abgesehen von diesen gemeinsamen Projekten haben das Österreichische Filmmuseum und SYNEMA seither auch unabhängig voneinander eine Reihe weiterer Exilprojekte erarbeitet (SYNEMA zu Carl Mayer, Gustav Machatý, Anna Gmeyner, Fritz Rosenfeld, Charles Korvin, Wolf Suschitzky, Elisabeth Bergner und Paul Czinner; das Österreichische Filmmuseum zu Edgar G. Ulmer, Hanns Eisler, Fritz Lang, »Destination London« et al.) – nicht selten in Kooperation mit Diagonale, Viennale oder Österreichischer Exilbibliothek.

aus Nazideutschland bereits 1975 konstatieren musste, »eine politisch gesinnungsmäßige Filmemigration hat es nicht gegeben«.

Die in der Forschung gängige, von Jan-Christopher Horak vorgeschlagene Definition von Exilfilm scheint uns nur bedingt ergiebig, da sie thematische Aspekte unterschlägt, Fragen der Repräsentation samt und sonders negiert und nachgerade so tut, als wäre Kino ausschließlich eine Sache der Produzenten, Regisseure und Drehbuchautoren – und nicht zum Beispiel auch der Kameraleute, Schauspieler und Stars. Zudem blendet sie in der Regel alle nichtindustriellen Formen filmischer Hervorbringungen – egal, ob Kurz-, Avantgarde- oder Dokumentarfilm – komplett aus. Demgegenüber möchten wir für ein dynamischeres Verständnis von Filmexil plädieren, das nicht immer nur als eine Geschichte des Verlusts beschrieben, sondern zumindest auch als Chance und produktive Möglichkeit gedacht werden kann.

»Emigration, wenn man am Leben bleibt, ist Lebensverlängerung«, so Curt Siodmak, der große Science-Fiction- und Drehbuchautor. »Das hab' nicht ich gesagt, der Einstein hat's gesagt. Wenn du Glück hast im Leben, gehst du in ein anderes Land, lernst eine neue Sprache, dann fängt dein Leben von vorne an. […] Ich hab' einmal in einer Schule gesprochen, drüben, in Kalifornien, da waren 250 Kinder. Einer fragte: ›How old are you?‹ Sag' ich: ›Ich bin 48, meine Frau ist 46. Als ich nach Amerika kam, hab' ich ein neues Leben angefangen.‹«

Ein glücklicher Zufall hatte den gebürtigen Dresdner und seine reizende Frau Henrietta von der Westküste nach Deutschland und auf einen Abstecher zu unserem Symposion nach Wien geführt. Unvergesslich ist mir der Abschied, als Curt Siodmak den Arm um meine Schulter legte und mit einem Schmunzeln meinte: »Besuch' uns doch einmal in Three Rivers – come and see how we poor refugees live!«

Karikatur von Bill Littlejohn, angefertigt während der Schlussdiskussion des Symposions im Palais Lobkowitz. Im Uhrzeigersinn von links oben: Francis Lederer, Wolf Suschitzky, John Alton, Eric Pleskow, Kurt Land, Curt Siodmak, Theodore Bikel, Leon Askin; in der Mitte: Amos Vogel

Sämtliche O-Töne der Filmleute stammen, so nicht anders angegeben, aus der Round-Table-Diskussion über »Wege ins Exil« am 10. Oktober 1993. (Dokumentation: M. O.)

Leon Askin (links unten), ihm gegenüber (v.l.n.r.) Francis Lederer und seine Frau Marion, stehend: Turhan Bey, Frau Land und Kurt Land

»ZEHN MINUTEN VOR FÜNF«

Statement von Leon Askin, Schauspieler

Es war ein ganz besonderer Abend. Sonntag, 10. Oktober 1993, der dritte und letzte Tag des Symposions »Aufbruch ins Ungewisse«. Nach sechs Stunden mit Vorträgen fanden sich die Teilnehmerinnen und Teilnehmer um 18 Uhr 30 im Theatermuseum im Palais Lobkowitz zur abschließenden Round-Table-Diskussion mit John Alton, Leon Askin, Theodore Bikel, Kurt Land, Francis Lederer, Eric Pleskow, Wolf Suschitzky und Amos Vogel ein.

Klugerweise hatte Wolfgang Glück, den wir als Moderator für diese Schlussrunde gewinnen konnten, schon vorab die Regie übernommen und die Sitzgelegenheiten im großen Eroica-Saal nach Art eines Amphitheaters zu einem Halbkreis umstellen lassen. Dadurch verkürzte sich die Distanz zwischen Podium und Auditorium, und der Saal bot deutlich mehr Platz. An die 200 Personen drängten auf Einlass.

Sollten wir jemals Zweifel an der Aktualität der ganzen Veranstaltung gehabt haben, so wurden sie im Laufe der nächsten anderthalb Stunden zerstreut. Es ging nicht nur um Filmgeschichte, sondern um Geschichte, wie sie fortwirkt im Hier und Heute. Nach einer kurzen Vorstellungsrunde ergriff der aus Wien gebürtige Leon Askin, damals 86 und als Charakterdarsteller in Film und Fernsehen immer noch gefragt, als erster das Wort.

Freunde! Ich hatte hier zwar zwei Seiten über das, was ich sagen wollte – es ist kurz –, aber heute Nachmittag, zehn Minuten vor Fünf, ist das Symposion der Emigration zur Wirklichkeit geworden. Man drehte mit mir ein Interview über mein Schicksal in Wien, unter anderem darüber, dass mein Freund [der Schauspieler] Herbert Berghof und ich etwas besprachen vor der Oper, am 11. März 1938, und ich dann Robert Thoeren besuchte, den Autor von *Some Like It Hot*, und mich um fünf Uhr von ihm im Grand Hotel verabschiedete, und der Bellboy sagte: »Ham' S' scho' g'hört? Der Schuschnigg hat abdankt und der Seyß-Inquart ist jetzt Kanzler.« Zwei Tage später bin ich in ein Taxi gestiegen und zum Westbahnhof gefahren, und da sagte der Taxi-Driver zu mir: »Sie fahren weg? Na ja, schlimmer als unterm Schuschnigg kann's a net werden.«

Und an diesem Moment, heute Nachmittag, zehn vor Fünf, sagte ein Mann unter den Umstehenden: »Das ist aber net wahr! Wenn der Hitler net ein amerikanischer Agent gewesen wär, dann wär das alles net g'wesen. Wir brauchen nämlich an neuen Hitler!«

Das war heute Nachmittag, zehn vor Fünf. Dieser Mann schrie da auf der Straße vor der Oper herum und sagte: »Die Konjunktur, das haben die Amerikaner verursacht. Die haben uns keine Konjunktur gelassen vor 1938 – wenn's uns eine Konjunktur gelassen hätten, dann hätt' ma ja kan Hitler g'habt. In 1955 haben uns ja die Amerikaner wieder die Konjunktur angefangen. Die sind ja überhaupt an allem schuld.« Und so weiter, 15 Minuten lang! Die Kameraleute haben versucht, den Herrn zu beruhigen, aber es ging nicht. Endlich ging er weiter, und ich konnte meine Geschichte weiter erzählen, aber nur für zwei Minuten – dann kam von der anderen Seite schon wieder einer! »Ist ja alles arrangiert! Ist ja alles arrangiert!«

Ja, das ist das Symposion der Emigration. Das ist das Symposion vielleicht der »neuen Emigration«. Und jetzt, meine Damen und Herren – ich bin noch nicht ganz über die Aufregung hinweg, die ich heute Nachmittag hatte –, schenken Sie mir bitte ein paar Seiten Gehör. Nicht, dass ich zittere, aber ich bin in der Balance gestört …

„I BETTER MAKE IT COUNT – ON MANY FRONTS«

Statement von Theodore Bikel, Schauspieler und Sänger

Wir sind Menschen, die viel geleistet und viel gelitten haben, und vieles davon hat keinen Zusammenhang und hatte keinen Zusammenhang mit Verfolgung, sondern mit anderen Dingen. I'll switch into English.

I am a witness for survival if anything else. That's what Jews are, survivalists. A jewish humorist and writer said, »You have to survive even if it kills you«. It's funny, but then we have this wonderful humor, Galgenhumor. What is it then that we had? We were lead somewhere, we had creativity, we had the verve, we had the extreme luck to survive. I agree with you, it was luck. I don't know why I was spared. I have no idea. But by God, having been spared I better make it count – on many fronts. […]

I spent my childhood in Mariahilfer Straße 1C, where we looked from behind closed curtains as they marched in: the ogres, the Görings, and Hitler himself, standing up in a car with Austrian police with Swastikas, still wearing the same green uniforms, saluting and paying homage. And within days people were pulled out into the street, women forced to clean the sidewalks with their furcoats. »Sie haben doch alle Pelzmäntel, nicht?« That's what the Jewish ladies were asked when they were taken down to clean the street – and many of them never to return again. […]

This gave the impetus to a concern with human rights that has persisted to this day. Because I swore to myself that I would never be put in the position of watching another people suffer and say, »It's not my fight.« There were

Am Stephansplatz, v.l.n.r.: Theodore Bikel, Curt Siodmak, Fini Rüdiger-Littlejohn, John Alton, Vanessa Brown, Francis Lederer, Kurt Land, Amos Vogel

some decent Austrians living next door to us who did not participate in the persecution, did not participate in the beating. And yet – I call them decent because they were not participants directly, but I cannot absolve them of guilt and of complicity because they did not open their windows either to call a halt! Neither I nor you nor history itself can absolve them of being accomplices. And I was not going to be put in the position of these nice people who say, »It's not my fight.« […]

And so I was involved in the civil rights movement and I did go to the south and I did get arrested and I did get put into jail. But it was important to me that what I did not only was done because of what I had experienced right here in Vienna, but that it *be seen* as being done because of it. And so, while normally I am as far away from being an orthodox Jew as you can get – I am the product of a socialist father –, in the jail in Alabama I insisted on kosher food or I wouldn't eat. Because it was a symbolic act on my part, it had to be seen as the act of a Jew and a Jewish survivor.

It was something, too, that related to a film called *The Defiant Ones* in which I played a Southern sheriff. It was a notable picture, I mentioned it the other day. Nine of us got Academy Award nominations, including the writer who was, by the way, a blacklisted writer, Nedrick Young; but what was important was that there was a black man and a white man and they were chained together. That was symbolic, because I figured it was a paradigm for our situation – we are all chained together, and if we pull at the chain all we're going to get is a bloody wrist. We won't get free. And we won't be able to run together to any kind of freedom.

Alexander Horwath

Displaced Persons

Auf den Spuren europäischer Emigranten im Film noir

1997

Zerfressen von Selbsthass, Eifersucht, Alkohol und beruflicher Frustration, macht der nach Hollywood emigrierte Schriftsteller Peter Urban sich und seinen Mitmenschen das Leben zur Hölle. Während eines Streits mit seiner Frau am Ozeanufer füttert er Möwen. Wir sehen die Vögel in Zeitlupe, wie sie im Flug nach den Brotkrumen schnappen; einer fällt tot zu Boden, vom Futter vergiftet. Wenig später wird Peter Urban selbst tot aufgefunden. Die Grabrede hält sein Freund Hugo Kral, tschechischer Flüchtling wie er, in Hollywood als Kleindarsteller untergekommen (dargestellt vom tschechischen Flüchtling, Schauspieler, Regisseur Hugo Haas): *He was a great man once. He had a wonderful country. He lost it. He had parents, they were tortured to death. So he came here and tried to use tools that were not fit to his measure. His poor heart grew bitter – there you see him now: a failure.*

Jealousy, ein finsteres B-Picture des Tschechen Gustav Machatý, gedreht 1945 in Südkalifornien unter Mitwirkung vieler anderer Exilanten. Hanns Eisler schrieb die Musik, Arnold Lippschitz das Drehbuch, der frühere Wiener Prominentenanwalt Eduard Frischauer leitete die Produktion.

Ganz selten nur spiegelt sich die Erfahrung von Emigration im amerikanischen Kino so ungebrochen wider wie in diesem Fall. Ebenso selten – und überraschend – ist der Auftritt einer künstlerischen Signatur, die den Transport von Mitteleuropa (ca. 1933) nach Hollywood (ca. 1945) so sicher überstanden hat wie diese: Mit seinen dezentrierten Bildern, seiner schwülen, drückenden Atmosphäre, seiner symphonischen Anfangsmontage schließt *Jealousy* scheinbar nahtlos an Machatýs berühmtere Vorkriegsfilme *Erotikon* oder *Ekstase* an, und auch an die lebendigen europäischen Filmkunstbewegungen der Weimarer Zeit. Aber im Ganzen gesehen, ist diese Nahtlosigkeit ein schillernder Mythos, sowohl was die Abstammungsgeschichte des Film noir betrifft als auch in den individuellen Geschichten und Karrieren der Filmemigranten.

Die Retrospektive »Schatten. Exil« im Österreichischen Filmmuseum spielte mit dem Mythos, ohne ihm je zu verfallen. Einer ihrer ganz praktischen Vorzüge: Sie entdeckte rare schöne Films noirs wie *Jealousy* und zollte europäischen Filmschaffenden Tribut, die im Noir-Kanon bislang nur untergeordnete (oder gar keine) Rollen erhielten. So traten neben Fritz Lang, Billy Wilder, Robert Siodmak, Otto Preminger – den Leithelden der großen Erzählung vom europäischen Kunsterbe im schwarzen US-Nachkriegsfilm – auch deren oft recht extravagante, psychoanalytisch interessierte Stiefbrüder hervor: John Brahm aus Hamburg mit seinen bohrenden Familienromanen *The Locket* und *Guest in the House*; Hugo Haas aus Brünn, Schöpfer der multiplen Persönlichkeit *Lizzie*; Edgar Georg Ulmer aus Olmütz mit dem ödipalen Traumbild *Strange Illusion* (neben seinem kleinen Klassiker *Detour*); oder Steve Sekely (Budapest), dessen fulminanter Doppelgängerthriller *Hollow Triumph* im engen Verbund mit John Alton (Sopron; Kameramann) und Paul Henreid (Triest; Produzent/Hauptdarsteller) entstand.

Aus der konkreten Würdigung der Arbeit einzelner exilierter Filmkünstler folgt jedoch keine Erklärung, keine logisch-historische Engführung des Begriffs Film noir. Das ist der zweite Vorzug von »Schatten. Exil«: Christian Cargnelli und Michael Omasta, die beiden Kuratoren der Schau und Herausgeber des gleichnamigen Buches, werfen ein weites Netz von Anspielungen, verführerischen Querschüssen und Stop-Bällen über der Noir-Topographie aus (wo schon David Thomsons »Roman« *Suspects* fruchtbare Verwirrung gestiftet hat). Filmgeschichte im Belastungstest: Das Ergebnis ist eine labyrinthische Erzählung, in der Produktionsfakten, individuelle Lebenswege, stilistische Einflüsse, gesellschaftliche Veränderungen und das »historische Imaginäre« miteinander tanzen gehen.

Bei genauerem Hinsehen ist z. B. das oft wiederholte Klischee von der »deutsch-expressionistischen« Lichtführung im Film noir ein ziemlicher Unfug. Und die Motivwelt des Weimarer Kinos (d. h. auch der deutschen Romantik) findet sich im Noir bestenfalls gleichberechtigt neben dem Erbe von Zola, Brassaï und den »poetischen Realisten« im Pariser Kino der 30er Jahre; neben den Beiträgen der Kriminalromanciers James M. Cain, Dashiell Hammett, Raymond Chandler, Cornell Woolrich und dem schundigen Modernismus von Graham Greene; neben dem Faible für reale Dreh- und Tatorte im Anschluss an die Weegee-Fotografie und die Erfolge des Neoverismo. Die These: Noir ist ein Meister aus Deutschland, sie ist selbst dann nicht mehr haltbar, wenn man »Deutschland« korrekterweise durch »Österreich-Ungarn-Tschechien-Polen-Rumänien-Deutschland« ersetzt.

Ein umgekehrter Blick: Nicht so sehr, was sie »mitbrachten« aus Europa, sondern was ihre durch Exterritorialität geschärfte Sicht in Kalifornien wahrnahm, könnte einen Weg zeichnen zum besseren Verständnis von Noir und Exil.

Der Produzent Seymour Nebenzal lässt seinen Welterfolg *M* zwanzig Jahre danach von Joseph Losey in Hollywood neu inszenieren, aber der Film geht ziemlich daneben, weil die alte, kaum veränderte Konstruktion im kalifornischen Nachkriegskontext nicht greift. Von Fritz Lang, Billy Wilder oder Douglas Sirk weiß man hingegen, wie intensiv sie die amerikanische Popkultur und Gesellschaft studierten, bevor sie ihre beißende, detailgenaue Kritik daran formulierten. Extrem gegenwärtig und hellhörig porträtiert ist die Welt von Wilders *Double Indemnity*: der Supermarkt, die Sonnenbrillen, das Diktaphon, die Struktur des Versicherungsbetriebs. Und extrem konsequent jene von Langs *The Big Heat*: die *upper middle class* als Verbrechersyndikat (und umgekehrt), die Frau im Konsumkreis gefangen – »We are sisters under the mink«, sagt Gloria Grahame, Schwestern im Zeichen des Nerz.

Im Käfig des falschen Bewusstseins auch die Heldin von *Caught*, Max Ophüls' schwarzem Melodram. Ihr K.u.K-stämmiger Wachhund Franzi (dargestellt vom Emigranten Curt Bois) spielt ihr die Melodie der Entfremdung am Klavier vor, indem er die Walzer der Jugend manisch zur Terrormusik umfunktioniert. Das ist ein Mehrwert im Exilanten-Noir: wie die sonst zu Komparsen erniedrigten Flüchtlinge manchmal blitzartig den Nachthimmel erhellen.

Die Begegnung der Weimarer (bzw. Frankfurter, Pariser, Wiener) Moderne mit der Zukunft der Massenkultur und des modernen Kapitalismus am Modellbeispiel Hollywood schafft so, je nach Gemüt, zutiefst pessimistische, trauernde oder zynisch-pragmatische Lösungen. Noir ist das Terrain ihrer Verhandlung, ein Terrain (und kein Genre), in dem vieles zusammenfließt, was Mitte des 20. Jahrhunderts auseinanderbricht. Noir hat Faschismus und Weltkrieg im Rücken, das Gefühl existentieller Unzugehörigkeit im Herzen, den Niedergang der Städte und den Umzug in suburbane Isolierhaft vor Augen. Noch im Ekel spüren das auch die Intellektuellen: Im Brechtgedicht ist L.A. eine Hölle, Adornos und Horkheimers Kritik der Kulturindustrie, geschrieben vor Ort, liest sich wie ein düsterer Woolrich-Roman. Sartre in Amerika, 1945: »New York hat bereits seine Ruinen.« Camus in New York, 1946: Die Menschen »sehen aus, als wären sie aus einem B-Film herausgetreten«.

In der modernistischen Schreibweise des Film noir ist der ewig Gehetzte, der atemlose Außenseiter ein beliebter Protagonist. Auch er vermittelt eine »exterritoriale« Stimmung, ein stilisiertes Außer-sich-Sein, jenseits der bürgerlichen Welt. Die Brücke zur parallel sich entwickelnden *Beat Culture* wird in vielen Filmen deutlich. Nachtclubs mit Livemusik oder schmierige Jive-Kneipen sind wichtige Schauplätze, exzessive Bebop-Sessions und Drogen aller Art schleichen sich in die Filme ein. Siodmaks *Phantom Lady*, Rudolph Matés *D.O.A.* und Ulmers *Detour* enthalten die schönsten Dokumente dieser Parallelgeschichte.

Auch Vittorio Gassman hetzt schweißgebadet über den Times Square, zickzack, vor und zurück, von einem Jazzschuppen zum nächsten. Er spielt eine »Displaced Person«, den Ungarn Peter Kuban, der als »Illegaler« durch New York rennt, auf der Suche nach einem, der für ihn bürgt. Der Film *The Glass Wall*, geschrieben und produziert vom ungarischen Emigranten Ivan Tors, gedreht 1953 im nächtlichen Alltag von Manhattan, spricht nicht nur von der politischen und kulturellen »Deplatziertheit« des Helden, sondern auch vom Lebensgefühl einer neuen Generation von »Subterraneans« und Bohèmiens, *destroyed by madness, starving hysterical naked / dragging themselves through the negro streets at dawn looking for an angry fix.* (Allen Ginsberg). In vielen Straßenszenen schimmern durch die *Glass Wall* bereits John Cassavetes' *Shadows*.

Zur gleichen Zeit in Paris: Filmkritiker, Existenzialisten und Bohèmiens (er)finden ein amerikanisches Phänomen und nennen es Noir (inklusive vieler, dauerhafter Missverständnisse).

Zur gleichen Zeit im Weißen Haus: Für Senator McCarthy sind jene »Linken« besonders verdächtig, die sich im Anti-Nazi-Film und im eindeutig »unamerikanischen« Film noir engagierten. Das sind neben Losey, Dmytryk, Dassin und John Garfield auch Emigranten wie Lang, Eisler, Lorre, Brecht, Henreid und William Dieterle – verdächtig in unterschiedlichem Ausmaß. Die große Schauspielerin Mady Christians, auffällig z. B. in dem außergewöhnlichen Anti-Nazi-Noir *Address Unknown*, kommt auf die Schwarze Liste und stirbt wenige Tage nach ihrem Hearing wegen Kommunismus-Verdacht.

Wenig später in Deutschland: Brahm, Siodmak, Lang drehen *Die goldene Pest*, *Die Ratten*, *Die 1000 Augen des Dr. Mabuse*. Peter Lorre ist *Der Verlorene*. Der Film noir besteht aus Tausenden *detours*, Transformationen, Umwegen. Aber nichts kehrt wirklich zurück.

Erstveröffentlichung: Alexander Horwath, »Wenn reine Herzen bitter werden. Auf den Spuren europäischer Emigranten: Die Reihe ›Schatten. Exil‹ im Wiener Filmmuseum«, Süddeutsche Zeitung, *27./28.3.1997*

JOHN COOK, 1996

Eine Konstellation. Die Albertina-Treppe vor dem Filmmuseum, 1996 (s/w) und 1957 (Farbe). Auf den Stufen: ein ewiger Exilant – John Cook, Kanadier, eine Zeit lang »Viennese by choice«. Er schuf in den 1970er Jahren einige der größten Filme, die dieses Land je hervorgebracht hat, zog Anfang der 80er weiter nach Frankreich (weil ihn in Wien keiner mehr Filme machen ließ) und besuchte das Filmmuseum 1996 wieder für eine Retrospektive seines Werks. Darunter zwei Einstellungen aus Willi Forsts letztem Film, *Wien, du Stadt meiner Träume* (1957), gedreht an der Albertina-Treppe und gefühlten 99 anderen touristischen Hot Spots der Stadt. Eine Großaufnahme des Films galt Fritz Wotrubas Skulptur auf der Brüstung der Treppe: »Großer liegender Jüngling«, entstanden während Wotrubas erstem Exil, Mitte 1933 in Zürich. Irgendwann wurde die Skulptur von diesem Standort entfernt. John Cook starb im September 2001 in einem Dorf in Südfrankreich.

MONTE HELLMAN, 1995

ARTHUR PENN, 1994

Der Text auf den folgenden Seiten entstammt dem Einleitungsessay eines Buches, das 1995 zur gemeinsamen Retrospektive des Filmmuseums und der Viennale erschien: *The Last Great American Picture Show. New Hollywood 1967–76.* Diesem Projekt ging eine weitere gemeinsame Retrospektive im Herbst 1994 voran, ebenfalls begleitet von einer Publikation: *Cool – Pop. Politik. Hollywood 1960–68.* Ziel des zweiteiligen Unterfangens war es, das amerikanische Kino der 60er und 70er Jahre neu aufzufächern. Es ging, vereinfacht gesagt, um die Postulierung mehrerer »New American Cinemas« und mehrerer »New Hollywoods«. Das allgemeine filmhistorische Bewusstsein hat zu beiden Begriffen meist nur eine Story parat: jene der US-Avantgarde von Brakhage bis (maximal) Benning – und jene der Wiedergeburt des Studiosystems durch die Blockbuster-Generation (Friedkin, Coppola, Spielberg, Lucas). Umso wichtiger schien es mir, andere Geschichten und Verbindungen zur Sprache zu bringen.

Der zweite Teil dieser (in sich gekürzten und leicht bearbeiteten) Textausschnitte konzentriert sich auf den schriftlichen Dialog, den ich für das New-Hollywood-Buch mit Beverly Walker geführt hatte. Walker beschritt einen für die betreffende Ära sehr repräsentativen Weg und arbeitete ab 1968 als Presseagentin, Drehbuchautorin und in verschiedenen Produktionsfunktionen an zahlreichen New-Hollywood-Filmen mit. Ihre Erinnerungen und Einschätzungen waren sehr wichtig für den Versuch, jene schöne Widersprüchlichkeit zu vermitteln, die sich beim Eintauchen in das Kino dieser Ära ergeben hatte. Das Gleiche gilt für die Gäste, die 1994 und 1995 zu den Retrospektiven nach Wien kamen, die Regisseure Arthur Penn, Monte Hellman und Jim McBride: Auch ihre Erzählungen fügten sich nie zu einem runden, handlichen Bild.

Im Sinne dieser Mehrstimmigkeit stellte ich dem Buch einen Satz von Thomas Pynchon aus dem Jahr 1966 voran. Er drückt aus, wie es mir bei der Arbeit erging. A. H.

JIM MCBRIDE, 1995

Alexander Horwath

No. Truthmovies are just beginning

Splitter zum amerikanischen Kino der 1960er und 70er Jahre

1995

»So you have stumbled indeed, without the aid of LSD or other indole alkaloids, onto a secret richness and concealed density of dream; onto a network by which X number of Americans are truly communicating whilst reserving their lies, recitations of routine, arid betrayals of spiritual poverty, for the official government delivery system; maybe even onto a real alternative to the exitlessness, to the absence of surprise to life, that harrows the head of everybody American you know, and you too, sweetie.«

Thomas Pynchon, *The Crying of Lot 49*

In der zweiten Hälfte der 60er Jahre werden einige seltsame Gesten im amerikanischen Kino bis zum Verschmelzen erhitzt; sie forcieren die Rede von einem »neuen Hollywood«. Der Hauptstrang dieser Erzählung beginnt üblicherweise bei *The Graduate*, *Point Blank* und *Bonnie and Clyde* (alle 1967) und ihrer Liebes- und Diebesbeziehung zum europäischen Kunstfilm sowie bei den Produktionen von Roger Corman und der B-Picture-Fabrik AIP, wo Filmemacher wie Dennis Hopper, Monte Hellman, Jack Nicholson, Francis Ford Coppola, Peter Fonda oder Peter Bogdanovich in einem (aus ökonomischen Gründen) flexiblen Arbeitsklima viele verschiedene Funktionen übernehmen und so ihr Handwerk, aber auch eine freiere Form der Filmgestaltung erlernen können. Auch für sie ist »Film als Kunst« kein Schimpfwort. Schon 1965 schreibt Dennis Hopper in einem Manifest: »Five years ago there were fifty art theaters in the United States; now there are six thousand … ›Hey how can we [Europeans] get into their [American] market? We cannot compete on their level of film. Hey! I've got a great idea! Let's make art films. That's something they'll never think of!‹ And of course we haven't yet. Fifty theaters to six thousand in five years. No American films for six thousand theaters.«

Arbeiten wie Monte Hellmans *The Shooting* (1966) und *Targets* (1968) von Peter Bogdanovich zeugen von einer glücklichen Wunschehe zwischen Kunstfilm- und Genre-Elementen. Die von AIP produzierten Filme *The Trip* (1967) und *Wild in the Streets* (1968) greifen darüber hinaus gezielt Aspekte der Gegenkultur (Drogen, Generationskonflikt) und aktuelle politische Ereignisse auf. Im Zyklus der Biker-Filme, initiiert von Cormans *The Wild Angels* (1966), kommt eine nihilistische Grundhaltung zum Ausdruck. Hoppers *Easy Rider* (1969) bündelt personell und thematisch all diese Elemente mit großem Erfolg. Der Film ist keine AIP-Produktion mehr, sondern wird von einer Gruppe gleichgesinnter Produzenten, der späteren BBS-Gruppe, unter der Ägide eines Major Studios hergestellt und großflächig beworben. In diesem Hauptstrang der Erzählung von New Hollywood geht scheinbar eins ins andere, und der Schauplatz ist klar: Los Angeles. Die Tatsache, dass dort die Filmindustrie stationiert ist und dass scheinbar nur dort die wirtschaftliche Dimension des Kinos verstanden wird, schaltet andere Stränge und Orte tendenziell aus.

In Martin Scorseses *Mean Streets* (1973) gibt es eine Szene, in der Harvey Keitel und Robert De Niro ins Kino gehen und, *en passant*, eine Genealogie betrachten. Im Foyer hängen drei Filmplakate: *Point Blank* von John Boorman, Roger Cormans *X – The Man With the X-Ray Eyes* und *Husbands* von John Cassavetes. Diese kurze Sequenz erzählt auf differenziertere Weise davon, dass New Hollywood (*Mean Streets*) eine Bastard-Geburt aus dem Geist des amerikanischen Kunstfilms (*Point Blank*), des Corman'schen Schundfilms (*X*) und des »Außenseiterfilms« aus New York war. John Cassavetes steht hier für eine dezidiert nichtkalifornische Filmkultur, die schon seit Ende der 50er Jahre ein *New American Cinema* angestrebt und auch praktiziert hat, vor allem in Form von Avantgarde- und Dokumentarfilmen. In New York wurden Energien gesammelt, die sich erst später – und zaghafter – in Hollywood niederschlagen sollten.

1965/66

»Meine Perspektive veränderte sich Mitte der 60er Jahre, als ich für das New York Film Festival zu arbeiten begann, für Amos Vogel und Richard Roud, die nicht nur meine Vorgesetzten, sondern auch meine Lehrer waren. Innerhalb kurzer Zeit wurde ich mit einer unglaublichen Menge von Filmen konfrontiert, die ich nicht für möglich gehalten hätte: Satyajit Ray, Kon Ichikawa, Kurosawa, Dreyer, Wajda, von den Gottheiten der Nouvelle Vague gar nicht zu reden; aber auch die amerikanischen Experimentalfilmer und Independents wie Stan Brakhage und Andy Warhol, Shirley Clarke und Jonas Mekas – alle diese Leute warfen mich um. Ich bin praktisch über Nacht von einer Bürgerrechtsaktivistin und sporadisch beschäftigten Bühnenschauspielerin (mit einer Vorliebe für Brecht) zu jemandem geworden, der Film als Medium für sozialen Wandel und politische Kommentare, aber auch als hochgradig plastische Kunstform mit unendlichen Möglichkeiten betrachtete.« (Beverly Walker)

1967/68

Zwischen 1967 und 1970 entstehen in New York mehrere Spielfilme, die in verschieden starkem Ausmaß auf Godard und das Underground-Kino, aber auch auf die politische Gewalt und Radikalisierung im Land Bezug nehmen; die die soziale Rolle des Kinos diskutieren und das »Dokumentarische« und das »Fiktionale« gegeneinander in Bewegung setzen. Jim McBrides *David Holzman's Diary* (1967), Haskell Wexlers *Medium Cool* (1969) und Robert Kramers *Ice* (1969) sind die bedeutendsten unter ihnen.

In seiner Einleitung zum 1970 veröffentlichten Drehbuch von *David Holzman's Diary* schlägt dessen Autor und Hauptdarsteller L. M. Kit Carson eine Brücke zum Direct Cinema bzw. Cinéma vérité:

»About three years ago, late winter 1967, Jim McBride and I sat in a coffee shop on West 45th

Street off Broadway. Jim was eating, as usual, a cheeseburger.

At that time we were researching a book on *cinéma-vérité* for the New York Museum of Modern Art: *The Truth on Film.* We had just taped three- and six-hour interviews with Richard Leacock, the Maysles Brothers, Andy Warhol, D. A. Pennebaker, Andrew Noren, other cinéma-veritistes – all of them stumbling around the basic (endless) question in c-v, or filming-the-Real: *Can* you get It, the Real, the Truth, on film? […]

About three years ago, late winter 1967: McBride, eating his usual cheeseburger, handed me an outline he'd written for a movie about a filmmaker named David: a sane man and loser like most, who'd finally lost his life. ›My life … haunts me,‹ Jim wrote David as saying: ›My life … haunts me.‹ To stop This, David starts filming and taping the days and nights of his existence – he figures to get his life down on plastic; then It can't get away any more. […] It's all there, the Facts right on frames 312 through 316 of Mr. Abraham Zapruder's 8mm *cinéma-vérité* truthmovie. Have you seen It all?

Do you want DHD aesthetically to fake people out? Someone asks this question every time. There are several answers. FIRST All art's a decoy. Not Real. Not Fact. Not The Truth; but lures you to The Real, The Truth. […] SECOND However, from the beginning, The Real and *David Holzman's Diary* began to rush together, mix, twist, join more than usual for a movie. […] THIRD ›Truth and Life merge,‹ Jim McBride always steps up to the microphone and says in answer to this question. And smiles. And that's all.

A year later, walking out after a Diary *screening, Pennebaker said to me (funny smile): ›You killed cinéma-vérité. No more truthmovies.‹*

No. Truthmovies are just beginning.«

1969/70

Schon um 1969/70 zog es viele Vertreter der New Yorker Szene nach Los Angeles – darunter McBride und Kit Carson, Brian De Palma, Martin Scorsese und den damaligen Presseagenten Jonathan Demme. Hier, in Hollywood, schien sich gewaltiges Produktionskapital mit einem neuen, jungen Kino zu verbinden. Beverly Walker z. B. wurde Ende 1968 von MGM engagiert, um Michelangelo Antonioni bei den Dreharbeiten zu *Zabriskie Point* von der böswilligen Presse abzuschirmen und den Nachrichtenfluss vom Set in die Öffentlichkeit zu kontrollieren. Ihre Vorstellungen vom »neuen« Hollywood wurden rasch einem Realitätstest unterzogen:

»Bedenken Sie, dass ungefähr 2500 Meilen zwischen New York und L. A. liegen. In den 60er Jahren bedeutete das noch mehr als heute. Im Endeffekt taten die kritischen Positionen, die in New York, basierend auf Bazin und anderen Europäern, entwickelt wurden, auch in Hollywood ihre Wirkung, doch das dauerte eine ganze Weile. Das Schisma zwischen diesen beiden Städten erklärt unter Umständen mehr als jeder andere Faktor, warum die New-Hollywood-Bewegung schon im Ansatz ausgelöscht wurde. Filmemacher wie McBride oder Kramer waren z. B. in den Filmkreisen von Hollywood gänzlich unbekannt. McBride verbrachte seine ersten Jahre in L. A. als Taxifahrer, und es ist ihm auch danach nie wirklich gelungen, sich einen festen Platz im Rahmen der Industrie zu schaffen. Als ich und viele meiner Freunde und Bekannten mit der Absicht, in der Filmindustrie zu arbeiten, nach Los Angeles umzogen, hatten wir die Vorstellungen und Vorbilder der New Yorker Filmkultur in den 60er Jahren im Kopf – was sich als sehr gefährlich herausstellen sollte. ›Hollywood‹ hat an keiner regionalen oder kulturellen Tradition teil als seiner eigenen. Bacons Gemälde über den Hund, der seinem eigenen Schwanz nachjagt, war für mich immer das perfekte Bild für diesen Ort.«

Neben den »Emigranten« aus New York erhielt die Filmwelt von Los Angeles in diesen Jahren auch vielfältigen Zuwachs aus Europa. Mit Jacques Demys *Model Shop* (1969) und Agnès Vardas *Lions Love* (1970) etwa kreuzt die Nouvelle Vague über Umwege den Pfad von New Hollywood. Walker: »*Lions Love* ist kein realistisches Abbild von Los Angeles. Es gab dort z.B. keine nennenswerten Kommunen. Im Grunde waren alle Leute, die in dem Film auftauchten, fest in New York verankert. Varda und Demy kreierten damals ihr eigenes, sehr besonderes Umfeld in Hollywood, das eher an Paris erinnerte: Es drehte sich um gutes Essen und inkludierte viele Europäer, die in L. A. lebten, und andere entwurzelte Figuren wie mich! Ich vermisse dieses Umfeld heute sehr.«

1970/71

Unter den ungewöhnlichen Filmen, die die Industrie infolge der enormen Einspielergebnisse von *Easy Rider* kurzfristig zuließ bzw. förderte, waren dies die ungewöhnlichsten: *Five Easy Pieces* (1970, Bob Rafelson), *Two-Lane Blacktop* (1971, Monte Hellman), *The Last Movie* (1971, Dennis Hopper), *Glen and Randa* (1971, Jim McBride), *Drive, He Said* (1971, Jack Nicholson), *Cisco Pike* (1971, Bill Norton) und *The King of Marvin Gardens* (1972, Rafelson). Die mit ihnen verbundenen Regiekarrieren litten freilich unter der Tatsache, dass alle bis auf *Five Easy Pieces* mehr oder weniger große Kassenflops wurden. Ihre Erzählweisen waren anti-illusionistisch oder zumindest nicht auf leichte Identifikation mit den Helden angelegt. Walker: »Eine gewisse Art existentialistischer Verzweiflung schwebte über der gesamten Ära und machte sich in allen Künsten bemerkbar. Existentialistische Verzweiflung ist aber nicht unbedingt ein ideales Erzählmotiv fürs Kino, deshalb findet man sie auch eher in Romanen oder in der populären Musik wieder.«

Walker war es gelungen, mit der Zeitschrift *Esquire* den Abdruck des kompletten Drehbuchs von *Two-Lane Blacktop* auszuhandeln, aber die Schlagzeile »Der Film des Jahres« (wiewohl aus heutiger Sicht vielleicht faktisch richtig) ging bereits an der Wirklichkeit vorbei. »Ehrlich gesagt, ich musste damals gar nicht viel ›dealen‹, um *Esquire* zu dieser Sache zu bewegen. Ich kontaktierte sie wegen einer Reportage über den Film, und sie schlugen vor, das Drehbuch abzudrucken. Man darf nicht vergessen, dass sich *Esquire* damals als ›literarisches‹ Magazin verstand. Sie hatten schon zweimal zuvor Drehbücher publiziert. Das gehörte damals einfach dazu – mediale Ausbeutung der Popkultur. Aber Lew Wasserman persönlich, der Boss von Universal, hasste *Two-Lane Blacktop* und brachte den Film bewusst um, indem er alle Werbeausgaben zurückhielt. *Blacktop* hätte nie den Erfolg von *Easy Rider* gehabt – zu langsames Tempo, eine zu schräge, düstere Vision –, aber es wäre auch kein totaler Misserfolg geworden.«

The Last Movie geriet zum archetypischen Beispiel für diesen Konflikt zwischen der Studiohierarchie und den Hippie-*auteurs*: »Hopper hat die Grenzen in jeder Hinsicht überschritten, und er half mit, die neue Bewegung mit seinen Mätzchen zu diskreditieren. Heute würde er dem vielleicht sogar zustimmen. Ich bin später draufgekommen, dass die alte Garde nur auf der Lauer lag und auf die Fehler der Neulinge wartete – und die gab es bald in Hülle und Fülle. In meiner Funktion als Pressebetreuerin und *trouble-shooter* kam ich oft in die fürchterliche Situation, zwischen der ›künstlerischen‹ und der Produktionsseite vermitteln zu müssen. Und ich bedauere, sagen zu müssen, dass mir das Benehmen der Filmemacher oft zutiefst peinlich war. Sie waren fünfunddreißigjährige Fratzen, die immer noch ihre Eltern erpressten.«

1972/73

Parallel zur kommerziellen Niederlage der *Easy Rider*-Nachfolgefilme kam in den frühen 70er Jahren auch eine jüngere, an Marketing- und Publikumsforschung geschulte Generation von Executives an die Macht. Einer ihrer hervorstechendsten Vertreter war John Calley. Er wurde 1970 zum Produktionschef von Warner Bros. ernannt und inaugurierte im Jahr darauf eine Art Autorenwerkstatt. Walker: »Calley nahm rund ein Dutzend junger Drehbuchschreiber unter Vertrag (ihr Durchschnittsalter war 26), sagte ihnen fixe Wochenlöhne, Arbeitsplätze auf dem Studiogelände und jede Menge Unterstützung zu. Viele von ihnen waren gerade von der Filmschule abgegangen und hatten eine prononcierte Vorliebe für das klassische amerikanische Kino – Ford, Hawks, Walsh – sowie eine prononcierte Abneigung gegen Antonioni oder Bergman. So hieß z. B. der Abschlussfilm von John Milius, dem Superstar dieser Gruppe, *Marcello, I'm So Bored*.«

Neben Milius waren Paul Schrader, Walter Hill und Terrence Malick die begehrtesten bzw. hoffnungsvollsten Autoren des neuen, Genre-orientierten Typs. Walker: »Die Studios versuchten damals wie wild, Verträge mit jungen Macho-Typen wie Milius oder Schrader abzuschließen. Wie sie aussahen und wie sie sich gerierten, war dabei mindestens so wichtig wie ihre Drehbücher. Das wussten diese Autoren und Regisseure natürlich, also legten sie sich eine auffällige Persönlichkeit und eine gewisse ›Performance‹ zu. Terry Malick war in meiner damaligen Kritik an den Jungs mit übertriebenem Ersatz-Machismo natürlich nicht inkludiert. Ich kannte ihn ein wenig und bewunderte ihn sehr; er ist ein besonderer Mensch. Trotzdem hatte niemand so viel Unterstützung von höchster Studioseite wie er.«

1974

Selbst in den privaten Bereichen der Filmindustrie löste sich das mit gemeinsamen Zielen verbundene Gruppengefühl, das sich rund um die »Corman-Kinder« wie Hellman, Hopper und Nicholson oder die BBS-Gruppe um Rafelson eine Zeit lang entwickelt hatte, rasch wieder auf. Beverly Walker: »Es gab zwar unter jüngeren Leuten ein soziales Leben, das die traditionellen Hollywood-Zusammenkünfte umging, aber das Problem war, dass sich jemand, der einen Erfolg landete, sofort von seinen Genossen entfernte und die Nähe jener suchte, die es auch schon ›geschafft‹ hatten. Damit kam man auf gewisse Einladungslisten und Partys. Es wurde sehr rasch sehr unschön und konkurrenzorientiert. Als die Produzenten Julia und Michael Phillips nach L. A. zogen, begannen sie sofort, auffällige Feste zu veranstalten – mit der einzigen Absicht, Kontakte zu knüpfen. Sie waren wie Spione: ›Wer hat ein gutes Drehbuch? Wer hat Talent? Wer hat Zugang zu diesem oder jenem Star oder Studioboss? Bringt sie doch nächsten Sonntag in unser Haus mit!‹ Das hat sehr gut funktioniert, weil jeder wusste, dass die beiden Zugriff auf Geld hatten – zumindest für Projektentwicklung. Aber da diese Partys nicht auf gemeinsamen Erfahrungen beruhten, ist es nicht verwunderlich, dass sie schnell zu Drogenfestspielen wurden.«

1975

In einem Aufsatz über *Badlands*, *Mean Streets* und *The Wind and the Lion* beleuchtet Manny Farber 1975 in Francis Ford Coppolas Zeitschrift *City* ein New Hollywood, das die Erfahrung eines Lebens »aus zweiter Hand« in produktive Dissonanzen übersetzt und das fähig schien, seine popkulturelle Aufgabe und seine (post-)modernistische Mission zu versöhnen:

»*Badlands* is often into the most artist-bewitching strategy of the ’70s. Conceptual artists like John Baldessari, Yvonne Rainer in her two films, Eleanor Antin and Martha Rosler in their postcard diaries, Fred Lonidier, Phel Steinmetz and Allan Sekula in their photo-fiction narratives are all using visual images and verbal texts in which the alignment isn’t exact, so there is a space or jar created by the disjunct. In that space, the irony, humor, absurdity or message resides. The electricity created by the jar between text and visuals, words and pictures, has become the favorite technique for pinning down the madness of the human condition. All these artists are turning their backs on ’60s formalism in favor of a crossed-media art involved with biography, myth, history. They spotlight various postures that make the New Hollywood film so different from its forerunners, i. e., a facetious attitude about history, an automatic distrust of cops-soldiers-presidents, and, along with the bent for or against bizarre Americana, a jamming on the idea that people are inextricably influenced by myths, clichés, media, postcards, diaries, home movies, letters, etc.«

Der Kritiker und Maler Farber nimmt hier Bezug auf eine neue Generation bildender Künstler/innen, die vor allem in Südkalifornien, an der Universität von San Diego und rund um die von der Disney-Familie gegründete Hochule CalArts tätig waren bzw. sind. So werden weitere mögliche Linien spürbar: verschlungene, bisher kaum erkundete Wege zu jener *concealed density of dream*, von der Thomas Pynchon 1966 berichtete.

Adaptierte Passagen aus: »A Walking Contradiction (partly truth and partly fiction)«, Alexander Horwath (Hg.), The Last Great American Picture Show, *Wien: Wespennest/Viennale 1995*

ALLEN GINSBERG, 1993

Am 10. September 1993 sprach Allen Ginsberg im Filmmuseum über »Meditation and Poetics«, in einer gemeinsamen Veranstaltung mit der Schule für Dichtung. Im Anschluss wurde *Pull My Daisy* (1959) von Robert Frank und Alfred Leslie sowie Bob Dylans *Renaldo and Clara* (1977) gezeigt, an denen Ginsberg mitgewirkt hatte. Im Gästebuch hinterließ er einen grimmigen Buddha.

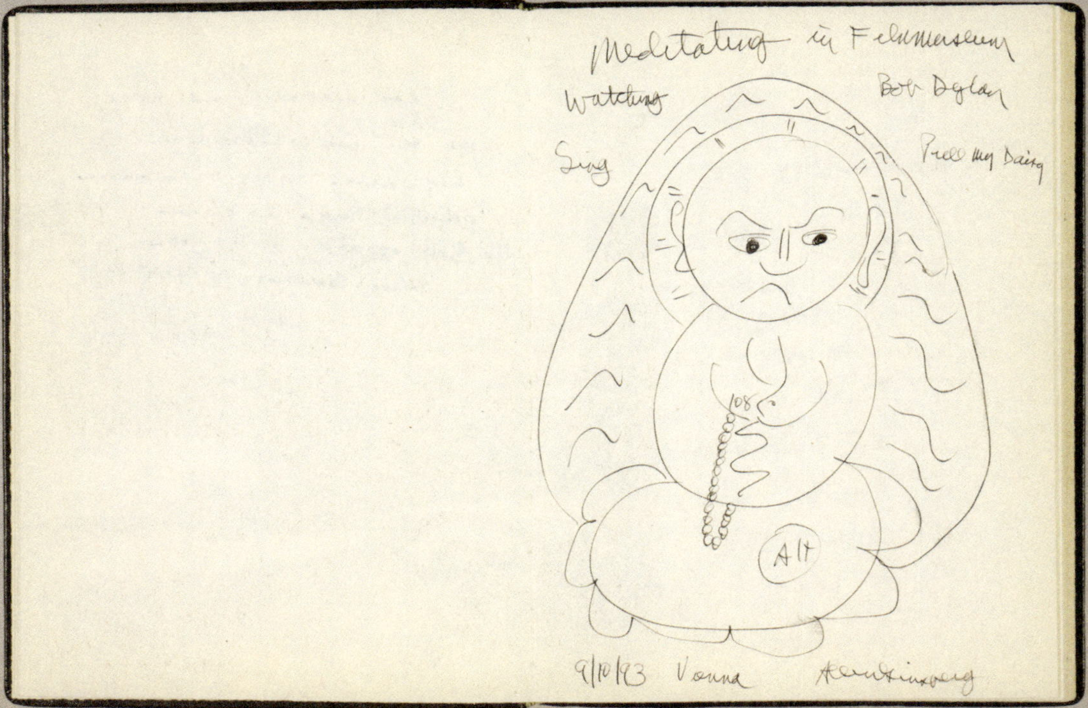

MARTIN SCORSESE, 1995

»Er isst, trinkt, denkt und lebt fürs Kino: So beschreibt der US-Regisseur Francis Ford Coppola einen der begabtesten amerikanischen Nachwuchsfilmemacher; einen, der hierzulande nahezu unbekannt ist: Martin Scorsese, 33 Jahre alt. Im Oktober bietet sich erstmals die Möglichkeit, Scorsese-Filme bei uns zu besichtigen [...]. Das Österreichische Filmmuseum in Wien zeigt am 3. Oktober den *Alice*-Film in der Originalfassung und präsentiert danach – erstmals in Europa – das Gesamtwerk des ehemaligen Studenten und Lehrers an der New Yorker Filmschule.«

Helmuth Dimkos Ankündigung in der *Neuen Kronenzeitung* vom 26. September 1975 dokumentiert den Beginn einer Beziehung, die 30 Jahre später dazu führte, dass Martin Scorsese die Ehrenpräsidentschaft des Österreichischen Filmmuseums übernahm. Dazwischen, im November 1995, konnte er sich persönlich mit der Wiener Filmkultur und ihrem Publikum vertraut machen. In einem gemeinsamen Projekt mit der Viennale zeigte das Filmmuseum sämtliche Werke des Regisseurs und widmete ihm eine »Carte blanche«, bei der er sein eigenes Schaffen in Beziehung zu den großen (und kleinen) Filmen seiner Vorläufer setzte. Martin Scorseses Wien-Woche inkludierte neben Film-Terminen auch ein Treffen mit Bundeskanzler Franz Vranitzky (oben) und ein Thanksgiving-Dinner in der Österreichischen Nationalbibliothek (unten). Im Filmmuseum durchquerte er sein Œuvre im Zuge eines mehr als zweistündigen Publikumsgesprächs (rechte Seite: mit dem Herausgeber, oben, und bei der Begrüßung des Publikums mit Peter Konlechner).

Peter Kubelka

Das Zyklische Programm des Österreichischen Filmmuseums

WAS IST FILM. Die Geschichte des filmischen Denkens in Beispielen

1996

Die Gedanken der vor unserer Zeit lebenden Menschen erhalten sich auf Grund von Niederschriften in verschiedenen Materialien wie Stein, Holz, Papier und Film, ausgeführt von Bildhauern, Malern, Musikern und Filmmachern.

Seit Tausenden von Jahren hat die Menschheit bereits begriffen, das es in ihrem dringendsten Interesse steht, dieses »Gedächtnis« der Menschheit funktionsfähig zu erhalten, indem die bearbeiteten Materialien aufbewahrt werden, und dafür Sorge zu tragen, dass der Inhalt zu jeder Zeit allgemein zugänglich sein muss, nicht zuletzt im Interesse der Bewältigung der Zukunft.

Zu verschiedenen Epochen haben verschiedene Medien den Schwerpunkt der Auseinandersetzung um die Definition einer Weltsicht getragen. Zum Beispiel hat in der Zeit ab Ludwig van Beethoven bis zum Ausbruch des Ersten Weltkrieges die Wiener Schule die Musik zur wichtigsten Kunstgattung vor allen anderen gemacht, während in der Renaissance der Schwerpunkt auf der bildenden Kunst gelegen ist.

Es steht außer jedem Zweifel, dass es in den letzten hundert Jahren hauptsächlich der Film war, in den das Denken und die Weltsicht des zwanzigsten Jahrhunderts eingeschrieben wurde. Es steht weiters außer Zweifel, dass sich die Menschheit das Verlöschen des in Film realisierten Teils ihres Gedächtnisses nicht gestatten kann. Und da das Verständnis der filmischen Inhalte nicht mehr gewährleistet ist, wenn diese in ein anderes Medium übertragen werden, so wird jede Anstrengung recht sein, die den Film in seiner ursprünglichen Form, also als Film, bewahrt.

Die Filmgeschichte des 20. Jahrhunderts – und natürlich auch die zum heutigen Film gehörenden Erscheinungen des 19. und 18. Jahrhunderts – müssen bewahrt und zugänglich gemacht werden.

Man kann nun die Entwicklung des Films in mehrere Kapitel einteilen:

1) Der Film als DOKUMENT der Realität.

2) Der Film als Träger der weltanschaulichen Fiktion des breiten Publikums: Das ist der in Teamarbeit von Studios hergestellte SPIELFILM, der durch breite finanzielle Erfolge wirtschaftlich getragen wird. Er repräsentiert das mythische Selbstportrait des Mainstreams.

3) Die filmische AVANTGARDE, das sind jene Werke, die zumeist von einzelnen, handwerklich arbeitenden Autoren geschaffen wurden. Diese Filmmacher handeln im Sinne der modernen Kunst im Selbstauftrag und sie sind es, die mit dem Medium Film Denkweisen und Vorstellungswelten geschaffen haben, die ohne das Medium Film nicht möglich waren.

Es gibt also in der Filmgeschichte eine, quantitativ winzige, parallele Geschichte einer Avantgarde, wie sie zum Beispiel in der bildenden Kunst als Moderne bezeichnet wird.

Ich habe mich in meiner dem Film gewidmeten Aktivität immer wieder bemüht, die wesentlichen Werke zu finden und habe mehrmals Versuche unternommen, diese zusammenzufassen, zu bewahren und zugänglich zu machen. Wenn man in einem bestimmten Kulturraum die Strahlkraft einer Kunstgattung auf die sich prägende Jugend sichern will, dann müssen die Werke dieser Kunstgattung ständig für eine Auseinandersetzung zur Verfügung stehen.

In der bildenden Kunst ist dies verhältnismäßig einfach, weil die Bilder und Skulpturen statisch sind, in einem Museum ständig ausgestellt werden können und ihre ständige Präsenz damit gesichert ist. Beim Film, einem in der Zeit ablaufenden Medium, muss dies geschehen, indem die Werke zyklisch sich wiederholend, ständig wiederaufgeführt werden. Das heißt, es wird eine Anzahl essentieller Programme geschaffen, die nacheinander projiziert werden, und wenn das Programm abgelaufen ist, beginnt es wieder von vorne, sodass jemand, der am Ort eines solchen Film-Museums lebt und alle Vorführungen besucht, innerhalb von einem Jahr einen repräsentativen Überblick über die Hauptwerke der Kunstgattung Film erhält.[1]

1) Anm. d. Hg.: Von Ende 1996 bis Mai 2002 wurde *Was ist Film* so gezeigt, dass stets alle Programme innerhalb einer Spielzeit liefen. Seit der Wiederaufnahme im September 2005 benötigt ein Durchlauf der (nunmehr 63) Programme ungefähr eineinhalb Jahre.

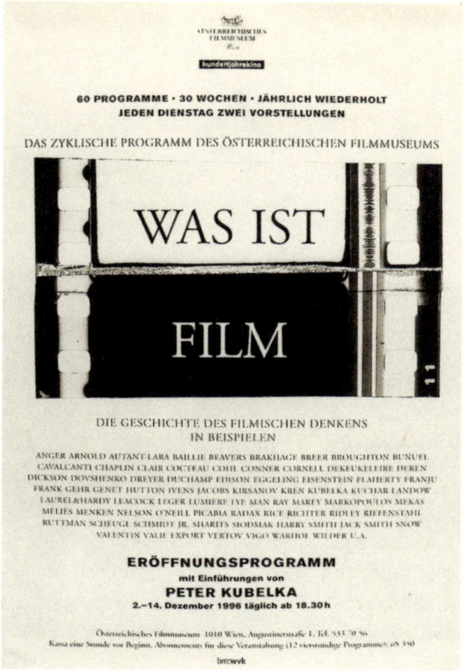

Das Zyklische Programm des Österreichischen Filmmuseums versucht eine Definition des Films durch Beispiele.

Ich habe bisher zweimal die Gelegenheit gehabt, ein derartiges Projekt zu realisieren, zum ersten Mal im Jahr 1970 in New York in Zusammenarbeit mit den Anthology Film Archives, mit Stan Brakhage, dem prominentesten amerikanischen Filmmacher, mit dem führenden Historiker des unabhängigen amerikanischen Films nach dem Krieg, P. Adams Sitney, mit dem Theoretiker Ken Kelman, mit dem Filmmacher James Broughton und mit dem Filmmacher, Dichter und Kritiker Jonas

Peter Kubelka, 1996

Mekas, der diese Institution heute noch leitet. Für Anthology Film Archives habe ich in New York auch das Invisible Cinema zum ersten Mal realisiert.

Im Jahre 1974 erteilte mir der Gründungsdirektor des Centre Pompidou in Paris, Pontus Hultén, den Auftrag, die Avantgardesammlung der Filmgeschichte für dieses Museum zu definieren und anzukaufen. Ich habe diesen Auftrag ausgeführt und habe diese Sammlung in einer großen, umfassenden Retrospektive vom 7. Februar bis 12. März 1974 präsentiert.

Obwohl ich die Idee für ein zyklisches Programm seit der Gründung des Österreichischen Filmmuseums mit Peter Konlechner im Jahr 1964 immer wieder in Österreich vorgetragen habe, ist es bisher nie gelungen, das Projekt zu realisieren. Wahrscheinlich war die Situation bei uns für ein derartiges Ziel noch nicht reif.

Auf Grund einer substantiellen Förderung durch »100 Jahre Kino« ist dieses Vorhaben nun realisiert worden. Ab 2. Dezember 1996 gibt es das Zyklische Programm des Österreichischen Filmmuseums mit dem Titel WAS IST FILM.

Durch eine Reihe von 60 Programmen wird die Geschichte des filmischen Denkens durch BEISPIELE illustriert.

Das ZYKLISCHE PROGRAMM enthält Filme von: Kenneth ANGER, Martin ARNOLD, Claude AUTANT-LARA, Bruce BAILLIE, Robert BEAVERS,

Stan BRAKHAGE, Robert BREER, James BROUGHTON, Luis BUÑUEL, Alberto CAVALCANTI, Charles Spencer CHAPLIN, René CLAIR, Jean COCTEAU, Emile COHL, Bruce CONNER, Joseph CORNELL, Charles DEKEUKELEIRE, Maya DEREN, William Kennedy Laurie DICKSON, Aleksandr P. DOVŽENKO, Carl Theodor DREYER, Marcel DUCHAMP, Thomas Alva EDISON, Viking EGGELING, Sergej M. EISENSTEIN, Morgan FISHER, Robert FLAHERTY, Georges FRANJU, Robert FRANK, Ernie GEHR, Jean GENET, Peter HUTTON, Joris IVENS, Ken JACOBS, Dimitri KIRSANOFF, Kurt KREN, Peter KUBELKA, George LANDOW, Stan LAUREL & Oliver HARDY, Richard LEACOCK, Fernand LÉGER, Louis & Auguste LUMIÈRE, Len LYE, Man RAY, Étienne-Jules MAREY, Gregory J. MARKOPOULOS, Jonas MEKAS, Georges MÉLIÈS, Marie MENKEN, Robert NELSON, Pat O'NEILL, Francis PICABIA, Ferry RADAX, Ron RICE, Hans RICHTER, Charles RIDLEY, Leni RIEFENSTAHL, Walter RUTTMANN, Hans SCHEUGL, Ernst SCHMIDT JR., Paul SHARITS, Robert SIODMAK, Harry SMITH, Jack SMITH, Michael SNOW, Karl VALENTIN, VALIE EXPORT, Dziga VERTOV, Jean VIGO, Andy WARHOL, Billy WILDER u. a.[2]

Während der Spielsaison des Österreichischen Filmmuseums wird in Hinkunft JEDER DIENSTAG DEM ZYKLISCHEN PROGRAMM gewidmet sein. Jeden Dienstag gibt es zwei Vorstellungen um 18.00 Uhr und 20.00 Uhr. In 30 Wochen werden die 60 Programme des Zyklus gezeigt. Dieser Zyklus wird sich jedes Jahr wiederholen. Es wird damit in Wien zum ersten Mal die Möglichkeit bestehen, sich in EINEM EINZIGEN JAHR einen Überblick über den Film als eigenständiges, künstlerisches Medium zu verschaffen. Ein zyklisches Programm dieser Art wird derzeit weder in Europa noch in den USA angeboten.

Die Eröffnungsveranstaltung vom 2. Dezember 1996 bis 14. Dezember 1996 besteht aus zwölf vierstündigen Programmen, die von mir kommentiert werden.

Ich möchte noch hinzufügen, dass ein solches ZYKLISCHES PROGRAMM für mich das eigentliche Motiv war, als ich mit Peter Konlechner im Jahre 1964 das Österreichische Filmmuseum gründete. Wenn sich diese Idee nun nach 32 Jahren verwirklicht, dann ist dies für mich eine Art Vermächtnis, welches ich mir für Wien gewünscht habe.

Dafür bin ich jenen, die das ZYKLISCHE PROGRAMM ermöglicht haben, zu außerordentlichem Dank verpflichtet. Ich hoffe, dass in Zukunft junge Filmmacher und alle ernstlich am Phänomen Film Interessierten nicht mehr, wie ich es tun musste, jahrelang in Europa oder Amerika herumreisen müssen, um essentielle Werke sehen zu können, deren Kenntnis für den Beginn der eigenen Arbeit, sei sie nun praktisch oder theoretisch, unerlässlich ist.

Erstveröffentlichung: Presseaussendung des Österreichischen Filmmuseums, November 1996

2) Anm. d. Hg.: Einige der hier genannten Künstler/innen bzw. ihre Werke wurden nach der Erstpräsentation in der Folge doch nicht in den Zyklus integriert, z. B. Autant-Lara, Chaplin, Eisenstein, Kirsanoff, Scheugl. Nach 2005 hat Peter Kubelka Filme von Rainer Werner Fassbinder, Peter Tscherkassky und Günter Zehetner zusätzlich in den Zyklus aufgenommen.

Claus Philipp / Peter Kubelka

Muttersprache Film

1996

»Wenn man mit einem Medium lebt, muss man auch mit den wesentlichen Werken aus diesem Medium in regelmäßigen Abständen ernährt werden. Sonst wandern die Leute ab.« Peter Kubelkas Beispiele zur Verdeutlichung dieser These fallen gewohnt markant aus. »Wenn es zum Beispiel in einem kleinen Dorf einen Turnverein gibt, der regelmäßig etwas macht, dann kommen die Leute zum Turnverein. Wenn es eine Fußballmannschaft gibt, dann kommen sie zur Fußballmannschaft.« Und wenn im Österreichischen Filmmuseum in Hinkunft ein zyklisches Programm unter dem Titel *Was ist Film* angeboten wird, dann kommen die Leute hoffentlich auch, um diese *Geschichte des filmischen Denkens in Beispielen* nachzuvollziehen. Ganz sicher in Scharen kommen die Kubelka-Aficionados, wenn der Filmmacher, Kochkünstler und Musiker den von ihm kuratierten Zyklus ab Montag, dem 2. Dezember, mit zwölf vierstündigen Vorführungen ausgewählter Glanzstücke einmoderieren wird.

Es sei natürlich keine »Hitliste« der besten Filme, die er da zusammengestellt habe, beugt Kubelka gleich zu Beginn unseres Gesprächs etwaigen Kontroversen vor, warum dieses und jenes Werk in seiner Auswahl nicht vertreten sei. Er betont den beispielhaften Duktus der »größten modernen Filmsammlung der Welt«, die er und sein Ko-Museumskurator Peter Konlechner mithilfe einer für hiesige Verhältnisse in jeder Hinsicht einmaligen Förderung durch das Projekt *hundertjahrekino* aufstocken konnten. Und er tut dies erst recht, wenn er in den Eröffnungsveranstaltungen denkbar eigenwillige Clashes produzieren wird. Martin Arnolds familiäres Marionetten-Kino *passage à l'acte* wird da, mit Gregory Peck in einer unfreiwillig komischen Hauptrolle, in einer Vorführung auf frühe Komödien der Lumière-Produktion folgen. Und Leni Riefenstahls *Triumph des Willens* (1935) wird konterkariert von den räudigen, herrlichen *Flaming Creatures* (1963) des US-Independent-Filmers Jack Smith. [...]

Kubelka schwärmt von einer Skulptur des »ersten filmischen Denkers«. Étienne-Jules Marey, einen fliegenden Albatros aus dem Jahr 1887, den er für das Filmmuseum nachgießen hat lassen und der in der Zerlegung einzelner Flugphasen »die moderne Kunst um 20 Jahre vorwegnimmt«. Und er verweist auf eine »Ikone«, die er als Plakatmotiv gestaltet hat: zwei Kader aus seinem metrischen Meisterwerk *Arnulf Rainer* (1960), schwarz gegen weiß, verbunden durch eine poröse Schnitt- und Klebestelle, in Kratzern von der Abnutzung durch die Apparatur und in Korrekturen an den Rändern von der Handarbeit des Künstlers zeugend. »Ich habe meine Filme noch in der Hosentasche mit mir herumgetragen«, beschwört der Schöpfer von Klassikern der Avantgarde wie *Adebar, Schwechater* oder *Unsere Afrikareise* fortwährend ein Nahverhältnis zum Material. Körperlich, das heißt für Kubelka wohl auch: widerständisch.

»Wir sind jetzt an einem historischen Punkt angelangt, wo die Menschheit die Körperberührung mit der zu bearbeitenden Welt aufgibt. Wenn ich etwas bewegen will, muss ich nur noch Knöpfe drücken, es gar nicht mehr angreifen. Und Film ist von den visuellen Medien gerade noch so, dass er von einem Individuum erzeugt werden kann, absolut auch gegen die Meinung jedes anderen Menschen. Ich kann einen Film machen, der nur mir gefällt, der nur mir recht ist und mit dem ich ganz stur meinen Weg gehe. Alle Prozesse sind im Prinzip durch eine Person handhabbar – natürlich unter Benützung einer Maschinerie, die die Industrie bezahlt: Das Labor oder die Kamera sind bezahlt vom Mainstream. Diesen Bereich durch Beispiele darzustellen, halte ich für ganz wesentlich.«

Das führt wieder zurück zu Kubelkas »Ikone«, zu den beiden perforierten Kadern, die nach all den Kino-Erlebnisausstellungen, durch die wir anlässlich von 100-Jahr-Jubiläumsfeiern des Mediums getrieben worden sind, wie die bescheidene Visitenkarte eines Bastlers anmuten. Und doch sind sie bzw. ist die Schnittstelle zwischen ihnen der Punkt, an dem sich für Peter Kubelka das filmische Denken manifestiert: »Die grundlegende filmische Metapher geschieht zwischen Bild A und Bild B.« Wenn man den Augenblick, der für Goethe »verweilen« sollte, herbeizitiere, dann sei im Film das Verweilen realisiert.

»Ich zerlege jede Veränderung der Natur in statische Phasen und kann diese nun handhaben zum Bau meiner eigenen Veränderungen der Wiedergabe der Natur. Das ist so absolut klar und rein, und es entspricht noch der Struktur des menschlichen Denkens. Unser Gehirn ist nicht so entstanden, damit es einfach abstrakt denkt. Es ist entstanden über Handarbeit und körperliche Veränderung.«

Für Kubelka wird dabei gerade im Film ein Terrain beschritten, »das man nicht mit anderen Medien erreichen kann. Zum Beispiel nicht mit dem Wort. Ich will damit die Sprache gar nicht herunter machen, aber es ist doch so, dass sie derzeit eine Art Diktatur ausübt. Es wird verlangt, dass alles, worum sich das Leben dreht, durch die Sprache ausgedrückt werden muss. Dabei ist sie eine Art Sieb, in dem nur das, was gröber ist als die Löcher, drinnenbleibt, und alles andere rinnt wieder heraus. Deswegen legen wir darauf Wert, dass im Filmmuseum der Ort der ausgestellten Objekte die Leinwand ist, nicht Publikationen oder Bücher, das sind Nebenaspekte, die meist nur dort greifen, wo der Film gar nicht Film ist«.

»Film ist natürlich auch nur eine Art Sieb, wie jedes Medium. Aber er hat einen eigenen Bereich, eine eigene Seele, das filmische Denken, und diesen Bereich haben wir, die wir mit Film aufgewachsen sind, wie eine Muttersprache erlernt, und die bemerkt man gar nicht. Die hat man einfach.« Dieses kindliche Vertrauen in einen intuitiven Gebrauch sei für Filmmacher aber nicht genug. Man müsse erkennen, wo das eigene Medium wirklich stark ist.

Über solchen Schlussfolgerungen verzichtet Kubelka in seiner Auswahl bewusst weitgehend auf den Spielfilm: »Ich will dieses Mainstream-Ereignis gar nicht heruntermachen. Ich benütze das selber und ich liebe es.« Für ihn stehen »die sogenannten Spielfilme« aber lediglich in einer Tradition, die den Film von sich selbst ablenkt: »Im Spielfilm gibt es etwa immer Schauspieler. Die Forderung des Mediums ist das aber keineswegs, denn Film funktioniert ohne Schauspieler genauso gut. Er kann ohne Schauspieler Dinge tun, die das Theater überhaupt nicht leisten kann. Wenn der Schauspieler die Bühne verlässt, gibt es kein Theater mehr. Wenn ich im Film einen Schauspieler aufnehme und ich nehm' die Schere und pick ein Stück Schwarzfilm dran, dann ist der Schauspieler weg, aber der Film geht weiter.«

Dieser Aspekt der Verzichtbarkeit scheint Kubelka nicht zuletzt auch zu einem Zeitpunkt essentiell, an dem »der Film vielleicht abgelöst wird als Träger des absoluten Mainstreams – durch die Digitalisierung, durch interaktive Medien. Er ist jetzt in einer Phase, wo ein Teil seiner Früchte historisch ist. Zum Beispiel eben die photographische Wahrheit des Bildes gibt es ab der Computerisierung nicht mehr. Es beginnt sozusagen eine neue Ära der Bildherstellung«. Daraus ergebe sich weniger die Frage eines möglichen raschen Endes für das Medium nach nur hundert Jahren, als vielmehr die Chance, sich »freizuspielen«. »So wie sich das Theater freigespielt hat, nachdem andere Medien die Verpflichtung zum Mainstream übernommen haben«, könne nun vielleicht auch für den Film »die Luft reiner, die Sicht klarer« werden.

Und die Privatheit des Individuums unabdingbar: Seinen Filmschülern in der Frankfurter Städelschule gibt Kubelka bevorzugt den Auftrag, »mit ihren Kameras zu leben«. Wieder spielt der Körper des Filmmachers für ihn eine entscheidende Rolle, wenn er vorschlägt, »nicht durch den Sucher der Kameras zu schauen, sondern nur aus der Hand zu zielen. So wie es zwei Arten Pistolenschießen gibt. Die Polizei zielt über Kimme und Korn; der Westerncowboy schießt aus der Hüfte und trifft noch besser. Er schießt mit dem ganzen Körper. Er wirft die Kugel sozusagen«.

Auch hier stelle sich ein Problem mit Ahnen, mit Traditionen: »Das Kino hat ja eine Theaterbühne mitgenommen und eine Art Malerleinwand, beides Rechtecke aus Kunstformen, mit denen der Filmmacher ohnehin nicht konkurrieren kann. Man sieht das zum Beispiel bei Eisenstein, wie der alles mit ungeheurer Akribie komponiert, aber es reicht nie heran an Tiepolo oder an andere große Maler, die jede Linie exakt so malen können, wie sie wollen.«

»Ich sage also: Vergiss das Viereck, lebe und schau in die Richtung, in der dich was interessiert, und das kommt dann schon rein, und wie es genau drin ist, das ist nicht so wichtig wie die Tatsache, wann und wie lang du filmst und wo du hinschaust.«

Erstveröffentlichung: Claus Philipp / Peter Kubelka, »Muttersprache Film«, Der Standard (Album), *29. 11. 1996*

Michael Loebenstein

Harte Realität

Das Filmmuseum bezeichnet sich zu Recht als eine »Schule des Sehens« – eine Formulierung, die in diesem Band wohl oft zitiert und reflektiert wird. Aus Gesprächen mit Filmemacher/inne/n, Künstler/inne/n, Akademiker/inne/n und Kurator/inn/en aller Couleurs, die ich in meiner Funktion als ÖFM-Mitarbeiter wie auch als Journalist geführt habe, ist mir bewusst, wie tiefgreifend die Erfahrung war, die (zumindest) drei Generationen von Filmliebhaber/inne/n im »Unsichtbaren Kino« gemacht haben. Das gilt für die Ära Konlechner-Kubelka ebenso wie für Alexander Horwaths Programm: eine tiefe »Immersion« in den Primärgegenstand Film, unter Bedingungen, die dem Objekt der Zuneigung oder der Forschung als »angemessen« erachtet werden.

Habe ich – geboren 1974, spät zum Film gekommen, in den späten Teens und frühen Twenties, an der Schnittstelle von Geistes- und Sozialwissenschaft, Kunst und Populärkultur herumspazierend – dieselbe Erfahrung gemacht? Eine Frage, die ich intuitiv mit »Nein« beantworten würde, um mich nach einigem Nachdenken dann doch zu einem »auf Umwegen« zu bekennen. Wie das?

Meine Kinosozialisierung – und ich denke, ich bin nicht der einzige meiner Generation, dem das so ergangen ist – fand primär im Saal des Stadtkinos am Schwarzenbergplatz statt. »Kino« bedeutete für mich zu allererst ein monatlicher Einblick ins Weltfilmschaffen, im vertrauten und Vertrauen stiftenden Format des monatlichen Filmwechsels und dem freitägigen Ritual des Anstellens um Karten, zusammen mit dem, was sich wie halb Wien anfühlte. Die ersten Begegnungen mit historischen Filmen jenseits von Long-Play-VHS-Kassetten fanden ebendort statt. Sommerkino im Stadtkino, späte Nachmittage und Chris Markers *Sans Soleil* als Initiation in eine Zone der Ambivalenz, die später meine Heimat werden sollte. Sogar die folgenschwere Berührung mit der Avantgarde fand dort statt, an einem aufregenden, erregenden Wochenende mit der Filmschau und dem Symposium »Das frühe Kino und die Avantgarde« von Peter Tscherkassky und Gabriele Jutz – ironisch, wenn man bedenkt, dass sich dieses Projekt zuallererst deren Sozialisation im Filmmuseum verdankte!

Das »Unsichtbare Kino« dagegen erschien mir damals, in den 1990er Jahren, als ein ferner und rätselhafter Raum für Erwachsene – Mitgliedschaft, das imposante Albertinagebäude, Peter Kubelkas Nimbus, das spartanische Programmheft, die kategorische Verweigerung von Dingen, die ich für selbstverständlich hielt: Untertitel, Einführungen, bequeme Sessel, eine

Vorlesung 14.1.1991

1. LA ROSIERE DE PESSAC, 1968	65'
2. LA ROSIERE DE PESSAC, 1979	70'
3. LE COCHON, 1970	53'

Vorlesung 21.1.1991

1.RIEN QUE LES HEURES	52'
2.A PROPOS DE NICE	39'
3.TARIS	9'
4.LAS HURDES	29'
5.L'OPERA-MOUFFE (16 mm)	16'

Programmblätter zu Peter Konlechners Dokumentarfilm-Vorlesung, die er während der 1990er Jahre hielt

Bar. Stattdessen frequentierte ich wie viele meiner Kommiliton/inn/en die Bibliothek des ÖFM. Zuerst also: eine Schule des Lesens und eine scheinbare unerschöpfliche Ressource. (Mit limitiertem Sitzplatzangebot – manche Dinge ändern sich nie!)

Während dieser indirekten Annäherung über die Sekundärliteratur und das kurzzeitige Studium der Publizistik kam es zu meiner fundamentalen (im Sinne von: folgenschweren) Begegnung mit dem Filmmuseum. Mitte der 1990er Jahre besuchte ich auf Anregung von und gemeinsam mit meinem Freund Dominik Kamalzadeh Peter Konlechners Vorlesung *Über den Dokumentarfilm*. Plötzlich eine ganz andere Art der Begegnung mit Film. Keine Ausschnitte auf VHS. Keine Leseanleitung. Kein Skriptum (wiewohl eine Empfehlung für Harry Tomiceks Schriften zu relevanten Filmautoren). Stattdessen: das Primat der Filmprojektion, in einem Schwarzweiß, das ich so nie zuvor erlebt hatte. Ein Geschichtsnarrativ, welches sich auf Technik und Ausdrucksmittel konzentrierte – und diese demonstrierte, anstatt bloß über sie zu reden. Nicht-chronologisch: keine Entwicklungsgeschichte, sondern eine Geschichte des Verhältnisses von Ideen und *techné*.

Die Vorlesung ging weit über das hinaus, was ich bis dahin unreflektiert als »Gesetz« akzeptiert hatte: dass die Filmgeschichte seit der »Urszene« Méliès-Lumière in »Fiktion« und »Dokument« geschieden sei. Peter Konlechner glaubte fest daran (und argumentierte mit Inbrunst), dass der Übertragungsprozess zwischen vorfilmischer Realität und der Realität der Leinwanderfahrung der eigentliche Gegenstand der Kunst sei; dass der »Wahrheitsgehalt« sekundär sei. Die harte Realität von Buñuels

<u>Vorlesung 14.1.1991</u>

1. LA ROSIERE DE PESSAC, 1968	65'
2. LA ROSIERE DE PESSAC, 1979	70'
3. LE COCHON, 1970	53'

<u>Vorlesung 21.1.1991</u>

1.RIEN QUE LES HEURES	52'
2.A PROPOS DE NICE	39'
3.TARIS	9'
4.LAS HURDES	29'
5.L'OPERA-MOUFFE (16 mm)	16'

Las Hurdes: zugleich sozialer Kommentar wie hinterfotzige Satire, Exploitation-Kino *avant la lettre* und zugleich beißende Medienkritik. Apropos harte Realität: nie vergesse ich das dumpfe Stöhnen im Saal, als Konlechner ankündigte, *beide* Versionen von Jean Eustaches *La Rosière de Pessac* (1968/1979) in voller Länge und unmittelbar nacheinander zu spielen, um dann den Nachmittag mit Eustaches *Le Cochon* (1970) zu beenden. Eine Aktion gegen die Bequemlichkeit des Armsessel-Filmstudiums sowie die Lektion, dass ein Filmmuseum der Ort ist, an dem einem Publikum das wiederholte Sehen von Filmen nicht nur zugemutet, sondern zum Geschenk gemacht wird.

Peter Konlechner war seither für mich der »unsung hero« des Filmmuseums – ein Kompliment, das ich ihm viele Jahre später persönlich, als Mitarbeiter des Filmmuseums machen durfte, und welches er mit der ihm eigenen Mischung aus Bescheidenheit und Brüskheit beiseite wischte. Wiewohl ich für mich einen anderen Pfad zum und vom Filmerlebnis wählte – die Vermittlung, das Werkstattgespräch, nicht zuletzt die Welt des Digitalen als ein ganz anderer, komplementärer Ereignisraum –, hat mich die Begegnung mit der »harten Realität« des Dokumentarischen und mit dem nackten Primat des Sehens (und Wieder-Sehens) tief geprägt. Ich bin überzeugt davon, dass sich spätere Initiativen, an denen ich beteiligt war – die Projekte rund um die Wiener Vertov-Sammlung, die Dokumentarfilminitiative *Kinoreal*, Georg Wasners und meine Dokumentarfilmvorlesung sowie mein Wunschprojekt *Filmdokumente zur Zeitgeschichte* – dieser Begegnung verdanken.

HERBERT ACHTERNBUSCH, 1997

BERNARDO BERTOLUCCI, 1997
(mit Hubert Fabian Kulterer und Gottfried Schlemmer)

ANNA KARINA, 1998

ROBERT GARDNER, 1991
(mit Harry Tomicek, links, und Hans Langsteiner)

2000

JÄNNER

Woody Allen Retrospektive Teil 1 • **Ein Film** von Luchino Visconti • **Zyklisches Programm – Was ist Film**

FEBRUAR

Woody Allen Retrospektive Teil 2 • **Filme von Luis Buñuel** Zum 100. Geburtstag • **Zyklisches Programm – Was ist Film**

MÄRZ

Eric Rohmer Retrospektive • **Filme von Ernst Lubitsch** • **Zyklisches Programm – Was ist Film**

APRIL

Friedrich Wilhelm Murnau Retrospektive • **Filmmuseum Remixed** [Woody Allen, Jean-Luc Godard, Satyajit Ray, Stanley Kubrick, Alfred Hitchcock, Josef von Sternberg, Rainer Werner Fassbinder, Mohsen Makhmalbaf, Buster Keaton & Clyde Bruckman, Erich von Stroheim, Orson Welles, Mae West & W. C. Fields] • **Zyklisches Programm – Was ist Film**

MAI

Sergio Leone Retrospektive • **Karl Valentin** Retrospektive • **Clint Eastwood** Zum 70. Geburtstag • **Zyklisches Programm – Was ist Film**

OKTOBER

Blacklisted Movies by the Hollywood Blacklist Victims [Viennale 2000] [Filme von John Berry, Herbert J. Biberman, Hanuš Burger, Jules Dassin, Edward Dmytryk, Cy Endfield, Leo Hurwitz, Herbert Kline, Joseph Losey, Irving Pichel, Abraham Polonsky, Frank Tuttle u. a. – und unter Mitwirkung von Ben Barzman, Walter Bernstein, Alvah Bessie, John Bright, Hugo Butler, Edward Chodorov, Lester Cole, Howard Da Silva, Lillian Hellman, Paul Jarrico, Arthur Kober, Millard Lampell, Ring Lardner Jr., John Howard Lawson, Alfred Lewis Levitt, Ben Maddow, Albert Maltz, Zero Mostel, Joe Pagano, Dorothy Parker, Paul Robeson, Robert Rossen, Adrian Scott, Robert Tasker, Dalton Trumbo, Michael Wilson, Ned Young] • **Zyklisches Programm – Was ist Film**

NOVEMBER

Mizoguchi Kenji Retrospektive • **Zyklisches Programm – Was ist Film**

DEZEMBER

Federico Fellini Retrospektive Teil 1 • **Filme von** H.C. Potter, The Marx Brothers • **Zyklisches Programm – Was ist Film**

PUBLIKATION Michael Omasta, Andreas Ungerböck (Red.), *Blacklisted. Movies by the Hollywood Blacklist Victims*, Wien: Viennale 2000

GÄSTE Marsha Hunt, Norma Barzman, Pierre Rissient, Noël Burch, Thom Andersen u. a.

2001

JÄNNER

Hollywood Legends The American Film Preservation Showcase [George Cukor, Michael Curtiz, John Ford, David Hand, Ub Iwerks & Walt Disney, Chuck Jones, Elia Kazan, Stanley Kubrick, Vincente Minnelli, Friedrich Wilhelm Murnau, Roman Polanski, Otto Preminger, Martin Scorsese, George Stevens, Billy Wilder] • **Federico Fellini** Retrospektive Teil 2 • **Ein Film von** Luchino Visconti • **Zyklisches Programm – Was ist Film**

FEBRUAR

Mae West Retrospektive • **Leni Riefenstahl** Retrospektive • **Marc Adrian** Retrospektive • **Zyklisches Programm – Was ist Film**

MÄRZ

Max Ophüls Retrospektive • **Filme von** Luchino Visconti, Roberto Rossellini, Vittorio De Sica, Vittorio & Paolo Taviani • **Zyklisches Programm – Was ist Film**

APRIL

Wong Kar-wai Retrospektive • **Filme von Howard Hawks** • **Zyklisches Programm – Was ist Film**

MAI

Pier Paolo Pasolini Retrospektive • **Thirties Parade** [Lloyd Bacon, Gregory La Cava, Karl Freund, Erle C. Kenton, Mitchell Leisen, Ernst Lubitsch, Leo McCarey, Josef von Sternberg, Edward A. Sutherland, George Waggner, Stuart Walker, James Whale, Billy Wilder] • **Zyklisches Programm – Was ist Film**

OKTOBER

Aus dem Herzen der Welt Das Kino der zentralasiatischen Republiken Kasachstan, Kirgisistan, Tadschikistan, Turkmenistan, Usbekistan [Viennale 2001] [Aktan Abdykalykov, Ersain Abdrachamanov, Ernest Abdyžaparov, Asankožo Ajtikeev, Ardak Amirkulov, Serik Aprimov, Temirbek Birnazarov, Sergej Bodrov, Bolotbek Šamšiev, Gerasim Degal'cev, Sergej Dvorcevoj, Džachongir Fajziev, Min Byung-hun, Tagir Junus, Kamara Kamalova,

Amir Karakulov, Margarita Kasymova, Bachtjar Chudojnazarov, Šuchrat Machmudov, Saparov Mollanazarov, Baadur Muzafarov, Satybaldy Narimbetov, Chodžakuli Narliev, Rašid Nugmanov, Darežan Omirbaev, Oraz Rymžanov, Ljudmila Saladze, Ermek Šinarbaev, Timur Sulejmenov, Talgat Temenov, Džamšed Usmonov, Mariam Jusupova] • **Zyklisches Programm – Was ist Film**

NOVEMBER

New York, New York [Woody Allen, Lloyd Bacon, Frank Capra, John Cassavetes, Charles Chaplin, Joel Coen, Merian C. Cooper, Francis Ford Coppola, Jules Dassin, Stanley Donen, Blake Edwards, Bob Fosse, William Friedkin, Arthur Hiller, Alfred Hitchcock, Jim Jarmusch, Elia Kazan, Spike Lee, Sergio Leone, Leo McCarey, Lewis Milestone, Alan Parker, Roman Polanski, Jerome Robbins, John Schlesinger, Ernest B. Schoedsack, Martin Scorsese, Don Siegel, Oliver Stone, Luis Trenker, Billy Wilder, Robert Wise, William Wyler] • **Zyklisches Programm – Was ist Film**

DEZEMBER

André Delvaux Retrospektive • **John Cook** In memoriam 1935–2001 • **New York, New York** [Wiederholungen] • **Filme von** H. C. Potter, The Marx Brothers • **Zyklisches Programm – Was ist Film**

PUBLIKATION Andreas Ungerböck (Red.), *Aus dem Herzen der Welt. Das Kino der zentralasiatischen Republiken*, Wien: Viennale 2001

GÄSTE Khodzakouli Narlijev, Serik Aprimov, Raschid Nugmanov, Marc Adrian, Peter Huemer, Godfrey Cheshire, Mike Mashon u. a.

2002

JÄNNER

Erich von Stroheim [Gesamtwerk und Filme als Schauspieler] • **Ulrich Seidl** [Gesamtwerk] • **Geschichte(n) des Kinos** Filme von Jean-Luc Godard, John Ford, Luchino Visconti • **Zyklisches Programm – Was ist Film**

FEBRUAR

Stanley Kubrick Frühe Werke [Retrospektive Teil 1] • **Ritwik Ghatak** [Gesamtwerk] • **Premiere** *The Mad Songs of Fernanda Hussein* (John Gianvito), *Best in Show* (Christopher Guest) • **Geschichte(n) des Kinos** Ein Film von Terrence Malick • **Zyklisches Programm – Was ist Film**

MÄRZ

Jean-Pierre Melville [Gesamtwerk] • **Christian Petzold** [Gesamtwerk] • **Lyrisches Nitrat** Das Abenteuer »Frühes Kino« im Nederlands Filmmuseum • **Geschichte(n) des Kinos** Filme von Chantal Akerman, John Ford, Christian Schocher • **Zyklisches Programm – Was ist Film**

APRIL

Fukasaku Kinji • **Kluges Fernsehen** [Alexander Kluge] • **Alexander Hackenschmied / Hammid** • **Die Wahrheit im Profanen** Mit Siegfried Kracauer im Kino [Vsevolod Pudovkin, Mervyn LeRoy, Gustav Ucicky, Boris Barnet, Paul Fejos, Nikolaj Ėkk, Leontine Sagan, Robert J. Flaherty] • **Geschichte(n) des Kinos** Filme von Chuck Jones, Jean-Luc Godard • **Zyklisches Programm – Was ist Film**

MAI | JUNI

Kontinent Fassbinder [Rainer Werner Fassbinder, Michael Curtiz, Jean Genet, Jean-Luc Godard, Todd Haynes, Derek Jarman, Aki Kaurismäki, Alexander Kluge, Stanley Kwan, Vincente Minnelli, Franz Novotny, Ōshima Nagisa, François Ozon, Pier Paolo Pasolini, Michael Powell, Christoph Schlingensief, Werner Schroeter, Douglas Sirk, Josef von Sternberg, Jean-Marie Straub, Lars von Trier, Luchino Visconti, Raoul Walsh] • **Vier Filme von Billy Wilder** • **Premiere** Videos von Laura Waddington, *sneaking in: Donald Richie's Life in Film* (Prinzgau/Podgorschek) • **Zyklisches Programm – Was ist Film**

OKTOBER

Das Kino des Jacques Rivette [Gesamtwerk] [Viennale 2002, Vorführungen: Votivkino] • **Carte blanche für Jacques Rivette** [Viennale 2002, Vorführungen: Votivkino] [Boris Barnet, Leos Carax, John Ford, Fritz Lang, Mizoguchi Kenji, Jean Renoir, Roberto Rossellini]

NOVEMBER

Stanley Kubrick Das Spätwerk [Retrospektive Teil 2] • **Matthew Barney** *Cremaster 1–5* • **Cinedays** Das Abenteuer Film für Kinder und Jugendliche • **Film Spricht Viele Sprachen** Zwölf Jahre Sixpack Film [Santiago Álvarez, Martin Arnold, Craig Baldwin, Yael Bartana, Sadie Benning, Stan Brakhage, Kerstin Cmelka, Bruce Conner, Tony & Beverly Conrad, Valie Export, Helga Fanderl, Harun Farocki, Oskar Fischinger, Su Friedrich, Ladislav Galeta, Jean-Luc Godard, Maike Höhne, Johannes Holzhausen, Edgar Honetschläger, Peter Hutton, Derek Jarman, Thomas Korschil, Kurt Kren, Peter Kubelka, Malcolm LeGrice, Len Lye, Christian Marclay, Mara Mattuschka, Norbert Pfaffenbichler &

Lotte Schreiber, Lisl Ponger, Greg Pope, Luther Price, reMI, Lis Rhodes, David Rimmer, Anne Charlotte Robertson, Hans Scheugl, Semiconductor, Morten Skallerud, Joram ten Brink, Peter Tscherkassky, Gus Van Sant, Paul Sharits, Johanna Vaude, Othello Vilgard, Jun Yang u. a.] • **Lecture Peter Kubelka** Film als Ereignis, Film als Sprache, Denken als Film • **Geschichte(n) des Kinos** Filme von John Frankenheimer, Richard Leacock, Jean-Marie Straub & Danièle Huillet, Jack Smith, Ken Jacobs, Ron Rice, Andy Warhol • **Premiere** *La Ville est tranquille* (Robert Guédiguian), *Election* (Alexander Payne)

DEZEMBER

Imamura Shohei Eros & Civilization [Gesamtwerk] • **Dietmar Brehm** Filme 1974–2002 • **Erweitertes Kino** Die Wiener Filme der 60er Jahre [Herbert Vesely, Kurt Steinwendner, Peter Kubelka, Kurt Kren, Marc Adrian, Ferry Radax, Ernst Schmidt jr., Hans Scheugl, Peter Weibel, Otto Mühl, Günter Brus, Hans-Christof & Rosemarie Stenzel] • **Brothers in Marxism** Groucho, Harpo, Chico, Zeppo, Karl [Sergej Eisenstein, Lev Kulešov, Grigorij Kozincev & Leonid Trauberg, G. W. Pabst, Slatan Dudow, The Marx Brothers] • **Geschichte(n) des Kinos** Filme von Wes Anderson, Victor Fleming, Orson Welles • **Premiere** *Lagaan* (Ashutosh Gowariker) • **Lectures Pip Chodorov** Zur Geschichte des Avantgardefilms

PUBLIKATIONEN

Alexander Horwath (Hg.), *Dietmar Brehm. Party. Filme 1974–2003*, Wien: Triton 2002 • Michael Omasta (Hg.), *Tribute to Sasha. Das filmische Werk von Alexander Hammid*, Wien: Synema 2002 • Astrid Ofner (Red.), *Das Kino des Jacques Rivette. Eine Retrospektive und Carte Blanche für Jacques Rivette*, Wien: Viennale 2002

GÄSTE Alexander Kluge, Ulrich Seidl, Christian Petzold, Bulle Ogier, Jean-François Stévenin, Donald Richie, Jan Harlan, Dietmar Brehm, Michael Haneke, Gustav Deutsch, Martina Kudláček, Peter Delpeut, Laura Waddington, Prinzgau/Podgorschek, Maurice Tinchant, Michaela Grill & Martin Siewert, Hans Scheugl, Pip Chodorov, Mark-Paul Meyer, Nico de Klerk, Thomas Elsaesser, Elisabeth Büttner, Nicole Brenez, Peter Kubelka u. a.

2003

JÄNNER

Michelangelo Antonioni [Gesamtwerk] • **Djibril Diop Mambéty** [Gesamtwerk] • **Premiere** *Il mio viaggio in Italia* (Martin Scorsese)

FEBRUAR

David Cronenberg [Gesamtwerk] • **Bollywood Basic** Teil 1 [Homi Wadia, Raj Kapoor, Mehboob Khan, Guru Dutt, K. Asif, Shyam Benegal, Mani Ratnam, Aditya Chopra, Abbas & Mastan Alibhai Burnawalla] • **Embodiment of the Gaze** [Peggy Ahwesh, Kenneth Anger, Robert Arnold, Kerstin Cmelka, Gustav Deutsch, Tracey Emin, Valie Export, George Kuchar, Mara Mattuschka, Chantal Michel, Pipilotti Rist, Martha Rosler, Ernst Schmidt jr., Paul Sharits, Lisa Steele, Naomi Uman] • **Geschichte(n) des Kinos** Filme von Luis Buñuel, Salvador Dalí, Carl Theodor Dreyer, James Whale

MÄRZ

Edgar G. Ulmer • **Bollywood Basic** Teil 2 [K. Asif, Raj Kapoor, Kamal Amrohi, Ramesh Sippy, Vinay Shukla, Krishna Vamshi, Karan Johar] • **Geschichte(n) des Kinos** Filme von Abel Ferrara und Zoe Lund • **Premiere** *Batang West Side* (Lav Diaz), *Wolfsburg* (Christian Petzold), *Detour* (Wade Williams)

APRIL

Robert Bresson Das Gesamtwerk • **Andrzej Munk** [Gesamtwerk] • **Guy Maddin** • **Fireworks** Neue unabhängige Filme und Videos [Tim Etchells, Eija-Liisa Ahtila, Elisabeth Subrin, Phil Solomon, Michael Snow, Pat O'Neill, Yvonne Rainer, Lewis Klahr, Robert Beavers, Jeff Scher, Leslie Thornton, Bob Sabiston, Abigail Child, Thomas Draschan, Mark LaPore, Karl Kels, Christian Bau] • **Geschichte(n) des Kinos** Želimir Žilnik, Carl Theodor Dreyer

MAI

Singen und Tanzen im Film [Ludwig Berger, René Clair, Dudley Murphy, Rouben Mamoulian, Fred Waller, Grigorij Aleksandrov, Busby Berkeley, Lloyd Bacon, Ernst Lubitsch, George Cukor, Ray Enright, Mark Sandrich, Victor Saville, Basil Dean & Graham Cutts, Sonny Hale, Alberto Gout, Stanley Donen & Gene Kelly, Vincente Minnelli, George Sidney, Roy Rowland, George Stevens, Wang Tianlin, Helmut Käutner, Sidney J. Furie, Jacques Demy, Jean-Luc Godard, Alain Resnais, Chantal Akerman, Joachim Hasler, Ken Russell, Andrej Končalovskij, Péter Bacsó, Frank Pierson, Herbert Ross, Terence Davies, Tsai Ming-liang, Lars von Trier, Martin Arnold, John Landis, Spike Jonze, Michel Gondry, Jean-Baptiste Mondino, Olivier Fouchard] • **Fate of Alien Modes** Film-Ausstellung der Secession und des Filmmuseums [Ōshima Nagisa, Ulrike Ottinger, Shirley Clarke, Morgan Fisher, Derek Jarman, Noël Burch, Isaac Julien] • **Bilderlust** Eine Filmreihe zur internationalen Konferenz »Screenwise« [Marguerite Duras, Chantal Akerman, Laura Mulvey & Peter Wollen, Anja Czioska, Eva Heldmann, Andrea

Leuteneker, Bruce Conner, Gregory J. Markopoulos, Bruce Baillie, W+B Hein, Pola Reuth, Linda Christanell, Elfi Mikesch, Valie Export, Christine Noll Brinckmann, Su Friedrich, Mara Mattuschka, Chu Yuan] • **Geschichte(n) des Kinos** In memoriam Stan Brakhage

OKTOBER

Eröffnung: Tag der offenen Tür [John Ford, Peter Kubelka, Dziga Vertov, René Clair, Robert Nelson, Chuck Jones, Laurel & Hardy, G. A. Smith, Percy Stow, Cecil M. Hepworth, Hans-Karl Breslauer, F. W. Murnau, Gaston Velle, Roger Corman, Jeff Scher, Maurice Lemaître, Bruce Conner, Lewis Klahr, Kurt Kren, Jean-Luc Godard] • **Art Theatre Guild – Unabhängiges Japanisches Kino 1962–1984** [Viennale 2003] [Ōshima Nagisa, Yoshida Yoshishige, Matsumoto Toshio, Terayama Shūji, Kuroki Kazuo, Itami Jūzō, Hani Susumu, Morita Yoshimitsu, Okamoto Kihachi, Wakamatsu Kōji, Suzuki Seijun, Ishii Sōgō, Shinoda Masahiro, Imamura Shōhei, Ichikawa Kon, Hasegawa Kazuhiko, Ōbayashi Nobuhiko, Jissōji Akio, Ōmori Kazuki, Teshigahara Hiroshi, Nakagawa Nobuo, Saitō Kōichi, Negishi Kichitarō, Higashi Yōichi, Takahashi Banmei] • **Geschichte(n) des Kinos: Imagining the City** [Erich von Stroheim, Ridley Scott, Emile Edwin Reinert, Willi Forst, Kurt Kren, Ernst Schmidt jr., Hans Scheugl, Pathé Frères, Fiona Rukschcio] • **Peter Kubelka – Tanz : Film** Vortrag mit Filmbeispielen

NOVEMBER

Michael Powell & Emeric Pressburger • **Robert Frank** Filmmaker [Gesamtwerk] • **Workshop Robert Beavers** • **Ordnung im Ameisenstaat** Der Kulturfilm im Dritten Reich • **Premiere / Geschichte(n) des Kinos** *Breaking News* (Vicky Betsou, Fiona Tan, Manfred Neuwirth, Marjoleine Boonstra, Gustav Deutsch, Péter Forgács, Mark-Paul Meyer)

DEZEMBER

Buster Keaton • **Joyce im Kino** präsentiert von Kurt Palm [John Huston, Mary Ellen Bute, das »Volta-Programm« von 1909] • **Premiere** *Alien – Director's Cut* (Ridley Scott) • **Brothers in Marxism** Filme von Aleksandr Dovženko, Sergej Eisenstein, Georg Wilhelm Pabst, Dziga Vertov, The Marx Brothers • **Geschichte(n) des Kinos** Ein Film von Victor Fleming

PUBLIKATIONEN Stefan Grissemann, *Mann im Schatten. Der Filmemacher Edgar G. Ulmer*, Wien: Zsolnay 2003 [Reihe KINO, Band 1] • Andrea Pollach, Isabella Reicher, Tanja Widmann (Hg.), *Singen und Tanzen im Film*, Wien: Zsolnay 2003 [Reihe KINO, Band 2] • Roland Domenig (Red.), *Art Theatre Guild. Unabhängiges Japanisches Kino 1962–1984*, Wien: Viennale 2003 • Ramón Reichert (Hg.), *Ordnung im Ameisenstaat. Die Kulturfilme der UFA 1918–1945*, Wien: Synema 2005 • Brigitta Burger-Utzer, Stefan Grissemann (Hg.), *Frank Films. The Film and Video Work of Robert Frank*, Zürich: Scalo 2003

GÄSTE Catherine Deneuve, Wakamatsu Kôji, Marika Green, Želimir Žilnik, Christian Petzold, Isaac Julien, Karl Kels, Robert Beavers, Laura Mulvey, Noël Burch, Peter Kubelka, Martin Arnold, Kuroki Kazuo, Kuzui Kinshirō, Anne Marie Fuerthauer, Martin Stepanik, Constanze Ruhm, Roland Domenig, Max Tessier, Abé Mark Nornes, Hirasawa Gō, Kurt Palm, Arianné Ulmer Cipes, Noah Isenberg, Michael Palm, Siegfried Mattl, Alexandra Seibel, Marc Ries, Michael Omasta, Elisabeth Büttner, Arturo Silva, Ramón Reichert, Thomas Elsaesser, Maureen Turim, Enno Patalas u. a.

2004

JÄNNER

Ingmar Bergman Teil 1 • **Premiere** *R Xmas* (Abel Ferrara) • **Star Spangled To Death** Ein Fest für Ken Jacobs
AUSSTELLUNG *Aus Ingmar wird Bergman*, Akademie der bildenden Künste (4.–19.2.)

FEBRUAR

Nicholas Ray Das Gesamtwerk • **Ingmar Bergman** Teil 2 • **Parallel Movements** Filme und Videos aus dem (post)-sozialistischen Europa 1960–1989 [Marina Abramović, Boris Demur, Miklos Erdély, Ivan Ladislav Galeta, Ghera Georgescu, Tomislav Gotovac, Tibor Hajas, Dušan Hanák, Putyi Horváth, Hamlet Hovsepyan, Sanja Iveković, Cornelia Klauß, Pawel Kwiek, Dalibor Martinis, Dóra Maurer, Józef Robakowski, Mladen Stilinović, Jaan Toomik, Goran Trbuljak] • **Premiere** *Un homme sans l'Occident* (Raymond Depardon)

MÄRZ

New Hollywood 1966–1978 Teil 1 [Robert Altman, Thom Andersen, Kenneth Anger, Michelangelo Antonioni, Peter Bogdanovich, John Boorman, Stan Brakhage, John Cassavetes, Shirley Clarke, Bruce Conner, Francis Ford Coppola, Emile de Antonio, Jacques Demy, Ernie Gehr, Mike Gray Associates, Monte Hellman, Dennis Hopper, George Kuchar, George Landow, Barbara Loden, Albert & David Maysles, Norman Mailer, Jim McBride, Jonas Mekas, Paul Morrissey, Robert Nelson, Bill Norton, Alan J. Pakula, Sam Peckinpah, Arthur Penn, D. A. Pennebaker, Bob Rafelson, Michael Ritchie, George A. Romero, San Francisco Newsreel, Lee Savage, Carolee Schneemann, Martin Scorsese, Paul Sharits, Michael Snow,

Melvin Van Peebles, Agnès Varda, Andy Warhol, Haskell Wexler, Winterfilm Collective, Frederick Wiseman, Charlotte Zwerin] • **Klaus Wildenhahn: Über den Dokumentarfilm** Fünf Lesungen und ausgewählte Filme [Katja Baumgarten, Stan Brakhage, Joyce Chopra, Georges Franju, Humphrey Jennings, Kazimierz Karabasz, Richard Leacock, Albert & David Maysles, Jean Rouch, Hubert Sauper, Henri Storck, Roger Tilton, Harry Watt & Basil Wright, Klaus Wildenhahn] • **Kevin Brownlow**

APRIL

Film. Geschichte. Schreiben Internationale Konferenz [Doug Aitken, Romeo Bosetti, Lino Brocka, Emile Cohl, Chris Dercon, Maya Deren, Hasse Ekman, Jean-Luc Godard, Miranda July, Kai Kaljo, Masayuki Kawai, Marie Menken, F.W. Murnau, Léonce Perret, Greg Pope, John Smith, John Wood & Paul Harrison u. a.] • **New Hollywood 1966–1978** Teil 2 [Robert Altman, Hal Ashby, Bruce Baillie, Peter Bogdanovich, John Carpenter, John Cassavetes, Michael Cimino, Larry Cohen, Bruce Conner, Francis Ford Coppola, Peter Davis, Brian De Palma, John Flynn, Bette Gordon & James Benning, Monte Hellman, Jon Jost, Barbara Kopple, Robert Kramer & John Douglas, George Lucas, Terrence Malick, Jack Nicholson, Pat O'Neill, Alan J. Pakula, Sam Peckinpah, Roman Polanski, Yvonne Rainer, Karel Reisz, George A. Romero, Martin Scorsese, Ann Severson] • **Ratana Pestonji**

MAI

Maurice Pialat [Gesamtwerk] • **Infame Bilder** Im Kino der Kontrollgesellschaft [Craig Baldwin, Paul Bartel, Bureau of Inverse Technology, Francis Ford Coppola, David Cronenberg, Didi Danquart, Brian De Palma, Atom Egoyan, Harun Farocki, Jean Genet, Peter Haindl & Rainer Frimmel, Alfred Hitchcock, John Huston, Thomas Imbach, Björn Kämmerer & Karoline Meiberger, Werner Kipp, Michael Klier, Stanley Kubrick, Fritz Lang, Steve Lisberger, Claus Löser, George Lucas, Len Lye, Stanley Milgram, Hanns Mohaupt, Heiner Mühlenbrock, Chris Petit, Michael Powell, Vsevolod Pudovkin, Walter Ruttmann, Helke Sander, Tony Scott, Deborah Stratman, Bertrand Tavernier, U.S. Office of Education, Videoladen Zürich, Peter Weir, Peter Weiss & Hans Nordenström, Wim Wenders] • **Premiere** *L'imbalsamatore* (Matteo Garrone), *Dans ma peau* (Marina de Van)

MAI | JUNI

Peter Lorre Ein Fremder im Paradies • **Wiener Linien. Film und Stadtbeobachtung 1951–1979** [Marc Adrian, Moucle Blackout, Peter Dressler & Franz Zadrazil, Kurt Kren, Peter Kubelka, Harald Röbbeling, Ernst Schmidt jr., Hans Scheugl]

SEPTEMBER

Die Utopie Film – 100 Vorschläge • **Ed Kuepper: Music for Len Lye** • **Premiere** *Edgar G. Ulmer – Der Mann im Off* (Michael Palm)

OKTOBER

Die Früchte des Zorns und der Zärtlichkeit Jean-Marie Straub / Danièle Huillet und ausgewählte Filme von John Ford [Viennale 2004] • **Lange Nacht der Museen**

NOVEMBER

Ousmane Sembène Das Gesamtwerk • **Moving Landscapes** Landschaft und Kino [Doug Aitken, Chantal Akerman, James Benning, Gary Beydler, Ursula Biemann, Gábor Bódy, Bureau of Inverse Technology, Robert Cahen, Claire Denis, Raymond Depardon, Gustav Deutsch & Hanna Schimek, John Ford, Fox Movietone News, Ritwik Ghatak, Michel Gondry, Larry Gottheim, Michaela Grill, Nancy Holt, Gerard Holthuis, Peter Hutton, Volko Kamensky, Thomas Köner, Andrew Kötting, Kurt Kren, George Kuchar, Kurosawa Akira, Julia Lazarus & Ben Pointeker, Pare Lorentz, Gebrüder Lumière, Tim Macmillan, Terrence Malick, Katarina Matiasek & Scanner, Albert & David Maysles, Peter Mettler, Ruud Monster, J.J. Murphy, Michael Palm, Jean Renoir, Rachel Reupke, Emily Richardson, Roberto Rossellini, Lothar Rübelt, Lotte Schreiber, Bernhard Schreiner, Victor Sjöström, Robert Smithson, Michael Snow, Cordelia Swann, Alain Tanner, Gus Van Sant, Vidéoconférence, Apichatpong Weerasethakul, Peter Weir, Chris Welsby, Wim Wenders, Charlotte Zwerin] • **Premiere** *Sufferers' Version* (Mathias Poledna), *Dick* (Andrew Fleming) • **Geschichte(n) des Kinos** Filme von Wolfgang Schmidt, Thomas Schultz, Dziga Vertov

DEZEMBER | JÄNNER

Ernst Lubitsch [Gesamtwerk] • **Rohstoff (1)** Eine filmhistorische Recherche nach der kleinen Form: Variationen auf das französische und deutsche Kino der 60er Jahre [Chantal Akerman, Marguerite Duras, Rainer Werner Fassbinder, Philippe Garrel, Jean-Luc Godard, Jean Herman, Alexander Kluge, Claude Lelouch, Chris Marker, Luc Moullet, Rosa von Praunheim, Alain Resnais, Jean Rouch, Helke Sander, Ernst Schmidt jr., François Truffaut, Robert van Ackeren, Agnès Varda, Klaus Wildenhahn, Zhou Hongxiang] • **Brothers in Anarchism** Filme von Jean Vigo, Luis Buñuel, H.C. Potter und den Marx Brothers • **Geschichte(n) des Kinos** Ein Film von Victor Fleming

PUBLIKATIONEN Michael Omasta, Brigitte Mayr, Elisabeth Streit (Hg.), *Peter Lorre. Ein Fremder im*

Paradies, Wien: Zsolnay 2004 [Reihe KINO, Band 3] • Astrid Johanna Ofner (Red.), *Die Früchte des Zorns und der Zärtlichkeit. Werkschau Danièle Huillet/Jean-Marie Straub und ausgewählte Filme von John Ford*, Wien: Viennale 2004 • Dietmar Schwärzler, Sylvia Szely (Hg.), *Rohstoff. Fanzine 1*, Wien: Sonderzahl 2004 • Barbara Pichler, Andrea Pollach (Hg.), *moving landscapes. Landschaft und Film*, Wien: Synema 2006

GÄSTE Danièle Huillet, Jean-Marie Straub, Kevin Brownlow, Ken Jacobs, Klaus Wildenhahn, James Benning, Jean-Pierre Gorin, Harun Farocki, Hartmut Bitomsky, Eric de Kuyper, Gustav Deutsch, Ed Kuepper, Heimo Zobernig, Antoine Pialat, Sylvie Pialat, Ursula Biemann, Martina Kudláček, Lotte Schreiber, Christa Blümlinger, Sabine Breitwieser, Roger Martin Buergel, Paolo Cherchi Usai, Chris Dercon, Werner Dütsch, Tag Gallagher, Thomas Elsaesser, Jonathan Rosenbaum, Janet Staiger u. a.

2005

JÄNNER | FEBRUAR

Luchino Visconti [Gesamtwerk] • **Boris Barnet** Die Abenteuer des Kinopoeten B.B. im Land der Bolschewiken • **Owen Land/George Landow** Das filmische Werk

FEBRUAR | MÄRZ

Frederick Wiseman Das Gesamtwerk • **Shimizu Hiroshi**

MÄRZ

You Can't Win. Film noir Teil 1: 1927–1948 • [Josef von Sternberg, Joe May, Anthony Asquith, Jean Renoir, Robert Siodmak, Roy Del Ruth, Fritz Lang, Marcel Carné, Pierre Chenal, John Huston, Orson Welles, Mervyn LeRoy, Stuart Heisler, Frank Tuttle, Luchino Visconti, Henri-Georges Clouzot, Mark Robson, Alfred Hitchcock, Franz Schnyder, Maya Deren, Billy Wilder, Otto Preminger, Edgar G. Ulmer, Gustav Machatý, Tay Garnett, Jacques Tourneur, John Boulting, Alberto Cavalcanti, Robert Wise, Anthony Mann, Abraham Polonsky] • **Premiere** *Stranded in Canton* (William Eggleston)

APRIL

You Can't Win. Film noir Teil 2: 1948–2001 [Nicholas Ray, Cy Endfield, Yves Allégret, Raoul Walsh, Jules Dassin, Carol Reed, John Huston, Joseph H. Lewis, Billy Wilder, John Berry, Peter Lorre, Fritz Lang, John Brahm, Robert Aldrich, Allan Dwan, Stanley Kubrick, Alexander Mackendrick, Orson Welles, Irving Lerner, Seth Holt, François Truffaut, Robert Rossen, Helmut Käutner, John Frankenheimer, Chris Marker, John Boorman, Jean-Pierre Melville, Rainer Werner Fassbinder, Arthur Penn, Martin Scorsese, Wim Wenders, Alain Corneau, Sally Potter, Ridley Scott, Jim McBride, Bette Gordon, Mark Rappaport, Carl Franklin, Laurent Cantet, David Lynch] • **Corinna Schnitt** In person • **Premiere** *The Lottery of the Sea* (Allan Sekula) • **Rohstoff (2)** Eine filmhistorische Recherche nach der kleinen Form: Shot on 8mm & Super 8 [Konrad Becker, Martha Colburn, Vivienne Dick, Derek Jarman, Richard Kern, George & Mike Kuchar, Richard Linklater, Lionel Soukaz, Hans Scheirl & Ursula Pürrer, Peter Tscherkassky, Heimo Zobernig] • **Geschichte(n) des Kinos** Ein Film von Mizoguchi Kenji

MAI

Claire Denis Das Gesamtwerk und Carte blanche [Olivier Assayas, Rainer Werner Fassbinder, Philippe Garrel, Jean-Luc Godard, Monte Hellman, F. W. Murnau, Ōshima Nagisa, Melvin Van Peebles, Jean Renoir, Jacques Rivette, Hong Sang-soo] • **Combat Cinema** Film im Krieg/Krieg im Film [Frank Capra, Bruce Conner, Gustav Deutsch, Harun Farocki, John Ford, Samuel Fuller, Amos Gitai, Heddy Honigmann, Humphrey Jennings & Stewart McAllister, Alexander Kluge, Ichikawa Kon, Kurt Kren, maschek, Jakov Posel'skij, Charles Ridley, Paul Verhoeven, Peter Watkins, Alfred Weidenmann, Konrad Wolf, William Wyler, Želimir Žilnik] • **Premiere** *Kao/Face* (Sakamoto Junji), *Hat Wolff von Amerongen Konkursdelikte begangen?* (Gerhard Friedl)

MAI | JUNI

Brasilien Cinema Novo und tropische Moderne, 1926–2003 [Suzana Amaral, Hector Babenco, André Barcinski & Ivan Finotti, Jean-Claude Bernadet, Sérgio Bianchi, Jorge Bodansky, Beto Brant, Júlio Bressane, Paulo Caldas, Ozualdo Candeias, Alberto Cavalcanti, Eduardo Coutinho, Gustavo Dahl, João Batista de Andrade, Joaquim Pedro de Andrade, Carlos Diegues, Nelson Pereira dos Santos, Roberto Farias, Lírio Ferreira, Jorge Furtado, Ruy Guerra, Leon Hirszman, Arnaldo Jabor, Adalberto Kemeny, Bill Krohn, Rodolfo Lex Lustig, Sérgio Machado, José Mojica Marins, Humberto Mauro, José Medina, Myron Meisel, Trigueirinho Neto, Linduarte Noronha, Arthur Omar, Mário Peixoto, Glauber Rocha, Gilberto Rossi, Paulo César Saraceni, Geraldo Sarno, Orlando Senna, Rógerio Sganzerla, Paulo Gil Soares, Silvio Tendler, Andrea Tonacci, Orson Welles, Richard Wilson, Nelson Xavier] • **Warren Sonbert** • **Re:MODERN** Sechs Filmprogramme [Ralph Steiner, S. M. Eisenstein, Hans Richter, Percy Smith, Hy Hirsh, Dwinnel Grant, James & John Whitney, Percy Stow, James Broughton, Maya Deren, Georges Franju, Öyvind

Fahlström, Peter Weiss, Želimir Žilnik, Robert Fairthorne & Brian Salt, Daniel Eisenberg, Matthias Müller, Deimantas Narkevičius, Josef Dabernig, Markus Scherer, G.R.A.M., Lotte Schreiber, Marko Lulić, Hannes Böck]

SEPTEMBER

Orson Welles [Gesamtwerk] • **Peter Tscherkassky** • **Dossier Luis Buñuel** • **Was ist Film** 1–4 • **Die Utopie Film** Kapitel 1. Hanuš Burger, John Ford, John Huston, Jean-Pierre Melville, Andrzej Munk, Juli Raisman & Elizaveta Svilova, Roberto Rossellini

OKTOBER

Andy Warhol Filmmaker [Viennale 2005] • **Enthusiasmus und Schwerarbeit** *Ėntuziazm* (Dziga Vertov) und *Workingman's Death* (Michael Glawogger) • **Was ist Film** 5–9 • **Die Utopie Film** Kapitel 2. Dario Argento, Roger Corman, Carl Theodor Dreyer, Georges Franju, James Whale • **Lange Nacht der Museen**

NOVEMBER

Bonjour Cinéma – Jean Epstein und das französische Kino der 20er Jahre [Claude Autant-Lara, Luis Buñuel, Alberto Cavalcanti, Blaise Cendrars, Henri Chomette, René Clair, Louis Delluc, Germaine Dulac, Jean Epstein, Jacques Feyder, Abel Gance, Dimitri Kirsanoff, Fernand Léger, Marcel L'Herbier, Luitz-Morat, Ivan Mosjoukine, Dudley Murphy, Man Ray, Noël Renard, Jean Renoir, Jean Tedesco, Alexandre Volkoff] • **Jean-Pierre & Luc Dardenne** und Filme von Benoît Dervaux • **Welt Spiegel Kino : Live** [Gustav Deutsch] • **Was ist Film** 10–13 • **Die Utopie Film** Kapitel 3. Boris Barnet, Billy Bitzer, Henri Chomette, Jean-Luc Godard, Friedrich Wilhelm Murnau, Pathé Frères, Edwin S. Porter, Jacques Tati

DEZEMBER | JÄNNER

Kurosawa Akira Das Gesamtwerk • **Rohstoff (3)** Eine filmhistorische Recherche nach der kleinen Form: In & Out of School [Chantal Akerman, Michelangelo Antonioni, Charles Burnett, Jane Campion, Leos Carax, Wong Chikeung, Helmuth Dimko & Peter Hajek, Harun Farocki, Todd Haynes, Romuald Karmakar, Peter Kubelka, George Lucas, Maurice Pialat, Hans Scheugl, Ulrich Seidl, Ola Vasiljeva, Paul Verhoeven, Lars von Trier, Ng Yu-sum (John Woo)] • **Wilder, Marx, USA** Filme von Billy Wilder und den Marx Brothers • **Was ist Film** 14–16 • **Die Utopie Film** Kapitel 4. Mit Werken von David Cronenberg, Victor Fleming, Cecil M. Hepworth, Percy Stow, Buster Keaton, Gaston Velle

PUBLIKATIONEN Michael Omasta, Isabella Reicher (Hg.), *Claire Denis. Trouble Every Day*, Wien: Synema 2005 [FilmmuseumSynemaPublikationen Band 1] • Alexander Horwath, Michael Loebenstein (Hg.), *Peter Tscherkassky*, Wien: Synema 2005 [FilmmuseumSynemaPublikationen Band 2] • Owen Land / Mark Webber (Hg.), *Two Films by Owen Land. Wide Angle Saxon and On the Marriage Broker Joke*, London / Wien: LUX / ÖFM 2005 • Bert Rebhandl, *Orson Welles. Genie im Labyrinth*, Wien: Zsolnay 2005 [Reihe KINO, Band 4] • Astrid Johanna Ofner (Hg.), *Andy Warhol Filmmaker*, Wien: Viennale 2005 • *Gertie Fröhlich – Plakate für das Österreichische Filmmuseum 1964–1984*, hg. von Gertie Fröhlich, ÖFM, Gesellschaft der Freunde der bildenden Künste, Ulysses Kunsthandelsgesellschaft, Wien 2005 • Dietmar Schwärzler, Sylvia Szely (Hg.), *Rohstoff. Fanzine 2*, Wien: Sonderzahl 2005 • **DVD** *Ėntuziazm* von Dziga Vertov, Hg. ÖFM – Edition Filmmuseum 1

GÄSTE Claire Denis, Frederick Wiseman, Jean Pierre & Luc Dardenne, Peter Tscherkassky, Benoît Dervaux, Allan Sekula, Gerard Malanga, Gerhard Friedl, Corinna Schnitt, Ulrich Seidl, Thom Andersen, Christian Petzold, Gustav Deutsch, Christian Fennesz, Burkhart Stangl, Jean Paul Dessy, Florian Pumhösl, Michael Glawogger, Lotte Schreiber, Josef Dabernig, Daniel Rafaelić, Hans Scheugl, Hannes Böck, Mark Webber, Monika Faber, Siegfried Mattl, Bert Rebhandl, Jon Gartenberg, Stefan Drößler, Elisabeth Bronfen, Claudine Kaufmann, James Naremore, Helmut Färber, Peter Kubelka u. a.

2006

JÄNNER

Nanni Moretti • **Guru Dutt** • **Premiere** *The Ister* (David Barison & Daniel Ross) • **Was ist Film** 17–20 • **Die Utopie Film** Kapitel 5. Oskar & Hans Fischinger, Werner Hochbaum, Fritz Lang, László Moholy-Nagy, Georg Wilhelm Pabst, Walter Ruttmann

FEBRUAR

Samuel Fuller Das Gesamtwerk • **Revolver: Filme aus dem Jahr 1966** [Bruce Baillie, Monte Hellman, Alfred Hitchcock, Jean-Pierre Melville, Gillo Pontecorvo, Suzuki Seijun, Peter Watkins] • **Was ist Film** 21–24 • **Die Utopie Film** Kapitel 6. John Ford und Luchino Visconti

MÄRZ

Harun Farocki Retrospektive und Carte blanche: Wie in einem Spiegel [Brian De Palma, R. W. Fassbinder, Federico Fellini, Abel Ferrara, Philippe Garrel, Jean-Luc Godard, Abbas Kiarostami, Vincente Minnelli, Ann Hui, Pier Paolo Pasolini, Preston Sturges, Luchino Visconti,

Andrzej Wajda] • **Film in Südafrika** [Lungi Dlamini, Lara Foot Newton, John Greyson & Jack Lewis, Gavin Hood, William Kentridge, Zoltan Korda, Dumisani Phakathi, Jans Rautenbach, Lionel Rogosin, Darrell James Roodt, Oliver Schmitz, Ramadan Suleman, Donald Swanson] • **Tribute to John Cook** • **Was ist Film** 25–28 • **Die Utopie Film** Kapitel 7. Luis Buñuel, Gerhard Friedl, Peter Kubelka, Max Ophüls, Jean Renoir

APRIL

Claude Chabrol Die heillose Familie (1) • **Douglas Sirk** Die heillose Familie (2) • **Józef Robakowski** In person **Premiere** *Im Glück (Neger)* und *Mein Bruder. We'll Meet Again* (Thomas Heise) • **Was ist Film** 29–32 • **Die Utopie Film** Kapitel 8. Alexander Kluge, Peter Lorre, Peter Nestler, Roberto Rossellini, Jean-Marie Straub & Danièle Huillet, Wim Wenders

MAI

Dziga Vertov • **Kino-Revolution** Teil 1: Der russische Film 1918–1929 [Boris Barnet, Lilja Brik, Nikolaj Chodataev, Aleksandr Dovženko, Fridrich Ėrmler, Sergej Komarov, Grigorij Kozincev, Lev Kulešov, Vladimir Majakovskij, Fedor Ocep, Jakov Protazanov, Vsevolod Pudovkin, Abram Room, Aleksandr Sanin, N. Schpikovskij, Evgenij Slavinskij, Ėsfir Šub, Leonid Trauberg, Jurij Željabužskij, Vitalij Žemčužnyj] • **Robert Nelson** In person • **Was ist Film** 33–37 • **Die Utopie Film** Kapitel 9. Terence Davies, Carl Theodor Dreyer, Su Friedrich, Urban Gad, Ritwik Ghatak, Barbara Loden, Mizoguchi Kenji

JUNI

Sergej Eisenstein [Gesamtwerk] • **Kino-Revolution** Teil 2: Der russische Film 1929–1938 [Grigorij Aleksandrov, Boris Barnet, Aleksandr Dovženko, Nikolai Ėkk, Fridrich Ėrmler & Lev Arnštam & Sergej Jutkevič, Al'bert Gendel'štejn, Grigorij Kozincev & Leonid Trauberg, Lev Kulešov, Aleksandr Medvedkin, Erwin Piscator, Jakov Protazanov, Aleksandr Ptuško, Vsevolod Pudovkin, Abram Room, Nikoloz Šengelaja, Il'ja Trauberg, Georgij & Sergej Vasil'ev] • **Kurt Kren** Das Gesamtwerk • **Rohstoff (4)** Eine filmhistorische Recherche nach der kleinen Form: From a Different Angle [Thom Andersen, Paul Thomas Anderson, Martha Coolidge, Hubert Fichte, William Friedkin, Todd Haynes, Albert Sackl, Gus Van Sant, Penelope Spheeris, Peter Weiss & Hans Nordenström] • **Was ist Film** 38–40 • **Die Utopie Film** Kapitel 10. Warren Beatty, John Ford, Orson Welles

SEPTEMBER

The Big Sky Amerikanische Western der 50er Jahre [Budd Boetticher, Marlon Brando, Delmer Daves, André De Toth, Edward Dmytryk, Allan Dwan, John Ford, Sam Fuller, Howard Hawks, Henry King, Fritz Lang, Anthony Mann, Gerd Oswald, Robert Parrish, Sam Peckinpah, Arthur Penn, Otto Preminger, Nicholas Ray, Jacques Tourneur, Edgar G. Ulmer, King Vidor, Raoul Walsh, William Wellman, Fred Zinnemann] • **Nathaniel Dorsky** In person • **Was ist Film** 41–44 • **Die Utopie Film** Kapitel 11. Michelangelo Antonioni, Luis Buñuel, Vittorio De Sica, Federico Fellini, Luchino Visconti

OKTOBER

Demy / Varda Filme von Jacques Demy und Agnès Varda [Viennale 2006] • **Film-Lectures von Robert Gitt** • **Prozess / Beobachter** Film-Bilder und Fern-Sehen: NS-Verbrechen vor Gericht • **Was ist Film** 45–49 • **Die Utopie Film** Kapitel 12. Robert Bresson, Jean-Pierre & Luc Dardenne, Volker Koepp, Georg Wilhelm Pabst, Leontine Sagan, Agnès Varda • **Lange Nacht der Museen**

NOVEMBER

Notre musique Eine Filmgeschichte der Gegenwart [Lisandro Alonso, Wes Anderson, Aoyama Shinji, Rudy Burckhardt & Joseph Cornell, Yash Chopra, Rolf de Heer, Lav Diaz, Paz Encina, Bahman Ghobadi, Jean-Luc Godard, Valeska Grisebach, Mahamat-Saleh Haroun, Abdellatif Kechiche, Johan van der Keuken, Allan King, Kore'eda Hirokazu, Zacharias Kunuk, Teboho Mahlatsi, Lucrecia Martel, Olivier Meyrou, Tsai Ming-liang, Avi Mograbi, Fanta Régina Nacro, Garin Nugroho, Jafar Panahi, Rithy Panh, Ana Poliak, Cristi Puiu, George A. Romero, Ousmane Sembène, Abderrahmane Sissako, Apichatpong Weerasethakul, Travis Wilkerson, Edward Yang, Jia Zhangke] • **Edition Filmmuseum** Erich von Stroheims *Blind Husbands* • **Wien Modern im Filmmuseum** *Drift.1 und Drift.2* (Ulf Langheinrich), *Notes on Film 02* (Norbert Pfaffenbichler) • **Was ist Film** 50–53 • **Die Utopie Film** Kapitel 13. Werner Hochbaum, Max Ophüls, Erich von Stroheim und österreichische Filmdokumente von 1908–1925

DEZEMBER | JÄNNER

Jean Renoir Das Gesamtwerk • **Rohstoff (5)** Eine filmhistorische Recherche nach der kleinen Form: Queerbeet [Roy Andersson, Sophie Calle, Chris Cunningham, Federico Fellini, Hubert Fichte & Leonore Mau, Peter Greenaway, gusgus, Werner Herzog, Spike Jonze, Friedl Kubelka, Maria Lassnig, Richard Lester, Louis Malle, Sam Mendes, Mike Mills, Franz Novotny, Pleix, Ferry Radax, Johan Renck, Terry Richardson, Billy Roisz, Jordan Scott, Ridley Scott, Peter Sellers, Gregory Shephard, Thomas Struck, Wolfgang Tillmans, Rosa von Praunheim, Peter Weibel] • **Ein Abend für Heinrich Wille** [Sidney Lumet] •

Valentin. Marx Filme mit Karl Valentin und den Marx Brothers • **Was ist Film** 54–56 • **Die Utopie Film** Kapitel 14. Wes Anderson, Martin Arnold, Vincente Minnelli, Orson Welles

PUBLIKATIONEN Michael Omasta, Olaf Möller (Hg.), *John Cook. Viennese by Choice, Filmemacher von Beruf*, Wien: Synema 2006 [FilmmuseumSynemaPublikationen Band 3] • Österreichisches Filmmuseum, Thomas Tode, Barbara Wurm (Hg.), *Dziga Vertov. Die Vertov-Sammlung im Österreichischen Filmmuseum*, Wien: Synema 2006 [FilmmuseumSynemaPublikationen Band 4] • Astrid Ofner (Hg.), *Demy/Varda*, Wien: Viennale 2006 • Thomas Trummer (Hg.), *Kurt Kren. Das Unbehagen am Film*, Wien: Sonderzahl/Belvedere 2006 • Dietmar Schwärzler, Sylvia Szely (Hg.), *Rohstoff. Fanzine 3*, Wien: Sonderzahl 2006 • **DVD** *Blind Husbands* von Erich von Stroheim, Hg. ÖFM – Edition Filmmuseum 3

GÄSTE Agnès Varda, Viva, Harun Farocki, Robert Nelson, Nathaniel Dorsky, Tsai Ming-liang, Mahamat-Saleh Haroun, Apichatpong Weerasethakul, Fanta Régina Nacro, Garin Nugroho, Thomas Heise, Valeska Grisebach, Bahman Ghobadi, Józef Robakowski, Mathieu Demy, Rosalie Varda-Demy, Hito Steyerl, Franz Schuh, Helmut Boselmann, Maria und Hilary Cook, Norbert Pfaffenbichler, Ursula Strauss, Daniel Wisser, Wolfgang Beilenhoff, Aleksandr Derjabin, Yuri Tsivian, Robert Gitt, Ilse Aichinger, Peter Sellars u. a.

2007

JÄNNER

Roberto Rossellini und der italienische Neorealismus [Michelangelo Antonioni, Alessandro Blasetti, Francesco De Robertis, Giuseppe De Santis, Vittorio De Sica, Federico Fellini, Pietro Germi, Alberto Lattuada, Marcello Pagliero, Roberto Rossellini, Mario Serandrei, Aldo Vergano, Luchino Visconti, Luigi Zampa] • **Vortrag Peter Bürger** Film, Avantgarde und Biopolitik • **Premiere** *Pan's Labyrinth* (Guillermo del Toro) • **Was ist Film** 57–60 • **Die Utopie Film** Kapitel 15. Ray L. Birdwhistell, Robert Bresson, Edison Manufacturing Co., Jean Eustache & Jean-Michel Barjol, Chuck Jones, Romuald Karmakar, John Lasseter & John Stanton, Malcolm LeGrice, Ridley Scott, Percy Stow, John Ernest Williamson, Frederick Wiseman

FEBRUAR

Naruse Mikio Der Geschmack des Lebens • ***Der Dekalog*** von Krzysztof Kieślowski • **Premiere** *Dark Blue* (Ron Shelton) • **Was ist Film** 61–62 • **Die Utopie Film** Kapitel 16. Gerd Conradt, Jean Eustache, Jean-Luc Godard, Hervé Le Roux, Chris Marker

MÄRZ

Vincente Minnelli American Dreamer • **Peter Kubelka** Fragen an die Evolution • **Avantgarde: Film** Die Kinoereignisse der Klassischen Moderne [Bertolt Brecht & Erich Engel, Luis Buñuel, Henri Chomette, René Clair & Francis Picabia, Jean Cocteau, Salvador Dalí, Charles Dekeukeleire, Eugène Deslaw, Marcel Duchamp, Germaine Dulac, Viking Eggeling, Oskar & Hans Fischinger, Mannus Franken, Joris Ivens, Fernand Léger & Dudley Murphy, Jay Leyda, Len Lye, László Moholy-Nagy, Man Ray, Jean Renoir, Hans Richter, Walter Ruttmann, Ralph Steiner, Henri Storck, Dziga Vertov, Jean Vigo, Andor von Barsy] • **Was ist Film** 1–3 • **Die Utopie Film** Kapitel 17. Boris Barnet, Stanley Kubrick, Georg Wilhelm Pabst, British Topical Committee for War Films

APRIL

Josef von Sternberg Das Gesamtwerk • **Peter Watkins** • **Premiere** *Election* und *Election 2* (Johnnie To) • **Red Velvet Seat** Wiederentdeckte Filme und Schriften von Frauen [Louise Alaimo & Judy Smith & Ellen Sorin, Mary Ellen Bute, Storm de Hirsch, Maya Deren, Alice Guy-Blaché, Meredith Monk, Gunvor Nelson, Spencer Williams] • **Was ist Film** 4–8 • **Die Utopie Film** Kapitel 18. Chantal Akerman, John Cook, Jim Jarmusch, Djibril Diop Mambéty, Christian Schocher

MAI

Chris Marker • **VALIE EXPORT** Film und Video • **Live-Konzert mit Lovely Rita** My Life Between the Exit Signs • **Was ist Film** 9–12 • **Die Utopie Film** Kapitel 19. Bruce Conner, Humphrey Jennings, Chuck Jones, Mike Leigh, Albert & David Maysles & Charlotte Zwerin, Dudley Murphy, Robert Nelson, Satyajit Ray, Karl Valentin & Carl Lamac

JUNI

Richard Linklater [Gesamtwerk] • **Lachende Körper – Exzentrische Gesten** Komikerinnen und Diven im Kino der 1910er Jahre [Romeo Bosetti, Camillo De Riso, Lewin Fitzhamon, Urban Gad, Carmine Gallone, Franz Hofer, Ernst Lubitsch, Alfred Machin, J. P. McGowan, Georges Monca, Max Obal, Jan Oxenberg, Nino Oxilia, Giovanni Pastrone, Léonce Perret, Walter Schmidthässler, Gustavo Serena, Magnus Stifter, Frederick A. Thompson, Larry Trimble, Gaston Velle] • **Ferry Radax** Zum 75. Geburtstag • **Was ist Film** 13–15 • **Die Utopie Film** Kapitel 20. Howard Hawks, Buster Keaton & Clyde Bruckman, Basil Wright & Harry Watt, Willy Zielke

SEPTEMBER

The Wild Bunch Späte Western 1960–1995 [Robert Aldrich, Robert Altman, Richard Brooks, Michael Cimino, Sergio Corbucci, Damiano Damiani, Clint Eastwood, William A. Fraker, James Frawley, Monte Hellman, Walter Hill, Dennis Hopper, Jim Jarmusch, Sergio Leone, Sam Peckinpah, Arthur Penn, Giulio Questi, Martin Ritt, Don Siegel, Sergio Sollima, John Sturges, Robert M. Young] • **Digital Formalism** Wolfgang Beilenhoff über Dziga Vertovs *Odinnadcatyj* • **Bach / Film** Das A und O der Musik [Jean-Marie Straub & Danièle Huillet] • **Was ist Film** 16–19 • **Die Utopie Film** Kapitel 21. Louis Feuillade, Louis Malle, Jean-Pierre Melville, André Téchiné

OKTOBER

Der Weg der Termiten Beispiele eines Essayistischen Kinos 1909–2004 [Viennale 2007] [Chantal Akerman, John Akomfrah, Santiago Álvarez, Thom Andersen, Ralph Arlyck, Fernando Birri, Luis Buñuel, Edgardo Cozarinsky, Guy Debord, Raymond Depardon, Marguerite Duras, Forugh Farrokhzad, Jorge Furtado, Rubén Gámez, Jean-Luc Godard, Jean-Pierre Gorin, D. W. Griffith, Leo Hurwitz, Imamura Shōhei, Joris Ivens, Humphrey Jennings, Patrick Keiller, Alexander Kluge, Robert Kramer, Mohamad Malas, Chris Marker, Donald McWilliams, Anne-Marie Miéville, Nanni Moretti, Luc Moullet, Peter Nestler, Ōshima Nagisa, Pier Paolo Pasolini, William Raban, Yvonne Rainer, Alain Resnais, Glauber Rocha, Marta Rodríguez & Jorge Silva, Jean Rouch & Edgar Morin, Michael Rubbo, Raúl Ruiz, Jean-Marie Straub & Danièle Huillet, Kidlat Tahimik, Jean-Marie Teno, Johan van der Keuken, Nicole Védrès, Dziga Vertov, Apichatpong Weerasethakul, Orson Welles] • **»Der letzte der Ungerechten«** Benjamin Murmelstein, gefilmt von Claude Lanzmann • **Edition Filmmuseum** *Klassenverhältnisse* von Jean-Marie Straub und Danièle Huillet • **Was ist Film** 20–24 • **Die Utopie Film** Kapitel 22. Lisandro Alonso, Robert J. Flaherty, Jacques Rozier, Wolfgang Murnberger, Arnold Schicker • **Lange Nacht der Museen**

NOVEMBER

James Benning American Filmmaker [Gesamtwerk] • **Erich Wolfgang Korngold** Filmmusik für Warner Bros. • **Inside Stories** Film und Biographie [Max Ophüls, Albert & David Maysles, Paul Leduc, Ellen Hovde, Muffie Meyer, Harald Bergmann, Marcus J. Carney, Oskar Roehler] • **Was ist Film** 25–28 • **Die Utopie Film** Kapitel 23. Stanley Donen & Gene Kelly, Chuck Jones, Len Lye, Michael Powell & Emeric Pressburger, Jean Renoir, George Stevens, Roger Tilton, John Waters

DEZEMBER

Alfred Hitchcock Das Gesamtwerk. Teil 1 • **Premiere** *Eastern Promises* (David Cronenberg) • **The Vision Behind** Technische und soziale Innovationen im Unternehmensfilm • **Was ist Film** 29–31 • **Die Utopie Film** Kapitel 24. Humphrey Jennings, Ernst Lubitsch, Leo McCarey, Jean Renoir, Jirí Weiss

PUBLIKATIONEN Alexander Horwath, Michael Omasta (Hg.), *Josef von Sternberg. The Case of Lena Smith*, Wien: Synema 2007 [FilmmuseumSynemaPublikationen Band 5] • Barbara Pichler, Claudia Slanar (Hg.), *James Benning*, Wien: Synema 2007 [FilmmuseumSynemaPublikationen Band 6] • Bert Rebhandl (Hg.), *Western. Genre und Geschichte*, Wien: Zsolnay 2007 [Reihe KINO, Band 5] • Manfred Mittermayer, Patric Blaser, Andrea B. Braidt, Deborah Holmes (Hg.), *Ikonen Helden Außenseiter. Film und Biographie*, Zsolnay 2009 [Reihe KINO, Band 7] • Astrid Ofner (Hg.), *Der Weg der Termiten. Beispiele eines Essayistischen Kinos 1909–2004. Eine Filmschau, kuratiert von Jean-Pierre Gorin*, Wien: Viennale 2007 • **DVD** *Klassenverhältnisse* von Danièle Huillet und Jean-Marie Straub, Hg. ÖFM / Filmmuseum München – Edition Filmmuseum 11

GÄSTE Claude Lanzmann, Richard Linklater, Valie Export, James Benning, Peter Nestler, Peter Kubelka, Yvonne Rainer, Patrick Watkins, Jean-Pierre Gorin, Thom Andersen, Christian Petzold, Harald Bergmann, Marcus J. Carney, Lovely Rita, Angela Dalle Vacche, Antonia Lant, Claudia Preschl, Eric de Kuyper, Heide Schlüpmann, Karola Gramann, Doron Rabinovici, Ingo Zechner, Raye Farr, Werner Sudendorf, Cathy Dupont, Janet Bergstrom, Raymond Bellour, Peter Bürger u. a.

2008

JÄNNER

Alfred Hitchcock Das Gesamtwerk. Teil 2 • **Digital Formalism** Die »Poetika Vertoviana« zwischen Archiv und Digitalität [Dziga Vertov] • **Premiere** *Gohatto / Taboo* (Ōshima Nagisa), *Cityscapes* (Michaela Grill & Martin Siewert), *Mosaik mécanique* (Norbert Pfaffenbichler) • **Filmdokumente zur Zeitgeschichte** Erinnerung an die Lager • **Was ist Film** 32–36 • **Die Utopie Film** Kapitel 25. Michelangelo Antonioni, Charles Chaplin, Jean-Luc Godard, Alfred Hitchcock, Abbas Kiarostami, David Lynch

FEBRUAR

Masumura Yasuzō • **Luis Buñuel** Das Gesamtwerk. Teil 1 • **Joan Copjec / Abbas Kiarostami** Vortrag und Filmvorführung • **Dietmar Brehm. News** Ausgewählte Filme und Videos, 2004–2008 • **Filmdokumente zur Zeitgeschichte** Unsere Royals • **Was ist Film** 37–40 • **Die Utopie Film** Kapitel 26. Ingmar Bergman, Terence Davies, Robert Frank, Ozu Yasujirō, Andrej Tarkovskij

MÄRZ

Luis Buñuel Das Gesamtwerk Teil 2 • **Kino wider die Tabus** Film und die »Sexuelle Befreiung«, 1963–1976 [Kenneth Anger, José Bénazéraf, Bernardo Bertolucci, James Bidgood, Jean-Pierre Bouyxou, Stan Brakhage, Lasse Braun, Günter Brus, Hellmuth Costard, Jean-François Davy, Stephen Dwoskin, Valie Export, Jesús Franco, Itō Shun'ya, Kurt Kren, George Kuchar, Kumashiro Tatsumi, Roland Lethem, Dušan Makavejev, Harrison Marks, Radley Metzger, Russ Meyer, Pierre Molinier, Paul Morrissey, Otto Mühl, Werner Nekes & Dore O., Bill Osco, Ōshima Nagisa, Pier Paolo Pasolini, Barbara Rubin, Ken Russell, Joe Sarno, Carolee Schneemann, Rudolf Schwarzkogler, Anne Severson, Vilgot Sjöman, Jack Smith, Wakamatsu Kōji, Andy Warhol, Thierry Zéno, Frans Zwartjes] • **Bruce McClure** Projector Performances • **Jonas Mekas** In person • **Filmdokumente zur Zeitgeschichte** Mikrogeschichten vom »Anschluss« • **Was ist Film** 41–44 • **Die Utopie Film** Kapitel 27. Marlon Brando, Bernardo Bertolucci, Francis Ford Coppola, Elia Kazan

APRIL

Alain Resnais [Gesamtwerk] • **Regie: Rappaport** Ein sowjetischer Filmemacher aus Wien • **Charley Bowers** Trickster, Erfinder, Komikergenie • **Das Streit-Bild** Jacques Rancière und die Geschichtlichkeit des Films [Rainer Werner Fassbinder, Humphrey Jennings & Stewart McAllister, Jean-Pierre & Luc Dardenne] • **Filmdokumente zur Zeitgeschichte** Jugend-Bewegung • **Was ist Film** 45–48 • **Die Utopie Film** Kapitel 28. Paul Czinner, Danièle Huillet & Jean-Marie Straub, Stanley Kubrick, Alain Resnais

MAI | JUNI

Direct Cinema Die Filme von Robert Drew, Richard Leacock, Albert & David Maysles, D.A. Pennebaker • **John Cassavetes** [Gesamtwerk] • **Eine Utopie des Sounds** [Alan Rudolph, Mathias Poledna, Gus Van Sant] • **Lachende Körper** Komikerinnen im Kino der 1910er Jahre [Romeo Bosetti, Franz Hofer, Alfred Machin] • **Filmdokumente zur Zeitgeschichte** Es lebe der Sport! • **Was ist Film** 49–53 • **Die Utopie Film** Kapitel 29. Erich von Stroheim, Segundo de Chomón, Lev Kulešov, F.W. Murnau, Georges Méliès, René Clair, Romeo Bosetti, Grigorij Kozincev & Leonid Trauberg

SEPTEMBER

Die Utopie Film – 100 Neuerwerbungen • **Ivan Ladislav Galeta** In person • **Filmdokumente zur Zeitgeschichte** Die KPÖ im Aufbau • **Was ist Film** 54–58 • **Lange Nacht der Museen**

OKTOBER

Los Angeles. Eine Stadt im Film [Viennale 2008] [Robert Abel, Robert Aldrich, Thom Andersen, Kenneth Anger, Michael Apted, Wallace Berman, Gary Beydler, Les Blank & Skip Gerson, Stan Brakhage, Malcolm Brodwick, Chris Burden, Charles Burnett, John Cassavetes, Bruce Conner, Julian Cooper, Roger Corman, Robert Culp, André De Toth, Maya Deren, Charles & Ray Eames, Sophie Fiennes, Morgan Fisher, Robert Florey, Haïle Gerima, William Hale, H.B. Halicki, Fred Halsted, Curtis Harrington, Amy Heckerling, Jack Hill, Bruce Lane, Chris Langdon, Irving Lerner, Del Lord, George Lucas, Kent Mackenzie, Ben Maddow, Leo McCarey & James W. Horne, Paul McCarthy, Sidney Meyers, Floyd Mutrux, Robert Nelson, Tim Newman, Fred C. Newmeyer, Bill L. Norton, Pat O'Neill, Hal Roach, Steven Soderbergh, Penelope Spheeris, Joseph Strick, Quentin Tarantino, Samuel J. Taylor, Rob Thompson, Edgar G. Ulmer, Luis Valdez, Patssi Valdez, Melvin Van Peebles, Josef von Sternberg, Slavko Vorkapich, Elizabeth Wiatr, Billy Wilder, David Wilson, Billy Woodberry, Fred Worden] • **Tony Conrad** DreaMinimalist • **Hanns Zischler präsentiert:** *Nase für Neuigkeiten* Vermischte Nachrichten von James Joyce • **Filmdokumente zur Zeitgeschichte** Res publica – Demokratie, Masse und Macht 1918–2000 • **Was ist Film** 59–62 • **Die Utopie Film** Kapitel 30. Für Manny Farber (1917–2008). Rainer Werner Fassbinder, Samuel Fuller, Jean-Luc Godard, Howard Hawks, Chuck Jones, Helen Levitt, Don Siegel, Michael Snow, Preston Sturges

NOVEMBER

Victor Sjöström / Mauritz Stiller und die Schwedische Stummfilmschule • **Michael Pilz** • **Jörg Kalt** Mögliche und wirkliche Filme. Lesung und Filmvorführung • **Filmdokumente zur Zeitgeschichte** Bilder vom Großen Krieg • **Premiere** *L'Heure d'été* (Olivier Assayas) • **Was ist Film** 1–3 • **Die Utopie Film** Kapitel 31. John Carpenter, Jonathan Demme, Stanley Kubrick

DEZEMBER

Screwball Comedy [Richard Boleslawski, Frank Capra, Jack Conway, George Cukor, Michael Curtiz, Roy Del Ruth, Howard Hawks, Alfred Hitchcock, Leigh Jason, Garson Kanin, Gregory La Cava, Mitchell Leisen, Ernst Lubitsch, Leo McCarey, Norman Z. McLeod, William A. Seiter, George Stevens, Preston Sturges, W.S. Van Dyke,

William A. Wellman] • **Kunst der Vermittlung** Aus den Archiven des Filmvermittelnden Films [Martin Arnold, Alain Bergala, Gary Beydler, Manfred Blank, Bruce Conner, Gustav Deutsch, Werner Dütsch, Helmut Färber, Harun Farocki, Tag Gallagher, Anne Huet, Norbert Jochum, Serge Kaganski, Standish Lawder, Martina Müller, Matthias Müller, Enno Patalas, Norbert Pfaffenbichler, Peter Tscherkassky, Agnès Varda] • **Filmdokumente zur Zeitgeschichte** Stoffwechsel: Re-Editing History • **Marx & Co.** Filme mit W. C. Fields, Stan Laurel & Oliver Hardy, den Marx Brothers, Mae West, Karl Valentin und von H. C. Potter • **Was ist Film** 4–6 • **Die Utopie Film** Kapitel 32. Fujita Toshiya, Tsui Hark, Quentin Tarantino

PUBLIKATIONEN Jean Epstein / Nicole Brenez, Ralph Eue (Hg.), *Jean Epstein. Bonjour Cinéma und andere Schriften zum Kino,* Wien: Synema 2008 [FilmmuseumSynema-Publikationen Band 7] • Claudia Preschl, *Lachende Körper. Komikerinnen im Kino der 1910er Jahre,* Wien: Synema 2008 [FilmmuseumSynemaPublikationen Band 8] • Paolo Cherchi Usai, David Francis, Alexander Horwath, Michael Loebenstein, *Film Curatorship. Archives, Museums, and the Digital Marketplace,* Wien: Synema 2008 [FilmmuseumSynemaPublikationen Band 9] • Olaf Möller, Michael Omasta (Hg.), *Michael Pilz. Auge Kamera Herz,* Wien: Synema 2008 [FilmmuseumSynema-Publikationen Band 10] • Hanns Zischler, Sara Danius, *Nase für Neuigkeiten. Vermischte Nachrichten von James Joyce,* Wien: Zsolnay 2008 [Reihe KINO, Band 6] • Michael Omasta, Barbara Wurm (Red.), *Regie: Rappaport – Ein sowjetischer Filmemacher aus Wien,* Wien: Synema 2008 • Thom Andersen, Astrid Ofner, Claudia Siefen (Red.), *Los Angeles. Eine Stadt im Film / A City On Film,* Wien: Viennale 2008 • **DVD** *Langsamer Sommer / Schwitzkasten* von John Cook, Hg. ÖFM – Edition Filmmuseum 44

GÄSTE Richard Leacock, Robert Drew, Michael Pilz, Joseph Strick, Jonas Mekas, Olivier Assayas, Bruce McClure, Ivan Ladislav Galeta, Hanns Zischler, Hildegard Westerkamp, Thom Andersen, William E. Jones, Valerie Lalonde, Dietmar Brehm, Ursula Strauss, Georg Friedrich, Kathrin Resetarits, Barbara Albert, Simon Schwarz, Gabriele Hochleitner, Norbert Pfaffenbichler, Bernhard Lang, Constanze Ruhm, Stefan Ruzowitzky, Michael Hofstätter, Ute Holl, Diedrich Diederichsen, Hermann Kappelhoff, Hans Schifferle, Edward Dimendberg, Yuri Tsivian, Jean Copjec, Laura Mulvey, Peter Kubelka u. a.

2009

JÄNNER

Pier Paolo Pasolini und das italienische Kino der 60er Jahre [Michelangelo Antonioni, Marco Bellocchio, Carmelo Bene, Bernardo Bertolucci, Luigi Comencini, Damiano Damiani, Giuseppe De Santis, Vittorio De Seta, Federico Fellini, Marco Ferreri, Ermanno Olmi, Vito Pandolfi, Pier Paolo Pasolini, Elio Petri, Antonio Pietrangeli, Gillo Pontecorvo, Dino Risi, Francesco Rosi, Roberto Rossellini, Paolo & Vittorio Taviani, Luchino Visconti, Valerio Zurlini] • **The Magic Carpet** Imaginäre Reisen mit der Laterna Magica • **Premiere** *El espinazo del diablo* (Guillermo del Toro) • **Was ist Film** 7–10 und 63 • **Die Utopie Film** Kapitel 33. Sergej Eisenstein, Harun Farocki & Andrei Ujica, Kurosawa Akira, Jean Renoir, Paul Schrader

FEBRUAR

David Lean [Gesamtwerk] • **Gustav Deutsch** • **Was ist Film** 11–13 • **Die Utopie Film** Kapitel 34. Bruce Conner, Sergej Komarov, Gustav Mayer, Ulrich Seidl, Frank Tashlin

MÄRZ

Andrej Tarkovskij [Gesamtwerk] • **Val Lewton** Die Wirklichkeit des Schreckens • **Apichatpong Weerasethakul** [Gesamtwerk] • **Hunde / Welt / Bild** Symposium und Filmschau [Ross & Helen Baker, Cinématographe Lumière, W. K. L. Dickson & Edison Co., Pathé Frères, Gillo Pontecorvo, Ermanno Olmi, Andy Warhol, William Wegman, Gustav Deutsch, Aldo Giannotti, Ken Feingold, Vivian Ostrovsky, Josef Dabernig, Jeffrey Scher, Eve Heller u. a.] • **Was ist Film** 14–17 • **Die Utopie Film** Kapitel 35. Woody Allen, James Foley, Sean Penn

APRIL

Jean-Pierre Léaud • **The International Experimental Cinema Exposition** Meisterwerke des neuen amerikanischen Avantgardefilms [Dan Baker, Scott Banning, Paul Bartel, Christopher Becks, Frank Biesendorfer, Tom Chomont, David Chaim Cohen, Deco Dawson, Nathaniel Dorsky, Brian Frye, Jorge Lorenzo Flores Garza, David Gatten, Janie Geiser, Sandra Gibson, Michael Gitlin, Vincent Grenier, Jason Halprin, Zach Iannazzi, Jesse Kennedy, Diane Kitchen, Alexandre Larose, Jeanne Liotta, Lenny Lipton, Jason Livingston, Pablo Marin, Cine Parkour, Thad Povey, Jim Prange, Luther Price, Charlotte Pryce, Luis Recoder, Michael Robinson, Ben Russell, Jonathan Schwartz, M. M. Serra, Scott Stark, Robert Todd, Timoleon Wilkins] • **Premiere** *JCVD* (Mabrouk El Mechri) • **Was ist Film** 18–22 • **Die Utopie Film** Kapitel 36. René

Clair, Max Fleischer, Fritz Lang, Vsevolod Pudovkin, Josef von Sternberg • **AUSSTELLUNG** *Jean-Pierre Léaud – Citoyen du Cinéma,* Palais Clam-Gallas (2.4.–8.5.)

MAI | JUNI

Destination London Filmexil in Großbritannien [Filme von Ludwig Berger, John Brahm, Paul Czinner, Edwald André Dupont, Friedrich Fehér, Karl Grune, John Halas, Alexander Korda, Zoltan Korda, Lothar Mendes, Emeric Pressburger, Paul L. Stein, Franciszka & Stefan Themerson, Berthold Viertel, Jiri Weiss, u. a. – und unter Mitwirkung von Josef Almas, Andrej Andrejew, Joseph Bato, Victor Beaumont, Ferdinand Bellan, Elisabeth Bergner, Leo Bieber, Sybille Binder, Lajos Biro, Werner Brandes, Curt Courant, Guy Deghy, Ernst Deutsch, Ewald André Dupont, Oscar Ebelsbacher, Hanns Eisler, Carl Esmond, Hans Fehér, Erich Freund, Anna Gmeyner, Walter Goehr, Charles Goldner, Paul Graetz, Allan Gray, Mutz Greenbaum, Dolly Haas, Oswald Hafenrichter, Paul Hardtmuth, Hein Heckroth, Gerard Heinz, Otto Heller, Oscar Homolka, Alfred Junge, Lily Kann, Otto Kanturek, William Kellner, Arthur Koestler, Vincent Korda, Fritz Kortner, Günther Krampf, Anton Kuh, Herbert Lom, Lucie Mannheim, Arnold Marlé, Hans May, Carl Mayer, Ernö Metzner, Ernst H. Meyer, Martin Miller, Grete Mosheim, Robert Neumann, Hanne Norbert, Lilli Palmer, Honoria Plesch, Eric Pohlmann, Karol Rathaus, Frederick Richter, Walter Rilla, Miklos Rozsa, Max Schach, Frederick Schiller, Adolf Schlasy, Frederick Schrecker, Eugen Schüfftan, Franz Schulz, Mátyás Seiber, Magda Sonja, Milo Sperber, Mischa Spoliansky, Joe Strassner, Wolfgang Suschitzky, Richard Tauber, Ernst Toch, André de Toth, Ernst Ulman, Frederick Valk, Conrad Veidt, Anton Walbrook, Fritz Weiss, Oscar Friedrich Werndorff, Wolfgang Wilhelm, Louis de Wohl] • **Vasilij Šukšin** • **Lis Rhodes** In person • **Festival du Film Maudit** Biarritz 1949 [Kenneth Anger, Robert Bresson, René Clément, Slatan Dudow, John Ford, Jean Grémillon, Helmut Käutner, Leopold Lindtberg, Robert Montgomery, Clifford Odets, Marcello Pagliero, Jean Rouch, Josef von Sternberg, Jean Vigo, Luchino Visconti] • **Premiere** *Synecdoche, New York* (Charlie Kaufman) • **Was ist Film** 23–27 • **Die Utopie Film** Kapitel 37. Ernst Lubitsch, Jean Renoir, Jacques Rivette, Peter Palitzsch & Manfred Wekwerth

SEPTEMBER

Martin Scorsese Das Gesamtwerk • **Im Andenken an Gerhard Friedl** • **Cineplex** Premieren und Podiumsdiskussion [Johann Lurf, Kollektiv stadtmusik] • **Was ist Film** 28–33 • **Die Utopie Film** Kapitel 38. Marco Bellocchio, Bernardo Bertolucci, Nanni Moretti, Roberto Rossellini, Werner Schroeter • **Lange Nacht der Museen**

OKTOBER

The Unquiet American Transgressive Comedies from the U.S. [Viennale 2009] [Wes Anderson, Roscoe Arbuckle, Tex Avery, George Axelrod, Warren Beatty, Joan Braderman, Albert Brooks, Charles Burnett, George Cukor, Harry d'Abbadie d'Arrast, Joe Dante, Manuel De Landa, Sara Driver, Norman Ferguson, Dave Fleischer, Victor Fleming, Isadore »Friz« Freleng, Vanalyne Green, Wendell B. Harris Jr., Howard Hawks, Chuck Jones, Spike Jonze, Mike Judge, Buster Keaton, William Klein, Owen Land, Jerry Lewis, Ernst Lubitsch, Elaine May, Jim McBride, Leo McCarey, James Parrott, Peyton Reed, Hal Roach, Roy Rowland, Martin Scorsese, Jack Smith, Steven Spielberg, Preston Sturges, Frank Tashlin, John Waters, Orson Welles, Billy Wilder] • **Was ist Film** 34–37 • **Die Utopie Film** Kapitel 39. Claude Chabrol, Jean-Luc Godard, Marcel Hanoun, Jim McBride, Agnès Varda

NOVEMBER

Ōshima Nagisa [Gesamtwerk] • **Premiere** *Anchorman* und *Talladega Nights* (Will Ferrell & Adam McKay) • **Was ist Film** 38–41 • **Die Utopie Film** Kapitel 40. Jürgen Böttcher, Thomas Heise, Marcel Ophüls, Billy Wilder, Konrad Wolf

DEZEMBER

Charles Chaplin Das Gesamtwerk • **Eve Heller** In person • **Premiere** *Direktøren for det hele / The Boss of It All* (Lars von Trier) • **Filme mit den Marx Brothers** • **Was ist Film** 42–44 • **Die Utopie Film** Kapitel 41. Hara Kazuo, Imamura Shōhei, Kurosawa Akira

PUBLIKATIONEN Wilbirg Brainin-Donnenberg, Michael Loebenstein (Hg.), *Gustav Deutsch,* Wien: Synema 2009 [FilmmuseumSynemaPublikationen Band 11] • James Quandt (Hg.), *Apichatpong Weerasethakul,* Wien: Synema 2009 [FilmmuseumSynemaPublikationen Band 12] • Jonathan Rosenbaum, Astrid Ofner, Claudia Siefen (Red.), *The Unquiet American. Transgressive Comedies from the U.S.,* Wien: Viennale 2009

GÄSTE Apichatpong Weerasethakul, Philip Seymour Hoffman, Nikolaj Burljaev, Vadim Jusov, Jurij Nazarov, Tony Conrad, Gustav Deutsch, David Francis, Joss Marsh, Lis Rhodes, Eve Heller, Harun Farocki, Serge Le Péron, Josef Dabernig, Matti Bye und das Panoptikon Orchestra, Hanna Schimek, Ernst Kopper, Gerda Lampalzer, Johann Lurf, Cecilia Cenciarelli, Kate Guyonvarch, Hans Langsteiner, Christopher May, Stefanie Schulte-Strathaus, Volker Pantenburg, Jon Wengström, Kent Jones, Alain Bergala, Jonathan Rosenbaum u. a.

BERT REBHANDL, *FRANKFURTER ALLGEMEINE ZEITUNG*, 9.10.2003

Ein »unsichtbares Kino« verlangt geradezu nach anderen Medien, die seine Qualitäten veranschaulichen. Es ist also mehr als nur ein glücklicher Zufall, dass das Österreichische Filmmuseum in Wien zur Wiedereröffnung nach einem Umbau von aufmerksamen Besuchern einen »Hörfilm« geschenkt bekam: Das Tondokument *Reihe 13/2* der Musiker Anne Marie Fuerthauer und Martin Stepanik erinnert an die legendäre Holzbestuhlung des ganz in Schwarz gehaltenen Vorführsaals in der Wiener Albertina, deren Klappern niemand vergaß, der dort jemals einen Film gesehen hatte.

Am vergangenen Freitag konnten Besucher bei einem Tag der offenen Tür erstmals die architektonische und technische Überarbeitung der bisher dezidiert spartanisch gehaltenen Räumlichkeiten des Filmmuseums besichtigen. Die bequemeren Sitzreihen stehen pars pro toto für ein weniger asketisches, jedoch nicht minder anspruchsvolles Konzept. [...] Das Foyer wurde von den Architekten Friedrich Mascher und Erich Steinmayr mit einer Bar und einem Shop vorsichtig den Publikumsbedürfnissen angepasst, und der Vorführsaal ist nach der Verlegung störender Notfallsignallichter noch »unsichtbarer« als früher.

Das Hochgefühl eines Richtfests prägte denn auch das gesamte Eröffnungsprogramm, das nachmittags mit einem Ausschnitt aus John Fords Western *My Darling Clementine* (1946) begann. Die Bewohner von Tombstone finden sich vor dem

DES UMBAUS ZWEITER TEIL
2008, fünf Jahre nach Fritz Maschers und Erich Steinmayrs architektonischer Überarbeitung des Kinosaals, des Foyers und der Einrichtung einer Bar konnte das Filmmuseum mit Architektin Gabu Heindl eine weitere Umbaumaßnahme realisieren: Das massive »Bollwerk« der Fassade zum Albertinaplatz wurde an vier Stellen durchbrochen, der Eingangs- und Barbereich erneuert bzw. erweitert und eine neue Durchlässigkeit zwischen Innen und Außen geschaffen.

Showdown noch einmal zusammen. Sie sammeln Geld für die Fertigstellung einer Kirche, deren Glockenturm noch unverkleidet in der Wüstenlandschaft steht. Ford deutet in diesen Szenen eine Zivilgesellschaft an, die im Tanz nicht nur das religiöse Ritual überwindet, sondern auch die Logik der Vergeltung. Der liturgische Raum kann aber auch durchaus als Vorbild für die höchst auratische Wirkung gelten, die das Österreichische Filmmuseum seit seinen Anfängen in den sechziger Jahren für das Material Film anstrebte. […]

Zum Finale setzte Horwath schließlich noch einen kulturgeschichtlichen Akzent: Er zeigte einen Ausschnitt aus Jean-Luc Godards Alberto-Moravia-Verfilmung *Le Mépris* von 1964, in dem Fritz Lang über sein Projekt einer Verfilmung von Homers Odyssee spricht. Hölderlin-Zitate und Aufnahmen antiker Statuen bilden einen Raum für das Kino, den der spätere Godard nur noch um den Preis der radikalen Fragmentierung seines Werks zu durchmessen vermochte. Die Heterogenität des Programms, mit dem das Österreichische Filmmuseum seinen regulären Spielbetrieb wiederaufnahm, hatte einen gegenteiligen Effekt. Es entstand der Eindruck, als käme das Kino hier in einer Weise auf den Begriff, wie dies nur ganz selten gelingt. Mit einer hochinteressanten Retrospektive über das unabhängige japanische Kino der »Art Theatre Guild« aus den Jahren 1962 bis 1984 begann am Samstag auch schon der ereignisreiche Viennale-Oktober. Wien hat wieder eine Kinemathek von Weltrang.

CATHERINE DENEUVE, 2003

Der Film: *Les Demoiselles de Rochefort* (1967) von Jacques Demy. Die Schau: »Singen und Tanzen im Film«. Die Vorstellung am 31. Mai 2003: ausverkauft, ohne dass ein spezielles Highlight angekündigt worden wäre. Der Film war Highlight genug. Das Spezielle ist hier das Normale, oder sollte es sein: das dauerhafte Angebot, großartige Filme unter guten Präsentationsbedingungen so intensiv wie möglich wahrnehmen zu können. Und dann diese Ablenkung, so kurz vor Filmbeginn! Die Besucher trauten ihren Augen kaum, als Catherine Deneuve den Saal betrat. Sie war spontan der Einladung des Filmmuseums gefolgt, den Film einzuführen, in dem sie zum letzten Mal mit ihrer älteren Schwester Françoise Dorléac – vor deren Unfalltod im Sommer '67 – vor der Kamera stand.

Von: NervousKen@
Gesendet: Dienstag, 16. März 2004 00:02
An: a.horwath@filmmuseum.at
Betreff: Re: AW: brief hello back

Thanks, Alex.

We are once again happily depleted; Josh pulled me into a double-header (baseball expression re two separate games on one day), to do the Nervous System Laurel and Hardy and a new Nervous Magic Lantern, this just yesterday. Josh and Jytte and audiences and ourselves greatly pleased but today is two-wet-rags-day for Flo and myself. With boxes of gear below us on different floor levels waiting to come back up. Nothing as bad as return from Rotterdam, when everything was broken down for transport by Flo to bubble-wrapped elemental particles.

I will definitely write Alphons an acknowledgment of debt and remind him, should he need it, my championing his work to the little extent I could, having then been written off myself by Jonas and others as someone who had foolishly misstepped into 3-D. (It took maybe a decade for Jonas to see a performance, it was The Philippines Adventure, and he said afterwards to us if not in print that it was the best thing he'd seen in years.) Is Alphons still calling me »a showman«, as distinct from artist? I'll write, I'll write. Alex the peacemaker.

A favor. Please consider writing something I could place in an ad or on a poster, along with Jim Hoberman's and Richard Foreman's words. On the Nervous work now that you've seen some of it or SSTD. I'm hoping to get Josh's ok to print his first words when we met in Rotterdam: »Star Spangled is fucking great!«

Further favor: if you're in contact with Peter Sellars, who did express great comical appreciation to me (he salaamed, deeply) might he wish to write something? Richard F gave me a secretary's number but says Peter's hard to get hold of.

Poor Chicago turnout last few weekends for first US non-festival screenings is being attributed to fear of the length of SSTD. So one has to conclude MGM was on firm ground in chopping Von Stroheim's masterpiece down to size.

Best, Ken

KEN JACOBS, 2004

In der Ära der E-Mails ändert sich auch die Korrespondenz (und deren Dokumentation) zwischen Kulturinstitutionen und Künstlern. So sie *überhaupt* dokumentiert werden, sind E-Mail-Wechsel meist von anderer Art – kurzatmiger, rudimentärer und oft auch »sprachloser« – als die Briefwechsel früherer Epochen. Stellvertretend für die noch junge E-Ära und die dennoch schon Tausenden E-Mails, die es für das Filmmuseum zu bewahren gälte, sei dieses Schreiben von Ken Jacobs reproduziert – gerade aufgrund seiner ungewöhnlichen »Briefhaftigkeit« und des unnachahmlichen Tonfalls, der den Filmmacher Jacobs in jeder Hinsicht auszeichnet.

Die Kürzel »SSTD« und »Star Spangled« beziehen sich auf sein knapp siebenstündiges Opus magnum *Star Spangled To Death* (1957–2004), das Anfang 2004 im Rahmen des Programms »Ein Fest für Ken Jacobs« erstmals in Österreich gezeigt wurde. Beim Publikumsgespräch hatte sich eine kurze, heftige Kontroverse mit seinem einstigen Weggefährten Alfons Schilling (»Alphons«) ergeben, von dem Jacobs um 1970 sehr viel über Stereoskopie, 3D-Effekte und »Sehmaschinen« gelernt hatte. Mein Versuch, in der Folge an einer Wiederannäherung der beiden mitzuwirken, hatte zumindest den erfreulichen Nebeneffekt, dass ich auf diesem Weg Schillings bedeutendes Werk näher kennenlernen konnte. A. H.

Franz Hammerbacher

Bei laufendem Verfahren

Kinogehen mit Ilse Aichinger

Unlängst in Portugal, auf schmalen Pfaden unterwegs durchs Hinterland, kam ich immer wieder an bemerkenswerten Landkinos vorbei. Die kleine Stadt Mértola in der Provinz Alentejo, zum Beispiel, besitzt mit seiner Pfarrkirche (Igreja Matriz) nicht nur die einzige erhaltene ehemalige Moschee des Landes, sondern mit dem Cine-Teatro »Marques Duque« auch ein Kino, das einst eine Kapelle war. Wie der Standort des denkwürdigen Gebäudes ist auch sein Äußeres unverändert. Seit 1917 ein Lichtspieltheater, verrät die Bauform immer noch den liturgischen Zweck, den der einschiffige Raum jahrhundertelang zuvor erfüllte. So deutet das Cine-Teatro von Mértola aufs Schönste an, dass Kino und Kirchlein, zusammengedacht, die Sache mit der Religion erträglicher machen könnten oder dass daraus vielleicht eine »bessere Gläubigkeit« erwächst.

»Die Kindheit kriegt man übergestülpt wie einen Kübel Wasser, auf dass es an einem herunterrinnt ein Leben lang, mag man die Kleider wechseln, so oft man will«, stellte Heimito von Doderer fest. Nicht nur in unserer Gegend bekommt man mit der Kindheit oft eine Religion übergestülpt, auf dass man auch nach dem Abfall vom Glauben nicht mehr aufhören mag zu beten, nur dann und wann den Tempel wechselt – und beispielsweise Kirche durch Kino ersetzt.

Im grandiosen Alterswerk der Schriftstellerin Ilse Aichinger, beginnend mit *Film und Verhängnis* (2001), treten Kinos an die Stelle von Kirchen. Hölle- wie auch Paradiesvorstellungen verbindet Aichinger mit Kinogehen. »Schon ein einziger schlechter Film reicht aus, an der Vollkommenheit des Schöpfungsplans zu zweifeln«, heißt es da. Noch schlimmer als ein schlechter Film ist: gar kein Kino. Etwa am Karfreitag, an dem es früher vielerorts ein Kinoverbot gab. (Das »Gesetz über die Vorführung von Laufbildern« sah einen verpflichtenden Schließtag für Kinos am Karfreitag vor.) Aichinger: »Kein Kino. ›Nur‹ an einem Tag im Jahr, aber damals erinnerte er mich an die Darstellungen des Jüngsten Gerichts, an die Gruppe zur Linken Gottes. Dort gab es kein Kino, die Hölle war offen.«

Zu Ilse Aichingers Wiener Kinotempel zählten zu unterschiedlichen Zeiten verschiedene Häuser, in frühen Jahren das Fasankino, später vor allem das Metro- und das Imperialkino. Das Österreichische Filmmuseum punktete beim Programm, »wenn man dort auch täglich mit Recht auf gewisse Kasteiungen gefasst sein muss«. Das Haus war berüchtigt für sein Mobiliar mit dem Flair einer Volkshochschule. Das lange Zeit geltende Paradigma, wonach Kunst »unbequem« zu sein habe, wurde da sehr wörtlich genommen. Der Zuschauer hatte eine Sitzleistung zu erbringen. Ausdauer war gefordert. So kam es, dass der empfundene Sitzkomfort bei der Vorführung als ein Gradmesser für die Qualität des Films herhalten konnte. Überzeugende Filme waren solche, die die harte Bestuhlung vergessen ließen, missratene Filme hingegen waren spürbar unbequem.

»Bis zum Jüngsten Tag wird dort niemand die Sitze verändern«, wetterte Aichinger in ihrem *Journal des Verschwindens*. Das war 2001, ein Jahr, bevor Alexander Horwath die Direktion des Hauses übernahm und das Jüngste Gericht einleitete, indem er die Bestuhlung ändern ließ.

Ilse Aichinger, 2006

~

Seither kann man im Österreichischen Filmmuseum täglich dem laufenden Verfahren im »unsichtbaren Kino«, wie der Eingang zum Saal überschrieben ist, beiwohnen. Am Jüngsten Tag ist die Linearität von Zeit aufgehoben, alles ist jetzt. Höchste Gegenwart. Daher auch: kein Museum im herkömmlichen Sinn, keine Ausstellung von Vergangenem, sondern cineastische Verhandlung offener Fragen.

Kinogehen in Zeiten des Jüngsten Gerichts. Ich tat dies eine schöne lange Weile an der Seite von Ilse Aichinger, Abend für Abend ein kultischer Akt. (»Behind the ritual you'll find the spiritual«, murmelt Van Morrison auf dem Album *Keep It Simple*.) Kinogehen hieß von nun an meist Filmmuseumgehen. Nicht der Film wurde gewählt, sondern das Kino. Geschaut wurde, was auf die Leinwand kam. Wir waren aufs Filmmuseum abonniert, durch ein Generalabo, das niemand buchen kann. Abovorführung war jeden Tag, und zwar mehrfach, denn oft schauten wir mehr als nur einen Film – bis zu vier hintereinander, auch gegen den ursprünglichen Plan. Aber wer möchte, nachdem er Renoirs *La Chienne* gesehen hat, das anschließend gezeigte *Scarlet Street*, ein Remake von Fritz Lang, verpassen? Das Glück, das uns Retrospektiven gewähren, ist doch gerade die Zusammenschau, und seien es indische Produktionen mit schwedischen Untertiteln. Das Abendessen danach, in einem Café, dessen Küche um 23.30 Uhr schließt, wurde nötigenfalls telefonisch bestellt, unmittelbar nach Verlassen des Kinos. Vorzeitig aus dem Film zu gehen, kam nicht in Frage.

Die Verhandlung im Österreichischen Filmmuseum dauert an.

Ohne Kino: der Hölle ausgesetzt. Im Kino: gerettet sein bis zur nächsten Vorstellung. »Is there any way to win?«, fragt Jane Greer in *Out of the Past*; darauf sagt Robert Mitchum: »There's a way to lose more slowly.«

Bert Rebhandl

Fundstücke in der Asche der Zeit

Das Österreichische Filmmuseum zeigt hundert andere Klassiker

2004

Ein blinder Schwertkämpfer hat einen Traum: Einmal noch möchte er an den Ort zurückkehren, an dem er in seiner Kindheit die Pfirsichblüte gesehen hat. Vorher muss er noch mit ein paar Pferdedieben zurechtkommen, dann aber kann er diese Reise antreten, die sich in Wong Kar-wais *Ashes of Time* als Irrfahrt aus dem Geiste Prousts erweist: Denn das Bild der Erinnerung hat mit der Wirklichkeit nur wenig gemein. Als Bewusstseinstatsache aber hält es einen Film zusammen, der zwischen chinesischen Sprachbildern und den Konventionen des Genrekinos einen Zusammenhang schafft, wie es ihn im asiatischen Kino noch nie gegeben hat. *Ashes of Time* ist High Camp, aber eben auch hochmodernes Reflexionskino. In den neunziger Jahren lief der Film in einer Vorstellung bei den Filmfestspielen in Venedig. Danach verschwand er, wurde umgeschnitten, kam in Frankreich auf DVD heraus, blieb aber weitgehend ein Gerücht.

Häufig ist die Mythologie dem Kino voraus, manchmal ist die Filmgeschichte selbst der Mythos, der auf die falsche Fährte führt. *Ashes of Time* ist einer von hundert »Vorschlägen«, die das Österreichische Filmmuseum im September zu dem Begriff »Die Utopie Film« macht. Natürlich geht es um einen Kanon, aber mehr noch geht es darum, eine Basis zu errichten, auf der die bürgerliche Erbaulichkeit einer Liste der »besten Filme« ruhen kann. Diese Basis ist historisch (das »extreme« 20. Jahrhundert), geographisch (in einer Globalisierung *avant la lettre*) und kinematographisch (durch Formen und Techniken) bestimmt.

Eine Verwechslungskomödie im Iran fasst alle diese Prozesse zusammen: Der Arbeitslose Ali Sabzian wird im Bus von einer Frau angesprochen. Sie hält ihn für Mohsen Makhmalbaf, den großen Filmemacher. Ali ergreift die Gelegenheit, er geht mit in das Haus der wohlhabenden Leute, lernt die Familie kennen und tut so, als würde er Dreharbeiten vorbereiten. Der Schwindel fliegt auf, es kommt zu einem Prozess, am Ende trifft Ali Sabzian den echten Mohsen Makhmalbaf, um sich zu entschuldigen. Abbas Kiarostamis Film *Namaye nazdik (Close Up)* aus dem Jahr 1990 endet »im richtigen Leben«, in einem Moment, in dem die Unterscheidungen wiederhergestellt sind, die für eine Weile aufgehoben waren. Er endet aber auch »im Kino«, das im Iran gerade deswegen einen so wichtigen Stellenwert hat, weil die Gesellschaft nicht frei ist. Das Kino ist eine Alternative, ein anderer Ort, eine Verbindung zur Welt (auch ökonomisch), es ist das Gegenteil von Überwachung.

In einem völlig anderen Kontext handelt

Raoul Walsh von den gleichen Fragen: Sein Pionierwestern *The Big Trail*, der in der restaurierten Breitwandfassung des Museum of Modern Art New York gezeigt wurde, blickt von 1930 – als gerade der Tonfilm erfunden war – auf 1880, als die Siedler die letzten unberührten Orte in Nordamerika erreichten. Sie brachen von Mississippi auf, in ihren Planwagen, die von Rindern gezogen wurden. Der ganz junge John Wayne spielt, in einem hellen Trappergewand abgehoben von den wettergegerbten älteren Männern, die den meisten Familien vorstehen, einen Fährtensucher und Waldgänger, der mit den Indianern verhandelt und einen hinterhältigen Nebenbuhler bis in den Schneesturm verfolgt. Walsh verwendete dazu ein damals neues Breitwandformat und brach aus den Beschränkungen des Studios aus in die freie Natur. Seine Bilder sind von überwältigender Schärfentiefe, sie erinnern an die visuellen Erfahrungen der Zeit vor dem Kino, an die Panoramen und die stereoskopischen Apparate. Das ist inzwischen mehrfach Geschichte geworden, denn das technische Format ist überholt, und die Erfahrung der Landnahme ist nicht mehr das prägende Paradigma für Amerikas Selbstverständnis.

Walshs Film ist bei jenem Begriff der Utopie angelangt, den das Österreichische Filmmuseum vorschlägt: kein Ideal außerhalb der Geschichte, sondern ein Ort der Verknüpfung, eines Zusammenhangs von Raum, Zeit, Technik, Vision. Die hundert Vorschläge weichen deswegen häufig ab von den geläufigen Verdichtungen, so läuft von Fassbinder nicht *Die Ehe der Maria Braun*, sondern *Angst vor der Angst*, mit Margit Carstensen als Hysterikerin – es ist vielleicht der unbekannteste von seinen Frauenfilmen. Die eheliche Wohnung ist ein Gefängnis, der Mann ist ganz seinen kleinbürgerlichen Aufstiegshoffnungen hingegeben, die Schwiegermutter predigt die gesunde Ernährung der Nachkriegsjahre, und der schmierige Apotheker hofft auf den sexuellen Profit aus der Neurose der Frau. Fassbinder inszenierte diesen Fernsehfilm 1975 für den WDR als eine Geistergeschichte, als eine Anti-*Lindenstraße* lange vor den Daily Soaps, und Peer Raben hat einen seiner besten Soundtracks dazu geschrieben.

Ähnliche Ersetzungen von Hauptwerken durch auf den ersten Blick periphere Arbeiten finden sich im Programm der »Utopie Film« immer wieder. Von John Ford läuft nicht *The Searchers* oder *Der Mann, der Liberty Valance erschoss*, sondern *Young Mr. Lincoln* (1939), der weidlich umstrittene Versuch einer Grundlegung amerikanischer Exekutive. Von Quentin Tarantino läuft *Jackie Brown*, sein am ehesten »realistischer« Film, nach dessen Misserfolg er in das Gefängnis der Referenzen zurückkehren musste. Die Wiederkehr des Verdrängten findet bei Fassbinder in einem Kammerspiel, im Programm der »Utopie Film« aber auch zwischen den individuellen Werken statt: *The Exiles* von Kent MacKenzie, ein *film retrouvé*, zeigt die Nachfahren amerikanischer Ureinwohner in Bunker Hill, einem Viertel von Los Angeles, das wie ein Rückzugsgebiet wirkt, das nicht mehr lange zu halten sein wird.

Die Beziehung der »100 Vorschläge« zueinander ist nicht nur eine der Ergänzung, der Bereicherung, sondern auch der impliziten Kritik: *Touki Bouki* (1973) von Djibril Diop Mambéty handelt aus der Perspektive des Senegal von Paris und entwirft mit seinen Farben, seinen Brücken, seinen kühnen Protagonisten eine afrikanische »Neue Welle«, die das französische Subventionskino danach gründlich entschärft hat. Polen, Brasilien, Jugoslawien, Argentinien, Dänemark, Iran, Schweiz – das sind Stationen der »Utopie Film«, die im Einflussbereich, aber nicht unter der Hegemonie der Großmächte Japan, Russland, Frankreich, Indien liegen. Die komplizierte Nationalgeschichte Chinas wird von Hou Hsiao-hsiens *Stadt der Traurigkeit* (1989) erschlossen und betrauert zugleich, sie wird in Corey Yuens Hongkong-Hit *Fong sai yuk* (1993) aber auch wieder zur Sache des Volkes.

Das Ende der Weimarer Republik wird in Werner Hochbaums *Morgen beginnt das Leben* (1933) vorweggenommen, einem Film von albtraumhafter Klarheit, dessen Stelle in einem orthodoxen Kanon von Fritz Langs *M* felsenfest besetzt ist. Die »Utopie Film« funktioniert nach einem Prinzip der Verschiebung: Der Blick auf ein Detail erhellt auch das zentrale Faktum. Deswegen ist dies nicht so sehr ein Programm ohne Ozu, ohne Bresson, ohne Tarkovskij, ohne Welles, sondern eine Auswahl, in der die Klassiker latent sind und die signifikanten Entstellungen manifest werden dürfen. Die »Utopie Film« beendet nicht die Arbeit der Analyse am filmischen Material, sondern dokumentiert eine Sitzung daraus – schon die nächsten hundert Vorschläge würden anders aussehen. In einem Filmmuseum, das seine Identität noch vor wenigen Jahren in einem »Zyklischen Programm« gesucht hatte, ist dies eine deutliche Neuausrichtung – auf einen Begriff von Filmgeschichte, der komplex und anschaulich, metaphorisch und konkret zugleich ist. Wie die Pfirsichblüte, von der man schwören könnte, sie am Ende doch noch gesehen zu haben.

Erstveröffentlichung:
Bert Rebhandl, »Fundstücke in der Asche der Zeit«,
Frankfurter Allgemeine Zeitung, *16.9.2004*

CHRISTIAN PETZOLD, 2002
WAKAMATSU KOJI, KUZUI KINSHIRŌ, 2003
JEAN-PIERRE DARDENNE, BENOÎT DERVAUX, LUC DARDENNE, 2005
ROBERT NELSON, 2006
RICHARD LINKLATER, 2007 (mit seinen Eltern)

FREDERICK WISEMAN, 2005
Schon 1975 und '79 zeigte das Filmmuseum sämtliche Filme, die Frederick Wiseman bis dahin signiert hatte. Im Februar 2005 waren es nochmal 20 mehr geworden: Die Retrospektive inklusive einiger Wiseman-Lectures in Wien wurde durch einen besonderen Programmpunkt gekrönt – die Weltpremiere seines neuesten Films *The Garden*. Allein: es kam nicht dazu. Wenige Tage vor der Vorstellung wurde Wiseman mit einer Klage des Madison Square Garden konfrontiert: Die Manager des New Yorker Sport- und Entertainment-Centers, das im Film porträtiert wird, konnten die Aufführung gerichtlich verhindern – bis heute. *The Garden* ist der »unsichtbare Film« in Wisemans Œuvre. Der folgende Text von Michael Omasta, der den Film in der Vorbereitungsphase der Schau sehen konnte, schreibt – so wie Franz Manolas Leone-Report auf Seite 204 – an einer Filmgeschichte mit, die auch aus den nicht gemachten und nicht gesehenen Filmen besteht.

Michael Omasta

Frederick Wiseman und *The Garden*

2005

Durch die Straßen von New York trabt eine Elefantenherde. Sie kommt aus dem Tunnel, legt einen Zwischenstopp zum Fototermin mit Bürgermeister Giuliani ein. Dann zieht der Tross weiter durch Uptown Manhattan, das Ziel: der Madison Square Garden.

The Garden, die neue Arbeit von Frederick Wiseman, beginnt wie ein Film von Fellini. Dann freilich ist's mit dem Spektakel auch schon wieder vorbei. Es bildet nur den Hintergrund dessen, was den US-Dokumentaristen an diesem Ort interessiert. Nicht so sehr der Mythos, sondern der Alltag dieser Institution: wie und warum sie funktioniert – die Logistik, das Management und die Mitarbeiter, nicht zuletzt auch das Publikum. Wohl kein anderer Filmemacher hätte den Verlockungen des Archivmaterials widerstehen können. Schon immer wurde im Garden auch Geschichte gemacht. Anno 1936 schlug Max Schmeling hier Joe Louis k. o., und letzten Herbst brach George Bush von hier aus erneut zum Siegeszug ins Weiße Haus auf. Wiseman misstraut historischen Aufnahmen, weil sie ihm den Blick ja doch nur verstellen würden, und dreht seit jeher alles selbst. Das kann, wie im aktuellen Fall, vier, fünf Jahre oder länger dauern.

Frederick Wiseman, 1930 in Boston geboren und studierter Jurist, kommt aus der Tradition des *direct cinema*, jener distanzierten, kommentarlosen Form der Reportage, die in den Sechzigern den amerikanischen Dokumentarfilm revolutionierte. Doch während deren »Erfinder« – Don A. Pennebaker, Richard Leacock, Robert Drew, Albert und David Maysles – nach ersten Erfolgen rasch dem Starkult der journalistischen Aktualität aufsaßen und sich auf Celebrities à la Bob Dylan, die Kennedys oder die Rolling Stones kaprizierten, trat Wiseman gleichsam zum Marsch durch die Institutionen an.

Bis heute gehen 35 Filme auf sein Konto. Angefangen mit *Titicut Follies* (1967), einem Film über ein Staatsgefängnis für Verrückte in Massachusetts (der wegen seiner »Verletzung der Privatsphäre der Wärter« sogleich verboten und in seinem Entstehungsland erst 25 Jahre später wieder zur Aufführung freigegeben wurde), ist seither eine schlicht einzigartige »Bildenzyklopädie« über staatliche Einrichtungen in den Vereinigten Staaten, »das Missverhältnis zwischen Theorie und Praxis ihrer Demokratie«, entstanden. Es sind, wie die Filmkritikerin Frieda Grafe in aller Kürze bemerkt hat, »Dokumente totaler Überforderung«.

Geduld und Beharrlichkeit sind Wisemans überragende Qualitäten, und beide verlangt er auch seinem Publikum zunehmend ab. Dass seine Filme, tendenziell, immer länger werden, hat mit seiner Abneigung gegen Schwarz-Weiß-Malerei und berechtigten Skepsis gegen Begriffe wie »Wirklichkeit« oder gar »Wahrheit« zu tun. Er ist Filmemacher, kein Prediger. Dialektik braucht Zeit, vor allem, wenn sie mehr als nur Theorie, nicht Konstrukt, sondern Kunst sein will. In den frühen Filmen, etwa *High School* (1968), wird diese Arbeitsweise zuweilen noch sehr deutlich. Die erste Szene präsentiert den Ort der Handlung, eine High School in Philadelphia, allerdings von rückwärts, vom dahinter gelegenen Parkplatz aus; die Schule ist als solche nicht zu erkennen, sondern schaut wie eine x-beliebige Fabrik aus. In der letzten Szene verliest der Direktor den Brief eines ehemaligen Schülers, der aus Vietnam schreibt: Er sei nur mehr »a body doing bis job«, und sollte er fallen, vermache er alles dieser Schule, die ihn so gut dafür ausgebildet habe.

Von der scharfen Polemik zur differenzierten Beobachtung hat Wiseman mit den Jahren seine gestalterischen Mittel immer weiter verfeinert. Dreistünder sind keine Seltenheit. *High School II* (1994), ein Film über eine Schule in Spanish Harlem, wirkt wie eine (selbst-)kritische Rundschau auf die frühere Arbeit. Sein längster, vielleicht auch schwierigster Film, *Near Death* (1989), schildert 348 Minuten lang die alltäglichen Geschehnisse auf der Intensivpflegestation eines Bostoner Krankenhauses.

The Garden zählt zu Wisemans kulinarischsten, sozusagen »offensten« Filmen: auf Chronologie hat der Filmemacher schon immer gern verzichtet, aber hier befreit er sich zudem auch noch weitgehend von jeder Dramaturgie. Er filmt bei Eishockeyspielen, Berufsmessen, Katzenschauen, Basketballturnieren, dem Treffen der Kaffeeröster, einem Konzert von Puff Daddy, wobei sich der Blick der Kamera mit schöner Regelmäßigkeit sehr bald von der Bühne abwendet und stattdessen lieber die bunten Scheinwerfer, das enthusiastische Publikum und die ausrückenden Putzbrigaden zeigt. Die skurrilste Veranstaltung, deren Zeuge der Film wird, ist eine Massentaufe, bei der erwachsene Leute nacheinander in einer überdimensionierten Badewanne gedümpelt werden.

Aber so wie Madison Square Garden nicht nur irgendeine Veranstaltungshalle ist, so ist *The Garden* auch und vor allem ein Film über New York und seine Menschen. Das erste und das letzte Bild zeigen die Skyline in der Dämmerung. Über die bedrohlich tief hängenden Wolken ragen im Schlussbild noch die zwei Türme des World Trade Center hinaus.

Erstveröffentlichung: Michael Omasta, »Kein Kommentar. Das Filmmuseum zeigt das umfangreiche Gesamtwerk des amerikanischen Dokumentarfilmers Frederick Wiseman«, Falter, *11. 2. 2005*

Ingeborg Strobl

Auf dem roten Teppich stehen (5. Reihe Mitte)

So fängt es an:
Draußen vielleicht Flanierende, Touristenbusse, auf der gegenüberliegenden Straßenseite Fiakerpferde – und dann durch die hohe schwere Glastür hinein in eine andere, gerechtere Welt. Gleich nach rechts zum Kartenverkauf, nicht mehr die einst vertrauten, schmalen, farbigen Kinokarten aus den Heften, für jede Vorstellung ein anderes, jede Seite im Heft eine Sitzplatzreihe. Freie Platzwahl und Computerausdrucke nowadays, bitteschön, wir haben uns daran gewöhnt. Fast immer wesentlich zu früh, in der schwarzen Wandnische, die dem Eingang zum Kinosaal am nächsten ist, eventuell noch ein freier Sitzplatz. Zwei vertraute Personen können dort leicht nebeneinander sein; einzeln sitzende Unbekannte zu fragen, zu bitten, ist schwierig, kostet Überwindung und wird teils mit Widerwillen, mit Entrüstung sogar, teils mit freundlichem Zur-Seite-Rücken beantwortet. In diesem hohen Vorraum, sozusagen dem Entrée des Filmmuseums (das sich unter die mächtige, darüber lastende Institution Albertina duckt, darunter geschoben ist, sich jedenfalls nicht wie ein Pilotfisch an den Bauch des mächtigen Tankers freundschaftlich anschmiegt), prangte vor der Tür, dem Tor zum Kinosaal – dem eigentlichen Herz und Zentrum dieser wunderbaren Institution – die Anmutung eines roten Teppichs, nicht besonders rot, eher stumpf graurot, abgenutzt rot, als langgestreckte Fläche in den Steinboden versenkt, damit niemand darüber stolpern kann, neuerdings leider stattdessen ein seltsam fahles, weinrotes, glänzend versiegeltes und pflegeleichteres Zitat dieses Teppichs. Darauf stehen wir, die einen besonderen Sitzplatz im Saal wollen, die auch deswegen früh gekommen sind. Wir warten auf den Klingelton: Einlass! Ist der Klingelton verhallt und der rechte Flügel der äußeren Doppeltür zum Saal vollständig geöffnet (die innere der beiden Flügeltüren ist links offen, wir werden also ins Allerheiligste kurven), rückt die Menge enger zusammen, und es wird strategisch geschickt oder weniger geschickt gedrängelt, hin zum Billeteur. Ist die Menge vor dem Eingang groß, dann kann das durchaus atemberaubend werden. Sind wir nur wenige (vielleicht steht ein besonders interessantes, obskures, unbekanntes, sogenanntes kleines Werk auf dem Programm), dann sind wir davor gelassen und im Inneren trotzdem rasch bei unserem bevorzugten Sitzplatz; immer das Zählen der Reihen, eins zwei drei vier fünf, die Mitte der Reihe muss nicht durch Zählen ermittelt werden, das funktioniert bestens nach optischen Kriterien. Im Laufe der Zeit wurde die fünfte Reihe begehrter, verständlicherweise.

Willi Schmid schreibt mir am 3. September 2003: *Stimmt, ich bin immer in der 7. Reihe gesessen, meistens in der Mitte – Mitte/Mitte also. Am Rand bin ich nur gesessen, wenn die Mitte schon besetzt war. Irgendwann habe ich dann meine Meinung geändert und wollte näher zur Leinwand. Deshalb sitze ich jetzt meistens in der 5. Reihe. Die 3. Reihe wäre mir dann schon wieder zu nahe an der Leinwand. Für mich kommen vorzugsweise Reihen mit ungerader Nummerierung in Frage. Der Grund dafür ist, dass in diesen Reihen die Sitze im Vergleich zu den jeweiligen Vorderreihen versetzt angeordnet sind. Das erlaubt mir tiefer in den Sessel zu sinken, den Kopf an der Lehne abzustützen – und meine Knie finden genau zwischen den Sitzlehnen der Vorderreihe Platz.*

~

Das gedämpfte Licht, das dumpfe Schwarz, die Geborgenheit. Sich im Sitz, in der Sitzschale zurechtrücken, die nicht zu helle leere Leinwand vor Augen, dieses immer großartig schöne Rechteck, schon für das Format der kommenden Projektion dimensioniert (gelegentlich: Oh! Breitwand!). Zur Ruhe kommen, ankommen, mit Vorfreude warten und an nichts denken (wenn das möglich wäre). Es wird dunkel, es wird still im Saal.

ZUM BEISPIEL AUF DER LEINWAND

3. Juni 2013, *Housekeeping*, 1987, Bill Forsyth (The Real Eighties. Amerikanisches Kino 1980–89)
8. Mai 2013, *...All the Marbles*, 1981, Robert Aldrich (The Real Eighties. Amerikanisches Kino 1980–89)
20. Februar 2013, *A Taste of Honey*, 1961, Tony Richardson (England's Dreaming. Das britische Kino der 60er Jahre)
22. März 2012, *Soy Cuba*, 1964, Michail Kalatozov (Tauwetter. Aufbrüche im sowjetischen Kino 1957–67)
14. Februar 2011, *Vynález zkázy*, 1958, Karel Zeman (Science:Fiction. Eine Geschichte der Zukunft)
10. September 2010, *Gone in 60 Seconds*, 1974, H. B. Halicki (Autokino. Road | Movie: 1940 bis 1976)
15. April 2010, *Opfergang*, 1944, Veit Harlan (Filmfarben)
9. Jänner 2009, *The Magic Carpet: Imaginäre Reisen mit der Laterna Magica*. Am Klavier Gerhard Gruber
18. November 2009, *Talladega Nights: The Ballad of Ricky Bobby*, 2006, Adam McKay (Premiere)
5. Februar 2006, *The Naked Kiss*, 1964, Samuel Fuller (Samuel Fuller. Das Gesamtwerk)

7. Februar 2005, *Aljonka*, 1961, Boris Barnet (Boris Barnet. Die Abenteuer des Kinopoeten B. B. im Land der Bolschewiken)
5. November 2003, *Gone to Earth*, 1950, Michael Powell, Emeric Pressburger (Michael Powell & Emeric Pressburger)

ZUM BEISPIEL VOR DER LEINWAND
Claire Denis, Frederick Wiseman, Philip Seymour Hoffman, Joe Dante

~

Es war in den Fünfzigern in Schladming, einer damals noch unaufgeregten Kleinstadt, im Klangfilmtheater – errichtet 1935, lange Zeit von der Familie Hans Deubler betrieben, letzte Vorstellung am 30. Dezember 2011: *Der gestiefelte Kater*, 2011, Chris Miller (3D, DreamWorks Animation, in analoger Kopie). Als Volksschulkind der erste Kinobesuch, das Erleben, das Durchleben meines ersten Films in den hinteren Reihen eines mit Schulkindern vollbesetzten Saals, wahrscheinlich eine Vorstellung am Vormittag.

Ein ungeheuerliches Drama, ein aufwühlender Schrecken, Weinkrämpfe von Beginn an, das Unerträgliche des Schiffsuntergangs begleitet von tosend peitschenden Musikkaskaden hatte mich vollkommen ergriffen, das Gemüt aufgelöst, dieser Zustand konnte bis zum Ende nicht unter Kontrolle gebracht werden. In meiner Erinnerung ist der Film schwarzweiß, die höchstwahrscheinlich farbige Projektion konnten die von Tränen getrübten Kinderaugen wohl nicht mehr in voller Pracht zur Kenntnis nehmen.

Schladming, 10. August 2013

Robinson Crusoe, 1952/54, Luis Buñuel (deutsche Fassung)

Und wieder am 24. Februar 2008 im Filmmuseum in englisch-spanischer Originalfassung (Luis Buñuel. Das Gesamtwerk Teil 1)

Ebenfalls Ende der Fünfzigerjahre in Deutsch Schützen im Burgenland, am Eisernen Vorhang, nahe an der mit Stacheldraht und Minen bewehrten Grenze zu Ungarn. Staubige Lehmstraßen im 600-Einwohner-Dorf, von Kühen gezogene Leiterwägen, Scharen von Gänsen in den Wassergräben. Und – ein Kino! Der leicht abschüssige Saal, in der Erinnerung Reihen einzeln aufgestellter hölzerner Klappsessel, die bunten oder doch schwarzen Vorhänge vor den großen Fenstern zum Hof zugezogen, dämmrige Sonntagnachmittagsstimmung (Filmbeginn um 3 Uhr). Vorstellungen nur Samstag und Sonntag, an den Abenden für die Erwachsenen. Der Betrieb wurde Anfang der Sechzigerjahre eingestellt, der ungenützte Saal samt Bestuhlung soll noch heute vorhanden sein.

Eine Ansammlung dahinsiechender, dahinkriechender Leprakranker in einem unterirdischen Gewölbe ist unvergessen, wieder blankes Entsetzen, blankes Grauen und fassungsloses Mitleid mit den schrecklichen Kreaturen – sie haben mich lange verfolgt.

Der Tiger von Eschnapur, 1959, Fritz Lang

Das indische Grabmal, 1959, Fritz Lang

Und wieder am 17. November und 18. November 2012 im Filmmuseum (Fritz Lang. Das Gesamtwerk)

Diese Selbstvergessenheit, bei der Sache, im Film, im Kino sein, sich einer Illusion bedingungslos ausliefern, ist mir auch heute noch gegeben. Das heißt manchmal, verheult am Ende einer Vorstellung, einer Projektion, zu hoffen, dass der Nachspann sehr lang sein möge, um diesen meinen einzigen Tempel der Schönheit und Wahrheit, des Wissens und der Emotion möglichst gefasst – flankiert von den Flügeln der nun vollständig geöffneten Saaltüren – verlassen zu können.

NACHTRAG

Vorschlag für ein Schwerpunktprogramm *Tiere im Film* (das Filmmuseum wird einen besseren Titel finden). *Harvey*, 1950, Henry Koster (Originalfassung!)

CLAIRE DENIS, 2005

Es war Anfang Mai und bitterkalt, aber egal. In Paris hatten sie sie wegen Verspätung fast nicht mehr ins Flugzeug gelassen, egal. Der Ganztagsausflug in den verlassenen Prater ließ die angekündigte Wiener Frühlingsstimmung so fern erscheinen, dass es zum Lachen war. Der forsche Präriewind passte aber zu den Erzählungen vom amerikanischen Westen, aus der Zeit, als Claire Denis noch anderen Regisseuren assistierte, z. B. bei *Paris, Texas*. Das Café Mozart, während drin die Filme liefen, war das Gegenteil gemütlicher Wiener Gasthauskultur. Auch dies: egal, denn der Besuch von Claire Denis, der, wie es heißt, »schwierigsten« unter den zeitgenössischen Meisterinnen des Kinos, war vielleicht der eindrücklichste, ernsthafteste, konzentrierteste während meiner bisherigen Tätigkeit.
Die Retrospektive wurde begleitet vom ersten Buch in der gemeinsamen Reihe von Synema und Filmmuseum. A. H.

AGNÈS VARDA, 2006

In diesem Jahr widmeten das Filmmuseum und die Viennale ihre gemeinsame Retrospektive den Filmen einer Regisseurin und eines Regisseurs, die auch eine gemeinsame Familie begründet hatten: Jacques Demy (1931–1990) und Agnès Varda. Peter Konlechner und Peter Kubelka hatten Vardas Arbeiten schon vor der Filmmuseum-Gründung sehr geschätzt. Bei der Internationalen Kurzfilmwoche, die Konlechner im Herbst 1962 an der TU veranstaltete, gewann ihr Film *L'Opéra-mouffe* einen Hauptpreis. 2006 kam Varda (Bildmitte) mit ihren ebenfalls filmschaffenden Kindern nach Wien: Mathieu Demy (links) und Rosalie Varda (rechts). Im Gästebuch des Filmmuseums bildeten sie sich in identer Konstellation ab, und Mathieu Demy zeichnete einen »Demy-Varda Family Tree«.

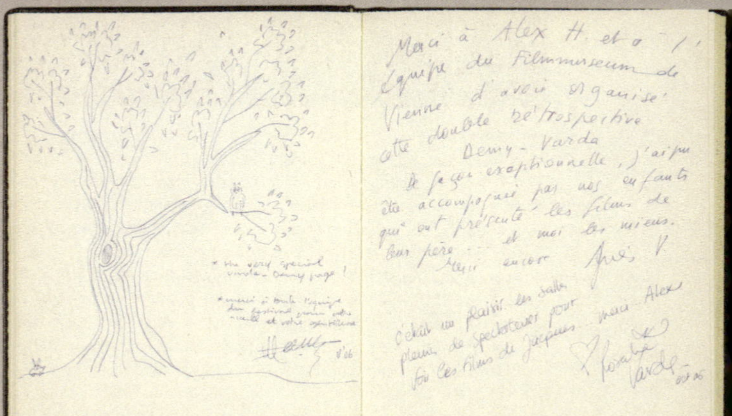

NIKOLAJ BURLJAEV, 2009 Vor dem Plakat, das ihn 47 Jahre früher zeigt: als »Iwan« in Andrej Tarkovskijs *Iwans Kindheit*. Links: Tarkovskijs Kameramann Vadim Jusov, rechts: Darsteller Jurij Nazarov (*Andrej Rublev, Zerkalo*)

NATAL'JA BONDARČUK, 2011
Einführung zu ihrer Arbeit mit Tarkovskij, als »Hari« in *Soljaris*

PHILIP SEYMOUR HOFFMAN, 2009
Nach dem Gespräch über *Synecdoche, New York* (ganz oben)

Fritz Göttler

Höllisch, erhebend

Vertovs Filmpoem »Ėntuziazm« auf DVD

2006

Das Medium liefert seine eigene Message. DVD bedeutet die totale Konfusion. Was auf den silbernen Scheiben inzwischen geboten wird – der Film in diversen Sprachen, Kapitelabruf, Regisseurskommentare, Drehberichte, Trailer etc. –, lässt auch beim besten Rezipientenwillen eine ordentliche Sichtung nicht mehr zu. Mit DVD kommen Filme in geballter Ladung, mit einer neuen Dynamik – die auch die alten Filme, aus der ersten Hälfte des vorigen Jahrhunderts erfasst.

Mit *Ėntuziazm* aus dem Jahr 1930, Dziga Vertovs legendärem Tonfilmgedicht vom Fünfjahresplan in der Stahlindustrie im Donbass-Becken, beginnt die DVD-*Edition Filmmuseum*, in der europäische Filminstitutionen Prachtstücke aus ihrem Archiv auf DVD präsentieren wollen. Beteiligt sind die Cinémathèque Municipale in Luxemburg, das Deutsche Filmmuseum in Frankfurt, das Filmmuseum München und das Filmmuseum Düsseldorf, das Goethe-Institut und das Österreichische Filmmuseum. Eben dieses hat auch die erste DVD betreut, als nächstes sind Filme von Curt Goetz und Stroheims *Blind Husbands* geplant, in Vorbereitung sind – eine wirklich schöne kreative Konfusion – Sachen von Achternbusch, Costard, Dieterle, Veit Harlan, Manfred Noa, Niklaus Schilling und Orson Welles.

Kein Cineast, ein Kinohandwerker, so hat Vertov sich selbst verstanden – Jean-Luc Godard hat das aufgegriffen, als er sich Ende der Sechziger mit ein paar Filmgenossen zur Groupe Dziga Vertov zusammenschloss. Nicht die Promis Eisenstein und Pudowkin, sondern der junge Wilde der Kinoki-Bewegung, der mit seinem *Mann mit der Kamera* 1929 Filmgeschichte geschrieben hatte.

Ein Jahr später war der Traum von der großen Zukunft des Filmemachers schon vorbei. *Ėntuziazm* ist ein großer *film maudit*. Die Diagnose des Regisseurs: »Ein Film verstümmelt in der Schlacht, in Stücke gerissen, heiser geworden, bedeckt mit Wunden.« 3000 Meter waren geplant gewesen, gerade mal 1800 kamen zustande. Der Film beginnt ein wenig langsam mit Ausschreitungen gegen und Demontage in den Kirchen. Dann aber wird es furios, die Sinfonie der Kohlehalden und Stahlwerke beginnt, Körper und Maschinen geraten in Exaltation, und das ist höllisch wie erhebend. Ein Inferno, das keinen Platz hatte im jungen sozialistischen Staat. Keine Spur von wahrem Enthusiasmus, monierten Kritiker und Arbeiter, die sich zum Film äußerten – das heißt vor allem, es gibt niemanden in der Ekstase dieses Films, der die Richtung angibt: die Partei, die Gewerkschaften, die Arbeiter, die sich freiwillig übers Soll

Eine kleine Auswahl von DVD-Publikationen des Österreichischen Filmmuseums

hinaus verpflichten. Ein Film ohne Orientierung, das ist das Schlimmste, was einem sozialistischen Filmemacher vorgeworfen werden kann. In einem wilden Brief vom Dezember 1930 schrieb Vertov dagegen: »Ich weigere mich, wie diese Romanschreiber oder Pseudoschreiber zu werden, die den Donbass feiern, aber sich abwenden und ihre feinen Nasen, Augen und Ohren verschließen. Ich liebe die Klänge des Donbass, und ich schrieb den Film mit den Stimmen der Maschinen, den Stimmen der Arbeiter, und den Stimmen der Radiomeldungen. Sollen die Romanschoßhunde und die schoßhündischen Kritiker sich doch in Schrecken verziehen …«

Von allen Filmmuseen der Welt ist im österreichischen am stärksten jener Handwerksgeist bewahrt geblieben, der den Umgang mit der Filmgeschichte im vorigen Jahrhundert bestimmte. Man kann das in dieser Edition in einem Beitrag sehen, wo Peter Kubelka, der einstige Museumsdirektor, am Schneidetisch sitzt und uns erzählt, wie er dem Film von Vertov die Synchronität von Bild und Ton wiedergegeben hat. Das ist noch einmal lebendige Filmgeschichte, hat mit dem zackigen Restaurationsfurioso, wie er heute üblich ist, nichts zu tun.

Der Film ist auch heute noch mitreißend, aber natürlich war Vertov kein Naiver, der die Wirklichkeit ganz unmittelbar mit seinen technischen Apparaten auf die Leinwand holen wollte. Die Wirklichkeit, das war für ihn der Rhythmus, die Bewegung, die Action und ihre Musik. Und der Mensch war dabei nicht unbedingt das wichtigste Element. *Ėntuziazm* ist von seinem Filmemacher ganz musikalisch konzipiert, und die Menschen und Objekte sind so intensiv gefilmt, bis sie am Ende reine Schimären und Silhouetten sind. Es sind, das wird einem klar, die neuen Menschen, die Menschen der Zukunft, nach der wirklichen Revolution.

Erstveröffentlichung: Fritz Göttler, »Höllisch, erhebend. Vertovs Filmpoem ›Ėntuziazm‹«, Süddeutsche Zeitung, *31. 1. 2006*

Ingo Zechner

Der letzte der Ungerechten

Benjamin Murmelstein und Claude Lanzmann im Österreichischen Filmmuseum

»Kino als magischer Ort« war das Motto der ersten Viennale, die ich als Besucher miterleben konnte. Stonehenge im Zwielicht eines heraufziehenden Gewitters, im Vordergrund einige lose aufgestellte Sessel im Gras: ein Bild, das mich bei meiner überstürzten Übersiedlung nach Wien im Herbst 1991 begleitet und nie mehr verlassen hat. Mit dem Motto sei »jene merkwürdige rätselhafte Qualität« gemeint, »die dem Kino in seinen besten Momenten innewohnt«, hatte Werner Herzog als damaliger Co-Direktor des Wiener Filmfestivals erklärt: »In all der Flut verbrauchter Bilder, mit denen uns das Fernsehen schon halb hat erblinden lassen, wollen wir auf diese Kraft des Kinos verweisen.«

Im Österreichischen Filmmuseum habe ich seither Hunderte solcher Momente erlebt, darunter ganz große, in denen sich diese Kraft einem kompletten, vollbesetzten Saal mitgeteilt hat. Wie an jenem Sonntag, dem 14. Oktober 2007, an dem sich das Filmmuseum für einen halben Tag in einen Sichtungsraum verwandelt hat, um erstmals auf der großen Leinwand zu zeigen, was zuvor über 30 Jahre lang im Depot verwahrt war: Rohmaterial eines Interviews mit dem Wiener Rabbiner Benjamin Murmelstein, das Claude Lanzmann 1975 für seinen Film *Shoah* gedreht, aber nicht verwendet hatte. Mittlerweile ist daraus doch noch ein Film entstanden, der bezeichnenderweise den Titel dieser Veranstaltung trägt: *Der letzte der Ungerechten*. Ein magischer Moment: Das ist der Erinnerungsblitz, der mir bei diesem Stichwort durch den Sinn fährt, um sofort kritischen Anfechtungen ausgesetzt zu sein.

»Kunst ist Magie, befreit von der Lüge, Wahrheit zu sein«, lautet ein berühmter Satz von Theodor W. Adorno. Das Kino als Ort und als Kürzel für das kinematografische Verfahren zeichnet sich jedoch dadurch aus, diese Befreiung nicht zur Gänze vollzogen zu haben. In seinem Kunstanspruch zweifelhaft und umstritten, wenn es ihn überhaupt erhebt, ist das Kino als industrielle Kunst, als Handwerk und als Fototechnik näher an der Magie als die anderen Künste und darin in besonderem Maße offen für beides, Lüge und Wahrheit.

Effekt der Magie und der in ihr enthaltenen Lüge ist die schiere Präsenz auf der Leinwand: Jemand spricht und es ist, als spräche er jetzt, nicht aus der fernen Vergangenheit. Etwas davon bleibt auch dann noch bewahrt, wenn Filme in andere Medien transferiert werden. Als ich Murmelstein zum ersten Mal sprechen hörte und sah, war das im Herbst 2006 auf einem kleinen Monitor in einem Besprechungszimmer des Center for Advanced Holo-

Claude Lanzmann (links), Prof. Rudolf Gelbard, 2007

caust Studies in Washington, D.C. Lothar Hölbling und ich hatten fast sechs Jahre damit verbracht, das Archiv der Israelitischen Kultusgemeinde Wien zu rekonstruieren: Kartons zu öffnen, Bücher, Ordner, Mappen, Karteien und lose Papiere zu sichten, zu identifizieren und zu sortieren. Gemeinsam mit Anatol Steck vom United States Holocaust Memorial Museum (USHMM) und anderen hatten wir bis dahin in Wien und Jerusalem rund zwei Millionen Seiten Archivmaterial auf Mikrofilm gesichert, großteils aus den Jahren 1933–1945 – die umfangreichste, vollständigste und detaillierteste Dokumentation einer jüdischen Gemeinde aus der Zeit ihrer Verfolgung und Vernichtung, darunter das Herzstück: die Bestände der Auswanderungsabteilung der IKG Wien, die zuerst für die Massenauswanderung, ab 1941 dann für die Massendeportationen der Juden aus Wien zuständig war. Murmelstein hatte sie von 1938 an geleitet, Anfang 1943 wurde er nach Theresienstadt deportiert. Nun sprach er plötzlich selbst über all das, was wir zuvor aus den Schriftstücken erschlossen hatten.

Wir waren nach Washington gereist, um eine Ausstellung vorzubereiten, die schließlich von Juli bis Oktober 2007 im Jüdischen Museum Wien gezeigt wurde: »Ordnung muss sein. Das Archiv der Israelitischen Kultusgemeinde Wien«. Zur Begrüßung stellten uns Leslie Swift und Lindsay Zarwell vom Steven Spielberg Film and Video Archive des USHMM einen Stapel VHS-Kassetten bereit – mit dem lapidaren Hinweis, dass uns das vielleicht interessieren könnte: Ansichtskopien des kompletten, rund elfeinhalbstündigen Interviews, das Lanzmann mit Murmelstein aufgenommen hatte. Das USHMM hatte von Lanzmann im Jahr 1996 die gesamten *Shoah*-Outtakes erworben: rund 220 Stunden nicht verwendeten Filmmaterials in Form des 16mm-Kameranegativs und der zugehörigen Magnettonspur, die seither Schritt für Schritt konservatorisch gesichert und auf Video transferiert wurden. Als wir die ersten

Minuten mit Murmelstein sahen, war uns sofort klar, dass er in der Ausstellung zu Wort kommen musste. Wir haben Murmelstein den letzten Ausstellungsraum gewidmet, der ursprünglich nur zwei Objekte enthalten sollte: das großformatige Auswanderungsdiagramm mit Stichtag 31. März 1941 (eine Bilanz der Vertreibung und retrospektiv ein Dokument der Rettung) sowie die gesammelten Mappen mit den Deportationslisten aus Wien (ein Namensregister der Vernichtung). Das dritte Objekt war nun ein Videomonitor, auf dem die erste Hälfte des Interviews in einer Endlosschleife zu sehen war: jener Teil, in dem Murmelstein über Wien sprach. Für Theresienstadt hätten vor Ort die schriftlichen Dokumente als Gegenstücke gefehlt.

Viele Besucherinnen und Besucher der Ausstellung kamen mehrere Tage in Folge, um Murmelstein zuzuhören. Nicht deshalb, sondern aus prinzipiellen Überlegungen hatte ich die fixe Idee, das Interview auch im Filmmuseum zu zeigen: nicht selektiv, sondern vollständig, ungeschnitten auch da, wo das Bild oder der Ton fehlte, inklusive der Klappen, der Start- und Endbänder – wie sogenannte Rushes oder Dailies, wenngleich zeitversetzt, über 30 Jahre nach dem Drehtag und ebenfalls beschränkt auf jene rund fünf Stunden, in denen es um Wien ging. Einschließlich Rahmenprogramm und Pausen sollte daraus eine fast zehnstündige Veranstaltung werden, die um 14 Uhr begann und kurz vor Mitternacht endete. Die Selbstverständlichkeit, mit der ich davon ausging, dass man diese leicht verrückte Idee im Filmmuseum begeistert aufgreifen werde, ist ein Indikator für den Ruf und die singuläre Programmatik dieser Institution. Wer sonst würde sich auf so etwas einlassen wollen?

Alexander Horwath, Michael Loebenstein und ich kamen rasch überein, das Material in zwei Teilen zu zeigen, die von einem Publikumsgespräch mit Lanzmann unterbrochen werden sollten. Raye Farr, die Film- und Video-Direktorin des USHMM, würde vor dem ersten Teil in das Filmmaterial einführen, Loebenstein das Gespräch mit Lanzmann leiten. Am Beginn der Veranstaltung stand ein Podiumsgespräch, zu dem wir drei Gäste mit einschlägiger Expertise einluden: Pierre Genée, der im Mai 1989, kurz vor Murmelsteins Tod, ein ausführliches Interview mit ihm geführt hatte, Doron Rabinovici, der mit seinem Buch *Instanzen der Ohnmacht* im Jahr 2000 eine wegweisende Studie zur jüdischen Gemeinde Wiens unter der NS-Herrschaft vorgelegt hatte, und Anna Hájková, die an mehreren Studien zu Theresienstadt arbeitete. Ich selbst übernahm die Moderation. Wir wussten nicht, dass im Publikum weitere Experten sitzen würden: Leonard und Edith Ehrlich hatten 1977, zwei Jahre nach Lanzmann, ein mehrtägiges Tonbandinterview mit Murmelstein geführt. Ihr Opus magnum »Choices under Duress of the Holocaust« über die Handlungsspielräume jüdischer Funktionäre war zu diesem Zeitpunkt, nach über 30-jähriger Arbeit, noch unvollendet und blieb bis heute unveröffentlicht.

Lanzmann hatte sofort zugesagt, dann aufgrund eines Terminkonflikts seine Teilnahme in Frage gestellt, um schließlich noch am Tag der Veranstaltung aus Wien zu seinem zweiten

Termin in Rom weiterzureisen. Er wusste wohl, dass er kommen musste und Murmelstein noch etwas schuldig war. Unvergesslich, mit welcher Bedingungslosigkeit er schon damals in der Diskussion für Murmelstein Partei ergriffen hat. Raimund Fastenbauer, der Generalsekretär der IKG Wien, konnte es sich hingegen nicht verkneifen, das unsägliche Sprichwort von »Murmelstein, dem Murmelschwein« in den Raum zu werfen. Mit Rudolf Gelbard war es ausgerechnet ein Überlebender aus Theresienstadt, der ihm als Augenzeuge widersprach. Viele im Publikum waren peinlich berührt und sind es noch heute. Sie hatten jene Kraft des Kinos erfahren, die Werner Herzog beschworen hat: den übermächtigen Klischees unverbrauchte Bilder entgegenzusetzen. Darin ist die Magie mit der Wahrheit im Bunde. Darauf mit nichts anderem als einem Klischee zu antworten, war schlicht beschämend.

Neben dem Filmmuseum waren das USHMM, das Jüdische Museum Wien und die IKG Wien als Kooperationspartner aufgetreten, das Wiener Wiesenthal Institut für Holocaust-Studien (VWI) als Co-Veranstalter. Letzteres, damals noch ein Großprojekt ohne Unterstützung der öffentlichen Hand, wollte mit der Ausstellung und der Veranstaltung sein Profil in seinen drei Tätigkeitsbereichen Forschung, Dokumentation und Vermittlung schärfen und die Auseinandersetzung mit dem Holocaust auf eine andere Ebene verschieben: in Richtung einer Analyse der Feinmechanik nationalsozialistischer Macht. Zwei Jahre später stand Murmelstein im Zentrum des Streits um dieses Institut und den freien Zugang zum Archiv der IKG Wien, als der damalige IKG-Präsident Ariel Muzicant am Rande einer internen Sitzung forderte, dass nun Schluss mit Murmelstein sein müsse. Der Öffentlichkeit sei das Thema nicht zumutbar. Wer Lanzmanns Interview mit Murmelstein gesehen hat, ist in der Regel anderer Ansicht. Leonard und Edith Ehrlich haben ihr monumentales Buch fertiggestellt. Robert Schindel, der zwar nicht im Filmmuseum war, aber das Interview später sah, hat das Theaterstück »Dunkelstein« geschrieben. Und der Wiener Produzent Danny Krausz hat Lanzmann darin bestärkt und unterstützt, den lange aufgeschobenen Film über Murmelstein doch noch zu machen.

Seit der Premiere des Films in Cannes 2013 hat Lanzmann immer wieder erzählt, damals im Filmmuseum bestohlen, ja vergewaltigt worden zu sein. Er habe sich sein Material erst wieder aneignen müssen. Es empfiehlt sich, diesen Vorwurf ernst, aber nicht wörtlich zu nehmen und ihn keineswegs als Beleidigung zu verstehen. Räumt Lanzmann doch ein, dass er den Film ohne die Veranstaltung im Filmmuseum niemals mehr gemacht hätte. Wie oft kommt es vor, dass aus einer Filmvorführung ein neuer Film entsteht? Der Vorwurf des zweifachen Übergriffs kommt wohl daher, dass sich der Filmemacher zum Film genötigt sah und dass er sich dabei ein Stück weit in die Karten blicken lassen musste: In der Erinnerung derer, die damals dabei waren, wird sich der fertige Film stets an seinem eigenen Rohmaterial messen, das für gewöhnlich im Schneideraum und im Archiv verborgen bleibt. Der Magie tut das keinen Abbruch. Oder doch?

Harun Farocki

Zweimal Leacock

Für eine Fernsehsendung filmten wir 1988 in der Pariser Kinemathek, die damals noch im Souterrain des Palais de Chaillot gelegen war, einen Auftritt von Richard Leacock. Jean Rouch, Präsident der Kinemathek, war da und sprang ein, wenn der Übersetzer ein Wort nicht gleich fand. Leacock erzählte von Flaherty und dessen Film *Louisiana Story*, USA 1948, bei dem er den Credit als Kameramann hat. Erzählte, wie Flaherty die Arbeitskopien immer wieder durch den Projektor laufen ließ. Leacock war mit den Bildern zufrieden, aber Flaherty missfielen sie immer mehr. Auf einmal hatte er einen Einfall: Man müsste alle Bilder von den Öl-Bohranlagen nochmals drehen, diesmal bei Nacht und bei effektvoller Beleuchtung. So ist es geschehen.

Diese Veranstaltung fand in einer Art Seminarraum statt, der von der Eingangshalle abging. Leacock sprach sehr effektvoll, er setzte die Pausen, die er für den Dolmetscher ließ, so geschickt, dass man auf die Fortsetzung gespannt sein musste. Offensichtlich hatte er diese Produktionsgeschichte schon oft erzählt.

In den benachbarten Räumen gab es eine ständige Ausstellung über einige Autoren der Nouvelle Vague. Mehrere von ihnen – nicht alle – haben in der Pariser Kinemathek viele Filme gesehen und sich darauf berufen. Eine Filmschule haben sie nicht besucht. Die Kinemathek ist ihre Schule gewesen: Der Erfolg der Nouvelle Vague hat die Idee der Kinemathek sehr befördert.

Der Name von Richard Leacock fehlt in keinem Buch, das die Entwicklung des Dokumentarfilms erörtert. Aber man kann nicht sagen, dass er Erfolg hatte. In einem Film von Klaus Wildenhahn, BRD 1984 (*Film für Bossak und Leacock*), sagt er, er bekomme keine Angebote. Er mache ohne Budget und ohne Vertriebsmöglichkeit, also ohne Fernsehen oder Filmverleih, kleine Filme auf Super 8 oder Video. Er lebte von einer Film-Professur, wie so viele unabhängige Filmmacher in den USA.

Leacock gehört zur Gruppe der Filmmacher Robert Drew, Albert und David Maysles, D. A. Pennebaker, die um 1960 das Direct Cinema erfunden und propagiert haben. Direct-Cinema-Filme sind dokumentarische Storyfilme. Sie haben keinen Kommentar, sie suchen in der Realität Ereignisse, die einer Erzählung gleichen. Das sind meist Ereignisse, die bereits vorgeformt sind. Ein Gerichtsverfahren ist eine Inszenierung, auch eine Geschäftsverhandlung hat oft szenischen Charakter. *The Chair* von Drew und Leacock, USA 1963, handelt von einem zum Tode Verurteilten. Die Hinrichtung ist angesetzt, der Henker prüft schon den elektrischen Stuhl, Staatsanwalt und Anwälte der Verteidigung bereiten sich auf die Sitzung eines Komitees vor, das zu entscheiden hat, ob dem Gouverneur die Umwandlung der Strafe in »Lebenslänglich« vorgeschlagen wird, was auch beides geschieht. Das könnte der Plot eines Storyfilms sein – und ist es oft gewesen. Wie in einem geschriebenen Film übt der Staatsanwalt, der unbedingt die Hinrichtung erreichen will, am Wochenende vor der Entscheidung den Abschlag von Golfbällen. Ganz anders als in einem geschriebenen Film sehen wir ausführlich einem Anwalt der Verteidigung zu, der über das Wochenende das Plädoyer vorbereitet. Allein im Büro säuft er sich einen an. Er fängt an zu schreiben, verwirft immer wieder den begonnenen Text, dabei zerknüllt er das Blatt und schleudert es in den Raum, wie ein verzweifelter Schriftsteller.

Direct-Cinema-Filme lassen sich schwer planen. Sie brauchen ein Finderglück. Es genügt nicht, am richtigen Tag am richtigen Ort die richtigen Personen anzutreffen – diese Personen müssen, ohne dass man es ihnen sagt, so agieren, dass etwas entsteht, was in die Erzählung passt. Fernsehproduzenten haben deshalb die Voraussetzung dokumentarisch darstellbarer Ereignisse selbst geschaffen. Etwa, indem sie Wettbewerbe veranstalten, in denen Menschen miteinander konkurrieren und am Ende siegen oder unterliegen: die Casting-Shows. Aber auch die kommen nicht ohne Kommentar aus, oft müssen die Protagonisten sich selbst kommentieren.

Früher haben die Dritten Programme in Deutschland Filme der Direct-Cinema-Gruppe gezeigt. Heute nicht – und es ist auch kaum möglich, einen Dokumentarfilm ohne Kommentar im Fernsehen abzusetzen. Für die Direct-Cinema-Filme sind heute die Kinematheken fast der einzige Ort, an dem ihnen Asyl gewährt wird.

Richard Leacock, 1991

Ich sah Richard Leacock im Jahr 2008 wieder, anlässlich einer ausführlichen Reihe in Wien, mit Filmen der gesamten Direct-Cinema-Gruppe. Ich erinnere mich an die Diskussion, bei der Leacock und Drew auf ein Detail in dem Film *On the Pole*, USA 1960, zu sprechen kamen.

Da sitzt Leacock im Auto neben dem Rennfahrer Eddie Sachs, der unterwegs zum Rennplatz ist und vom bevorstehenden Rennen spricht. Es sei die Regel gewesen, so Leacock, nicht einzugreifen und keine Fragen an die Protagonisten zu stellen. Da Sachs aber unaufgefordert zu sprechen begann, habe er dieses

Richard Leacock und Robert Drew, 2008

Sprechen als unmittelbares Zeugnis in den Film aufnehmen können.

Leacock war da schon fast 90 Jahre alt. Constantin Wulff, der die Filmreihe mitkuratiert hatte, stellte kenntnisreiche Fragen. Das war eine angemessene Ehrung: zu zeigen, dass das Direct Cinema eine Aktualität hat. Es kommt nicht darauf an, ob eine unverlangte Äußerung wahrer ist als eine, die die Filmmacher abverlangt haben. Direct Cinema ist ein *objet trouvé* – es muss gefunden sein, nicht hergestellt.

Von 2004 an unterrichtete ich in Wien Film. Ich lernte Studierende kennen, die täglich ins Filmmuseum gingen, auch in dessen Bibliothek. Aber nicht alle, und ich gab mir Mühe, alle davon zu überzeugen, dass man einen Film, mit dem man sich befassen will, einmal wenigstens auf der Leinwand gesehen haben muss. Das Filmmuseum hat zum Glück keine Ausstellungsräume, in denen Reliquien der Kinogeschichte gezeigt werden. Es stellt nur Filme aus.

HARUN FAROCKI, 2007
Im März 2006 widmete das Österreichische Filmmuseum dem Schaffen von Harun Farocki eine Retrospektive und eine »Carte blanche«, in der sich seine Idee von Kino weiter verdeutlichte. Auch vor und nach dieser Schau, während seiner Wiener Jahre als Professor an der Akademie der bildenden Künste, verbrachte Harun Farocki viel Zeit im Filmmuseum – z. B. um seinen Studierenden zahlreiche große Filme in der Projektion vorzustellen: damit das, was die einen an Welt in sich tragen, bei den anderen Kerben hinterlassen kann.

THOM ANDERSEN, 2008
YVONNE RAINER, 2007
PETER NESTLER, 2007
ALEXANDER KLUGE, 2002
JEAN-MARIE STRAUB UND JEAN-PIERRE GORIN, 2004
(im Uhrzeigersinn von links oben)
Wer das essayistische Kino in eine simple Opposition zum *Direct Cinema* stellt, wird den Reichtum verpassen, der sich im Wechselspiel unterschiedlicher Formen – in ein und demselben Film – ereignen kann. Die Werke dieser Künstlerinnen und Künstler beweisen es. Sie alle waren mit ihren Arbeiten in der Essayfilm-Retrospektive des Filmmuseums und der Viennale vertreten, die Jean-Pierre Gorin 2007 als Kurator gestaltete. Einige von ihnen kamen auch zu anderen Anlässen. Thom Andersen übernahm von Gorin 2008 die Staffel des Künstler-Kurators und beschenkte Wien mit *Los Angeles – Eine Stadt im Film*.

Friedl vom Gröller

Achtung, nur für Besucher des Zyklischen Programms interessant!

Spätestens ab der Pubertät ist man in der Heimat auf der Suche nach Heimat. Die war für mich 1969–1976 das Überschwemmungsgebiet der Donau vor dem Einsturz der »alten Reichsbrücke«. Ein Unort, ein proletarisches Erholungsgebiet, für mich jedoch ein Ort des Rückzugs zum Lesen, Malen, Photographieren, Filmen.

Im Winter wurden das »Kleine Cafe« und der Künstlerclub »Vanilla« unentbehrlich, ausgezeichnet durch Mit-Menschen, die Zuflucht vor den einschränkenden Bewertungen der Wiener Gesellschaft der frühen siebziger Jahre suchten.

Nun ist es einzig das »Österreichische Filmmuseum«. Vor allem vor Filmbeginn – ich sitze schon im Vorführsaal und betrachte die Eintretenden. Ich liebe die Sonderlinge, die ehemaligen StudentInnen meiner ehemaligen Photo- und Filmschule (Schule für künstlerische Photographie, Wien und Schule für unabhängigen Film, Wien), die alten Weggefährten und Freunde, Künstler, Intellektuelle. Man bemerkt bei ihnen vor allem im »Zyklischen Programm« das Bedürfnis nach neuen visuellen Erfahrungen. Diese Erwartungshaltung, die im Vorfeld zugunsten des Nicht-Banalen, zuungunsten der Klischees und Sensationen der Filmindustrie zu spüren ist, bedeutet mir nun Heimat wie die Filme selbst.

Ich habe mein Notizbuch auf dem Schoß und notiere im Dunkel meine assoziierenden Gedanken. Oft genug basieren sie auf Missverständnissen und Fehlbeobachtungen. Ohne diese »Ausbeute«, so wie andere sie auf Flohmärkten suchen, bin ich unzufrieden. Auch unzusammenhängende Auszüge gesprochener Worte aus Filmpräsentationen begleiten mich jahrelang. Es bleibt dem Zufall überlassen, wann ich mir bei meinem Filmen die dadurch entstandenen Wünsche erfülle.

Hier ein paar notierte Beispiele. Sir Francis: »Flowers are no longer flowers by train but stripes«, Tony Conrad: »Conditions for art are more important than the picture itself (dies zeigen)«, Stefan Grissemann: »Das Filmmacher-Ich ist im Vordergrund und denkt subjektiv nach während des Filmens«, Peter Kubelka: »Die Kamera zeigt und saugt, die Pistole zeigt und schießt«.

Zurück zu den Filmen: Je öfter ich denselben Film sehe, je weniger ich auf das Dargestellte oder gar Erzählende achte, desto größer wird mein formaler Genuss. Jahrelang habe ich die Filme Vertovs, Dovženkos, Dreyers ohne erklärende Übersetzungen gesehen – und, da ich an der Form interessiert war, genossen. Meine Phantasie wurde ähnlich angeregt, wie wenn ich in den vorbeiziehenden und ihre Form stets verändernden Wolken einen Zusammenhang zu finden trachte. Auch die Wolken sind Schablonen vor einer Lichtquelle.

Am erstaunlichsten ist C.T. Dreyer trotz oder wegen der Narration. Meine Notizen sind hier zugunsten der LeserInnen auch etwas beschreibend. JEANNE D'ARC 1. Sie wird auf dem Scheiterhaufen am Kreuz aufgerichtet. Die Kamera vollzieht diese Bewegung mit. (Umgesetzt habe ich diesen Diebstahl in meinem Film *Heidi Kim at the W Hong Kong Hotel.*) 2. Es wird durch dichten Rauch gefilmt (umgesetzt in *Barbara*). 3. Die Vertreter des Inquisitionstribunals beraten sich über die erste Verhörfrage an Jeanne d'Arc. Die Kamera fährt langsam von einem verstörend schlauen Fuchsgesicht zum nächsten (umgesetzt in *Dreyers Zitat*).

VREDENS DAG 1. Die hellste Stelle des Bildes liegt neben dem Portrait des Darstellers. 2. Der alte nackte Körper der als Hexe verleumdeten Marte im Folterraum der Inquisition ist von Kirchenwürdenträgern in Talaren umgeben (umgesetzt in *ich auch, auch, ich auch*). ORDET 1. Bei dem Gottesdienst in der Werkstatt des Schneiders sehen die Gesichter der Anwesenden in eine Richtung, teilweise überschnitten wie auf Renaissancebildern (in *Polterabend* schlecht verwirklicht). 2. (von mir dazuphantasiert und nicht im Film sichtbar) Inger ist kontemplativ mit Backen beschäftigt und scheinbar bei dieser Tätigkeit allein im Raum. Erst dann wird der inzwischen eingetretene Johannes gezeigt. (in *Mirjam Ploteny und A, Max Turnheim 2004*).

Die Liste meiner Anmerkungen, des bewunderten Diebsgutes, meiner Beute, könnte seitenlang fortgeführt werden. Aus jeder einzelnen Aufführung des »Zyklischen Programms« aber auch von meinen Helden, die nicht darin enthalten sind, Tony Conrad, Weerasethakul, James Benning, Eisenstein u.v.a., beziehe ich meine Nahrung. Die Heimat nährt. Ein bei den Notizen berücksichtigter Faktor ist die Darstellbarkeit mit meiner handmotorbetriebenen Kamera, der lichtempfindlichen Schicht, der 16mm breiten, 30m langen Filmrolle, dem absichtlichen Fehlen von Assistenten.

Die Filmvorführung ist vorbei. Im Kinosaal wird es hell. Draußen wartet an der Bar das Gesellschaftliche. Ehemalige StudentInnen der beiden Schulen stehen meist in einer kleinen Gruppe beieinander und tauschen ihre Urteile aus. Zu ihnen fühle ich mich hingezogen. Sie sehen oft genauer, schneller als ich und haben auf Grund ihrer Jugend Unterschiedliches wahrgenommen. Sehr selten endet unser vertrauensvoller Austausch im angrenzenden Augustinerkeller. Langsam, wie eine Donaufähre von einem Ufer ablegt, um zum anderen zu gelangen, gehe ich nach Hause. Das Filmmuseum ist mein Überschwemmungsgebiet.

JAMES BENNING, 2011
APICHATPONG WEERASETHAKUL, 2009
Zwei zentrale Filmemacher der Gegenwart – und regelmäßige Gäste des Filmmuseums. Beide wurden mit vollständigen Retrospektiven und Monografien gewürdigt, von beiden bewahrt das Filmmuseum wesentliche Originalmaterialien in der Sammlung und kümmert sich um deren Restaurierung.

Hans Christian Leitich

Erweiterte Kavalierstouren

Zur Neuaufbereitung des italienischen Kinos durch das Österreichische Filmmuseum

Als Kulturnation hat Italien ein spezifisches Problem: Die Verehrung für lange Vergangenes kippt leicht in Verachtung darüber, wie wenig davon in der Gegenwart weiterlebt. US-Regisseur Martin Scorsese, Enkel sizilianischer Einwanderer und bekannter Initiator von Filmrestaurierungen, widmete sich 1999 in seinem Film *Il mio viaggio in Italia* einer ausführlichen essayistischen Darstellung der italienischen Kinogeschichte – und hier prominent dem Werk von Roberto Rossellini, das, stark spirituell-religiös eingefärbt, vom Willen getragen war, mit nördlichen Kulturkreisen zu kommunizieren. Beruflich hatte Scorsese das Glück, im liberalen, Talente fördernden Klima des »New Hollywood« heranzuwachsen und nicht im Land seiner Vorfahren. Italien ist für ihn eine familiäre Sehnsuchtslandschaft, seine Hommage an eine Abfolge von Regie-Maestros entstand weitgehend unter Ausklammerung der Rahmenbedingungen.

Nanni Moretti, 2006 mit einer Filmmuseum-Retrospektive gewürdigt, ist in seiner Fahrigkeit ein unzuverlässiger Erzähler anderer Art, weil zu sehr mit strukturellen Hintergründen der (Kultur-)Politik Italiens befasst. Doch auch bei ihm gibt es Kohärenz in der Selbstdramatisierung, verdichtet etwa in seinem Film *Caro diario* von 1993: Darin flucht er über die Problemfixiertheit des italienischen Autorenkinos, obwohl er selbst diesbezüglich keine Ausnahme darstellt. Er zeigt sich fasziniert von einer Tanzszene mit Silvana Mangano aus Robert Rossens leichtgewichtigem *Mambo* (1954) und präsentiert die – später in *Aprile* weiterverfolgte – Filmidee für ein Musical über einen trotzkistischen Zuckerbäcker im Italien der 50er Jahre. Im Grunde wünscht er damit ein Werk in der Art von Giuseppe De Santis' *Riso amaro* herbei. Dieser Film aus dem Jahr 1949, wie *Mambo* besetzt mit Mangano und Vittorio Gassman, wusste im Schwung der unmittelbaren Nachkriegsjahre soziales Engagement (bezüglich der prekären Arbeitsbedingungen in der Agrarbranche) mit den Formen eines schmissigen Star-Kinos zu vermitteln – und blieb darin ohne gleichwertige Nachfolge. Auch ein Hauptthema Morettis, die zermürbende Opposition zu Berlusconi, reicht über die Politik der Gegenwart hinaus, wurzelt in moderner italienischer Kultur- und Kinogeschichte.

Die umfassende, in bisher zehn Monatsprogramme gefasste Auseinandersetzung des Österreichischen Filmmuseums mit der großen Ära des italienischen Nachkriegskinos entwickelte sich im Grunde aus Repertoirepflege, aus Retrospektiven in den Jännermonaten 2003 und 2005 zu Michelangelo Antonioni und Luchino

Visconti – zwei Fixpunkten im Rahmen der damals blühenden Debatten um einen Filmbildungskanon. Die Besucherzahlen übertrafen hohe Erwartungen, und das hatte wohl einige Wien-spezifische Ursachen, lag an Schauwerten, am Hang beider Regisseure zu melancholischen Erzählungen von Oberschichtseleganz, an den im Hochwinter sehr willkommenen Ansichten vom traditionsreichsten Sommerurlaubsland. Aber es gab auch bald ein lebendiges Interesse an der Umwertung, am Revidieren jener Einschätzungen aus den Entstehungsjahren der Filme, welche in Kinolexika und Bestenlisten hartnäckig fortleben. Ansätze dafür ergaben sich entlang der Gegensatzpaare elitär-populär und vertraut-exotisch. Erzählungen über die bürgerliche Mittelklasse wurden als unter-, solche über Hütten und Paläste als bislang überrepräsentiert erkannt – Viscontis Themenentwicklung von neorealistischer Armutsdarstellung zu opernhafter Historie war ein zu bequemes Leitmodell. Auch die Erwartungshaltung innerhalb nordeuropäischer Erzähltraditionen, über einen Spannungsbogen zu einem moralischen Schluss geführt zu werden, erwies sich oft als unzulänglich angesichts einer Neigung zum episodisch Pikaresken und vor allem zum abschließenden großen Fragezeichen. Während sich *offene* Enden – etwa die markenzeichenhaften von Antonioni – mit Etiketten wie Existenzialismus oder Sinnkrise noch recht einfach abheften lassen, werfen auffallend *abrupte* Enden (wie die gehäuften Last-Minute-Tode von Protagonisten) krimiartige Fragen auf: Warum musste er bzw. sie sterben, was wäre passiert, wenn nicht?

Die Programme reichten von einer Revision des Neorealismus (2007) und des Kinos der 60er Jahre (2009) bis zur Aufarbeitung der nationalen Geschichte mit ihren unbequemen Wahrheiten (*La Storia*, 2011); von der spitzzüngigen Commedia all'italiana rund um Dino Risi (2010) bis zu den von der Kanonisierung nicht erfassten Regiepersönlichkeiten Giuseppe De Santis und Elio Petri (2012), Antonio Pietrangeli und Valerio Zurlini (2013). Diese thematische Bandbreite ergab sich durch Kurator Olaf Möller, der seit längerer Zeit die kleinteiligen italienischen Debatten und Aufarbeitungen verfolgt hatte. Diese Aktivitäten hatten sich vor allem mit gesellschaftspolitisch relevanten Filmen und ihren Regisseuren befasst; kleinteilig waren sie deshalb, weil sie meist dezentral, auf Initiative von Regionen, Städten und kleineren Festivals organisiert worden waren. Wien kam somit in den Genuss eines zusammenfassenden Überblicks, der – eigentlich konzipiert von Italienern für Italiener – im Land selbst nur mit Aufwand möglich gewesen wäre. Zum anderen bewirkte die Abwesenheit einer zentralen italienischen Steuerungsinstanz, dass sich die Aufarbeitung nicht in Kategorien der Außenwirkung vollzog. So wurde schön sichtbar, welche Filme dank eines Systems aus begrenzten Exportlizenzen und Cinecittà-Koproduktionen auf den internationalen Vertrieb und die Tourismusförderung zugeschnitten waren – mit all den ikonischen Kino-Orten, die für Italiener selbst nur wenig Bedeutung haben, wie Roms Trevi-Brunnen, die Inseln Capri und Stromboli und die Stadt Venedig im Grunde zur Gänze. Und daneben gab es – mit Schauplätzen wie Turin, Mailand oder den großflächigen Badeorten Viareggio und Rimini – all die Filme für einen Inlandsmarkt, der eine nur auf den ersten Blick erstaunliche Fülle von Verbitterungen zu akzeptieren bereit war.

Schlüssel für ein Verständnis dieser Ära (und ihres Kinos) sind die großflächigen gesellschaftspolitischen Verwerfungen im Gefolge des nie aufgeklärten Mordfalls Wilma Montesi im Jahr 1953, eine wesentliche – aber auch opportunistisch undeklarierte – Inspiration für Federico Fellinis *La dolce vita*. Die mediale Sensationsgier ließ sich kaum befriedigen; eine konspirative Oberschicht konnte sich aus vielem herauswinden; der Justizapparat war einer nur begrenzt demokratischen Politik untergeordnet und sah sich weitgehend gelähmt; letztere wurde – unschwer erkennbar – von außen gegängelt. Auf den Sogwellen dieses Mordes im römischen Party-Milieu wurde ein Flügelkampf innerhalb der Christdemokraten ausgetragen – und die auf Aufklärung drängenden Jesuiten unterlagen. Das Publikum war dementsprechend empfänglich für Erzählungen von Korruption und Konspiration. Deren Grundtenor, dass nur organisiertes Verbrechen und Faschisten frei handeln können, vergiftete die Stimmung nachhaltig: Im Genre-Bereich erblühte der wütende wie fatalistische Justizthriller, und auch die Weltsicht der Italowestern spricht Bände. Versuche des rechten Regierungsflügels, die Filmbranche so wie in den USA und der BRD auf den Kalten Krieg einzuschwören – Vizeminister Giulio Andreotti wetterte etwa gegen das »Waschen schmutziger Wäsche« –, scheiterten in Italien am Markt. Ein weiterer Anachronismus, die auch in den 60er Jahren nicht vorhandene Option einer zivilrechtlichen Scheidung, fand im Kino ebenfalls ein kompensatorisches Ventil: Ehen wurden fast durchgängig als dysfunktional dargestellt. Und auch ihre Kehrseite, die Prostitution – durch Schließung der Bordellbetriebe wohlmeinend geregelt im Sinne der viel diskutierten Lex Merlin (1958) –, war im Kino in allen Facetten präsent, so beiläufig, dass dies im nördlichen Ausland nur zu gerne als Freizügigkeit missverstanden wurde.

Eine tief skeptische Weltsicht ist die ideale Arbeitsgrundlage für Stars, deren Ambitionen über glattes Marketing hinausgehen; verhaltener Zorn als Grundstimmung lädt zu darstellerischer Wucht ein. Dieses Phänomen der gesamten Kinogeschichte (siehe etwa den Film noir) bestätigte sich auch hier. Vittorio Gassman, in der Regel besetzt wegen seiner bühnenhaften Dominanz, erhielt 1962 in Dino Risis *Il sorpasso* die Paraderolle eines Midlife-Crisis-Rebellen. Alberto Sordi variierte in zahlreichen Schattierungen das Rollenfach des anpassungswilligen Durchschnittsbürgers, der ob der vielen Zumutungen hochgradig neurotisch wird, wobei er, ebenfalls unter Risi, im Finale von *Una vita difficile* (1961) auch in einen epischen Zornausbruch verfallen kann. Nino Manfredi und Ugo Tognazzi verlegten sich mehr auf das Fach des verletzten Stolzes, und Gian Maria Volontè erhielt in seinen Arbeiten für den Parade-1968er Elio Petri eine Reihe furioser parodistischer Parts: als faschistoider Kommissar, als zorniger Arbeiter, als DC-Politiker. Während Monica Vittis Weltruhm durch Depressionsverkörperung in Antonioni-Filmen ein vielsagendes, aber singuläres Phänomen blieb, konnten fast alle ihrer Kolleginnen die abhärtende Erfahrung einbringen, über Schönheitskonkurrenzen den Zugang zum Film erhalten zu haben. Spezifisch italienisch ist dabei das Subgenre über junge Glücksritterinnen, die sich aus engen Verhältnissen hochwühlen: Während Zurlinis *La ragazza con la valigia* (1961, mit Claudia Cardinale) noch als Coming-of-age-Geschichte angelegt ist, dominiert bei Pietrangeli eine zynische Weltsicht: spöttisch melodramatisch bei *La Parmigiana* (1963, mit Catherine Spaak), vollendet kühl und materialistisch bei *Io la conoscevo bene* (1965, mit Stefania Sandrelli) – wenn man den Titel und den zensurfreundlichen Schlussakt mit seinem unplausiblen Last-Minute-Tod ausklammert.

Es ist vielfach ein Kino der Ich-AGs. Freilich, das »Wirtschaftswunder« wurde auch in diesem NATO-Frontstaat als Triumph der Konsumgesellschaft offiziell bejubelt; es fand seinen Niederschlag in der großen Popularität des Hollywood-Zweckoptimismus und sein Medium in den frühzeitig dominanten Fernsehshows. Aber »il boom« sperrte sich einer bejahenden filmischen Umsetzung, die über das Product-Placement von Automobilen hinausging. Ein satirischer oder kritischer Zugang erwies sich als produktiver. Es war dabei ein großer Verdienst von Olaf Möller, dass er über die Filmauswahl hinaus in seinen Präsentationen auf personelle Netzwerke hinwies: z. B. auf Allianzen zwischen Autoren, die wie das Duo Age & Scarpelli oft aus satirischen Zeitschriften heranwuchsen, und Regisseuren, die nicht als monolithische Schöpfer vorgestellt wurden, sondern als Teil einer breiten Opposition gegen den – wie man es damals genannt hätte – amerikanischen Kulturimperialismus. Politisch ist diese lose Allianz äußerst weit gestreut; das bei Pasolini gerne erwähnte »Kuriosum«, er sei zugleich tiefkatholisch und KP-Sympathisant gewesen, trifft auf einige der Akteure zu. Eine der bekanntesten Anti-Boom-Episoden-Satiren heißt *I mostri* – die Monster. Wie ein Protagonist dieser Plots wirkt dabei im Rückblick das Boom-Kind Berlusconi, der über die dubiose Baubranche den Weg zu den Medien und in die Politik fand und ganz wie in Zeiten der Affäre Montesi gegen »kommunistische« Richter wettert. Sogar seine berüchtigten Partys wirken wie die Farce wiederholter Geschichte. Kann es verwundern, dass seine Verleihfirma Medusa, was die Aufarbeitung der Filmgeschichte anbelangt, auffällig passiv bis destruktiv agiert?

Die Opposition gegen die RAI war, über ästhetisch-literarische Fragen hinaus, anders gelagert, stand die staatliche TV-Anstalt doch für Zentralismus und das Nationale – und beleidigte damit den Regionalstolz in der historisch gewachsenen föderalen Struktur Italiens. Kulturgeografie spielt auch im Kino eine wesentliche Rolle. Ein einfacher Nord-Süd-Gegensatz ließ sich dabei noch recht einfach vermitteln. In einer Epoche, in der massive Arbeitsmigration aus dem Süden über Italien hinaus zu einem europaweiten Phänomen wurde, geschah dies in dramatischer Form – z. B. bei Viscontis *Rocco e i suoi fratelli* (1960) – ebenso wie als zuneigungsvolle, satirische Komödie, in der Art von Pietro Germis *Divorzio all'italiana* (1961) oder Alberto Lattuadas *Mafioso* (1962).

Inhaltlich war für Italiener freilich die West-Ost-Achse der Po-Ebene mindestens so wesentlich: von Turin und Mailand, zwei Patrizierstädten mit riesigen Arbeiterheeren, über die große Agrarindustrie der politisch »roten« Emilia-Romagna mit ihren Zentren Parma und Bologna (schön präsentiert etwa in Pietrangelis *La visita*, 1963) bis zum Delta, wo Urlandschaften, Umweltverschmutzung – siehe Antonionis *Deserto rosso* – und nahe Sommerferienmetropolen wie Rimini aufeinanderprallen. In letzterem Milieu war übrigens auch eine der großen Entdeckungen der Retrospektiven angesiedelt, Zurlinis Film *La prima notte di quiete* (1972), in dem Alain Delon als formidabel zerknautschter Gymnasiallehrer auf einen kollektiv vertuschten Missbrauchsfall einer Minderjährigen stößt.

Als Kernerkenntnis dieser Kette an Italien-Erkundungen blieb, dass der Niedergang der Filmindustrie nichts Systemimmanentes war. Italien hatte es nur als einziges der großen Kinoländer in den späten 70er Jahren verabsäumt, eine konsequente Nachwuchsarbeit zu betreiben. Die Produktionslandschaft gab sich mit Alterung zufrieden, das postfranquistisch motivierte Spanien sollte Italiens Platz einnehmen. Nanni Morettis Unmut erhielt durch die Retrospektiven viel Argumentationshilfe, dennoch bleibt Skepsis angebracht, ob inzwischen ein grundsätzliches Umdenken eingesetzt hat: Italiens aktuelles Vorzeigeprodukt, Paolo Sorrentinos *La grande bellezza*, verschenkt sein postmodernes Potenzial mit einer frömmlerischen Läuterungslösung und seifiger TV-Ästhetik – weshalb ihm auch daheim viel herzhafte Antipathie entgegenschlägt. Der internationale Preisregen für diesen Film war kein konstruktives Signal.

OLAF MÖLLER, 2013
Porträtiert von Friedl Kubelka im Herbst 2013

2010

JÄNNER

Dino Risi und die Commedia all'italiana [Mauro Bolognini, Franco Brusati, Luigi Comencini, Luigi Filippo D'Amico, Vittorio De Sica, Marco Ferreri, Pietro Germi, Alberto Lattuada, Mario Monicelli, Antonio Pietrangeli, Dino Risi, Franco Rossi, Luciano Salce, Ettore Scola] • **Kelly Reichardt** [Gesamtwerk] • **Digital Formalism / Dziga Vertov** DVD-Präsentation, Konferenz, Filmprogramme • **Film. Stadt. Wien** Drei Nachmittage [American Mutoscope & Biograph, Henri Chomette, Cinématographe Lumière, Edison Manufacturing Co., Alexander Hackenschmied, Joris Ivens & Mannus Franken, Jay Leyda, László Moholy-Nagy, Walter Ruttmann] • **Was ist Film** 45–49 • **Die Utopie Film** Kapitel 42. Olivier Assayas, Gary Beydler, Jean-Luc Godard, Chuck Jones, Gene Kelly & Stanley Donen, Werner Nekes, Peter Tscherkassky, Chris Smith

FEBRUAR

Das Goldene Zeitalter Film in Mexiko, 1930–1954 [Adolfo Best Maugard, Arcady Boytler, Julio Bracho, Luis Buñuel, Fernando de Fuentes, Sergej Eisenstein, Emilio Fernández, Alejandro Galindo, Roberto Gavaldón, Emilio Gómez Muriel, Alberto Gout, Edmundo & Félix Padilla, Fred Zinnemann] • **Elia Kazan** Man on a Tightrope • **Was ist Film** 50–52 • **Die Utopie Film** Kapitel 43. Derek Jarman, Kurosawa Akira, Orson Welles

MÄRZ

Romuald Karmakar [Gesamtwerk] • **Deutschland in der Nacht** Eine Filmgeschichte [Herbert Achternbusch, Ella Bergmann-Michel, Albrecht Viktor Blum, Bertolt Brecht & Erich Engel, John Brahm, Jörg Buttgereit, Rainer Werner Fassbinder, Eberhard Fechner, Thomas Harlan, Veit Harlan, Thomas Heise, Werner Herzog, Walter Heynowski & Gerhard Scheumann, Phil Jutzi, Georg C. Klaren, Alexander Kluge, Roland Klick, Robert Kramer, Helmut Käutner, Fritz Lang, Peter Lorre, Egon Monk, F.W. Murnau, Peter Pewas, Sohrab Shahid Saless, Christoph Schlingensief, Werner Schroeter, Robert Siodmak, Jean-Marie Straub & Danièle Huillet, Peter Voigt, Klaus Volkenborn & Johann Feindt & Karl Siebig, Frank Wysbar, Želimir Žilnik] • **Premiere** *Le Père de mes enfants* (Mia Hansen-Løve) • **Was ist Film** 53–57 • **Die Utopie Film** Kapitel 44. Olivier Assayas, Tim Burton, Ching Siu-tung, Jean Epstein, Herk Harvey, Jean Renoir & Jean Tedesco, Victor Sjöström

APRIL

Filmfarben [Marc Adrian & Kurt Kren, Kamal Amrohi, Paul Thomas Anderson, Michelangelo Antonioni, Dario Argento, K. Asif, Boris Barnet, Scott Bartlett, Mario Bava, Ingmar Bergman, Stan Brakhage, Shirley Clarke, David Chaim Cohen, Francis Ford Coppola, Roger Corman, Lloyd Corrigan, Segundo de Chomón, Walt Disney & Winfried Jackson, Stanley Donen, Sergej Eisenstein, Rainer Werner Fassbinder, Oskar Fischinger, Dave Fleischer, Victor Fleming, John Ford, Tina Frank, Bärbel Freund & Rainer Bellenbaum, Pathé Frères, Gaumont, Ernie Gehr, Jean-Luc Godard, Karø Goldt, George Pal, Veit Harlan, Howard Hawks, Alfred Hitchcock, Gerard Holthuis, Chuck Jones, Ichikawa Kon, Bas Van Koolwijk, Peter Kubelka, Malcolm LeGrice, Albert Lewin, Jerry Lewis, Bud Luckey, Louis Lumière, Len Lye, Gregory J. Markopoulos, Norman McLaren, Georges Méliès, Marie Menken, Vincente Minnelli, Laurence Olivier, Ozu Yasujirō, Albert Parker, Norbert Pfaffenbichler & Lotte Schreiber, Michael Powell & Emeric Pressburger, Joost Rekveld, reMI, Jean Renoir, Alain Resnais, Eric Rohmer, Joseph Rosenthal, Gary Ross, Walter Ruttmann, Jeff Scher, Ulrich K.T. Schulz, Paul Sharits, Douglas Sirk, George Albert Smith, Jean Vivié, John M. Stahl, Frank Tashlin, Jacques Tati, Unie Film Rotterdam, Luchino Visconti, Timoleon Wilkins] • **Hommage an Frieda Grafe** Vortrag von Klaus Theweleit • **Was ist Film** 58–61 • **Die Utopie Film** Kapitel 45. Cathérine Breillat, Jacques Doillon, Jean Eustache, André Téchiné

MAI | JUNI

Max Ophüls [Gesamtwerk] • **Marcel Ophüls** • **No Wave** New York 1976-84 [Scott B & Beth B, Maggi Carson & Juliusz Kossakowski & Ric Shore, Andrea Callard, Manuel De Landa, Vivienne Dick, Bradley Eros, Coleen Fitzgibbon, Ivan Galietti, Bette Gordon, Tessa Hughes-Freeland, Jim Jarmusch, Tina L'Hotsky, John Lurie, Franco Marinai, Michael McClard, Eric Mitchell, Alan Moore, James Nares, Michael Oblowitz, Amos Poe, David Wojnarowicz] • **Premiere** *Fantastic Mr. Fox* (Wes Anderson) • **Was ist Film** 62–63 • **Die Utopie Film** Kapitel 46. Rainer Werner Fassbinder, Todd Haynes, Helmut Käutner, Fei Mu, Satyajit Ray

SEPTEMBER

Autokino Road / Movie: 1940 bis 1976 [Kenneth Anger, Michelangelo Antonioni, Paul Bartel, Ingmar Bergman, John Boorman, Francis Ford Coppola, Daryl Duke, Federico Fellini, Richard Fleischer, John Ford, Alvin Ganzer, Jean-Luc Godard, James William Guercio, H. B. Halicki, Monte Hellman, Dennis Hopper, Lamont Johnson, Lee H. Katzin, Michael Klier, Mark L. Lester, Joseph H. Lewis, Barbara Loden, George Lucas, Ida Lupino, Terrence Malick, Jim McBride, Sam Peckinpah, Arthur Penn, Bob Rafelson, Nicholas Ray, Dino Risi, Roberto

PUBLIKATIONEN Sven Hanuschek, *Laurel und Hardy. Eine Revision,* Wien: Zsolnay 2011 [Reihe KINO, Band 8] • Klaus Kreimeier, *Traum und Exzess. Die Kulturgeschichte des frühen Kinos,* Wien: Zsolnay 2011 [Reihe KINO, Band 9] • Brigitte Mayr, Michael Omasta (Red.), *Amos Vogel – Ein New Yorker Cineast aus Wien,* Wien: Synema 2011 • Ralph Eue (Red.), *Jean Grémillon – Hommage an einen Stilisten des Kinos,* Wien: Synema 2011 • Astrid Ofner, Stefan Flach, Claudia Siefen (Red.), *Chantal Akerman,* Wien: Viennale 2011 • Nicole Brenez, *Chantal Akerman, The Pajama Interview,* Wien: Viennale 2011 [The Useful Book #1] • **DVD** *Po zakonu (Nach dem Gesetz)* von Lev Kulešov, Hg. ÖFM – Ed. Filmmuseum 63 • **DVD** *American Dreams (lost and found)/Landscape Suicide* von James Benning, Hg. ÖFM – Ed. Filmmuseum 68

GÄSTE Dušan Makavejev, Paul Schrader, Mary Beth Hurt, Tacita Dean, Natal'ja Bondarčuk, William E. Jones, James Benning, Michael Pilz, Christian Petzold, Harun Farocki, Linda Christanell, Albert Sackl, Daïchi Saïto, Karl Lemieux, Ulrich Seidl, Nikolaus Geyrhalter, Deimantas Narkevičius, Billy Roisz, Bernhard Lang, Franz Reisecker, Thomas Christensen, Casper Tybjerg, Bérénice Reynaud, Dan Streible, Ryan Shand, Meg Labrum, Rick Prelinger u. a.

2012

JÄNNER | FEBRUAR

Giuseppe De Santis • **Elio Petri** • **Hall of Mirrors** Hollywood über Hollywood, 1950–62 [Robert Aldrich, John Berry, William Castle, George Cukor, Fritz Freleng, Tholen Gladden, Stuart Heisler, Chuck Jones, Gene Kelly, Joseph L. Mankiewicz, Vincente Minnelli, Nicholas Ray, Frank Tashlin, Billy Wilder] • **Premiere** *In the Loop* (Armando Iannucci) • **Was ist Film** 50–54 • **Die Utopie Film** Kapitel 60. Jacques Demy, Jean-Luc Godard, Ernst Lubitsch, Jean Renoir, Rudolf Thome

FEBRUAR | MÄRZ

Preston Sturges Sieben Filme. 1940–44 • **Robert Altman** Sechzehn Filme. 1970–2006 • **Michael Snow** In person • **Premiere** *Raavanan* (Mani Ratnam) • **Was ist Film** 55–58 • **Die Utopie Film** Kapitel 61. Suzana Amaral, Mohsen Makhmalbaf, Werner Schroeter, Ulrich Seidl

MÄRZ | APRIL

Tauwetter Aufbrüche im sowjetischen Kino 1957–67 [Aleksandr Alov & Vladimir Naumov, Aleksandr Askol'dov, Andrej Chržanovskij, Grigorij Čuchraj, Marlen Chuciev, Fridrich Ėrmler, Genrich Gabaj, Michail Kalatozov, Michail Kalik, Ėlem Klimov, Andrej Končalovskij, Lev Kulidžanov, Julij Rajzman, Michail Romm, Larisa Šepit'ko, Gennadij Špalikov, Vasilij Šukšin, Michail Švejcer, Andrej Tarkovskij, Vladimir Vengerov] • **Alexander Mackendrick** [Gesamtwerk] • **Premiere** *Die Herde des Herrn* (Romuald Karmakar) • **Die dynamische Leinwand** Kino 1900/2012: Bücher und Filme [Georges Méliès, Pathé Frères, Segundo de Chomón, Messter Film, Victor Burgin, Kosinski [i.e. Chris Marker], David OReilly] • **Was ist Film** 59–63 • **Die Utopie Film** Kapitel 62. John Cassavetes, Stanley Kubrick, Darežan Omirbaev, Robert Siodmak, John Woo

APRIL | MAI

Suzuki Seijun • **Griechische Reisen** Zum Andenken an Theo Angelopoulos, 1935–2012 • **Premiere** *Play* (Ruben Östlund), *George Harrison: Living in the Material World* (Martin Scorsese) • **Morgan Fisher** In person • **Was ist Film** 1–4 • **Die Utopie Film** Kapitel 63. Boris Barnet, Hanuš Burger, John Huston, Helmut Käutner, Jakov Posel'skij, Roberto Rossellini, John M. Stahl

MAI | JUNI

Olivier Assayas Das Gesamtwerk • **King Hu** • **Die Provokation der Wirklichkeit** 50 Jahre Oberhausener Manifest [Marquard Bohm, Shirley Clarke, Forugh Farrokhzad, Rainer Werner Fassbinder, Helmut Herbst, Jean Herman, Werner Herzog, Ferdinand Khittl, Roland Klick, Alexander Kluge, Vlado Kristl, Walter Krüttner, Jonas Mekas, Kitamura Minao, Peter Nestler, Enno Patalas, Hansjürgen Pohland, Roman Polanski & Edward Skorzewski, Ferry Radax, Edgar Reitz, Christian Rischert, Raimond Ruehl, Helke Sander, Peter Schamoni, Hans Scheugl, Detten Schleiermacher, Jean-Marie Straub & Danièle Huillet, H. R. Strobel & Heinrich Tichawsky, Szabó István, Alain Tanner & Claude Goretta, Herbert Vesely, Bernhard Wicki] • **Was ist Film** 5–9 • **Die Utopie Film** Kapitel 64. Cameron Crowe, Joseph Kohn, Murray Lerner, Richard Lester, Albert & David Maysles, D. A. Pennebaker & Charlotte Zwerin

SEPTEMBER | OKTOBER

Die Utopie Film – Leben und Kino: 100 Vorschläge • **Luke Fowler** In person • **Premiere** *Senna* (Asif Kapadia) • **Urbanize!** Die Stadt filmen – von unten [Marc Adrian, Herbert Apfelthaler, Guy Debord, FÖJ (Freie Österr. Jugend), Fam. Gebauer, HS Produktion, Kurt Kren, Friedrich Kuplent, Fam. Loebenstein, Medienwerkstatt Wien, Rudolf Palla, Alexander Pöpperl, Jacques Rivette, Ernst Schmitd jr., Manfred Schwaba, Kurt Steinwendner, Theatergruppe Collage, Videogruppe Arena, Robert Wohlmuth] • **Was ist Film** 10–16 • **Lange Nacht der Museen**

OKTOBER | NOVEMBER

Fritz Lang Das Gesamtwerk [Viennale 2012] • **Jack Smith: Flaming Creature** • **Premiere** *Un amour de jeunesse* (Mia Hansen-Løve), *Easy Rider* (James Benning) • **Was ist Film** 17–22 • **Die Utopie Film** Kapitel 65. Für Chris Marker und Tony Scott

DEZEMBER | JÄNNER

Buster Keaton • **Beyond Buster** Amerikanische Filmkomiker 1923–36 [Billy Bevan, Charley Bowers, Charles Chaplin, Charley Chase, Max Davidson, W.C. Fields, Anita Garvin & Marion Byron, Raymond Griffith, Lupino Lane, Harry Langdon, Laurel & Hardy, Harold Lloyd, The Marx Brothers, Thelma Todd & ZaSu Pitts, Mae West] • **Artists at Work: Hommage an Reinhard Wulf** • **Marika Green in** *Pickpocket* • **Weihnachten mit** *The Wizard of Oz* • **Was ist Film** 23–24 • **Die Utopie Film** Kapitel 66. John Ford und Luchino Visconti

PUBLIKATIONEN Gertrud Koch, Volker Pantenburg, Simon Rothöhler (Hg.), *Screen Dynamics. Mapping the Borders of Cinema,* Wien: Synema 2012 [FilmmuseumSynemaPublikationen Band 15] • Kent Jones (Hg.), *Olivier Assayas,* Wien: Synema 2012 [FilmmuseumSynemaPublikationen Band 16] • Olivier Assayas, *A Post-May Adolescence. Letter to Alice Debord,* Wien: Synema 2012 [FilmmuseumSynemaPublikationen Band 17) • Klaus Nüchtern, *Buster Keaton oder die Liebe zur Geometrie. Komik in Zeiten der Sachlichkeit,* Wien: Zsolnay 2012 [Reihe KINO, Band 10] • Ralph Eue, Christian Schulte (Red.), *Provokation der Wirklichkeit. 50 Jahre Oberhausener Manifest. Das Wiener Symposium,* Wien: Synema 2012 • Astrid Johanna Ofner, Stefan Flach (Hg./Red.), *Fritz Lang,* Wien: Viennale 2012 • Fritz Lang, *Erinnerungen an Wien,* Wien: Viennale 2012 [The Useful Book #2] • **DVD** *casting a glance/RR* von James Benning, Hg. ÖFM – Edition Filmmuseum 76 • **DVD** *California Trilogy* von James Benning, Hg. ÖFM – Edition Filmmuseum 78

GÄSTE Olivier Assayas, Morgan Fisher, Michael Snow, Luke Fowler, Marika Green, Michael Haneke, Romuald Karmakar, Mia Hansen-Løve, Reinhard Wulf, James Benning, Karl Markovics, Christian Rischert, Helmut Herbst, Manfred Neuwirth, Manfred Schwaba, Georg Hoffmann-Ostenhof, Eric Rentschler, Hans Scheugl, Drehli Robnik, Elisabeth Büttner, Heide Schlüpmann, Kent Jones, Klaus Nüchtern, Paul Cronin, Klaus Ronneberger, Gertrud Koch, Klaus Kreimeier, Jean-Michel Frodon, Bernard Eisenschitz, Marc Siegel, Diedrich Diederichsen, Peter Kubelka, J. Hoberman u.a.

2013

JÄNNER | FEBRUAR

Valerio Zurlini • **Antonio Pietrangeli** • **Konrad Wolf** • **Heynowski & Scheumann** • **Premiere** *Bernie* (Richard Linklater) • **Was ist Film** 25–28 • **Die Utopie Film** Kapitel 67. Brad Bird, Richard Linklater, Roman Polanski, Alan Rudolph

FEBRUAR | MÄRZ

England's Dreaming Das britische Kino der 60er Jahre [Lindsay Anderson, Michelangelo Antonioni, John Boorman, Kevin Brownlow & Andrew Mollo, Jack Clayton, Clive Donner, Albert Finney, Terence Fisher, Sidney J. Furie, Val Guest, John Guillermin, Mick Gochanour, Guy Hamilton, James Hill, Stanley Kubrick, Richard Lester, Joan Littlewood, Ken Loach, Joseph Losey, Barney Platts-Mills, Roman Polanski, Michael Powell, Michael Reeves, Karel Reisz, Tony Richardson, Wolf Rilla, Nicolas Roeg & Donald Cammell, John Schlesinger, Jerzy Skolimowski, Peter Ustinov, Peter Watkins, Peter Whitehead] • **Ute Aurand** In person • **Was ist Film** 29–32 • **Die Utopie Film** Kapitel 68. Ingmar Bergman, Federico Fellini, Ōshima Nagisa, Nicholas Ray

MÄRZ

Robert Bresson Das Gesamtwerk • **Dominik Graf** Werkschau und Carte blanche [Pasquale Festa Campanile, Philippe Labro, Arthur Penn, Nicolas Roeg, Eric Rohmer] • **»Wir haben Herz«** Auftragswerke: Werbung als Avantgarde • **Was ist Film** 33–36 • **Die Utopie Film** Kapitel 69. Henri-Georges Clouzot, Bruce Conner, Robert Gardner, Kurt Kren, Friedl Kubelka, Paul Leduc, Maurice Pialat, Georgij Šengelaja

APRIL | MAI

Jonas Mekas • **Hanns Eisler** Kompositionen für den Film • **The Climate of New York** Anthology Film Archives zu Gast in Wien [Wallace Berman, Ed Bland, Robert Breer, David Brooks, Tony Buba, Rudy Burckhardt, Bruce Conner, Tony Conrad, Robert Downey Sr., Henry Hills, Richard Kern, George & Mike Kuchar, Danny Lyon, Gordon Parks, Lionel Rogosin, Carolee Schneemann, Paul Sharits, Harry Smith] • **Premiere** *Reality* (Matteo Garrone), *Revision* (Philip Scheffner), *A Messenger From the Shadows* (Norbert Pfaffenbichler), *Korpus Grotesk* (Nik Thoenen) • **Was ist Film** 37–41 • **Die Utopie Film** Kapitel 70. David Cronenberg, Sam Peckinpah, Nicholas Ray, Martin Scorsese, Fred Zinnemann

MAI | JUNI

The Real Eighties Amerikanisches Kino 1980–89 [Robert Aldrich, Bruce Beresford, Martin Brest, James Bridges, Albert Brooks, James L. Brooks, James Cameron, John Carpenter, John Cassavetes, Michael Cimino, Francis Ford Coppola, Alex Cox, Jonathan Demme, Howard Deutch, Brian De Palma, Roger Donaldson, Clint Eastwood, James Foley, Bill Forsyth, William Friedkin, Sam Fuller, James B. Harris, Amy Heckerling, Walter Hill, Dennis Hopper, Steve Kloves, Frank LaLoggia, Sidney Lumet, Jim McBride, Michael Mann, Ivan Passer, George A. Romero, John Sayles, Paul Schrader, Martin Scorsese, Ridley Scott, Roger Spottiswoode, Paul Verhoeven, Jerry Zucker & Jim Abrahams & David Zucker] • **Rock 'n' Roll Will Never Die** Michaela Grill & Billy Roisz • **David OReilly** In person • **Verbrannte Bücher** [Filme nach Bertolt Brecht, Lion Feuchtwanger, Gina Kaus, Arthur Schnitzler, Anna Seghers, Upton Sinclair, Jakob Wassermann, Stefan Zweig – und von Paul Thomas Anderson, Werner Herzog, Hannu Leminen, Lothar Mendes, Max Ophüls, Georg Wilhelm Pabst, Erwin Piscator, Edgar G. Ulmer] • **Haneke über Haneke** Gespräch, Buchpräsentation und Film • **Was ist Film** 42–47 • **Die Utopie Film** Kapitel 71. Rainer Werner Fassbinder, Todd Haynes, François Ozon, Douglas Sirk, Luchino Visconti

SEPTEMBER | OKTOBER 2013

Carnival of Souls Horrorfilme 1918–1966 [Mario Bava, Carl Boese, Tod Browning, Alberto Cavalcanti, Benjamin Christensen, Merian C. Cooper, Roger Corman, Charles Crichton, Basil Dearden, Carl Theodor Dreyer, Robert Enrico, Jean Epstein, Terence Fisher, Fernando de Fuentes, Jess Franco, Georges Franju, Fritz Freisler, Henrik Galeen, John Gilling, Victor Halperin, Robert Hamer, Riccardo Freda, Herk Harvey, Alfred Hitchcock, Erle C. Kenton, Kobayashi Masaki, Herschell Gordon Lewis, Ma-Xu Weibang, Rouben Mamoulian, José Mojica Marins, Friedrich Wilhelm Murnau, Nakagawa Nobuo, Roy William Neill, Edgar Neville, Irving Pichel, Mark Robson, Ernest B. Schoedsack, Shindō Kaneto, Victor Sjöström, Jacques Tourneur, Maurice Tourneur, Edgar G. Ulmer, Paul Wegener, James Whale, Robert Wiene, Frank Wysbar] • **Joe Dante** • **The Shape of Films to Come** Film (1968) und Vortrag von Timothy Druckrey • **Henry Hills** In person • **Was ist Film** 48–54 • **Die Utopie Film** Kapitel 72. Chantal Akerman, Luis Buñuel, Jean Eustache, Monte Hellman, Jean-Marie Straub & Danièle Huillet, John Waters, Thierry Zéno • **Lange Nacht der Museen**

OKTOBER | NOVEMBER 2013

Jerry Lewis [Viennale 2013] • **Sandra Gibson & Luis Recoder** Live Cinema – *Abberration of Light: Dark Chamber Disclosure* • **Ephemere Filme: Nationalsozialismus in Österreich** • **Marseille** Eine Stadt im Film [Marc Allégret, René Allio, Paul Carpita, Jacques Demy, Claire Denis, Jean Epstein, John Frankenheimer, Hugo Fregonese, Robert Guédiguian, Alexander Korda, Cinématographe Lumière, László Moholy-Nagy, Jean Renoir, Angela Schanelec, Maurice Tourneur, Erick Zonca] • **David Gatten** In person • **Was ist Film** 55–61 • **Die Utopie Film** Kapitel 73. Tomás Gutiérrez Alea, Santiago Álvarez, Julio García Espinosa, Michail Kalatozov, Carol Reed, Steven Soderbergh, Humberto Solás

DEZEMBER 2013 | JÄNNER 2014

Satyajit Ray Das Frühwerk • **Nach Indien!** Projektionen aus Europa und Amerika [Alain Corneau, George Cukor, Gustav Deutsch, Marguerite Duras, Charles & Ray Eames, Robert Gardner, Camille Henrot, James Ivory, Fritz Lang, Mark LaPore, Louis Malle, Pier Paolo Pasolini, Michael Pilz, Michael Powell & Emeric Pressburger, Roberto Rossellini, Hans Scheugl, Jonathan Schwartz, Chris Smith, Arne Sucksdorff, Alain Tanner, Leslie Thornton, Otolith Group] • **Martin Scorseses World Cinema Project** [Bahram Beyzai, Lino Brocka, Ritwik Ghatak, Kim Ki-young, Djibril Diop Mambéty, Emilio Gómez Muriel, Mário Peixoto, Shadi Abdel Salam, Ousmane Sembène, Apichatpong Weerasethakul, Edward Yang, Fred Zinnemann] • **Weihnachten mit** *The Wizard of Oz* • **Filme mit den Marx Brothers** • **Was ist Film** 62–63 • **Die Utopie Film** Kapitel 74. Hou Hsiao-hsien, Wong Kar-wai und Edward Yang

PUBLIKATIONEN Christoph Huber, Olaf Möller, *Dominik Graf*, Wien: Synema 2013 [FilmmuseumSynemaPublikationen Band 18] • Nil Baskar, Gabe Klinger (Hg.), *Joe Dante*, Wien: Synema 2013 [FilmmuseumSynema-Publikationen Band 19] • Christoph Gnädig, Christian Schulte (Red.), *Jonas Mekas. Der Flaneur mit der Kamera*, Wien: Synema 2013 • **DVD** *Deseret/Four Corners* von James Benning, Hg. ÖFM – Edition Filmmuseum 87

GÄSTE Jonas Mekas, Joe Dante, Dominik Graf, Dominique Sanda, Isabelle Weingarten, Marika Green, Florence Delay, Michael Haneke, David OReilly, Ute Aurand, Michaela Grill, Billy Roisz, Henry Hills, David Gatten, Sandra Gibson & Luis Recoder, Ulrich Seidl, Johann Lurf, Norbert Pfaffenbichler, Nik Thoenen, Olaf Möller, Pip Chodorov, Johannes C. Gall, Ralf Schenk, Neil Young, Lukas Foerster, Nikolaus Perneczky, Andrew Lampert, Christoph Huber, Hans Langsteiner, Judith Fischer, Daniel Winkler, Adrian Martin, Jonathan Rosenbaum, Chris Fujiwara u. a.

Paolo Cherchi Usai

The Curator Is Present

No film is perfect, not even those on which we are accustomed to bestow the term »masterpiece«, a label as gratifying to the one who proclaims it as much as it is becoming an empty catchword in the critical language on the moving image. The books on cinema that don't use this term at all are as rare as white elephants. The same can be said about film archives and museums: none of them can claim to be flawless in every single aspect of its activities; none is immune from shortcomings of some kind. The Österreichisches Filmmuseum is no exception to this rule. It goes without saying that this kind of remark should apply to every work of art. A fine arts connoisseur, Matteo Marangoni, used to make this his mantra: a body with no imperfections is not worth touching. Any loyal reader of poetry will tell you that you'll be very lucky if you can find a page, a stanza, sometimes a single verse that may be called »perfect« in an 80-page book from the most renowned author. You read the words, you savor their rhythm and the images they invoke, and you sometimes end up keeping the book close to your heart, making it part of your life. It may not be »perfect«, but you have found a few, tiny fragments in it that are more than enough for you to think that this book has become »necessary«, and has a reason to exist. It is a rare, magic moment when you feel that you have encountered something special, a moment of grace, fulfillment, and transcendence. That moment becomes part of who you are, and you feel you have become a different, better person because of it. This is the reason why we read again the same poem, we look again at the same painting, and we listen to music we are very familiar with. We know it will give something different every time. It will grow with us. It will age with us. It will die with us eventually, but it will stay insofar as someone will remember us, a »necessary« part of the memory of who we were.

It's time to go out of this abstract, perhaps lofty, metaphor and look at a sign posted on a wall in Augustinerstraße. It's a bilingual plaque. It says, »The Austrian Film Museum is a cinematheque. Exhibitions take place on the screen«. This is the Rosetta Stone for a whole way of thinking about the moving image. The first sentence tells us what the Filmmuseum is not. For better or worse, human beings attach the notion of »museum« to objects. This is why there are »film museums« where you see things that are related to film, but are not films: posters, costumes, machinery, set designs, memorabilia of all sorts. These objects are often historically important. They are sometimes also beautiful, either because their creators wanted them to be so, or because they are endowed with a beauty involuntarily attributed to them over time. They tell the story of what the moving image wanted to be, of how it was made, promoted, explained, and exhibited. They have a »story« of their own, and they deserve to be respected and celebrated as such. They are not moving images; they are witnesses to something else, something that is not an object and cannot be »touched« in the conventional sense of the term.

The difference between the tangible evidence of the »film-related« artifact and the film itself is not meant to establish a hierarchy of any sort. After all, these objects are the evidence of what the film was meant to be, a promise of its forthcoming appearance or a memento of its life, a material trace of its existence beyond the minds of its spectators. Still, when the memento is shown separately from its source, without the event that required the presence of the set designs, posters, costumes, machines and memorabilia, one can't help recognizing that something is missing. Why are we looking at all this? What meaning should we infer from their survival? What kind of emotions are we expected to summon from the experience of something that is the harbinger or the consequence of a visual event, but is not the event itself? Without the event, these objects are mute. They are alive, but they don't breathe. They remind us of something, but we don't know what it is if we are not familiar with the event itself. If we are, the best they can do is to underline the absence of the real thing, and let us tell others about an occurrence we can only talk about, but not share. Look – once upon a time there was this film. Look – it was famous, and seductive, and beautiful. Look – this has to do with something I have seen.

Famous, yes, and perhaps beautiful, but as for the »seductive« part, I don't know. Every time I enter a »cinema museum« full of these venerable artifacts, I am slowly but inescapably pervaded by a subtle, unspeakable sadness, the kind of sadness that one feels when the real thing – in art, in culture, in our emotional life – is replaced by an *ersatz*, like the brushes used for a painting that isn't there for us to admire. Rather than making me feel the urge to watch a film – or to watch it again – a poster, a costume or a miniature set design gives me a longing for something I wish I had experienced. I may identify with the spectator of a bygone era, but I feel no joy about it. The film isn't there. There is another element to my sadness: it's the feeling that I am being shown these relics because they are more »museum-like« than cinema itself. They are presented as if they were paintings and sculptures; that is, as artifacts that are more legitimately endowed with the qualities one would expect in a fine arts gallery. Apparently, a white screen in an auditorium isn't »museum-like« enough to be treated as a peer.

I make no apology for preferring the painting to its brushes, and I feel vindicated by that sign. »Exhibitions take place on the screen«: yes, that's what I want to hear. The simple, self-evident truth that is too often forgotten is that the screen is a wall in the exhibition gallery for moving images. Rather than fearing that film archives and museums may one day be treated like »fine arts« institutions, I think of this as a very unlikely dream. We all know it won't happen, but I remain convinced that it should. The location of the Filmmuseum's sign is significant. It is placed in the same building where the Albertina Museum is located. Here are two museums, living together, working with the same goal, with the same ambitions, in the same spirit. It's a good thing. Every museum of the moving image should display a sign with those words.

Looking at that sign, I am also struck by the Filmmuseum's ability to ensure the continuity of the vision expressed in those words. For many years Peter Kubelka, one of the founders of the institution, had seized the attention of the delegates at the annual gatherings of the International Federation of Film Archives. Every year, for one reason or another, Peter would find a way to show that there was no reason for film curators to question the rationale of their mission. At one session in Havana, back in 1990, Kubelka took a small portable 8mm projector and explained its mechanism to an amused and vaguely distracted audience. »Look,« he said, »look how simple it is. It only needs an electric cord. You plug the cord in an outlet, and it works, wherever you are.« By demonstrating the use of that home movie device, Kubelka was proving that cinema can exist everywhere, as long as you want it to exist. At that time, most of us were listening to him with the gentle condescension one may offer to the eccentric sibling in a conservative family. Time has proven him right, as he had predicted. The Filmmuseum is the tangible vindication of his wisdom.

What I mean by »continuity« is also expressed by the Filmmuseum's leadership. The Filmmuseum's creative trajectory has been remarkably linear as much as it has been transparent. It is an orbit drawn under the sign of curatorship in the purest sense of the term. In the fine arts, a good curator is not only skilled in the selection of the works to be exhibited and in their interpretation, but also in the exhibition itself: choosing the right background color for the walls, the most appropriate lighting, the distance between the canvases, the size and shape of their frames, if any. A curator's personality can be detected from these criteria as much as from the choice of the works on display. We judge a fine arts exhibition by that. We judge its curator by these complex, demanding, often elusive parameters.

When watching a film in the exhibition gallery of the Filmmuseum we feel – to paraphrase the acclaimed work by Marina Abramović at the Museum of Modern Art in New York – that »the curator is present.« We know they are there, even when they are not attending the show. Once can sense it by the care with which the picture is hanging from the wall: the precision in framing, the amount of light on the screen, the acoustics, the serene darkness of the surroundings. The film curator's hand is visible in other details, imperceptible to most: how the lights are dimmed before the exhibition, how they are resumed after its end. I don't need to agree with all that he or she does. For years, silent films have been shown without live music and I disagree with that, but I respect the choice because I understand where it comes from. I know why lights come up for several seconds between each short film. I know why the flickering of the three-blade shutter in the projector is so smooth.

The curators of the Filmmuseum have demonstrated unequivocally that »content« has nothing to do with what a museum does or should do. Despite all the claims to the contrary, images don't speak by themselves; to the extent that they are the result of a creative endeavor, they require and deserve to be cared for by an intermediary. The Filmmuseum has taught me that the term »film experience« is not enough to explain curatorship, in that it puts all the burden on the viewer while disengaging it from the role of its messenger: the curator. For a brief period of time I thought one could find a substitute in the notion of cinema as a performing art; it was better than »experience«, in that it emphasized the »live« component of the exhibition through the work of a projectionist. Still, there was something amiss in this formula. What we call a »performance« is fundamentally the outcome of a human action; cinema is more than that. It is a human action involving an apparatus whose mechanisms bring to life someone else's »performance« with other machines, other people, and other ideas. This synthesis can only be called an »event«.

It is through the creation of a cinematic event that the Filmmuseum fulfills its role as a cultural institution. By all intents and purposes, its curators have thus fulfilled their mandate to protect, restore and show the history of cinema. We are accustomed to think of film preservation as the art and science of safeguarding moving images through a laboratory process – whether analog or digital – that guarantees their survival over time. In this sense, other institutions have achieved a greater reputation than the Filmmuseum. They »restore« more films, they store them in better equipped storage vaults, and they have better resources to duplicate them according to the highest technological standards. Yet, when the »restoration« is done, moving images are too often left to their own destiny, as if the preservationists' duties had ended there. The Filmmuseum picks up the job where the others have left it unfinished. It is there, in the screening room, that the work is truly brought to completion. The Filmmuseum is very much a major player in film preservation. It does so by exhibiting moving images the way they should be displayed.

There is a short story by Stefan Zweig, »The Invisible Collection«, in which an art dealer meets a blind man who owned what used to be a remarkable set of rare etchings. After the catastrophe of World War I, the collector's daughters had been forced to sell the most valuable pieces in order to pay the family's debts. They don't dare to tell their father, though, and he still thinks that the etchings are there, in a lovingly kept portfolio. When the art dealer comes to look at the collection and realizes that most of the worthwhile items are gone, the old man touches his possessions and, for a moment, is puzzled by what he feels under his fingers. The paper doesn't feel the same; the creases are different, or they are just not there. His daughters hold their breath: is he going to find out that his collection has gone? When a film is projected at the Filmmuseum, I identify myself with that connoisseur, with a difference: being in that auditorium makes me realize that I have been blind all along, and that the Filmmuseum has helped me regain my sight by »touching« cinema as I have never done before.

This realization came to me in November 2010. I had been invited by the Filmmuseum to curate a series on D.W. Griffith. One of the films I selected is one of Griffith's best shorts made for Biograph, *The Sands of Dee* (1909). The plot revolves around a fisherman's daughter who is seduced and then abandoned by a painter from the city. He had given her an engagement ring, but his declared love for her was nothing but a lie. I have seen this film many times over the years, and have always thought that the ring played an important symbolic function at the end of the film: rejected by her suitor, the girl throws the ring in the ocean before dying. All the books and articles I had read about the film had not only confirmed that, but actually attributed great significance to that detail. I hasten to add that *The Sands of Dee* is preserved in a less than perfect print, a very grainy duplicate from extant original material. Then, I saw it at the Filmmuseum and quickly realized – after having forty years of repeated viewing – that what the girl had thrown into the waves wasn't a ring, but a few coins given to her by her mother. It was the very same print I had seen many times. The luminosity of the screen and the quality of the lens made the difference and allowed me to realize I was wrong. The mistake was not only mine, but it didn't matter. The Filmmuseum, this appointed place where exhibitions happen on a screen, had opened my eyes to see this film anew.

DOMINIQUE SANDA – »Elle« (*Une femme douce*)
FLORENCE DELAY – »Jeanne« (*Procès de Jeanne d'Arc*)
MARIKA GREEN – »Jeanne« (*Pickpocket*)
MICHAEL HANEKE
ISABELLE WEINGARTEN – »Marthe« (*Quatre nuits d'un rêveur*)
Im Uhrzeigersinn von links oben: Les Interprètes de Bresson. Vier Darstellerinnen und ein großer Bewunderer der Werke von Robert Bresson kamen im Frühjahr 2013 zu dessen Ehren zusammen und stellten im Filmmuseum jeweils »ihren« Bresson vor.

ROBERT BEAVERS, 2010
MICHAEL SNOW, 2012 (mit Peggy Gale)
JONAS MEKAS, 2013
Aus zahlreichen Gästen wurden Freunde des Filmmuseums. Einige von ihnen haben regelmäßig, über fünf Jahrzehnte hinweg, das Filmmuseum-Publikum *in person* und mit ihren Filmen begeistert. So auch die hier versammelten Bürger jenes Gemeinwesens ohne Grenzen, das Jonas Mekas in *Birth of a Nation* (1996) beschrieben hat: einer Zivilisation freier, unabhängiger Weltkinomenschen.

Ulrich Gregor

Das Österreichische Filmmuseum

Das faszinierendste Moment am Österreichischen Filmmuseum ist für mich, dass hier ein ausgewogenes Verhältnis zwischen den manchmal kontroversen Hauptpolen von Filmmuseen besteht: dem Sammeln und Konservieren auf der einen und der Präsentation von Filmen mit kuratorischer Sorgfalt und Ambition auf der anderen Seite. Genauer gesagt: man kann den Eindruck gewinnen, dass hier die Arbeit mit Filmen, die Vermittlung von Filmgeschichte und aktueller Kinematografie auf der Leinwand die Sammeltätigkeit des Museums motiviert und in jedem Stadium determiniert. Die Sammeltätigkeit ist hier weniger das Ergebnis eines staatlichen Auftrags zur Konservierung des nationalen Filmerbes (wie es in vielen Ländern üblich ist), sondern die Aktivitäten des Museums sind gewissermaßen ein Ergebnis, eine Weiterführung der Programmarbeit. So klingt es auch in programmatischen Äußerungen der Museumsgründer Peter Kubelka und Peter Konlechner: »Die einzigen Ausstellungsstücke sind die Filme.« Diese Position ist mir sehr sympathisch, sie ähnelt den Maximen – und der Entstehungsgeschichte – unserer eigenen Institution, den (einstmals) *Freunden der Deutschen Kinemathek,* jetzt: *Arsenal – Institut für Film und Videokunst.* Ein Gleichklang ist da auch, wenn die Hauptanliegen der Arbeit im Mission Statement des Filmmuseums formuliert werden: »Filmgeschichte und Gegenwart in einem gemeinsamen Bezugsfeld zu betrachten und zu vermitteln ... die Förderung eines kulturellen Klimas, das ... auf der Berücksichtigung minoritärer Interessen und auf demokratischen Formen der Auseinandersetzung beruht.«

Reflektiert wird die Problematik der Selbstdefinition auch in der bemerkenswerten Buchpublikation des Filmmuseums, *Film Curatorship – Archives, Museums, and the Digital Marketplace* (2008). Hier findet eine »grundsätzliche Diskussion über das Medium Film und seine Vermittlung im Kontext von Museen und Cinemathequen« statt, die getragen ist von »Parteilichkeit, Leidenschaft und Positioniertheit« (so die Zeitschrift *Kolik. Film*). Eine bessere Definition des Österreichischen Filmmuseums – und zugleich eine universellere Zielsetzung – könnte es kaum geben.

Die monatlichen Programmhefte des Filmmuseums sind von der Art, dass man sie auf keinen Fall nach Gebrauch entsorgen kann, sondern man muss sie unbedingt aufbewahren, so schöne Texte und brillante Programmideen enthalten sie – und übrigens auch großartig ausgewählte Fotos. In diesen Heften, alten und neuen, zu blättern, heißt Ausflüge und Spaziergänge in phantastische und faszinierende Filmlandschaften zu unternehmen. Immer neue Ideen tauchen auf, nicht zuletzt Anregungen für die eigene Arbeit. (Um die Hefte, deren Zahl ständig anwächst, richtig aufzubewahren, bräuchte man ein speziell konstruiertes Bücherregal.)

Da sind immer wiederkehrende Höhepunkte die zyklischen Programme, eine fortlaufende Achse der Programmarbeit, vielleicht deren Rückgrat: die Reihen »Was ist Film« und »Die Utopie Film«. Hier werden scheinbar unvereinbare Filmwerke zusammengeschmolzen, wie es sonst an keinem anderen Ort geschieht, wobei die Avantgarde einen Zentralpunkt einnimmt: Méliès steht neben Vigo und Markopoulos, Mekas neben Kren und Dreyer, Brakhage neben Dovženko (von ihm läuft der wunderbare, aber wenig bekannte Film *Aerograd*), Karl Valentin neben George Kuchar. Das sind geniale Zusammenstellungen und Konfrontationen. Unverkennbar ist in dieser Programmierung die Handschrift von Peter Kubelka. Gut, dass hier der amerikanischen Avantgarde ein fester und unverrückbarer Platz eingeräumt ist.

Ebenso brillant ist das Konzept der »Utopie Film«, die monatlich wechselnde Konstellationen anbietet. Hier steht (zufällig herausgegriffen) Nicholas Ray neben Nagisa Ōshima und dem unvergesslichen Meisterwerk des georgischen Films, *Pirosmani* von Georgij Šengelaja. An anderer Stelle kommt Hanns Eisler mit Jonas Mekas und den Anthology Film Archives aus New York ins Gespräch. Selbst meinen total vergessenen Lieblingsfilm *Microcultural Incidents in 10 Zoos* (1971) von Ray L. Birdwhistell entdeckte ich in einem Programm. Diesen Film hat uns übrigens unser guter und enger Freund Amos Vogel empfohlen.

Womit ich bei einem anderen Thema bin: den Hommagen und Erinnerungen an große Persönlichkeiten des Films, die sich immer wieder im Programm des Österreichischen Filmmuseums finden. So gab es am 18. April 2011 einen »Abend für Amos Vogel«, eine Würdigung des Lebens und der Lebensleistung dieser Zentralfigur des unabhängigen US-Films, Gründer des Verleihs und Filmclubs *Cinema 16* und Verfasser des wegweisenden Buchs *Film as a Subversive Art*. Amos Vogel, 1921 in Wien geboren und 1939 von dort vertrieben, bis zu seinem Tod 2012 in New York lebend, konnte mit seiner Geburtsstadt ein bewegendes Wiedersehen feiern – und seine gesamte Bibliothek hat nun ihre Heimstatt im Österreichischen Filmmuseum gefunden. Zu dieser Hommage erschien bei Synema-Publikationen eine denkwürdige Broschüre, *Amos Vogel – Ein New Yorker Cineast aus Wien*. Man möchte sie nach der Lektüre nicht mehr aus der Hand legen.

Die Publikationen des Österreichischen Filmmuseums sind Legion und gehen in die Frühzeit des Hauses zurück. Immer wieder kreisen sie auch um die Person des großen sowjetischen Dokumentaristen Dziga Vertov. 2006 erschien ein fundamental wichtiges Buch, *Dziga Vertov – die Vertov-Sammlung im Österreichischen Filmmuseum*, herausgegeben von Thomas Tode und Barbara Wurm. Schon 1974 gab es im Filmmuseum eine Vertov-Ausstellung, betreut von Peter Konlechner, zu der damals auch Vertovs Schnittmeisterin und Lebensgefährtin Elizaveta

Svilova anreiste. Als Folge dieser Ausstellung und der langjährigen Bemühungen von Peter Konlechner um den Vertov-Fundus (wie mühselig das war, kann man in dem Buch nachlesen) verblieb die Vertov-Sammlung beim Österreichischen Filmmuseum. Sie ist jetzt auch als Online-Datenbank zugänglich.

Sowjetische und russische Filme bilden einen permanenten Schwerpunkt in der Arbeit des Filmmuseums – immer wieder tauchen alte und neue sowjetische und russische Filme in den Programmen auf. Die schönsten Titel und Namen reihen sich aneinander, neben den bekannten Größen des Sowjetfilms z. B. auch Werke von Lev Kulešov und Boris Barnet, dem erst kürzlich wiederentdeckten Pionier und Kult-Regisseur. 2012 gab es die Retrospektive »Tauwetter. Aufbrüche im sowjetischen Kino 1957–67«, bei der auch die in der Perestrojka-Zeit wiederveröffentlichten »Regal-Filme« liefen, darunter Werke von Larisa Šepit'ko und Marlen Chuciev. In diesem Zusammenhang war es für uns eine besondere Freude, unsere im Keller lagernden Bestände alter Jahrgänge der russisch / sowjetischen Zeitschrift *Iskusstvo kino* an das Österreichische Filmmuseum zu geben.

Inzwischen ist das Österreichische Filmmuseum zu einem allseits anerkannten Zentrum für Forschungen über den russischen und sowjetischen Film geworden. Dazu gehört auch die Veröffentlichung aller erhaltenen Folgen von Vertovs Wochenschau *Kinonedelja* (1918–1919) auf der Internetseite des Filmmuseums, ein geradezu monumentales und beispielhaftes Unterfangen, das unbekannte und unerwartete Einblicke in den Alltag der ersten Nach-Revolutionsjahre in der UdSSR gewährt – für jeden Benutzer vom heimischen Computer-Bildschirm aus. Diese rauen, aber authentischen Wochenschau-Bilder finden ihre Entsprechung in der Publikation filmhistorischer DVDs aus dem Umkreis des frühen sowjetischen Kinos durch das Österreichische Filmmuseum, so Vertovs *Ėntuziazm* (1930, in der Originalfassung und in der Rekonstruktion durch Peter Kubelka), *Ein Sechstel der Erde* (1926) und *Das elfte Jahr* (1928, beide mit Musik von Michael Nyman) sowie Kulešovs *Nach dem Gesetz* (1926), neben vielen anderen Titeln.

Neben den atemberaubenden Zusammenstellungen – so im Dezember 2011: Robert Mitchum und Santiago Álvarez, Luis Buñuel und die Marx Brothers – konzentriert sich das Filmmuseum in seiner Programmarbeit noch auf andere Schwerpunkte: da ist das asiatische Kino und, immer wieder, die internationale Avantgarde. In Venedig zeigte das Filmmuseum die restaurierte Fassung des thailändischen Films *Mysterious Object at Noon* (2000) von Apichatpong Weerasethakul, im Juni 2012 lief eine Retrospektive des zu früh verstorbenen chinesischen Regisseurs King Hu mit sehr seltenen Filmen sowie seinem Meisterwerk *A Touch of Zen* (1971). Seijun Suzuki war eine andere Retrospektive gewidmet. Und die Avantgarde: Michael Snow, Morgan Fisher waren erst kürzlich zu Gast im Österreichischen Filmmuseum. Aber nicht nur mit der Ästhetik des modernen Kinos beschäftigt man sich in Wien, sondern auch politisch-historische Themen kommen regelmäßig im Programm vor, wie zuletzt etwa »Ephemere Filme zum Nationalsozialismus in

Österreich« oder »Verbrannte Bücher« – in dieser Reihe wurden Filme versammelt, die auf den Werken jener Autoren basierten, die von den Nazis öffentlich verbrannt wurden. Auf so eine Programmidee muss man erst einmal kommen!

Man könnte diese Streifzüge noch quasi endlos fortsetzen und sich über filmische Perlen freuen, Querverbindungen zwischen den Titeln und Namen entdecken. Aber wer nicht in Wien lebt und nicht täglich das Filmmuseum aufsuchen kann, dem bleibt der Blick in die regelmäßig eintreffenden Hefte – sie vermitteln Begegnungen mit immer wieder neuen, unendlich faszinierenden Landschaften des Kinos.

Die Aktivität des Österreichischen Filmmuseums liefert auch eine Erklärung dafür, dass es heute in Österreich so eine lebendige, sich stetig entwickelnde Filmkultur gibt, unter Einschluss der Avantgarde, der Produktion und dem Verleih von Experimentalfilmen, die hoch profilierten österreichischen Filmfestivals nicht zu vergessen. Das Museum ist selbst ein zentraler Teil dieser Filmkultur und erweist in seinen Programmen auch dem österreichischen Kino immer wieder den Tribut, den es verdient. Dass dieses Kino wahrgenommen, diskutiert und weiterentwickelt wird, ist auch das Verdienst des Österreichischen Filmmuseums.

DUŠAN MAKAVEJEV, 2011 (mit Jurij Meden)
PAUL SCHRADER, 2011

ROMUALD KARMAKAR, 2010 / DOMINIK GRAF, 2013
JOE DANTE, 2013 / OLIVIER ASSAYAS, 2012
Vier Filmemacher, deren Werke zu den wesentlichen Zeugnissen der Ära nach der Moderne gehören. Dies sagt nicht, dass sie es an Wachheit gegenüber den »modernen Zeiten« fehlen lassen; im Gegenteil. Es sagt nur, dass das Kino nach 1980 zugleich zu etwas Neuem und »Älterem« wird; dass es nicht mehr auf eine selbstverständliche Massenbasis bauen kann; und dass es für genuine Filmautor/inn/en schwieriger geworden ist, Kontinuität in der Arbeit zu bewahren und sich dennoch treu zu bleiben. Den hier abgebildeten Regisseuren hat das Filmmuseum jeweils eine Retrospektive und eine Monografie gewidmet: Romuald Karmakar (oben rechts; und links mit seinen Komplizen Olaf Möller, Manfred Zapatka und Hartmut Geerken), Dominik Graf (unten links; und rechts mit Autor Christoph Huber), Joe Dante (rechte Seite oben, mit seiner Partnerin und Produzentin Elizabeth Stanley) und Olivier Assayas (rechte Seite unten).

Alexander Horwath

Dear Tacita

2011

I am struggling with the mission you gave me. There is certainly no lack of reasons for supporting the continued existence of film. Quite the opposite – and this is my problem: the reasons seem so manifold and obvious that I can't fathom why anyone in their right mind would want to assume that »analogue film is completely replaceable by digital media without any loss.« Why should *any* analogue art form be completely replaceable by digital media?

No, I'm not going to take a faux-naïve stance. I do realize that we've become engulfed by the totalitarian dream of a new world-at-our-doorstep. At this doorstep, all sorts of things must first be lost (replaced) in order for their imagined content to enter the celestial realm of losslessness. Analogue tools and artifacts must become easy to handle and be rendered as numbers. They must get rid of themselves – of their inbuilt material resistance, their unique physical characteristics and the concrete history inscribed in their bodies. Just like the free flow of capital has successfully shaken off its ties to the real world economy, the free flow of content no longer wants to be chained to the matter from which it was born. Derivative activities abound.

As far as I can see, this dominant fantasy / ideology / religion and its attendant rhetoric can only be countered in our field if we are willing to accept a process that seems unpleasant to many.

1. On a wider, industrial scale, film will go away very soon.

2. For a long while, almost everyone will continue to say »film« when they are actually referring to something else.

3. For a long while, artists who continue to shoot, edit and exhibit film, as well as curators who dedicate themselves to preserving and presenting film / cinema as a working system of objects, machines, and public performances, will be widely denounced as nostalgic, reactionary, elitist.

4. The place of film will be the museum.

The upside is similarly clear to me, and as the word implies it might also involve an uphill battle here or there.

4. The museum is not the worst place to end up, quite the opposite. Even in the most »unthinking« museum, the strange material shape of the artifacts reminds visitors of alternative forms of social and cultural organisation and, therefore, that the currently dominant forms and norms are not the only ones imaginable: forms and norms are never »natural«, but historical and man-made. It will, of course, be necessary – and this is already slowly happening –

for museums to act as responsibly and respectfully towards the film artifact (and the historical system of performing film publicly) as they have done with other types of materials – and as some film museums have been doing for decades.

3. At a point in time where progressiveness in cultural politics and in the so-called creative industries is no longer tied to any social or political project and almost exclusively to technological advances, bureaucratic discourse and economic greed, the »reactionary« or »elitist« is often the only person still willing to question the status quo and engage with historical and utopian concepts. Today, the expression ›*You're history!*‹ is meant as an insult, not as a factual statement. Isn't it essential, therefore, to side with those so insulted in order to keep alive any notion of historicity?

2. As soon as film fully arrives at the museum, it will become (a bit) easier for educators, journalists and media practitioners to update the general lingo – to reconnect the term »film« to its original meaning and to the actual medium. The entertainment industry and the large majority of other moving image practices will, by necessity, move further and further away from what can be contained by »film«, and they will continue to do so. This is not a bad thing.

1. Today digital is the norm. Film has become an obstacle. Its »obstacular« nature is both its biggest weakness (in the wider world of the economy, media and entertainment) and its biggest strength (on its way to the museum and towards being accepted in society as a uniquely different, historically limited, but enormously influential technology and art form). In order for film's original strength to be preserved (other influential art practices in history are also being preserved *as such* and not only as digital versions of themselves), all citizens and institutions who care about art, history and democratic alternatives must address film's current weakness in a hard and clear manner:

The medium of film and its technology will not survive if left to its industrial function. Film, as a medium, will have to receive more financial input than will ever be recouped. The difference in monetary terms – public cultural spending – will have to be relatively large, but not nearly as large as the public spending already considered today for the »digitization of our film heritage«. This difference will increasingly be compensated for (and eventually exceeded) by values other than financial, such as social, cultural, educational values and their collateral (status). This has happened with other art forms. It will be necessary, as has been the case with other »obsolete« art forms, to not let the techniques, tools and materials of the art form be discontinued. They will be needed specifically for museum purposes (restoration, duplication, exhibition) and for those artists who choose to keep working with film. Therefore, the most immediate step is to ensure, through public intervention and financing, the continued production of film stocks, printing, editing and projection machinery and the perpetuation of all related professions and systems of training. Museums, film archives and interested filmmakers will have to get the ball rolling

Schablonenkolorierter 35mm-Nitrofilmkader aus *Maudite soit la guerre* (1914) von Alfred Machin, gedreht am Vorabend des Ersten Weltkriegs

and make their sponsors (public and private) aware of the necessities, so that the conversation with the relevant producers of film stock and machinery as well as with the existing laboratories can begin. It should have begun much earlier, of course.

The image I have selected for this page represents one of 2254 film frames gathered and »scissored« by an anonymous man during his childhood, the final years of the Austro-Hungarian Empire (1913–1918). This collection came to the Film Museum in 67 small envelopes, most of them self-built with semi-transparent paper. Each of the envelopes contained roughly 35 individual frames ordered according to the collector's personal poetics. The man depicted in the frame is encircled by various displays and images. He seems to be at a loss. He looks inside himself. It is not clear to me if he should be seen as a pessimist or as an optimist. I also wonder what the sabre is for.

With my warmest regards
Alex

Erstveröffentlichung in: Tacita Dean. Film, *edited by Nicholas Cullinan, London: Tate Publishing 2011*

Helmut Färber

David Abelevič Kaufman und Erich Hans Oswald Carl Maria Stroheim von Nordenwald oder Der Wind weht wo er will.

I

Österreichisches Filmmuseum.

Früheste Erinnerung: an eine Fahrt oder Wallfahrt von *Filmkritik*-Leuten nach Wien, denn etwas Unerhörtes sollte es dort geben: alle, sämtliche Filme von Buñuel. Und so dann wirklich, Abend für Abend, Film für Film, alle Filme die es gab bis damals, 1969 muß das gewesen sein, Buñuel weiter in voller Tätigkeit. Die Entdeckung, damals, dieser kleinen mexikanischen Filme, ihr pragmatisches, direktes, wortwörtliches Erzählen, von Leidenschaft, Tod, Irrealem gerade so wie vom täglich alltäglichen Leben. Und LA ILUSIÓN VIAJA EN TRANVÍA – ist gleich ein Lieblingsfilm von Wolfram Sch. geworden, und nicht von ihm nur.

Damals zum ersten Mal erlebt, was eine wirkliche Retrospektive sein kann: die Wahrnehmung eines jeden einzelnen Films intensivierend. (Die Patalas-Zeit am Filmmuseum München kam erst später.)

Großer Eindruck, den dieses arbeitende Filmmuseum Wien damals gemacht hat:

Grundenthusiasmus, Fleiß;
höchster Anspruch, an sich und an alles;
schärfster, eigenster Qualitätssinn;
Tatkraft, Weitblick, Strategie;
das Sofa, auf dem Groucho Marx gesessen hat;
Aversion, Mißtrauen gegen Kompromisse;
Sachkenntnis, Sachverstand, angewandt, durchgesetzt bis ins technisch konkret Einzelnste;

Meister Konlechner, aus dem Vorführraum mit dem Feldstecher die Schärfe des Bildes auf der Leinwand prüfend – ob das die Erinnerung dazuerfunden hat? Eher nicht; könnte auch nur in Wien erfunden sein.

Einmal am Vormittag gab's für die auswärtigen Gäste eine Vorführung von Vertovs SINFONIJA DONBASSA/ÈNTUZIAZM.

Muß in diesen Jahren noch eine Reise zum Filmmuseum Wien gewesen sein, für Western; denn da ist die Erinnerung, dort in Wien nach BIG SKY zu Ulla Z. gesagt zu haben, dieser Indianer, der Poordevil, der den spielt, kommt der nicht auch in RED RIVER vor, und ist das nicht auch dieser Alte in den SEARCHERS? Aber das war ihr schon bewußt; in Wien war ein Anfang oder war überhaupt der Anfang von zwei *Filmkritik*-Heften von Wolf-Eckart Bühler, Grundheften: John Ford's Stock Company (Januar 1972, Nr. 181) und Hank Worden (September/Oktober 1977, Nr. 249/250).

»Years roll by« – wie in THE UNCHANGING SEA von Griffith. Viele Jahre nicht mehr nach Wien gekommen.

Kamen stetig aber von dort die Programme, auf diesem braunen sauber gefalteten Packpapier, immer von neuem des Staunens, Bewunderns wert, und so immer von neuem die Filmtexte darin von Harry Tomicek. Waren dann einmal die Packpapier-Bogen zu Kleinoktav-Heften geworden, den seither als verbündet begrüßten.

»After many years« – wie in ENOCH ARDEN von Griffith – endlich doch wieder nach Wien. Filmmuseum, Fritz Lang, Retrospektive, Peter Kubelka festliche Vorlesung, Vorführung.

Das Filmmuseum vorgefunden in voller Tätigkeit, Alexander Horwath conducting.

Glück, vormals Bewundertes jetzt wiederzufinden, verwandelt: seltenes Hoffnungsglück wahrhaft, angesichts vielfacher, auch planvoll betriebener Zerstörung eigener überlieferter, zu überliefernder Kultur. (Pro domo BRD.)

Die Arbeit eines Filmmuseums geschieht dabei nunmehr in einer gegenüber vormals ganz veränderten Situation – Situation, durch welche die Filme, wie es sie bisher gegeben hat, zu etwas Vergangenem geworden sind.

Vergangenheit geworden, was doch eben noch Gegenwart war: die kinematographischen Filme, die es nur geben konnte mit dem Kino – das ist die vorige Gegenwart. Die digitalen oder digitalisierten Filme, die es im Kino gibt, aber mehr noch auf vielerlei andere Weisen – das ist die gegenwärtige Gegenwart.

Man mag diese Veränderung, diesen Bruch so oder anders definieren, datieren – offenbar ist: das Kino hat, die Filme haben aufgehört, »eine unerschütterliche, halb mythische Institution« zu sein. (Formel von Enno Patalas.)

II

»Wenn alle seriösen Lyriker, Komponisten, Maler und Bildhauer gesetzlich gezwungen würden, ihre Tätigkeit einzustellen, würde das nur ein ziemlich kleiner Teil des allgemeinen Publikums bemerken und nur ein noch kleinerer es wirklich bedauern. Geschähe dasselbe für den Film, wären die sozialen Folgen unabsehbar.« So unabsehbar wie von Erwin Panofsky zur großen Zeit des Kinos zurecht vermutet, würden die Folgen jetzt nicht mehr sein; ein Verbot von Videospielen wäre gravierender.

Dabei aber sind die Videospiele nicht eben nur eine neue Phantasiewelt-Darstellung und -Form, die eine vorige, die Kinofilme, verdrängt. Denn die Videospiele sind nicht, wie es die Kinofilme waren, ein Phänomen für sich: sie sind vielmehr eines der Teilstücke des Fernsehen / DVD / Videospiel / Smart-Phone / I-Pad / Büro-Computer / Privat-Computer / EMail / Internet-Zusammenhangs.

Es ist also eine weiter reichende Veränderung, die sich hier beobachten läßt: Realwirklichkeit und Phantasiewirklichkeit stehen nicht mehr so sehr einander gegenüber, als daß sie sich vielfach durchkreuzen und durchmischen. Und damit zusammenhängend, zusammengehörig, daß der Umgang mit der eigenen Lebenswirklichkeit und mit anderen Menschen zunehmend über Apparate geschieht, und dies auch bevorzugt ist. (Mit Tendenz zur Sucht.)

In den Filmen des Kinos, im Hollywood-Kino hat der Kapitalismus probiert, dauerhafter mit der Phantasie sich zu verbünden. Seither hat er sich noch anderem zugewandt. Er hat jetzt die Universitäten unter sich, Lehre und Forschung, die Zuständigen machen auch diesmal mit. Museen und Denkmalpflege vermarkten nach seinen Wünschen. Mit den digitalen Technologien und Selbstüberwachungen reicht er ins Innerste der einzelnen Psyche hinein. Er braucht das Kino nicht mehr.

Der Unterschied, die Mutation von kinematographisch zu digital / numerisch:

ob die Veränderung rein technisch ist; oder bloß ontologisch; oder bloß moralisch; oder gar keine?

Oder nur ein weiteres Mal die Verschiebung von materiell zu immateriell? Erdenfilm gegen Weltraumfilm?

Die Qualität digitaler Aufnahme und Wiedergabe von bewegten Bildern wird von der Industrie ständig perfektioniert, so sehr, daß kinematographisch und digital zuweilen auch für Kundige kaum mehr zu unterscheiden sind.

Zu bedenken auch, daß durch die digital numerischen Techniken ganz andere, weil weniger Geldaufwand erfordernde Weisen des Filme-Realisierens möglich geworden sind. Waren zur kinematographischen Zeit industrielle und einzeln persönliche Filmproduktion einander fern, so scheinen nunmehr vielerlei mehr oder minder taugliche Möglichkeiten zu bestehen dazwischen. Manch einer glaubt jetzt, er kann filmen, wie manch einer glaubt, daß er schreiben kann. Sehr viele Filme entstehen; viele davon verschwinden ohne daß, wer von ihnen vielleicht berührt worden wäre, je hat erfahren können, daß es sie gibt. Was künstlerische Freiheit genannt wird, ist nicht größer geworden. Der kulturelle Betrieb, unangreifbar anonym, zermürbt, zerstört Eigenständigkeit und Widerstand.

III

Die kinematographischen Filme, alle Filme, die es gegeben hat, das heißt in ihrer Gesamtheit – sie wären für die Selbsterkenntnis des 20. Jahrhunderts Zentralphänomen gewesen, noch mehr vielleicht als dies für das 19. Jahrhundert der Bautypus der Passagen gewesen ist. Solche Erkenntnis, oft als möglich geahnte, zu unternehmen, hätte es aber eines höchsten Vermögens der Konstruktion bedurft – ins Weiteste gedacht, bis in Allereinzelnstes nachforschend, und zugleich Flächengrabung, Luftbild-Archäologie – Konstruktion, in welcher das Konzept von Benjamins *Passagenwerk* mit jenem der *Mythologica* von Lévi-Strauss in eins gedacht und gebracht worden wäre.

Das Jetzt dieser Erkenntnis und Erkennbarkeit ist vorüber, auch die Erwartung, die darein gesetzt war.

Was Illusion war an dieser richtigen Erwartung, hat sich erwiesen durch das Werk, das stattdessen und wirklich entstanden ist: die HISTOIRE(S) von Godard, und als dies Werk so beschaffen, daß es einer Anstrengung fast bedarf, sich gegenwärtig zu halten, wie dennoch dies nur die eine mögliche Summe und Gesamtforschung ist.

Und zu erinnern ein anderes Unternehmen, zustandegebracht ein Vierteljahrhundert früher, darlegend »welch immens produktive Kräfte die Destruktivkräfte des Kapitalismus sind«: Günter Peter Strascheks *Handbuch wider das Kino*, 1975, erratisch, einzig in der Filmliteratur.

Zu bedenken, unbeschadet der Autorentheorie: daß in den Kinofilmen sehr starke kollektive Energien am Werk gewesen sind – etwas, das aus Filmen als einzelnen sich nicht fassen läßt: Überlieferungen, Erinnerungen, Erfindungen, heraufgekommen auf einmal aus sehr tiefen Schichten, aus sehr frühen Zeiten, nicht überarbeitet von späterer Kultur: früheste, kaum kenntliche Mythenspuren, schemenhafte, mit Rhythmen aufgeladene Bilder, wie sonst zu erahnen nur vielleicht noch aus fremden Ritualen. Bildersuchende, bilderschaffende Phantasiekräfte, kollektive und individuelle, in Künsten und Literatur jahrhundertweit voneinander entfernt liegend, waren in Kinofilmen disparat vermischt, sind enthalten in deren psychisch physischer Konstitution. Diese untergründigen, sehr tief unbewußten, sehr alten Energien, sie haben sich wie von selbst ins Kino hineingefunden, während zugleich das Kino sie zu sich herangezogen hat. Anders wäre dies Kino nicht geworden, was es geworden ist, und etwas davon reicht in die höchsten Werke hinein.

Und ist und war doch wiederum nirgends so enthalten wie in den anonymen Filmen, und in diesen nur, solange sie anonym, nicht entdeckt gewesen sind. Hätte man heute auch ein halbes Dutzend US-Serials der 1930/40er Jahre in Urkopien – zu dem, was sie damals waren, gelangte man nicht mehr hin. Was da und wie am Werk war, läßt jetzt sich weder mehr erfahren noch erkennen – und selbst damals hätte gleichsam auch die Traumdeutung mitgeträumt sein müssen und als diese geträumte Deutung im Augenblick des Erwachens noch erwischt. Das ist jetzt alles verflüchtigt.

So scheint es, als würden Filme am ehesten als einzelne, als einzeln gewordene und als Werke von Autoren weiter bestehen bleiben.

Zu bedenken auch noch, daß wie zur großen Zeit des Kinos ständig Filme produziert wurden, in früheren Jahrhunderten ständig Opern produziert worden sind: »Jede Saison brachte fast ausschließlich Novitäten, die musikalische Produktion ist überhaupt nicht mehr nachzurechnen.« (R. Alewyn)

Von dem, was Menschen einmal produziert haben in allen Künsten, ist das meiste wieder verschwunden, wenig nur ist überliefert und noch weniger wird überliefert weiter. So wird es wohl auch mit den kinematographischen Filmen gehen. Es werden nur oder vor allem nur Werke erhalten bleiben, und nur die, die erkannt sind.

Erhalten bleiben: ob also bald einmal das originale Negativ der SEARCHERS versteigert werden wird für soundso Millionen und ist dann mit allen Rechten Privatbesitz – da doch selbst viele Nahrungspflanzen dies schon sind?

IV

Alle Filme, die es gibt, die es gegeben hat: ihre Existenz im Kino, aus der und für die sie entstanden sind, ist jetzt eher nebensächlich, wie überholt. Stattdessen ist allgemein eine Hybrid-, Reduktionsform, Reproduktion der Filme, ist – auf wie großen Flachbildschirmen immer – der frei verfügbare manipulierbare Filmersatz zur wahrnehmungs- und bewußtseinsbildenden, zur beherrschenden Gebrauchs- und Existenzform (und Warenform) der vormaligen kinematographischen Filme geworden.

Zu bedenken, daß damit den Filmen eine kostbarste Eigenschaft genommen ist: daß sie vergänglich waren, flüchtig, nicht festzuhalten, nicht zu besitzen. Der Verdinglichung haben die Filme widerstanden. Jetzt sind sie ihr gefügig gemacht.

Ob nicht vielleicht aus dieser Verfügbarkeit, Zugänglichkeit der Filme in Filmreproduktionen eine noch unbekannte Art des Wahrnehmens, Studierens, Erlebens der Filme sich ausbilden kann?

Zu unterscheiden zwischen dem formlos Visuellen und dem Bild – das war für Serge Daney lebenswichtig gewesen. Wogegen der Kulturbetrieb eine Bilderwissenschaft propagiert, die die Begriffe Kunst und Kunstwerk überhaupt beseitigt, alles, was ein Bild, ein Werk ist vermindert zum bloßen Dokument, damit dem gesamten obsessiv produzierten visuellen Material gleichmacht.

Erst einem Blick zurück wird es deutlicher, und indem sie schwindet: daß auch den Filmen eine Aura zu eigen war; im Dunkel des Kinosaals, in dieser Stille, im Versetztsein anderswohin und in eine andere Art von Zeit – ein jeder für sich allein und doch mit allen den anderen im Dunkel ringsum gemeinsam, in einer Aufmerksamkeit, wach und träumend, »damit dieses ebenso flüchtige wie universelle Wissen, das einzige, dessen der Film fähig ist, uns gegeben werde« (S. Daney).

Was wird von den Filmen, wie werden die Filme bleiben ohne diese Aura? Wird etwas von ihr sich erhalten lassen, eine Erinnerung daran? Was wird sein, wenn auch die letzte Erinnerung verflüchtigt ist?

Die kinematographischen Filme – es ist noch ganz unbestimmt, was sie und wie sie sein werden, wenn um sie herum nicht mehr die Zeit, die Gegenwart ist, aus der sie sind und die in ihnen ist, aus der sie Zeugnisse sind, denkende Zeugnisse – und mit dieser Zeit auch enthaltend, was von ihr seither gleichgültig, hinfällig geworden ist, nicht mehr kenntlich, nicht mehr zu entziffern.

Die kinematographischen Filme, bestehen bleibend aus sich selbst und als sie selbst – sie werden zu anderen Filmen geworden sein, wie auch die Gemälde der alten Meister, aus Kirchen, Klostern, Schlössern, aus geistlichen, aus Prunk- und Staatsräumen und privaten Gemächern versetzt in den imaginären Museumsraum, zu anderen geworden sind.

V

Von den Veränderungen, Umbrüchen der Kinematographie, die hier verhandelt werden, sieht persönlich betroffen sich eine Generation, die auch große Mühe hat, sich darin zurechtzufinden. Es ist die Generation der mit Filmen Umgehenden, die noch vor 1950 geboren sind – oder gerade noch bis gegen die Mitte der 1950er Jahre. Generation, die noch aufgewachsen ist mit Filmen im Kino als unerschütterlicher Institution, hundert Kinos in der Stadt München in den 1960er Jahren – Filme, kontinuierlich einem begegnend, an einem vorbeiziehend, und unter allen den vielen die einzelnen, von denen etwas geblieben ist, durch die etwas anders geworden war. Und so diese Generation mit Filmen erlebend, erfahrend, erkennend die eigene Lebensgegenwart. Dafür das ideale von Jean Louis Schefer gefundene Wort von den Filmen, »die auf unsere Kindheit geschaut haben«.

Wenn einer damals also die HORSE SOLDIERS gesehen hat, die DER LETZTE BEFEHL hießen, gesehen hat mit dem Film der Woche davor und der Woche danach, und wenn davon durch die Jahre vielleicht das Bild geblieben ist von der Wiese, über die eine Trommel hinunterrollt, dann kann dieser jetzt behaupten mit einer Art Recht, daß er den Film persönlich gekannt hat. (Der ihm vielleicht erst Jahre später ein Film von John Ford geworden ist.)

Auf einmal dann kam etwas heran wie ein Ende dieses Kinos, dieser Filme, und wurde gesehen und zugleich nicht.

Alles dieses noch zu beschreiben mit einem Vergleich, sei gedacht ein Musik Liebender, auch selbst sie Betreibender, der in der Zeit der Wiener Klassik gelebt hat, lebt: mit Haydn, Mozart, Beethoven, Schubert in der selben Zeit, die selbe Luft mit ihnen atmend, die Meister selber miterlebend bei Aufführungen ihrer Werke, und diese Werke erlebend, an sich selbst erfahrend in dem Augenblick, da sie in die Welt treten – – und nun vorgestellt dieser selbe Musik Liebende und Betreibende versetzt wie im Augenblick über zwei Jahrhunderte weg in die jetzige Zeit: die Meister von damals vergangen als Menschen, entrückt, ihre Werke noch da, inmitten jetzt einer fremden Zeit, die mit ihnen verfährt auf eine eigene fremde Weise.

Kinematographisch betrachtet hat die besagte Generation ja wirklich noch Mozart selber den *Don Giovanni* dirigieren sehen, hat als letzte noch viele der Meister in Tätigkeit erlebt, und wie Werke von ihnen in die Welt getreten sind.

Darum wird für das weitere Leben der Filme vielleicht bedeutsam sein, ob diese Generation davon etwas übermitteln will und kann an die Jüngeren, die die Filme nur »von außen« kennen und die, was ihnen da erzählt wird von einem »Drinnen« vielleicht schon nicht mehr recht verstehen, während die Älteren dann Mühe haben mit den Fragen, wenn ihnen welche gestellt werden.

Daß aber gewußt bleibt, was den Filmen zu eigen war und im Innersten zugehörig und was nunmehr ihnen fehlt – das wird bedeutsam sein nicht dafür nur, wie sie künftig wahrgenommen werden, vielmehr schon für die Möglichkeit überhaupt eines künftigen Existierens, schon eines weiteren materiellen Vorhandenseins.

Möglichkeit, zu schaffen, zu erhalten nur durch Widerstand.

VI

»Der Gehalt vergangener Kunst muß aber selber nicht notwendig hinab. Er vermöchte die Kunst zu überleben in einer Gesellschaft, die der Barbarei ihrer Kultur ledig geworden wäre.« (Th. W. Adorno)

Filmmuseum: Mission ins Ungewisse, gänzlich Ungewisse, immer zu Findende. Mission, für die es keine Vorbilder geben kann: es würden irreführende sein.

Filmmuseum, zukünftig, und schon jetzt: die Filme, die kinematographischen, nicht zeigen, als wären sie immer noch da, grundanders vielmehr: als wären sie noch nie zu sehen gewesen. Was sie für mehr und mehr der jetzt sie Sehenden auch sind.

Es kann, soll etwas Neues beginnen mit den vergangenen kinematographischen Filmen und jenen sie Sehenden, die sie noch nie gesehen haben.

Alle Filme, die es gegeben hat: wie sehr viele davon schon nicht mehr erhalten sind; wie sehr viele noch zu erhaltende nicht länger mehr erhalten werden – bei denen, die das Geld dafür haben, besteht kein Interesse. (Pro domo BRD.)

Wird es die FIAF zustandebringen, sich ein Kopierwerk zu unterhalten? Wird dafür benötigter Rohfilm noch hergestellt werden?

(Digitalisierung: Ei des Kolumbus für die Selbstzerstörung einer Kultur.)

Filmmuseum: was tun, wenn die noch existierenden Kopien die letzten sind, kein Archiv die seinen mehr herausgeben möchte, auch für die eigenen ein Konflikt zwischen Zeigen und noch länger Erhalten besteht?

Was tun, wenn von Filmen einzig erhältlich nur mehr jene Digital-Restaurierungen sind, in denen die Marketing-Brutalität des »Jetzt zum ersten Mal« und »Schöner denn je« den Film gefälscht, entstellt, zugrundegerichtet hat?

Filmmuseum: um vieles mehr als bei den Werken der alten Meister wird bei den kinematographischen Filmen entscheidend sein nicht nur ob sie, sondern wie sie zu sehen sind: ob ein freier Raum für sie da ist, Raum, in dem sie erwartet werden und in dem dann sie in ihrer flüchtigen Wahrheit geschehen – Raum, der selber ein von den Filmen aus lebendiger Raum ist. Ganz anders noch als für die Gemälde der alten Meister hängt für das Leben der Filme viel ab vom Geist eines Hauses.

VII

Es werden in einer künftigen Zeit vielleicht künstlerisch geistige Werke entstehen, die niemand erwartet hat und niemand für möglich gehalten und die nicht entstanden wären ohne die kinematographischen Filme, die wahren, die verschwundenen, die nun in jenen kommenden Werken fortleben, durch Brüche hindurch, verwandelt, wie auch in den verschwundenen Filmen selber andere frühere Werke verwandelt enthalten waren und sind.

Autorinnen und Autoren

ROBERT BEAVERS, geb. 1949, einer der zentralen Filmmacher des New American Cinema (u.a. *Work Done*, *Amor*, *The Hedge Theater*). Lebt seit Ende der 1960er Jahre in Europa und begründete die *Temenos Association*, um das Lebenswerk von Gregory J. Markopoulos zu bewahren.

RUTH BECKERMANN, geb. 1952, Filmemacherin (u. a. *Die papierene Brücke*, *Jenseits des Krieges*, *American Passages*) und Autorin. Zahlreiche Auszeichnungen und Retrospektiven. Mitbegründerin des Verleihs *Filmladen* sowie der *Interessensgemeinschaft Österreichischer Dokumentarfilmer*.

EILEEN BOWSER, geb. 1928, ab 1966 Kuratorin am *Museum of Modern Art*, New York. Ehrenmitglied der *FIAF*. Herausgeberin und Autorin vieler Publikationen (u. a. *Handbook for Film Archives*, *History of the American Cinema: The Transformation of Cinema, 1907–15*).

PAOLO CANEPPELE, geb. 1961, Studium der neuzeitlichen Geschichte, wissenschaftlicher Mitarbeiter des *Filmarchiv Austria*, Vize-Direktor der *Cineteca di Bologna*, Lehraufträge an Universitäten. Seit 2004 Leiter der Sammlungen des Österreichischen Filmmuseums.

PAOLO CHERCHI USAI, geb. 1957, Mitbegründer der *Giornate del cinema muto*, Pordenone, und der *Selznick School of Film Preservation* im *George Eastman House*, Rochester; Chefkurator für Film ebendort. Zahlreiche Publikationen (u. a. *David Wark Griffith*, *Silent Cinema*, *Film Curatorship*).

WERNER DÜTSCH, geb. 1939, über drei Jahrzehnte Redakteur beim *WDR*, Autor und Gestalter von Filmsendungen und Essayfilmen (z. B. *Fritz Lang*, 1991). Lehrbeauftragter in Köln (KHM) und Karlsruhe (HfG). Mitarbeiter der *Duisburger Filmwoche*.

HELMUT FÄRBER, geb. 1937, Autor und Filmkritiker, Lehraufträge an Filmhochschulen in München und Berlin sowie der Universität München. Bücher u. a. über Filme von Ozu, Griffith, Renoir, Mizoguchi sowie *Baukunst und Film*. Petrarca-Preis für europäische Literatur (1994).

HARUN FAROCKI, geb. 1944, Autor, Regisseur und Produzent von dokumentarischen und essayistischen Filmen seit 1966; Filmkritiker, Schriftsteller, Hochschuldozent (u. a. an der *Akademie der bildenden Künste Wien*). Zahlreiche Retrospektiven und Museumsausstellungen.

MICHAEL GLAWOGGER, geb. 1959, Regisseur und Autor dokumentarischer und fiktionaler Filme sowie Fotograf und Buchautor. Zahlreiche internationale Retrospektiven und Auszeichnungen, u. a. für *Megacities* (1998), *Workingman's Death* (2005) und *Whores' Glory* (2012).

ERIKA GREGOR, geb. 1935, Mitbegründerin der *Freunde der Deutschen Kinemathek* sowie des Kinos *Arsenal* in Berlin. Gemeinsam mit Ulrich Gregor Initiatorin und von 1971 bis 2000 Leiterin des *Internationalen Forums des Jungen Films* im Rahmen der Berlinale.

ULRICH GREGOR, geb. 1932, Filmhistoriker und -journalist. Autor der mehrbändigen *Geschichte des Films* (gem. mit Enno Patalas) und vieler anderer Publikationen. Mitbegründer des Kinos *Arsenal* und des *Internationalen Forums des Jungen Films*. 1981 bis 2000 Co-Direktor der Berlinale.

FRIEDL VOM GRÖLLER (FRIEDL KUBELKA), geb. 1946, Fotografin, Filmmacherin, Psychoanalytikerin. Zahlreiche Ausstellungen und Auszeichnungen. 1990 Gründung und Leitung der Schule für *Künstlerische Photographie, Wien* (bis 2010). 2006 Gründung der *Schule für unabhängigen Film* in Wien.

FRANZ HAMMERBACHER, geb. 1967, Universitätslektor und freier Schriftsteller (*Bravo Hotel; Passagen*); Soldat in friedenserhaltenden Missionen und Weltreisender. Gründung des Literaturverlags *Edition Korrespondenzen* im Jahr 2000.

EVE HELLER, geb. 1961, Filmstudium an der *New York University*, in Buffalo und am *Bard College*, New York. Unabhängige Filmmacherin (u. a. *Astor Place*, *Her Glacial Speed*, *Behind This Soft Eclipse*) und Übersetzerin. Lebt in Wien.

ALEXANDER HORWATH, geb. 1964, Autor und Kurator. Zahlreiche Publikationen zum Film. Direktor der Viennale, Kurator des Filmprogramms der documenta 12, seit 2002 Direktor des Österreichischen Filmmuseums.

PETER HUEMER, geb. 1941, Publizist, Journalist, Historiker. Jahrzehntelang Mitarbeiter im ORF (Leiter der Fernsehsendung *Club 2*, Moderator der Hörfunksendung *Im Gespräch*). Zahlreiche Auszeichnungen, u. a. Österreichischer Staatspreis für Kulturpublizistik (2004).

FRIEDRICH KURRENT, geb. 1931, Architekt und Autor. 1950 Mitbegründer der *arbeitsgruppe 4* (zusammen mit Wilhelm Holzbauer, Otto Leitner und Johannes Spalt). 1965 Gründungsmitglied der Österreichischen Gesellschaft für Architektur. Ordinarius an der Technischen Universität München (1973 bis 1996).

HANS CHRISTIAN LEITICH, geb. 1964, Filmkritiker. Studium der Kunstgeschichte und Architektur an der Universität Wien. Von 2000 bis 2013 Redakteur für Kultur und Wissenschaft auf derstandard.at

MICHAEL LOEBENSTEIN, geb. 1974, Autor und Kurator. Von 2004 bis 2011 wissenschaftlicher Mitarbeiter des Österreichischen Filmmuseums, Konzeption zahlreicher Forschungsprojekte. Seit 2011 CEO des *National Film and Sound Archive of Australia*, Canberra.

MICHAEL OMASTA, geb. 1964, Filmhistoriker und -kritiker. Redakteur der Wochenzeitung *Falter* und Vorstandsmitglied von *SYNEMA – Gesellschaft für Film und Medien*. Autor und Herausgeber zahlreicher Monografien und Anthologien, u. a. zum europäischen Filmexil.

GOTTFRIED SCHLEMMER, geb. 1934, Mitbegründer der *Austria Filmmakers Cooperative*, Filmmacher, Autor, Hochschullehrer. Mitarbeiter des *Österreichischen Filmmuseums* (1967 bis 1984), Begründer und langjähriger Geschäftsführer von *SYNEMA – Gesellschaft für Film und Medien*.

RAOUL SCHMIDT, geb. 1973, Studium an der *Akademie der bildenden Künste Wien*. Seit 2007 Mitarbeiter im Archiv des Österreichischen Filmmuseums mit den Schwerpunkten Digitale Restaurierung sowie Amateurfilm/Schmalfilm.

MARTIN SCORSESE, geb. 1942, einer der meistgewürdigten Regisseure der Tonfilmära (u. a. *Mean Streets*, *The King of Comedy*, *Casino*, *The Wolf of Wall Street*). 1990 Gründung der *Film Foundation* zur Bewahrung des US-Filmerbes. Seit 2005 Ehrenpräsident des Österreichischen Filmmuseums.

ULRICH SEIDL, geb. 1952, Filmregisseur, Drehbuchautor und Produzent. Zahlreiche internationale Retrospektiven und Auszeichnungen, u. a. für *Good News* (1990), *Hundstage* (2001), *Import Export* (2007) und zuletzt für seine Trilogie *Paradies* (2012/13).

P. ADAMS SITNEY, geb. 1944, Filmtheoretiker und -historiker, Professor of Visual Arts an der Princeton University. Mitbegründer der *Anthology Film Archives*, Autor des Standardwerks über die amerikanische Filmavantgarde (*Visionary Film*) und zahlreicher anderer Bücher.

DOMINIK STEIGER, geb. 1940, † 2014, genreübergreifender Künstler im Umfeld der Wiener Gruppe und des Aktionismus (Literatur, Zeichnung, Malerei, Druckgrafik, Plastik, Video, Musik). Österreichischer Kunstpreis (Literatur) und Preis der Stadt Wien für Bildende Kunst.

INGEBORG STROBL, geb. 1949, Studium an der Hochschule für angewandte Kunst in Wien, Arbeit mit Medien wie Fotografie, Film, Grafik, Comics, Künstlerbuch, Installation und Objektkunst. Zahlreiche Auszeichnungen und Ausstellungen im In- und Ausland.

SISSI TAX, geb. 1954, Schriftstellerin (*Manchmal immer, Je nachdem, Und so fort*), Herausgeberin und Verlagslektorin, lebt in Berlin. Von 1986 bis 1988 stellvertretende Leiterin des *Berliner Literaturhauses*, 1996 Teilnehmerin am *Ingeborg-Bachmann-Preis*.

HARRY TOMICEK, geb. 1945, Studium der Philosophie und Kunstgeschichte. Autor von Filmtexten für das Österreichische Filmmuseum; Publikationen u. a. über Ozu Yasujirō, Humphrey Jennings, Robert Gardner, Jean Eustache. Schreibt, filmt, lebt in Wien.

PETER TSCHERKASSKY, geb. 1958, Filmmacher (u. a. *Urlaubsfilm*, *Outer Space, Coming Attractions*) und Autor. Zahlreiche internationale Auszeichnungen. (Mit-)Herausgeber von Publikationen über Peter Kubelka und die Geschichte des österreichischen Avantgardefilms.

INGO ZECHNER, geb. 1972, Philosoph und Historiker. Leiter der Anlaufstelle für jüdische NS-Verfolgte in der *Israelitischen Kultusgemeinde Wien;* seit 2013 Wissenschaftskoordinator am *IFK – Internationales Forschungszentrum Kulturwissenschaften* in Wien.

Erläuterungen zur Chronik

Die Chronik aller Programme, die das Österreichische Filmmuseum seit seiner Gründung öffentlich gezeigt hat, ist in diesem Buch in sechs Teilen abgedruckt – jeweils ein Jahrzehnt repräsentierend. Sie endet hier mit Dezember 2013. Diese Veranstaltungen fanden ab Herbst 1965 fast durchwegs im Kinosaal des Filmmuseums in der Albertina statt, Ausnahmen sind eigens angeführt. Gelistet werden auch ausgewählte Gäste und die (nicht-filmischen) Ausstellungen des Filmmuseums sowie Publikationen, die das Filmmuseum selbst herausgegeben hat oder die von anderen Verlagen und Organisationen unmittelbar zu Retrospektiven im Filmmuseum herausgebracht wurden.

Nicht in die Chronik aufgenommen wurden die unterschiedlichen Programme, die das Filmmuseum »on location« auf Einladung anderer Veranstalter im In- und Ausland durchgeführt hat (oder die sehr seltenen »Auftragsarbeiten« wie z. B. die Schau *Mythos Mozart* im Mai 1986, organisiert vom Filmmuseum im Auftrag der Wiener Festwochen im Metro Kino). Abgesehen von ihrer Zahl, ließen sich von diesen zusätzlichen Veranstaltungen auch nicht immer alle Fakten eruieren. Um ihren Charakter anzudeuten, seien an dieser Stelle dennoch einige beispielhaft genannt: *Austrian Independent Filmmakers* im National Film Theatre, London, Mai 1968; *Meisterwerke des Avantgardefilms 1904–1936* im Rahmen des Steirischen Herbstes, Graz, 1975; *Propaganda und Gegenpropaganda im Film 1933–45* in Paris-Bondy, Februar 1978; *Experiment Film – Bildkünstler als Filmemacher* im Geidorf-Kino, Graz, Juni 1990. Seit 2002 fanden Programme und Koproduktionen des Filmmuseums u. a. an folgenden außerhäuslichen Schauplätzen statt: Museum moderner Kunst, Wien; Kino unter Sternen, Wien; Diagonale, Graz; Lentos-Museum, Linz; Giornate del cinema muto, Pordenone; Festival *Courtisane*, Ghent; Bremer Filmsymposium; Kongress der Kommunalen Kinos, Braunschweig; Nederlands Filmmuseum, Amsterdam; Slovenska kinoteka, Ljubljana; Festival *E Tudo Verdade – It's all True*, Rio de Janeiro und São Paulo; Austrian Cultural Forum, New York; Museum of Modern Art, New York.

Die Chronik nennt jeweils den Titel bzw. Untertitel einer Schau. Redaktionelle Ergänzungen sind in eckigen Klammern zu finden; dabei handelt es sich zumeist um die Namen der Filmemacher/innen, die in einer (thematischen) Schau mit einem oder mehreren Werk(en) vertreten waren – mit dem Ziel, die jeweilige Auswahl anzudeuten. Ein Gutteil der thematischen Programme wurde auf diese Weise annotiert. Die Schreibweise von (russischen, japanischen …) Namen wurde vereinheitlicht. Ein noch detaillierterer Katalog aller Programme des Filmmuseums, mit den Texten und Stabangaben, die zu jeder Vorstellung erschienen sind, ist seit Jänner 2014 online zu finden (www.filmmuseum.at).

Abbildungsnachweis

AUS DEN SAMMLUNGEN DES ÖSTERREICHISCHEN FILMMUSEUMS

FOTOSAMMLUNG S. 19 © Robert Newald / S. 35 © Friedl Kubelka / S. 41 / S. 42 © Foto Fanedl / S. 52 oben © Hans Malek / S. 64 © Friedl Kubelka / S. 69 links Kadervergrößerung Georg Wasner / S. 79 © Anton Faber / S. 82 © Roland Fischer-Briand / S. 95 © Cora Pongracz / S. 108 oben / S. 108 unten © Gerhard Heller / S. 109 © Friedl Kubelka / S. 110 © Gerhard Heller / S. 118 links oben und unten / S. 127 © Gerhard Heller / S. 133 / S. 135 / S. 145 © Gerhard Heller / S. 149 oben / S. 149 links © Gerhard Heller / S. 149 rechts / S. 166 / S. 168 / S. 177 oben © Gerhard Heller / S. 177 unten © Karl Reiberger / S. 179 © Anna Blau / S. 180 / S. 184 © Peter Konlechner / S. 191 © Karl Reiberger / S. 203 unten © Norbert Kössler / S. 208 © Karl Reiberger / S. 220 oben © Karl Reiberger / S. 220 unten © Anna Blau / S. 243 oben © Christian Fischer / S. 243 unten Kadervergrößerung Georg Wasner / S. 264 rechts unten © Karl Reiberger / S. 278 oben © Bruno Klomfar / S. 278 unten / S. 279 © Hertha Hurnaus / S. 280 © Robert Newald / S. 281 / S. 283 © Ruth Kaaserer / S. 287 links oben / S. 287 links unten / S. 287 rechts unten © Simon Mullan / S. 288 © Johannes Rosenberger / S. 295 © Ruth Ehrmann / S. 299 oben © Andrea Wagner / S. 299 links unten © Sissi Makovec / S. 299 rechts unten © Eve Heller / S. 301 © Sissi Makovec / S. 305 © Karl Reiberger / S. 306 © Sissi Makovec / S. 311 oben © Natascha Unkart / S. 311 unten © Sissi Makovec / S. 317 © Friedl Kubelka / S. 329 links oben © Sabine Maierhofer / S. 329 links Mitte und links unten © Natascha Unkart / S. 329 rechts oben und Mitte © Eszter Kondor / S. 330 links oben © Eszter Kondor / S. 330 rechts oben © Natascha Unkart / S. 335 oben © Sabine Maierhofer / S. 335 unten © Robert Newald / S. 336 links und rechts oben © Sissi Makovec / S. 336 links und rechts unten © Sabine Maierhofer / S. 337 © Robert Newald
PLAKATSAMMLUNG S. 98 © Gertie Fröhlich / S. 138–141 © Gertie Fröhlich / S. 255
SCHLEMMER-FILMKADERSAMMLUNG S. 340
SCHRIFTGUTSAMMLUNG S. 15 / S. 21–23 / S. 41 / S. 45 / S. 47 / S. 49–51 / S. 53 / S. 54 / S. 56 / S. 71 / S. 80–81 / S. 101–104 / S. 111 / S. 119–120 / S. 122–124 / S. 146–148 / S. 150–151 / S. 178 / S. 181–183 / S. 185 / S. 213 © Dietmar Brehm / S. 235 / S. 251 / S. 262–263 / S. 281 / S. 296 / S. 298

AUS FIRMEN- UND PRIVATEN SAMMLUNGEN

ROBERT BEAVERS S. 69 rechts
ANGELA BIEDERMANN S. 330 links unten © Biedermann
CHRISTINE DE GRANCY S. 136–137 © de Grancy
DER STANDARD S. 244 oben © Christian Fischer / S. 264 oben © Rudolf Semotan / S. 308 links unten © Christian Fischer
DIE PRESSE S. 100 © Die Presse/Hofmeister / S. 118 rechts © Die Presse/Blaha / S. 134 © Die Presse/Hofmeister / S. 203 oben © Die Presse/Blaha
EU XXL FILM S. 287 links Mitte © Ruth Ehrmann
CHRISTIAN FISCHER S. 256 © Fischer
ALEXANDER HORWATH & REGINA SCHLAGNITWEIT S. 230 rechts © Alexander Tuma / S. 232 / S. 252 oben © Alexander Tuma
HERTHA HURNAUS S. 307 © Hurnaus
KRONEN ZEITUNG S. 207 © Norbert Kössler
KURIER S. 159 © Pressefoto Klinsky / S. 251 © Hubert Kluger / S. 252 unten © Peter Lehner
SIGMUND FREUD MUSEUM S. 264 rechts oben © Karl Reiberger
INGEBORG STROBL S. 292–293 © Strobl
ALEXANDER TUMA S. 244 unten © Tuma / S. 253 © Tuma
VIENNALE S. 52 unten © Hans Malek / S. 121 © Klaus Vyhnalek / S. 143 © Fritz Kern / S. 230 links © Alexander Tuma / S. 231 / S. 236 © Alexander Tuma / S. 238 © Alexander Tuma / S. 244 Mitte © Alexander Tuma / S. 264 links unten © Alexander Tuma / S. 287 rechts oben © Reiner Riedler / S. 296 oben © Klaus Vyhnalek / S. 308 links oben © Robert Newald / S. 308 links Mitte © Klaus Vyhnalek / S. 308 rechts © Clara Altenburg

Dank

Ohne Peter Konlechner und Peter Kubelka gäbe es dieses Buch nicht, denn ohne sie gäbe es kein Österreichisches Filmmuseum, über das man ein Buch machen könnte. Und wenn zufällig jemand anderer in Wien ein solches Institut auf die Welt gebracht hätte, wäre es ohne Konlechner & Kubelka nicht jenes unverwechselbare, »poetische und polemische Museum« geworden, mit dem die damaligen wie gegenwärtigen Kolleg/inn/en in unterschiedlichen Ländern so innig – manchmal offen, manchmal heimlich – sympathisieren.

Ohne Regina Schlagnitweit gäbe es nicht nur dieses Buch nicht. Auch meine Verpflichtung gegenüber dem Film und dem Österreichischen Filmmuseum ist stark und stabil geworden und geblieben, weil ich beides mit ihr teilen kann; und weil ihre ebenso starke, stabile Verpflichtung eine Multiplikation der Möglichkeiten und der Qualität mit sich gebracht hat.

Ohne Eszter Kondor und Gabi Adébisi-Schuster gäbe es dieses Buch nicht, so wie die Leser/innen, Betrachter/innen und Benutzer/innen es nun in Händen halten. In der Vorbereitung und Recherche, der Erstellung der Chronik und des Katalogs möglicher Bilder und historischer Texte (also der 900-Seiten-Version des Buchs), in der praktischen Organisation sowie der Feinarbeit und Gestaltung der 350-Seiten-Version waren sie die wichtigsten Mitschöpferinnen des nunmehr »sichtbaren Kinos«.

Ich möchte allen Autorinnen und Autoren, Fotograf/inn/en und Filmmacher/innen, deren Arbeiten diesem Buch seine Fülle und Vielfalt und seinen Witz geben, meinen tief empfundenen Dank aussprechen – sowie dem Ehrenpräsidenten des Österreichischen Filmmuseums für sein liebevolles Vorwort.

Für ihre Ideen und Verbesserungen in unterschiedlichen Phasen der Buchproduktion und für viele konstruktive wie instruktive Gespräche danke ich Andrea Glawogger, Brigitte Mayr und Michael Omasta, Edith und Gottfried Schlemmer, Harry Tomicek, Dagmar Küttner sowie Chris Vetter. Mein Dank gilt auch den vielen Mitarbeiter/inn/en des Österreichischen Filmmuseums, die am Entstehen des Bandes mitgewirkt haben: Alejandro Bachmann, Christine Bruck, Paolo Caneppele, Roland Fischer-Briand, Nicolai Gütermann, Oliver Hanley, Adelheid Heftberger, Sabine Maierhofer, Elisabeth Streit, Alessandra Thiele, Barbara Vockenhuber und unserer Praktikantin Victoria Kanzian.

Es gibt zu viele Freunde und Kolleg/inn/en, denen ich für 13 Jahre des oftmaligen Austauschs über Programme und Projekte, Formen und Inhalte der Filmmuseumsarbeit Dank sagen möchte. Stellvertretend für diesen Kreis seien jene beiden Filmmuseum-Autoren und mehrmaligen Co-Kuratoren genannt, mit denen ich mich seit Beginn meiner Tätigkeit an diesem Haus kontinuierlich verständige: Olaf Möller und Christoph Huber.

Kent Jones, der beste Freund des Filmmuseums in Übersee, weiß gar nicht, in welchem Ausmaß ich ihm zu Dank verpflichtet bin.

Darüber hinaus haben uns viele liebenswürdige Menschen Material zur Verfügung gestellt, bei der Bild- und Textrecherche unterstützt, die Identifikation von Fotos erleichtert oder bei der Hervorbringung neuer Texte und Bilder geholfen: Andreas Achternbusch, Robert Beavers, Raymond Bellour, Angela Biedermann, Christine de Grancy, Rainer Dempf, Ruth Ehrmann, Christian Fischer, Veronika Franz, Bernd Gallob, Renate Ganser, Hertha Hurnaus, Ruth Kaaserer, Norbert Kössler, Simon Mullan, Robert Newald, Igor Patalas, Rudolf Semotan, Karl Sierek, Alexander Tuma und Klaus Vyhnalek. In den Archiven von Zeitungen und Kulturorganisationen waren dies: Margit Bandera (Kronen Zeitung), Paolo Calamita und Sigrid Mölg (Viennale), Klaus Drinko (Demel), Simone Faxa (Sigmund Freud Museum), Günther Haller (Die Presse), Doris Klimek (Profil), Stefan Lintl (Kurier), Banu Mukhey (EU XXL Film), Mirjam Pape (Süddeutsche Zeitung) und Manfred Puhr (Der Standard). Ihnen allen gilt der Dank des Filmmuseums.

A. H.

Im Andenken an Dominik Steiger (18. 10. 1940–12. 1. 2014) und Philip Seymour Hoffman (23. 7. 1967–2. 2. 2014)